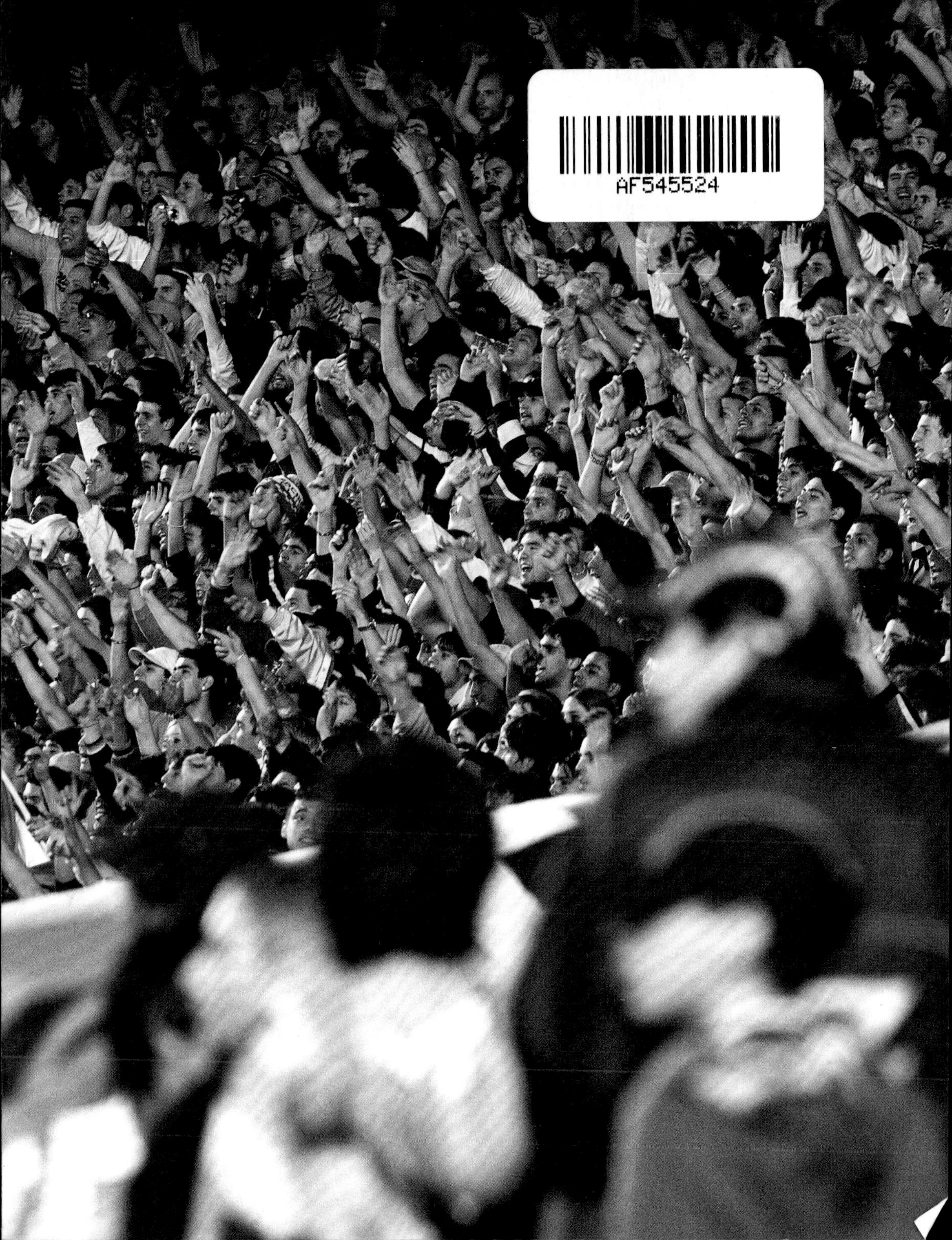

Reinaldo Coddou H.

BUENOS AIRES

DIE WELTHAUPTSTADT DES FUSSBALLS

mit einem Vorwort von César Luis Menotti

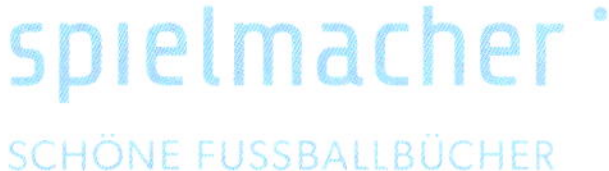

BUENOS AIRES, DIE WELTHAUPTSTADT DES FUSSBALLS

Vorwort von César Luis Menotti

Es gibt ein rätselhaftes Etwas, das den Fußball Argentiniens einzigartig macht. Oder will hier irgendjemand ernsthaft behaupten, dass unser Spiel dem der Anderen gleicht? Genauso wie das Land fern der europäischen Wurzeln seine Gewohnheiten des Lebens entwickelte, ist auch ein eigener Stil des Fußballs entstanden. Argentiniens Identität setzt sich aus den vielen nationalen Abstammungen der früheren Einwanderer zusammen. Zu dieser Mixtur gesellt sich eine Extra-Portion Leidenschaft und ein kräftiger Schuss Hingabe. Noch ein paar andere Elemente und die Umstände der Zeitgeschichte haben diese eigene Lebensweise geformt. Mal kommt sie ganz geduldig daher, und dann doch wieder arg rebellisch. Das Ergebnis ist dieses rätselhafte Etwas.

Die argentinische Handhabung des Lebens hat sich auf sämtliche Aktivitäten des Landes übertragen. Und der Fußball ist ein wesentlicher Träger dieses Phänomens der nationalen Kultur. Das argentinische Fußballspiel vereint die verschiedensten nationalen Ursprünge – und entwickelt darin seine ganz eigene Identität.

Wie lauten die Argumente derjenigen, die das Gegenteil behaupten? Einmal hörte ich, dass „es keinen nationalen Fußball gibt, weil doch Fußball universal ist". Ich würde eher sagen, der Mensch ist universal – aber nicht der Fußball. Die höchsten Weihen dieses Planeten erreicht doch gerade erst der, der seinen Lokalkolorit zeigt, die Eigenheiten und Stärken – wer sein Haus in der Farbe des Dorfes anstreicht, wie wir das nennen.

Von Julio Libonatti bis Diego Maradona: All die großen argentinischen Fußballer, die in die Welt auszogen, begeisterten, weil sie die Farbe ihres Dorfes mit der Magie unseres Spiels paarten. Wie auf einer Postkarte haben all die Spieler den gleichen Stempel gemein. Gezeichnet durch das gewitzte Spiel. Deshalb traue ich mir auch zu, auf jedem Platz dieser Erde einen argentinischen Fußballer zu identifizieren. Nur anhand seiner Art und Weise zu spielen.

Eigentlich ist eine Fußballmannschaft nichts anderes als ein Tango-Orchester. Die besten Solisten versammeln sich, um die erhabensten Stücke zu zelebrieren. Auch die Fußballer sind Individualisten, die für ein gemeinsames Werk zusammenkommen. Wichtig ist aber gerade dabei, dass jeder die Verantwortung für sich selbst übernimmt, die Farbe seines Dorfs mitbringt; damit alle am Ende den schönsten Genuss überhaupt verspüren: mit dem Ball zu spielen.

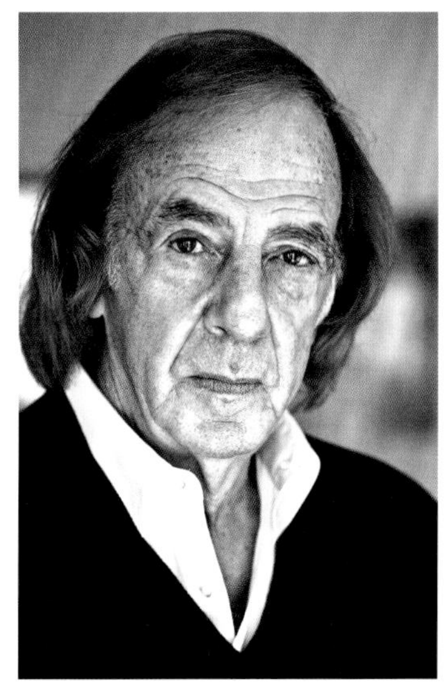

Wie die Herzen der Fans schlagen, spüren die Spieler schon beim Einlaufen in das Stadion. Dann, wenn sie die ersten Treppen des Aufgangs betreten, sind sie die Helden. Auserwählt, um ihre Magie auf den Ball zu übertragen – und dadurch die Träume der Kinder zu erfüllen. Vielleicht ist dieser ganze Zauber auch nur eine große Illusion. Und doch ist es eine Sache, die die Kleinen mit den Großen teilen. Millionenfach: das Leiden für die Farben ihres Vereins.

In den faszinierenden Stadien von Buenos Aires potenziert sich die ganze Liebe zum Fußball. Das Gefühl der großen Idole und jungen Talente beim Betreten des Rasens. Aber auch die vergeblichen Mühen der vielen Anderen. Die, die so lange davon träumten, auch einmal in der 1. Liga zu spielen. Diesen heimlichen Blick eines jeden Fußballers, die Sehnsucht nach dem Ball, genau diesen Blick tragen die Bilder von Reinaldo Coddou. Genauso spiegeln die Fotografien aber auch die Träume der vielen Anderen wider; die Wünsche der Fans. Und gerade die Menschen auf den Fußball-Tribünen wissen wohl am besten, was dieses rätselhafte Etwas in unserem Spiel ist: *la nuestra*. Die argentinische Form des Seins.

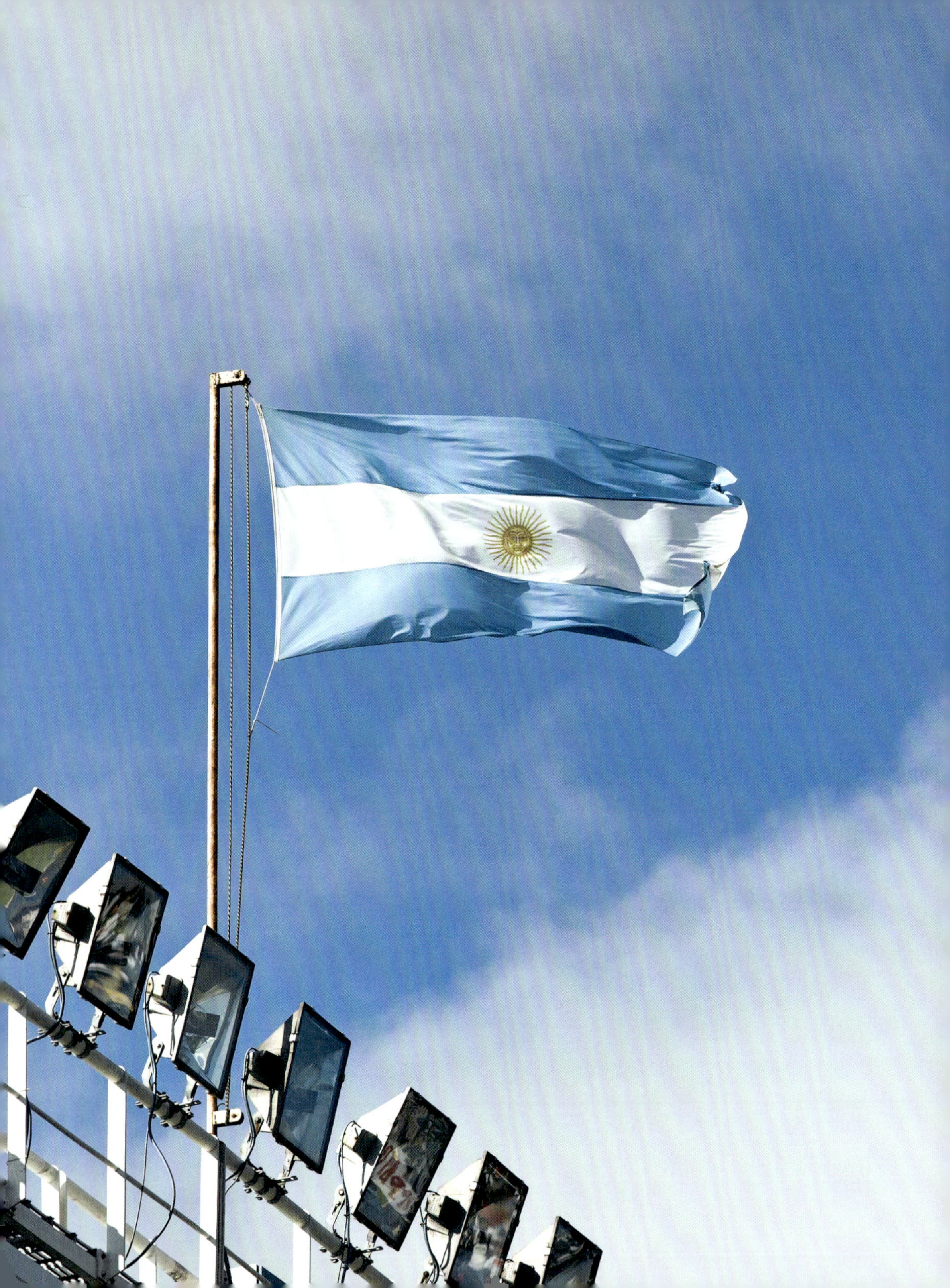

INHALTSVERZEICHNIS

DIE GESCHICHTE DES ARGENTINISCHEN FUSSBALLS

Das Herz des argentinischen Fußballs beginnt Ende des 19. Jahrhunderts in Buenos Aires zu schlagen, als britische Matrosen im Hafen einem Ball hinterherjagen. Später verbreitet sich dieses Spiel unter den jungen Sportlern der britischen Gemeinschaft und als die Argentinier selbst diese Freizeitbeschäftigung übernehmen, drücken sie ihr ihren eigenen Stempel auf: Fortan stehen Dribbling, Kurzpassspiel und das Schlagen von Haken und Finten über dem reinen Kampf und den weiten und langen Pässen, dem Markenzeichen ihrer Erfinder. Anfang des 20. Jahrhunderts entstehen dann in allen Teilen von Buenos Aires die Fußballklubs. Ort der Gründung ist meistens die Straßenecke gegenüber und die Gründer eine Gruppe von Freunden, die sich dem Fußballsport verschreiben wollen. Man legt Vereinsfarben fest und tritt auf dem nächstgelegenen Bolzplatz an – dem Ort, an dem die größten Spieler dieses Landes heranwachsen werden.

Später werden dann erste Amateur-Meisterschaften organisiert und im Jahre 1931 zum ersten Mal eine professionelle Liga ausgespielt. Heute konzentriert sich die Mehrzahl der an den argentinischen Fußballverband AFA angeschlossenen Klubs auf den Großraum Buenos Aires, bestehend aus der eigentlichen Hauptstadt *Capital Federal* und dem umgebenden Speckgürtel der Provinz Buenos Aires. Der AFA direkt untergeordnet sind die *Primera División* sowie die fünf Ligen darunter, *Ascenso* genannt: *Nacional B, Primera B Metropolitana, C* und schließlich *D*, letztere mit Amateur-Status. Der Rest des Landes spielt eigene Meisterschaften aus – *Torneo del Interior, Argentino B* und *Argentino A*. Der Sieger der Letztgenannten erhält einen Platz in der *Nacional B*, der 2. Liga der AFA, während der Zweite durch Relegationsspiele eine weitere Möglichkeit zum Aufstieg erhält. Somit haben auch Klubs

Historische Trikots im Museum von Boca Juniors

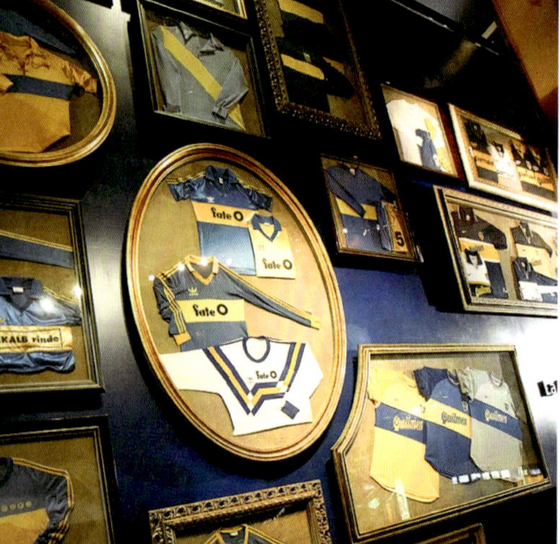

aus dem Landesinneren die Möglichkeit, in den elitären Zirkel des argentinischen Fußballs aufzusteigen.

Buenos Aires war immer das politische und wirtschaftliche Zentrum Argentiniens, entsprechend verbreitete sich der Fußball von hier aus in die übrigen Landesteile. So verwundert es auch nicht, dass die beiden größten Vereine des Landes – gemessen an ihrer Beliebtheit und ihren Titeln – Boca Juniors und River Plate am Ufer des Rio de la Plata gegründet worden sind. Boca und River, dazu Independiente und Racing Club – beide aus Avellaneda, der Nachbarstadt südlich des Riachuelo – sowie San Lorenzo de Almagro aus dem Stadtteil Boedo und Huracán – seit über einhundert Jahren ansässig in Parque de los Patricios – bilden die sogenannten *Sechs Großen* des argentinischen Fußballs, obwohl nur die drei Erstgenannten durchgehend in der 1. Liga gespielt haben. In der Saison 2010/11 spielen mit Vélez Sarsfield, einem vorbildlich geführten Klub aus Liniers, Argentinos Juniors, der fußballerischen Wiege von Diego Maradona aus dem Viertel La Paternal, und All Boys aus Floresta drei weitere Klubs aus der Hauptstadt in der *Primera A.* Dazu kommen von jenseits der Stadtgrenzen – gebildet durch die Stadtautobahn *Avenida General Paz* und dem Fluss Riachuelo – aus dem Süden Lanús, Banfield, Quilmes und das von AFA-Präsident Julio Grondona gegründete Arsenal de Sarandí, sowie Tigre aus dem Norden. Die 1. Liga komplettieren derzeit Estudiantes und Gimnasia y Esgrima aus La Plata, Rosario Central und Newell's Old Boys aus Rosario, Godoy Cruz aus Mendoza, Colón aus Santa Fé sowie Olimpo aus Bahia Blanca. In den 5 Ligen unterhalb der *Primera A* spielen mehrere Dutzend weiterer Vereine aus dem Großraum Buenos Aires, deren Lage und Liga-Zugehörigkeit die Karte auf der nächsten Doppelseite zeigt.

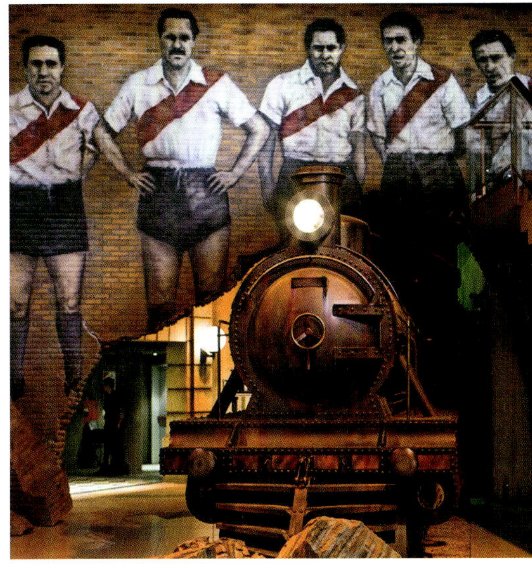

La Máquina *im Museum von River Plate*

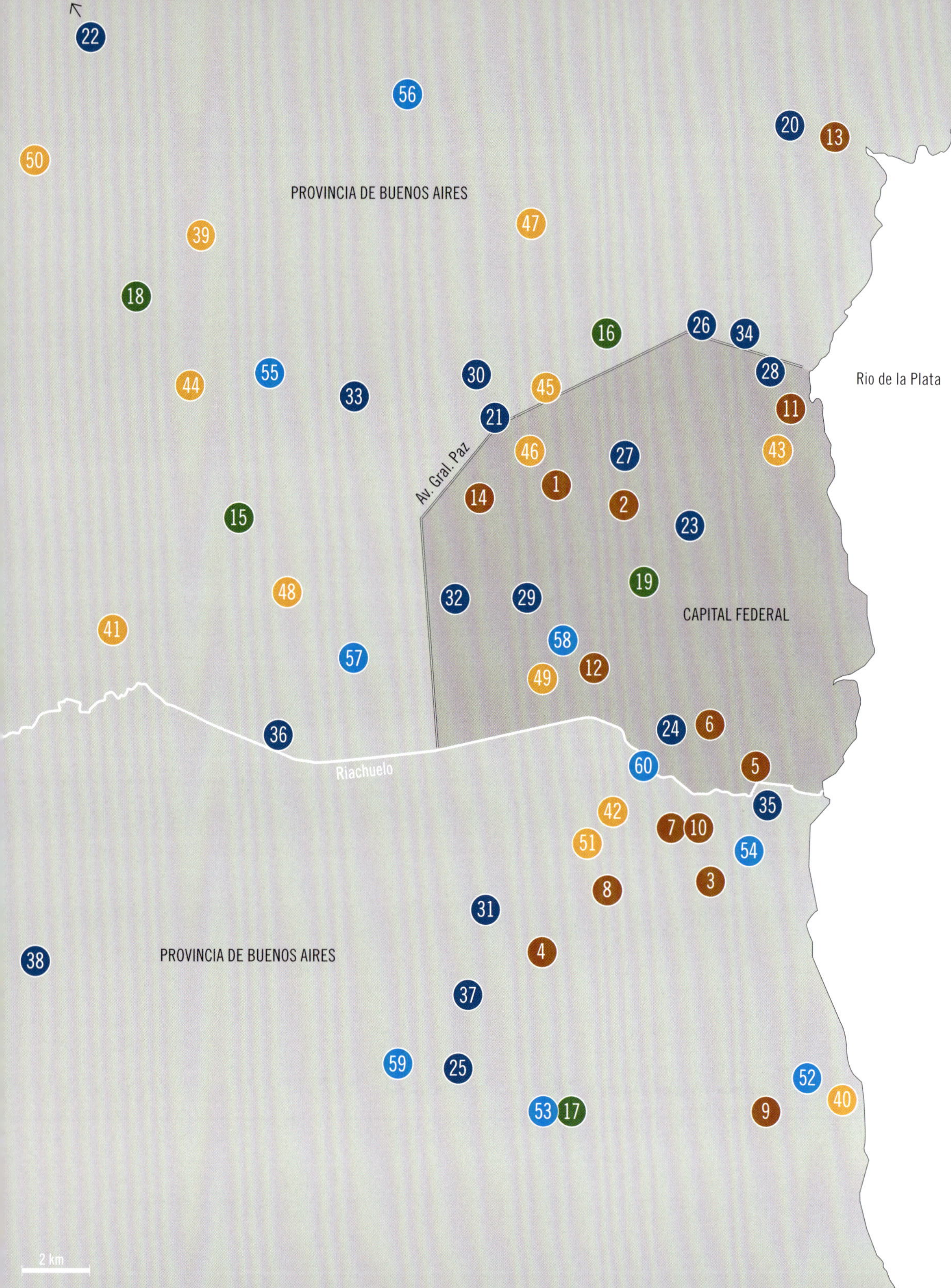
PROVINCIA DE BUENOS AIRES
Rio de la Plata
Av. Gral. Paz
CAPITAL FEDERAL
Riachuelo
PROVINCIA DE BUENOS AIRES
2 km
22
56
20
13
50
47
39
18
16
26
34
28
44
55
33
30
45
21
11
43
46
27
1
14
2
23
15
19
48
32
29
41
58
57
12
49
36
24
6
60
5
35
42
7
10
51
54
3
8
31
4
38
37
59
25
52
40
53
17
9

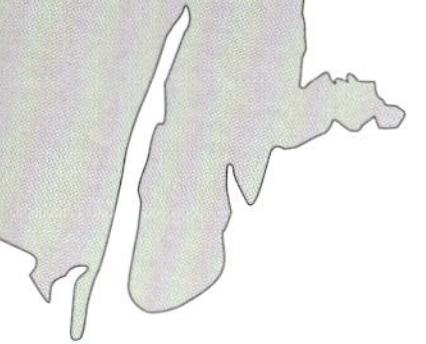

Primera A

1 **CA All Boys,** Estadio Islas Malvinas
2 **AA Argentinos Juniors,** Estadio Diego Armando Maradona
3 **Arsenal FC,** Estadio Julio Humberto Grondona
4 **CA Banfield,** Estadio Florencio Sola
5 **CA Boca Juniors,** Estadio Alberto J. Armando (La Bombonera)
6 **CA Huracán,** Estadio Tomás Adolfo Ducó
7 **CA Independiente,** Estadio Libertadores de América
8 **CA Lanús,** Estadio Ciudad de Lanús
9 **Quilmes AC,** Estadio Centenario Dr. José Luis Meiszner
10 **Racing Club,** Estadio Juan Domingo Perón (El Cilindro)
11 **CA River Plate,** Estadio Antonio Vespucio Liberti (El Monumental)
12 **CA San Lorenzo de Almagro,** Estadio Pedro Bidegain (Nuevo Gasometro)
13 **CA Tigre**, Estadio José Dellagiovanna
14 **CA Vélez Sarsfield**, Estadio José Amalfitani

Primera B Nacional

15 **Club Almirante Brown,** Estadio Fragata Presidente Sarmiento
16 **Chacarita Juniors,** Estadio de Chacarita Juniors *
17 **CSD Defensa y Justicia,** Estadio Norberto Tomaghello
18 **Deportivo Merlo,** Estadio José Manuel Moreno
19 **Club Ferro Carril Oeste,** Estadio Arquitecto Ricardo Etcheverri

Primera B Metropolitana

20 **CA Acassuso,** Estadio La Quema **
21 **Club Almagro,** Estadio 3 de febrero
22 **CD Armenio,** Estadio Armenia
23 **CA Atlanta,** Estadio Don León Kolbovsky
24 **CA Barracas Central,** Estadio de Barracas Central
25 **CA Brown de Adrogué,** Estadio Lorenzo Arandilla
26 **CA Colegiales,** Estadio de Colegiales
27 **Club Comunicaciones**, Estadio Alfredo Ramos
28 **CA Defensores de Belgrano,** Estadio Juan Pasquale
29 **Club Deportivo Español,** Estadio Nueva España
30 **CA Estudiantes de Caseros,** Estadio Ciudad de Caseros
31 **CA Los Andes,** Eduardo Gallardón
32 **CA Nueva Chicago,** Estadio Nueva Chicago
33 **Club Deportivo Morón,** Estadio Francisco Urbano
34 **CA Platense,** Estadio Ciudad de Vicente López
35 **CA San Telmo,** Estadio Dr. Osvaldo Baletto ***
36 **Sportivo Italiano,** Estadio República de Italia
37 **CA Temperley,** Estadio Alfredo Beranger
38 **CSD Tristán Suárez,** Estadio 20 de Octubre

Primera C

39 **CA Argentino de Merlo,** Estadio de Merlo
40 **AD Berazategui,** Estadio Norman Lee
41 **CSC Deportivo Laferrere,** Estadio de Deportivo Laferrere
42 **Club El Porvenir,** Estadio Gildo Francisco Ghersinich
43 **CA Excursionistas,** Estadio de Excursionistas
44 **CA Ferrocarril Midland,** Estadio Ferrocarril Midland
45 **UAI Urquiza,** El Monumental de Villa Lynch
46 **CA General Lamadrid,** Estadio Enrique Sexto
47 **ASD J.J. Urquiza,** Estadio de Ramón Roque Martín
48 **CSD Liniers,** Estadio Juan Antonio Arias
49 **Sacachispas FC,** Estadio Beto Larrosa
50 **CA San Miguel,** Estadio Malvinas Argentinas
51 **CA Talleres de Remedios de Escalada,** Estadio de Talleres de Remedios de Escalada

Primera D

52 **CA Argentino de Quilmes,** Estadio de Argentino de Quilmes
53 **CA Claypole,** Estadio Rodolfo Vicente Capocasa
54 **CS Dock Sud,** Estadio De los Inmigrantes
55 **CA Ituzaingó,** Estadio de Ituzaingó
56 **CDS Juventud Unida,** Estadio Franco Muggeri
57 **CA Lugano,** Estadio Jose Moraños
58 **Deportivo Riestra,** Estadio Guillermo Laza
59 **CSD San Martín de Burzaco,** Estadio Francisco Boga
60 **CA Victoriano Arenas,** Estadio Saturnino Moure

folgende vier Klubs der Primera D haben kein eigenes Stadion:
CSD Central Ballester trägt seine Heimspiele im Stadion von Juventud Unida aus
Centro Español trägt seine Heimspiele im Stadion von Cañuelas aus
CA Deportivo Paraguayo trägt seine Heimspiele im Stadion von Deportivo Riestra aus
CSD Yupanqui trägt seine Heimspiele im Stadion von Liniers aus

* Chacarita Juniors spielt wegen Neubau des eigenen Stadions derzeit im Stadion von Almagro

** das Stadion von Acassuso ist für die Primera B nicht zugelassen, Acassuso trägt seine Heimspiele derzeit im Stadion von Platense aus

*** das Stadion von San Telmo ist von den Behörden geschlossen worden, San Telmo trägt seine Heimspiele derzeit im Stadion von Comunicaciones aus

Stand August 2010

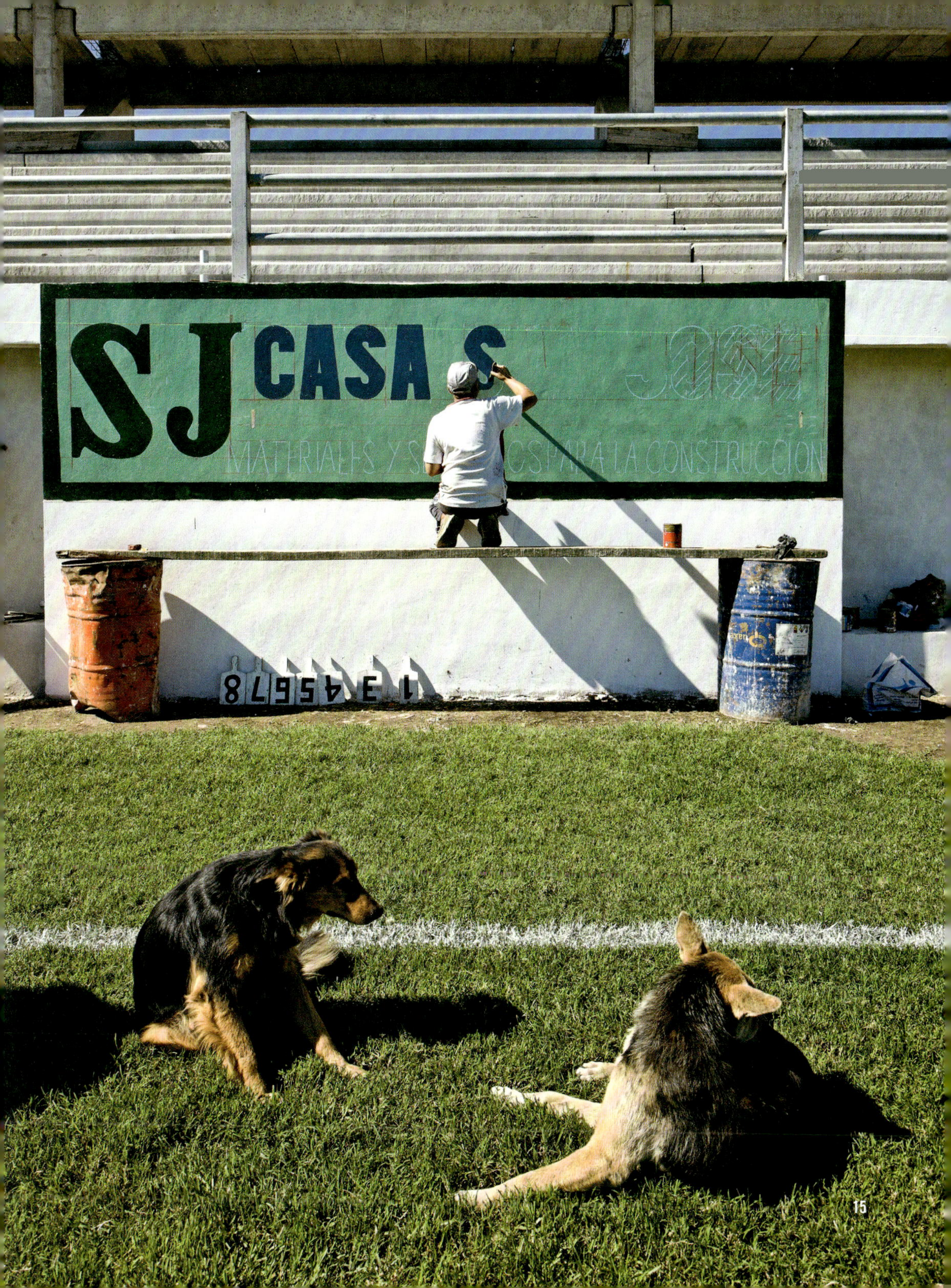
SJ
CASA S

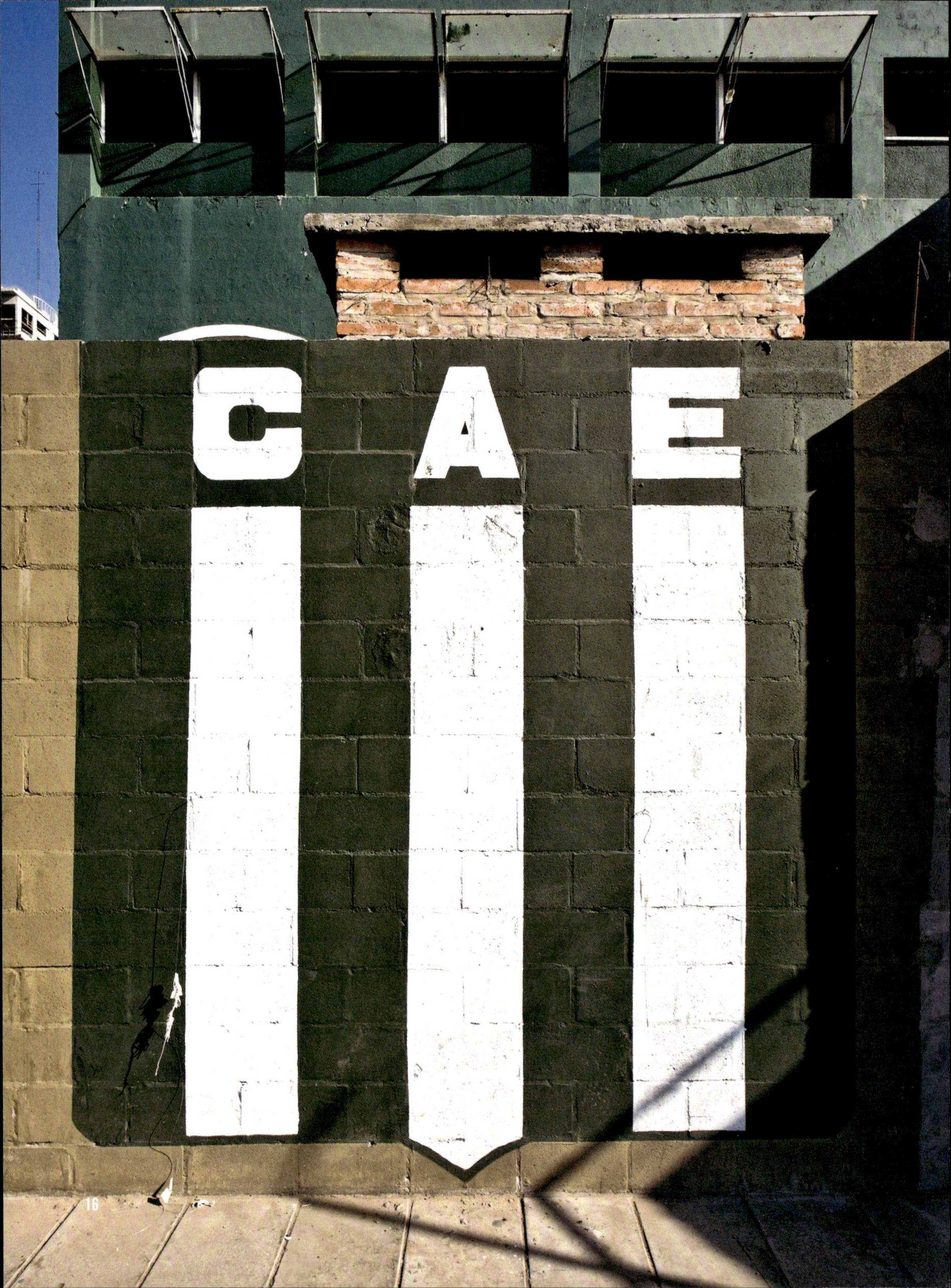
CAE

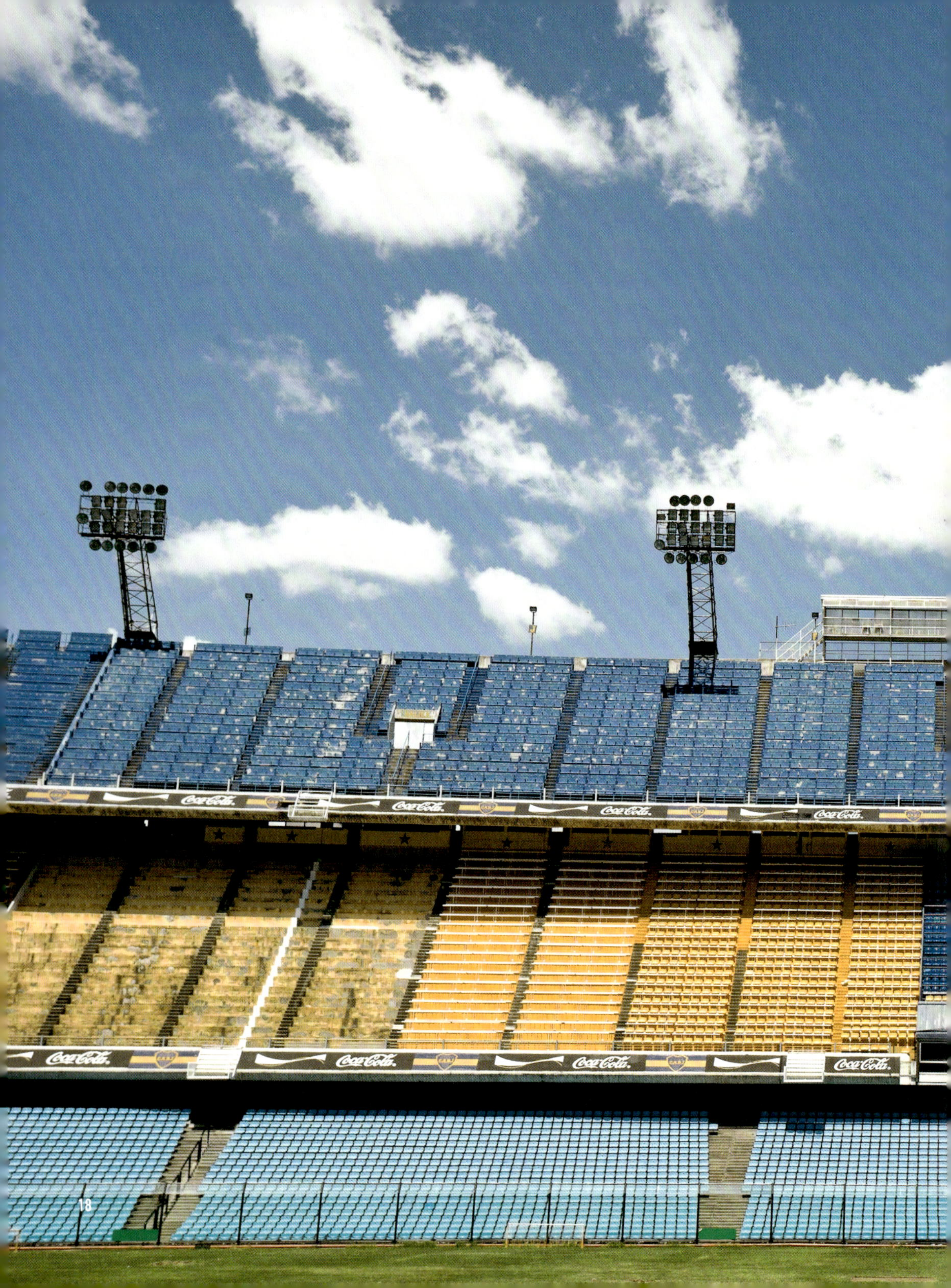
Coca-Cola

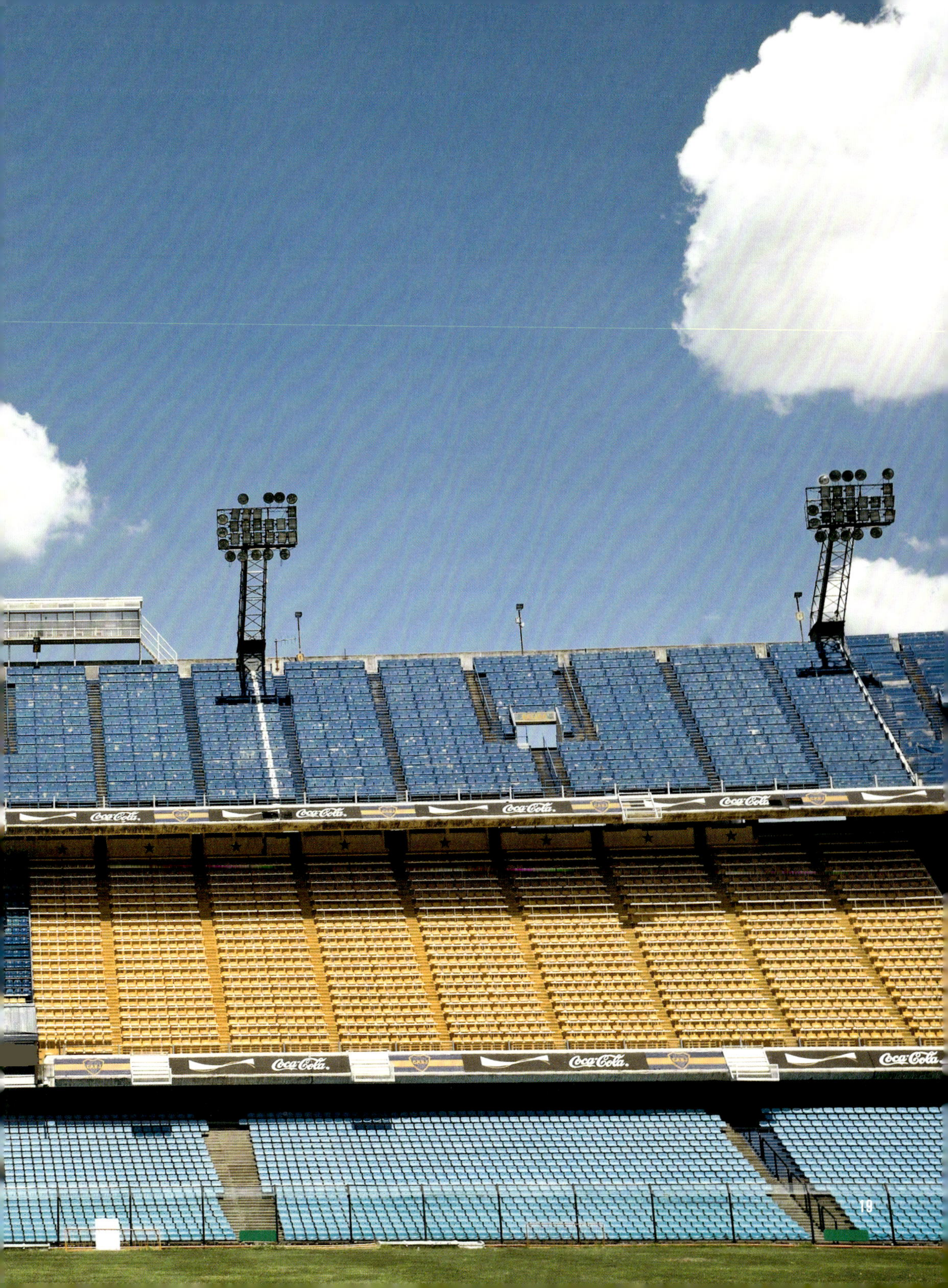
Coca-Cola
Coca-Cola
Coca-Cola
Coca-Cola
Coca-Cola
Coca-Cola
Coca-Cola

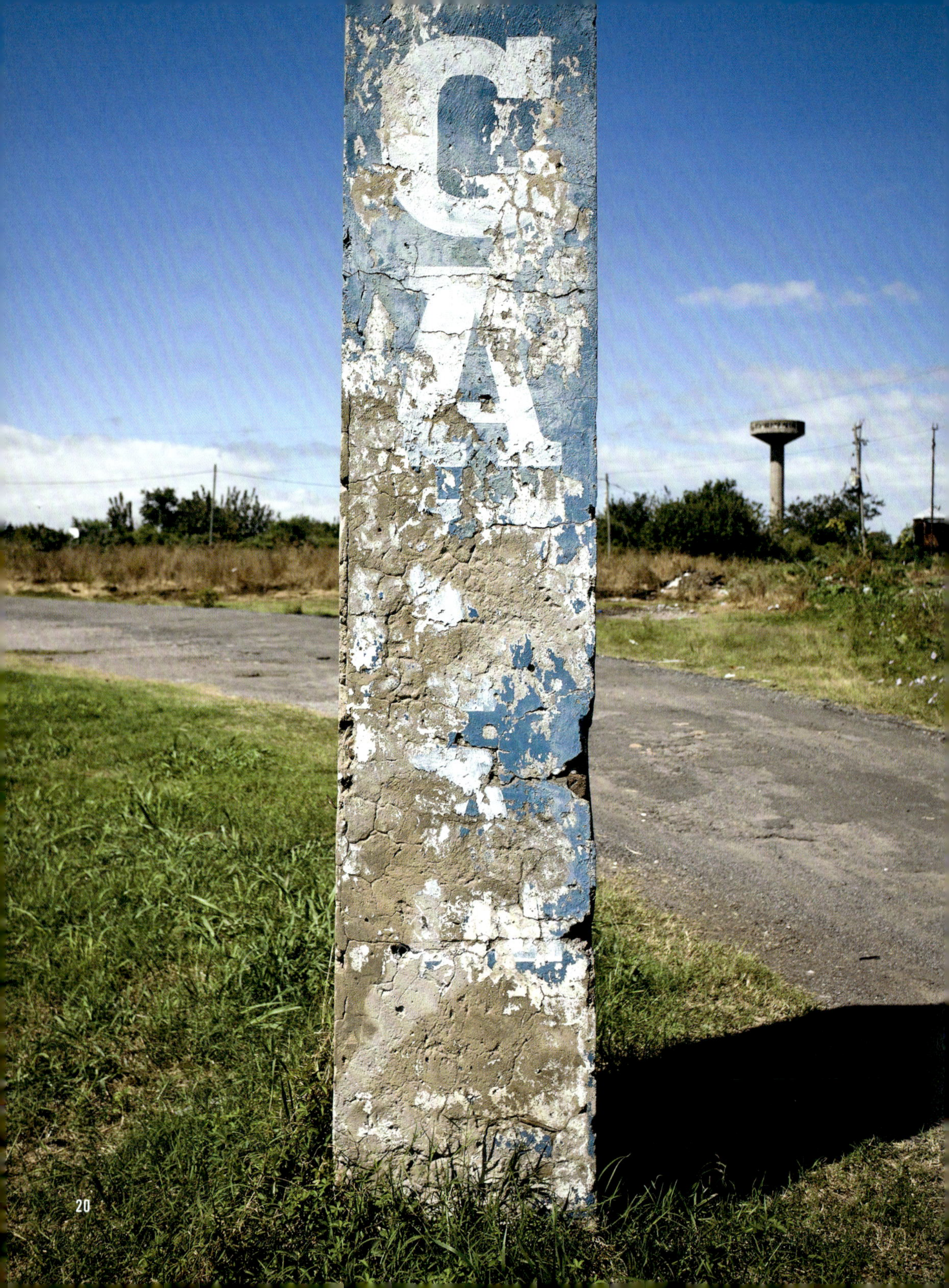
C
A

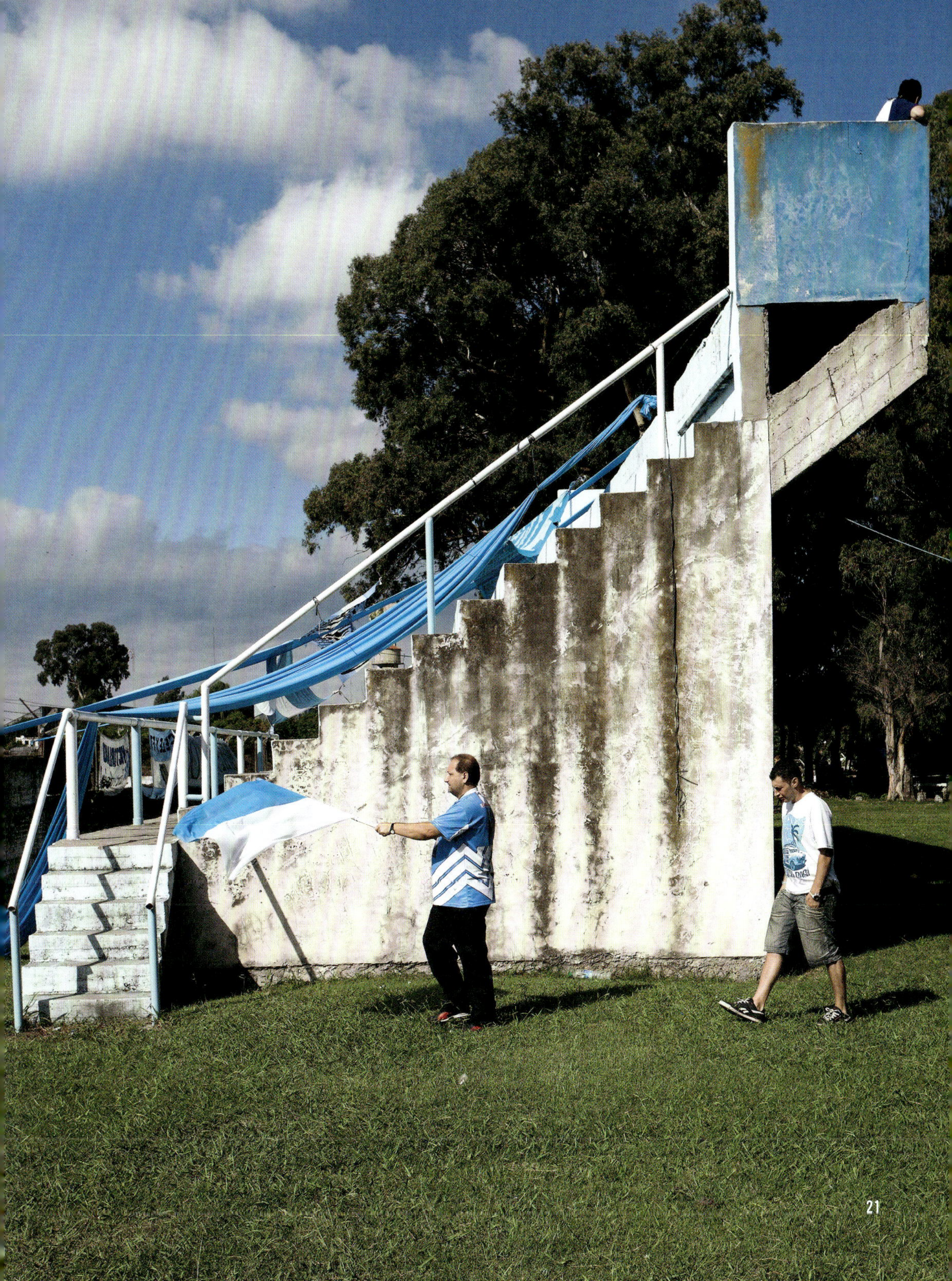

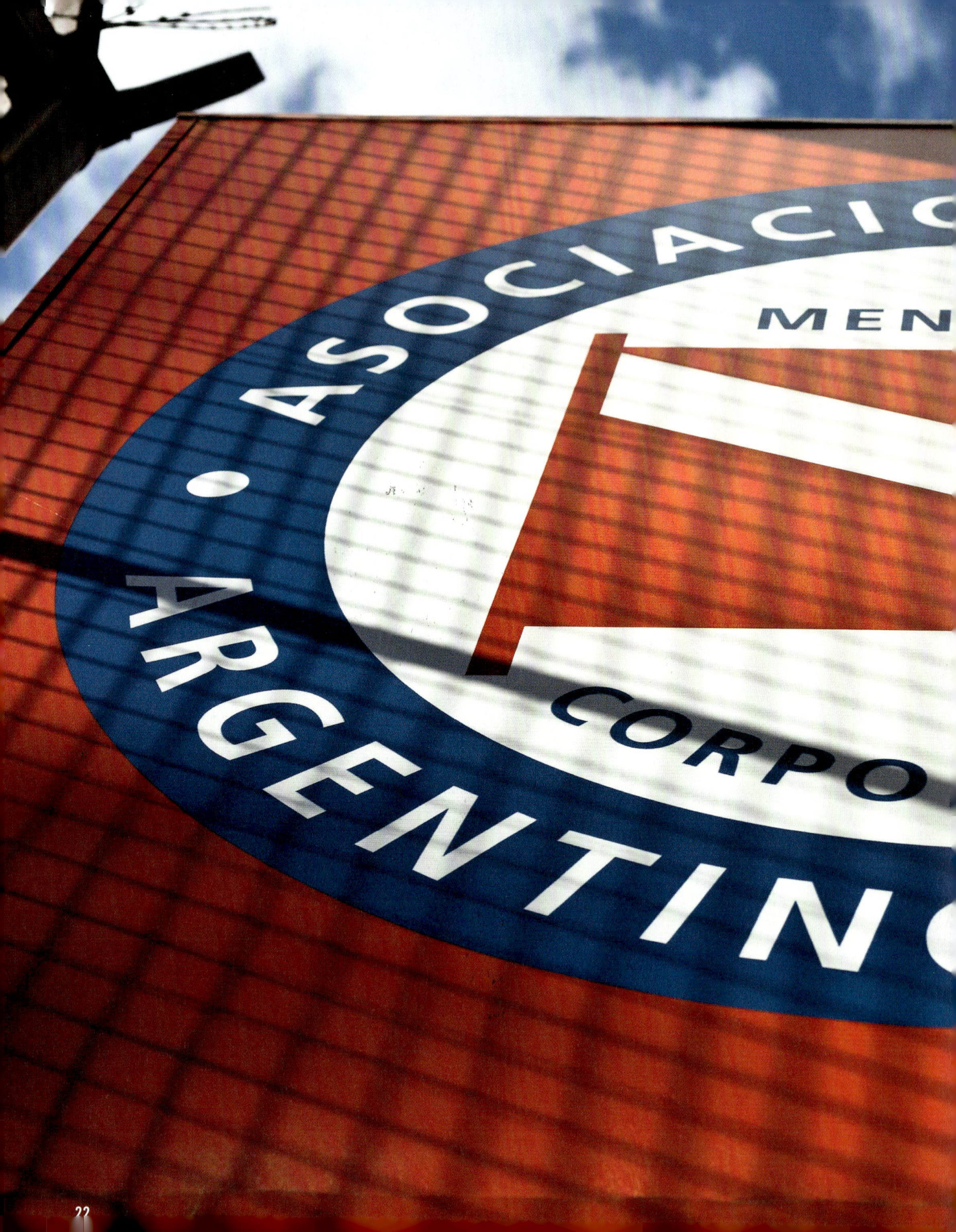
ASOCIACIO
MEN
CORPO
ARGENTIN

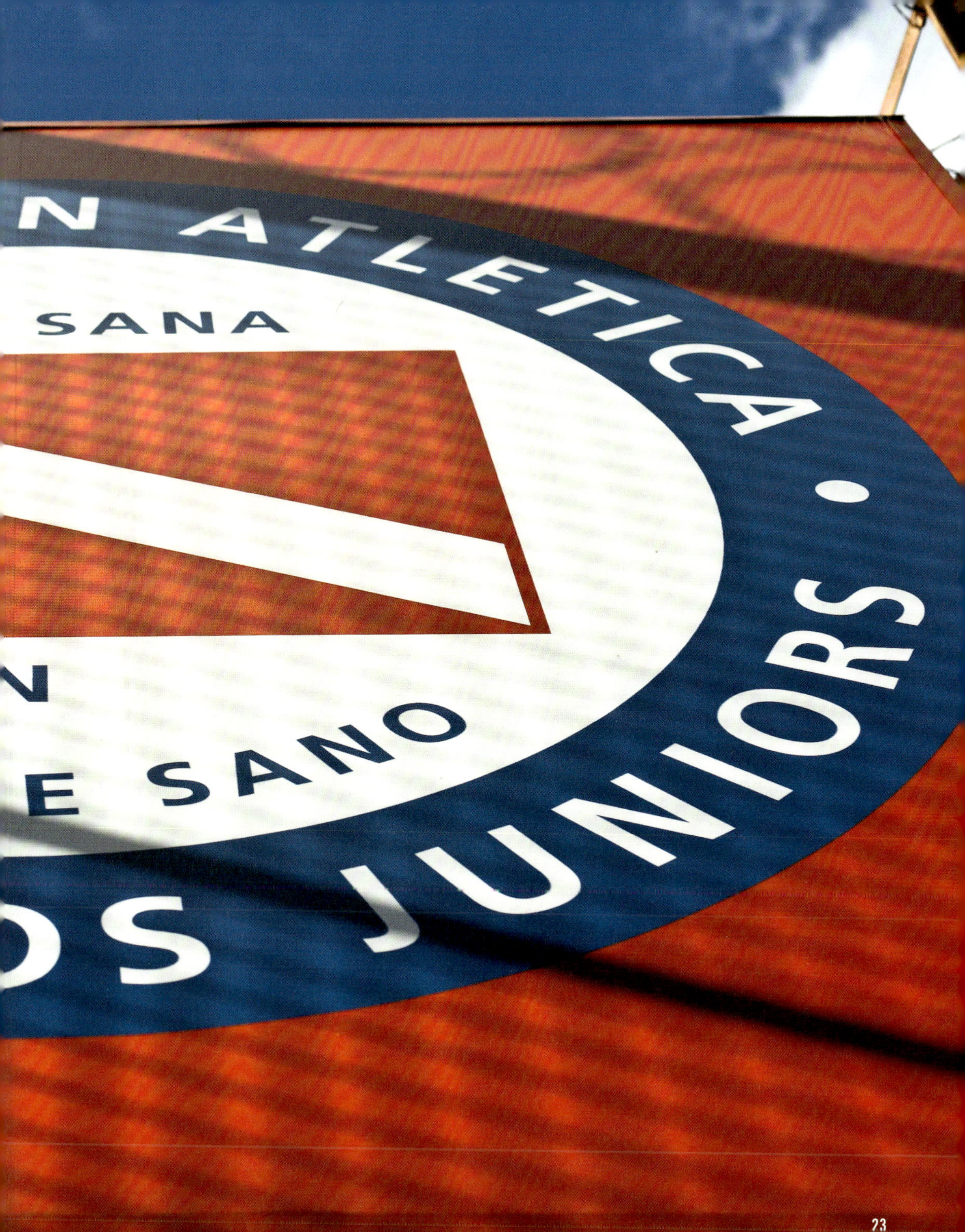
N ATLETICA •
SANA
N
E SANO
OS JUNIORS

201
200

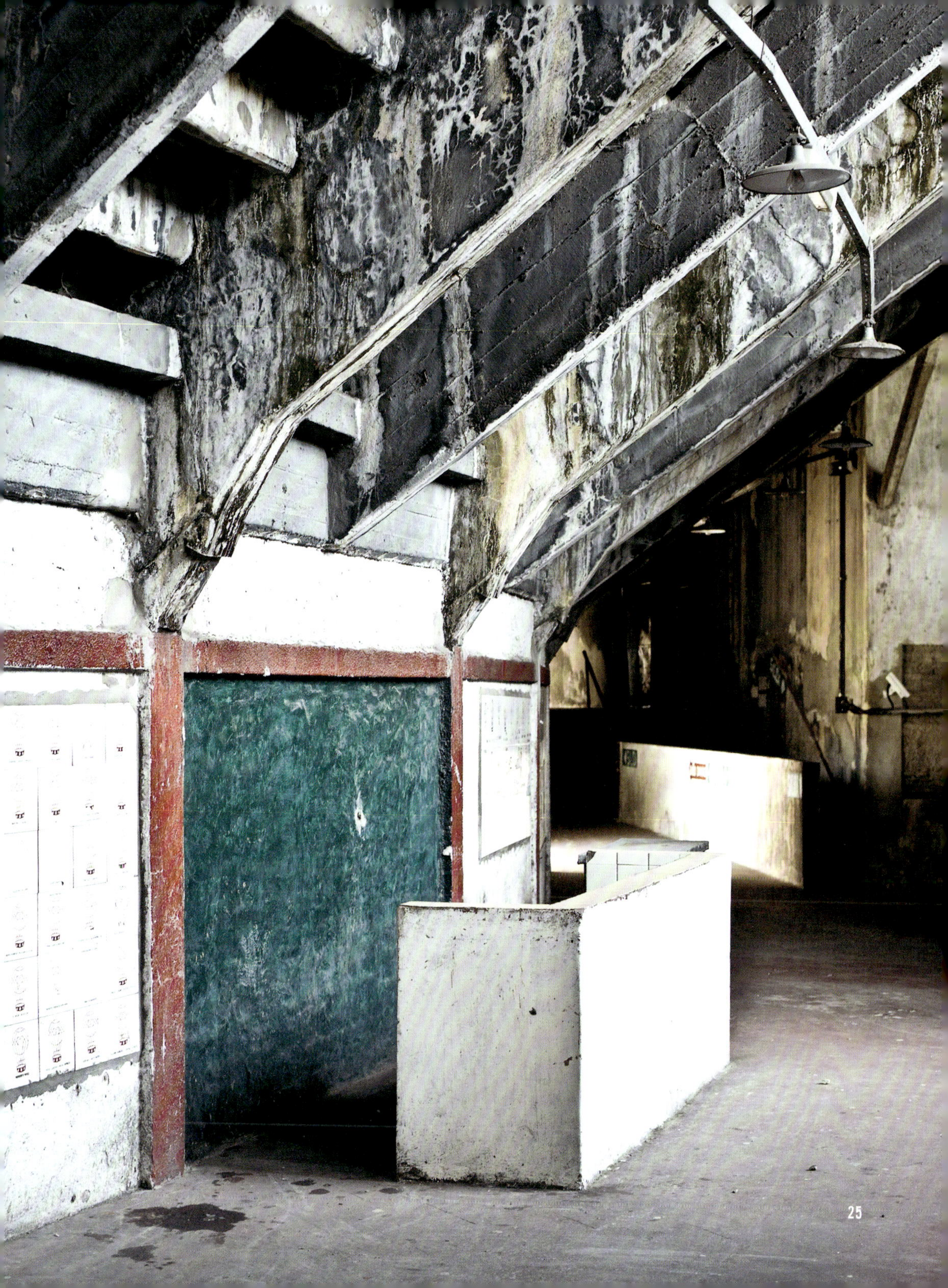

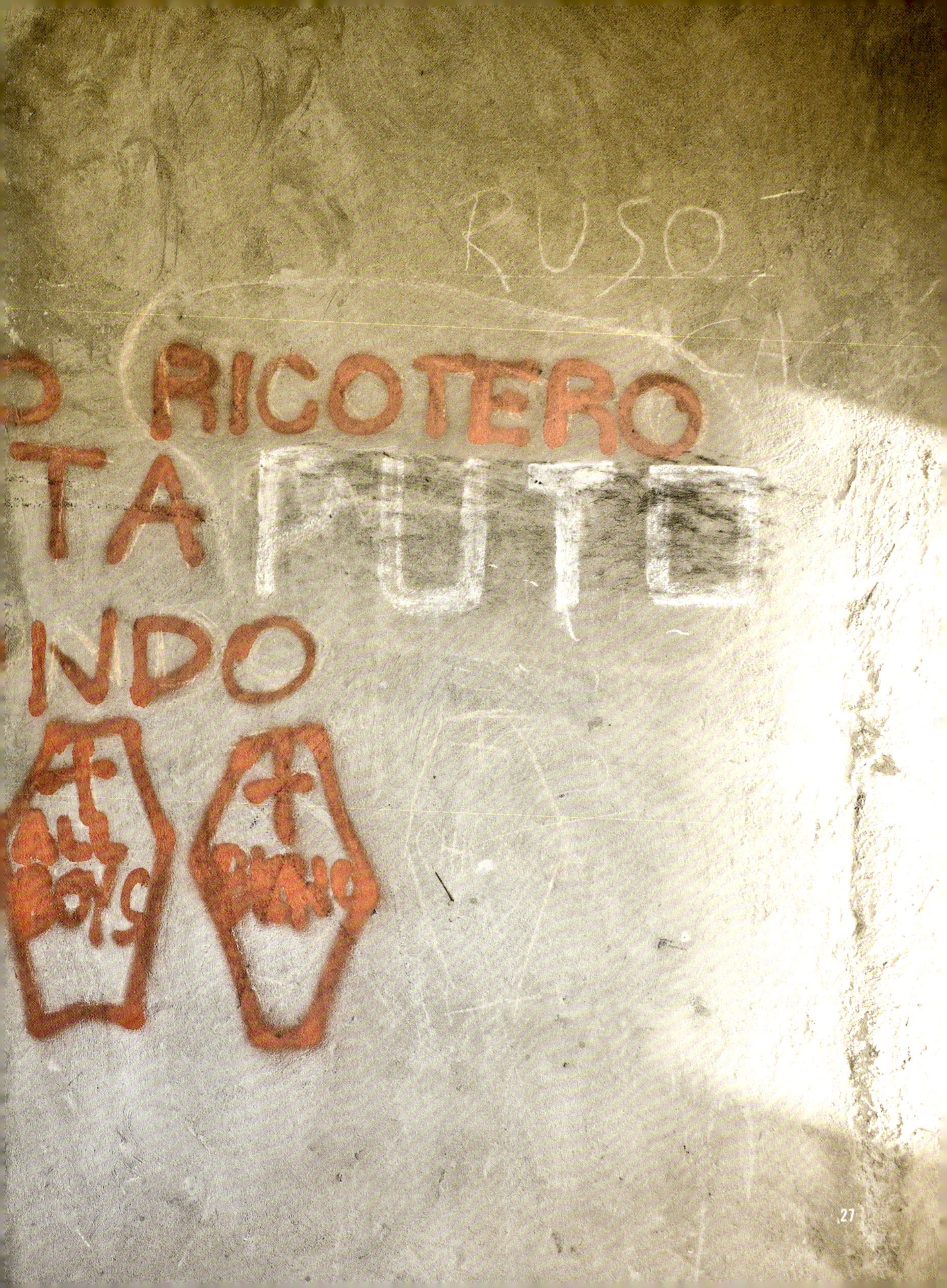
RUSO
RICOTERO
TA
PUTO
NDO

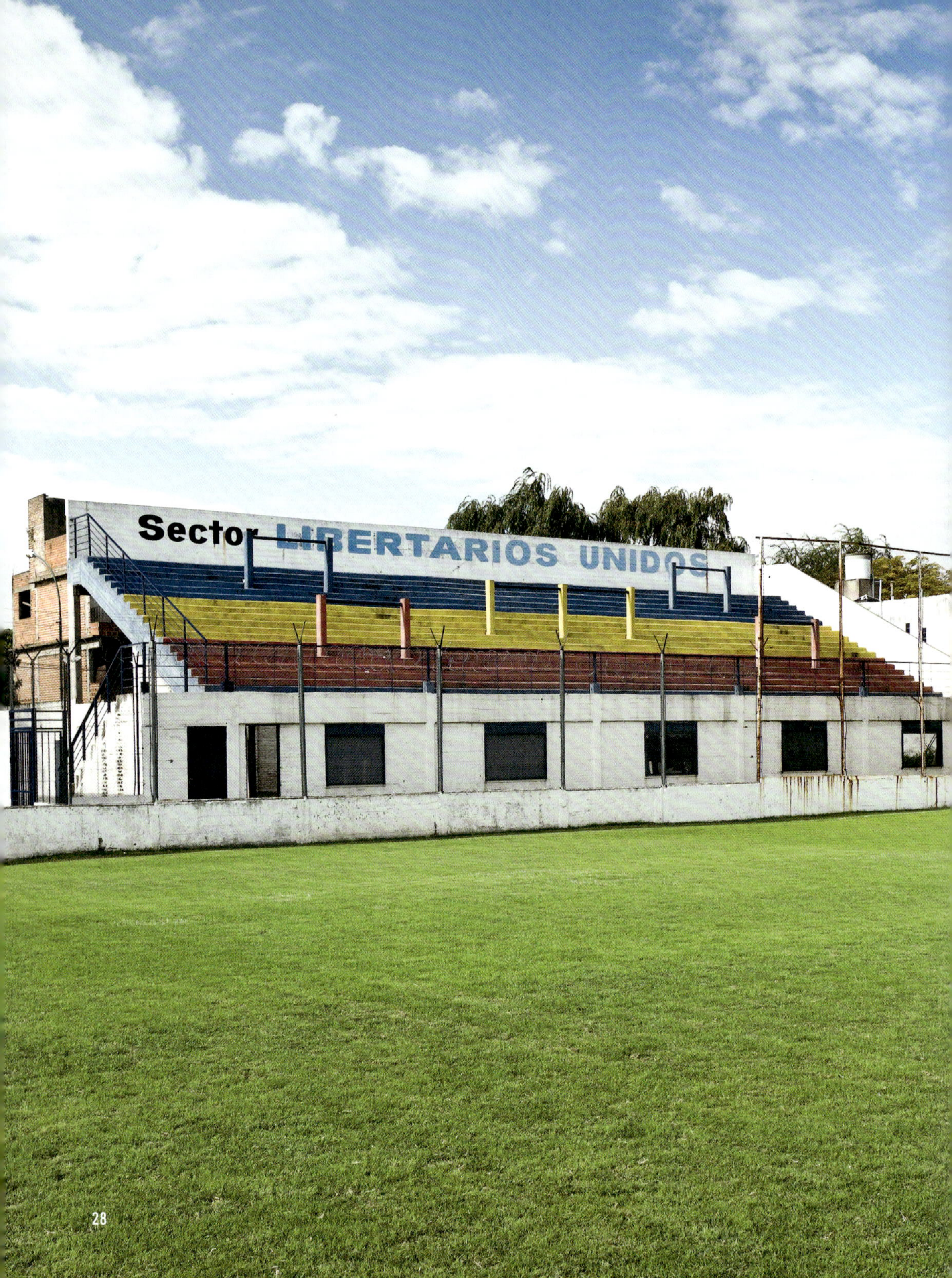
Sector LIBERTARIOS UNIDOS

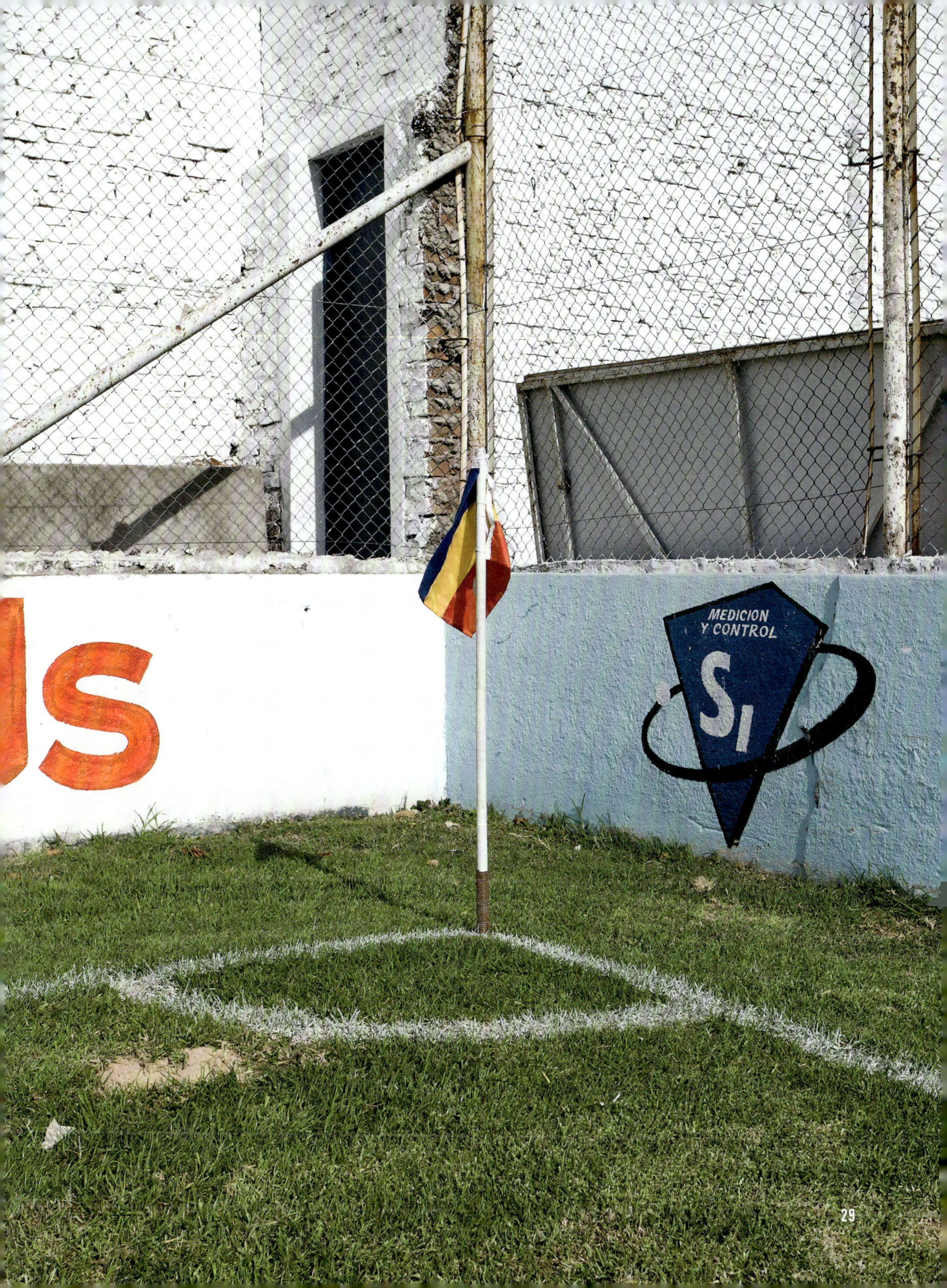

MEDICION
Y CONTROL
SI

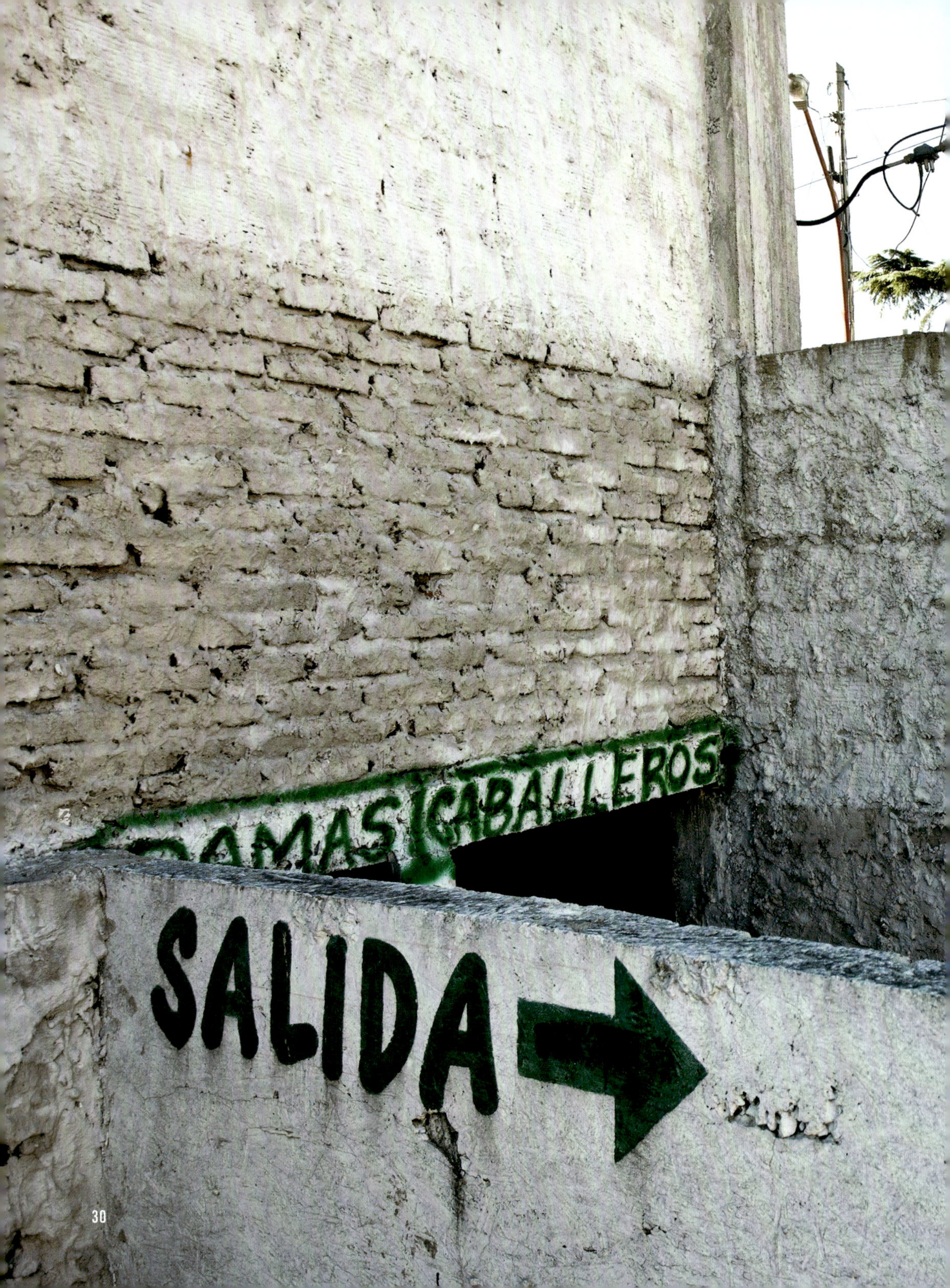
DAMAS CABALLEROS
SALIDA

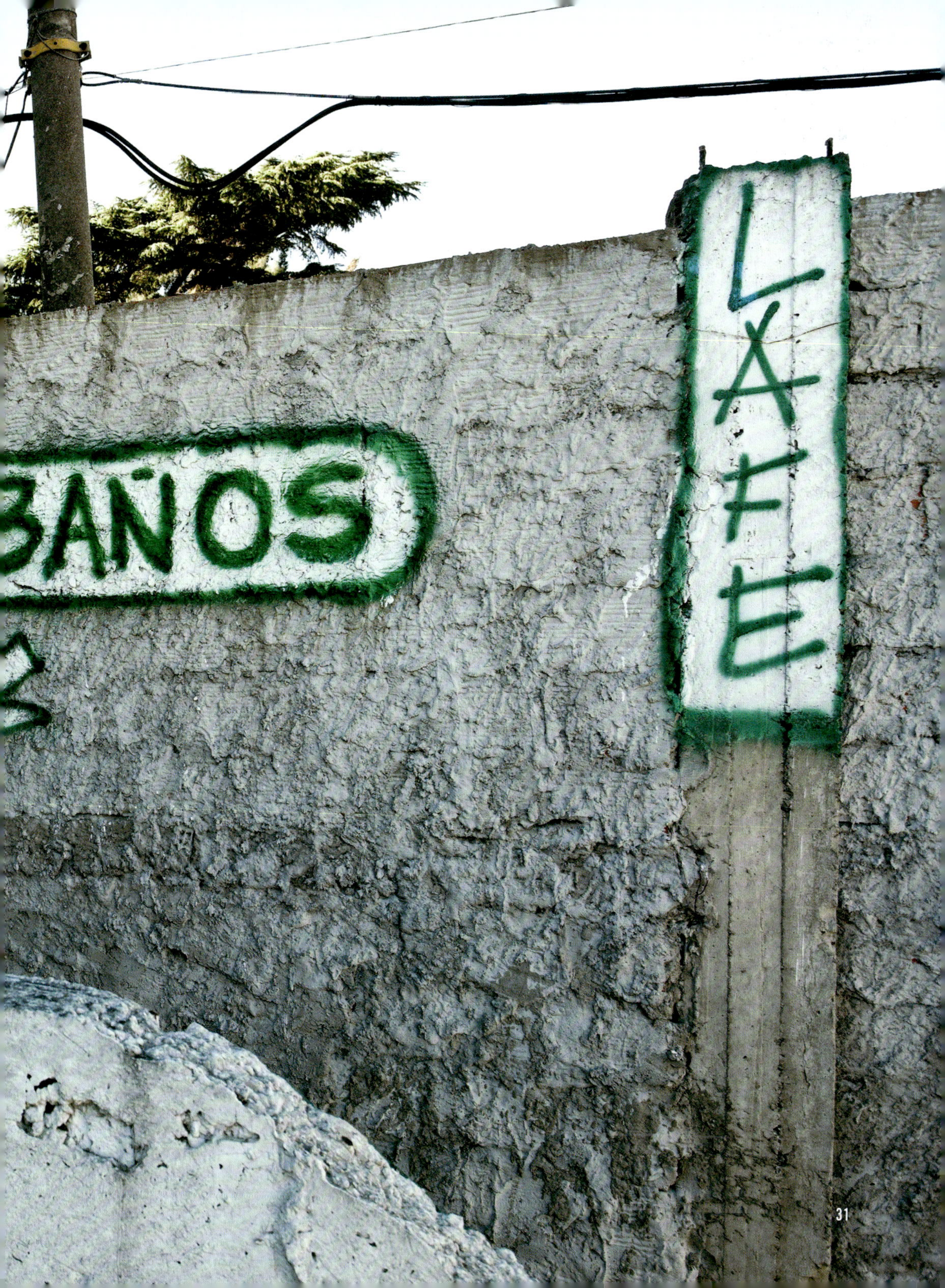
BAÑOS
LAFE

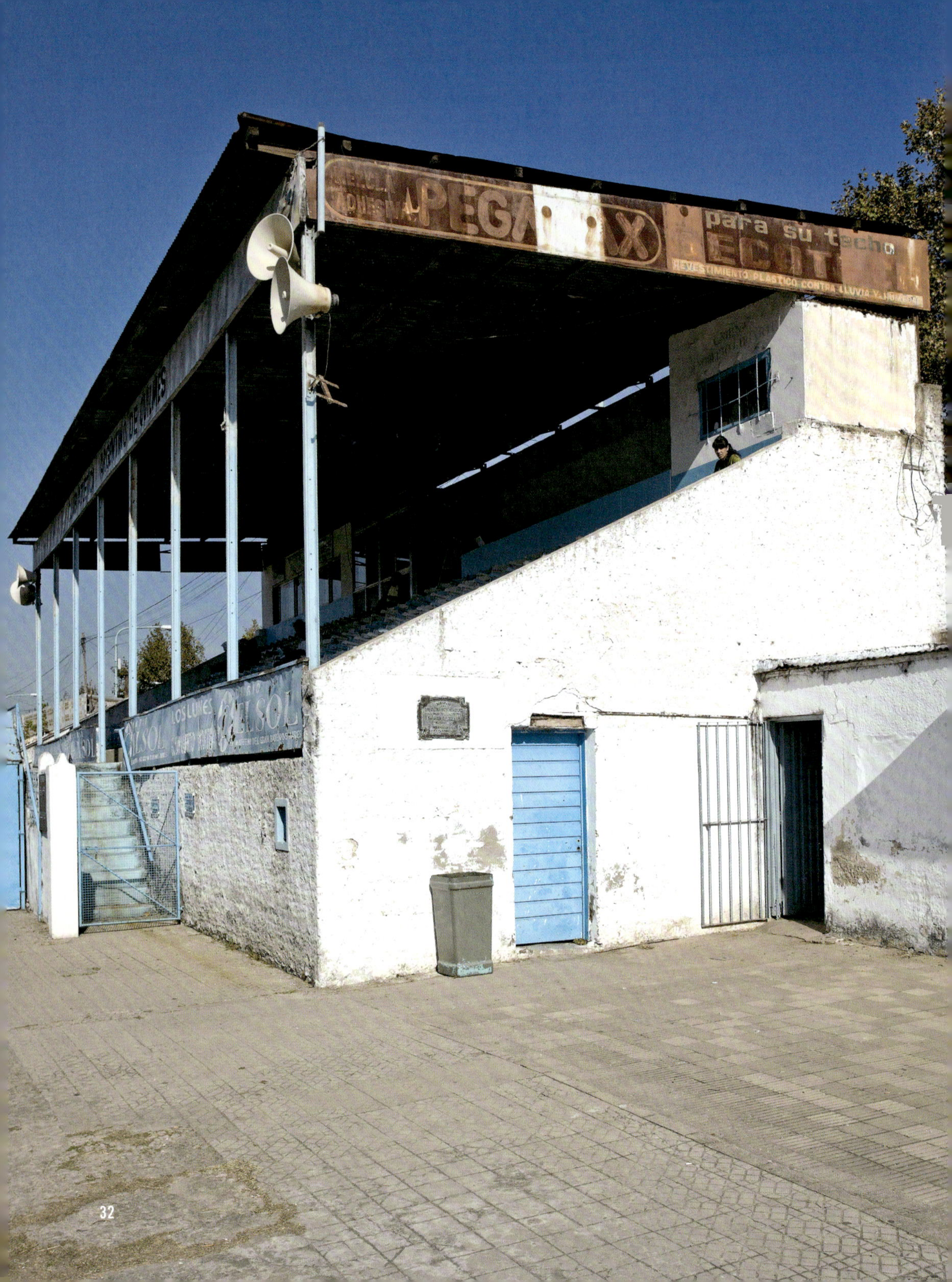
PEGA
X
para su techo
LOS LUNES

UTILERIA

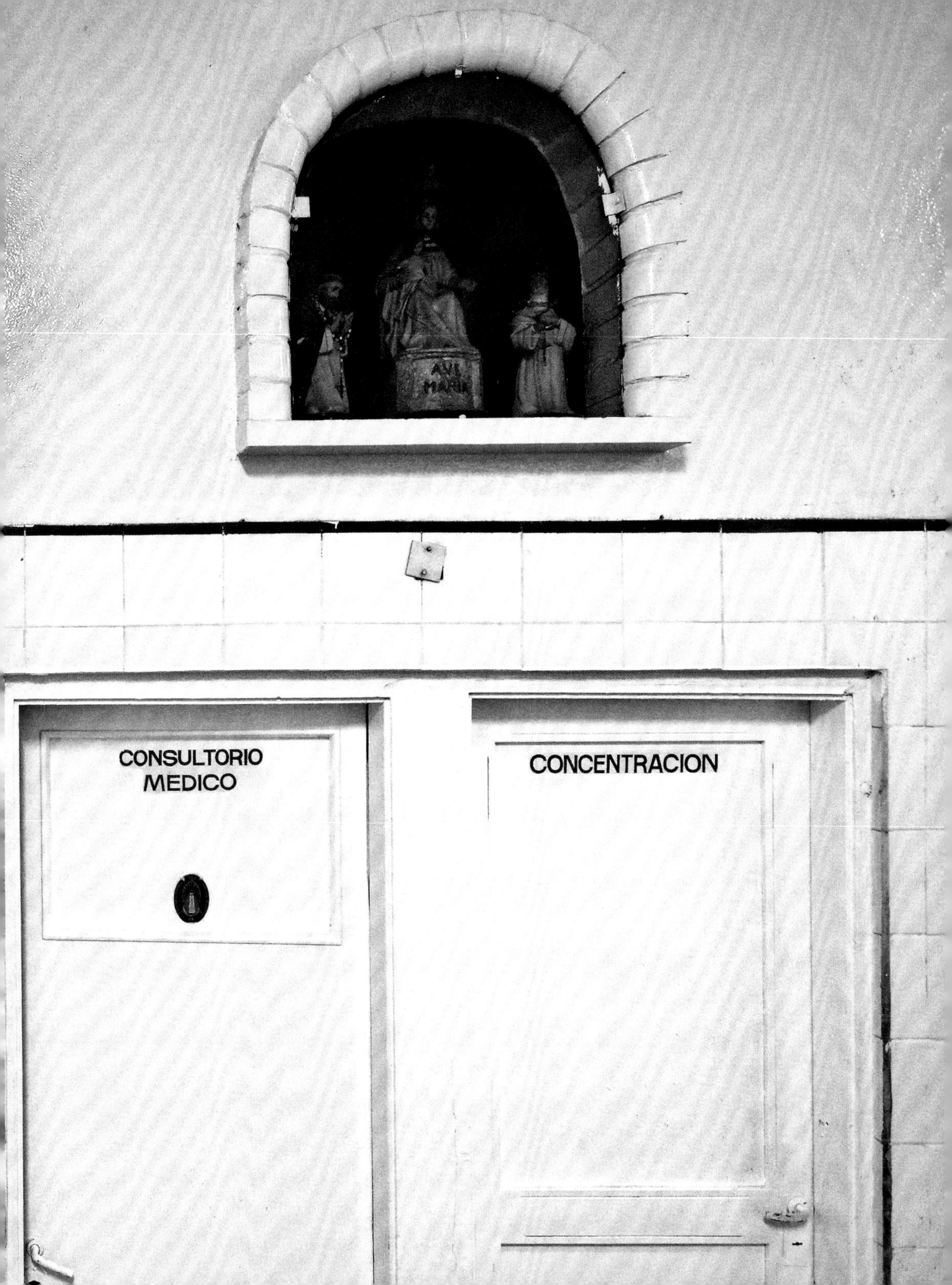
CONSULTORIO
MEDICO
CONCENTRACION

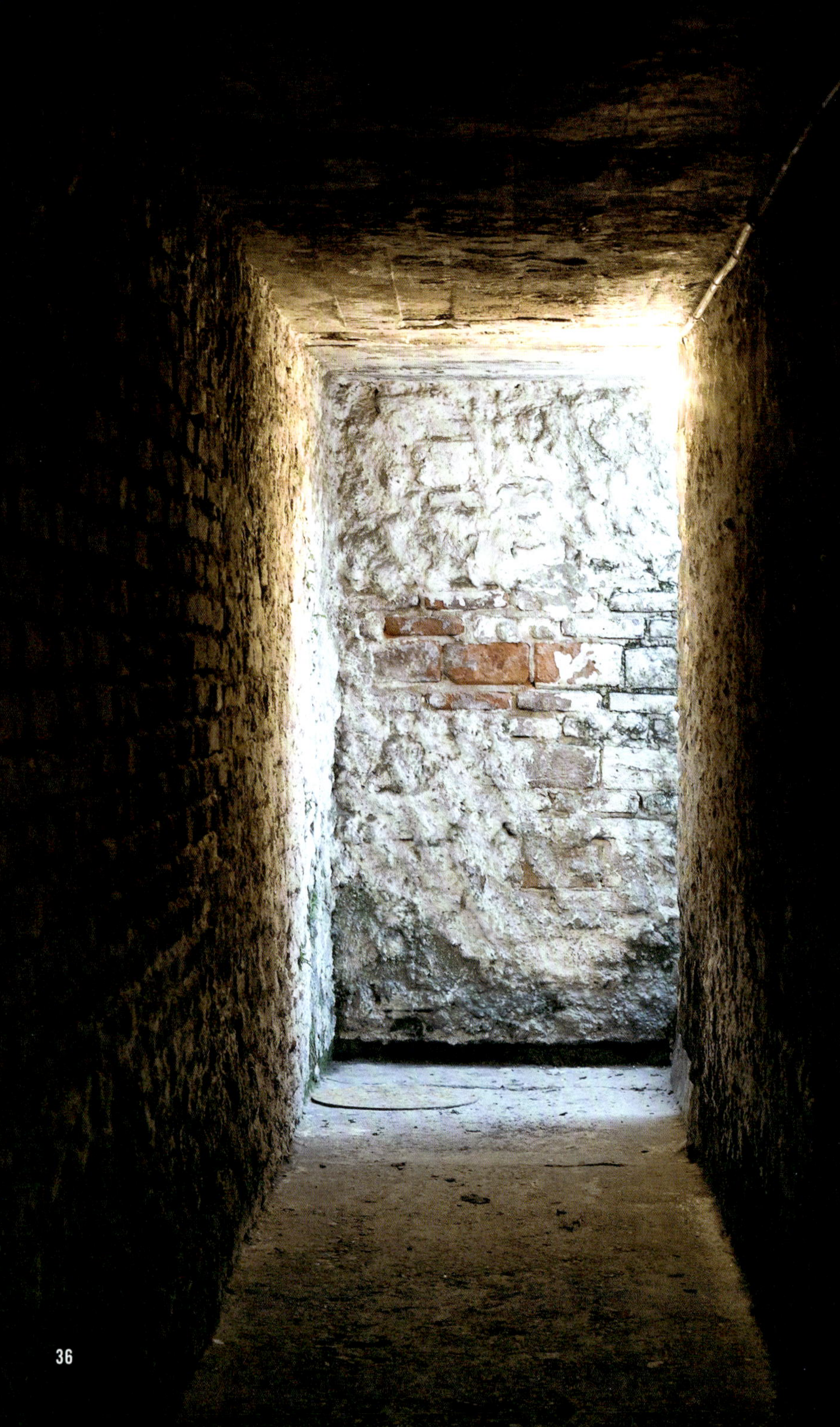

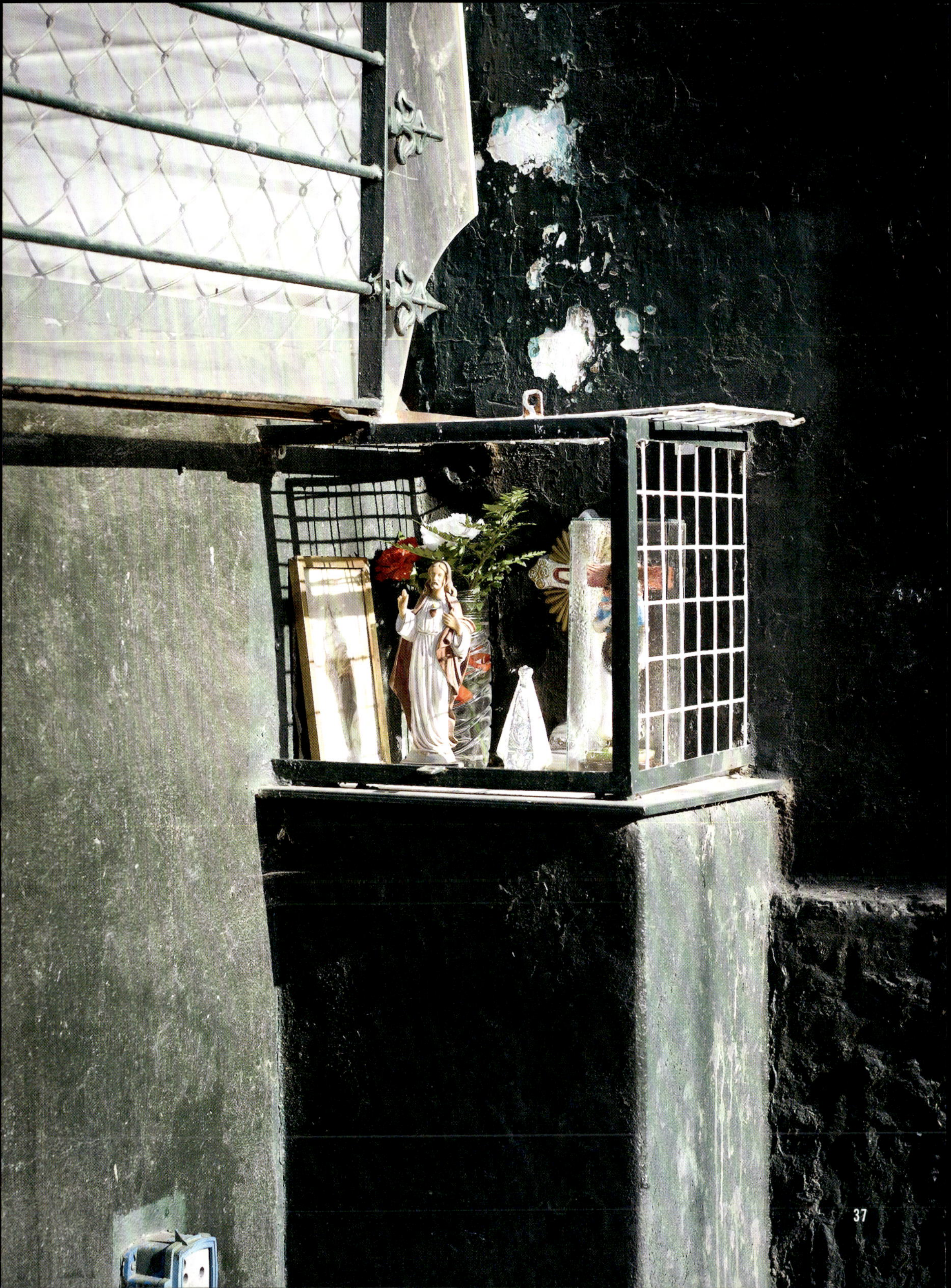

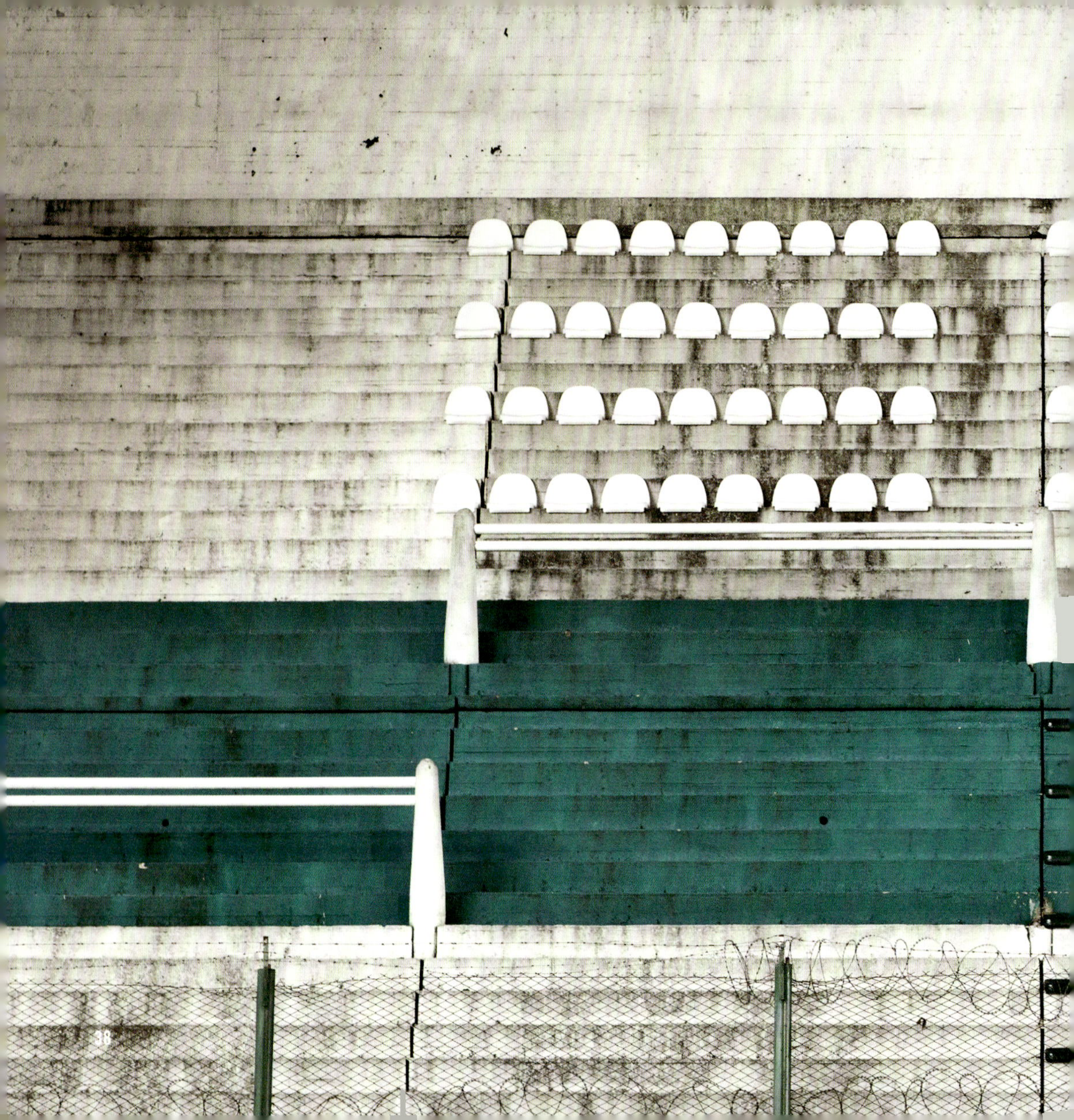

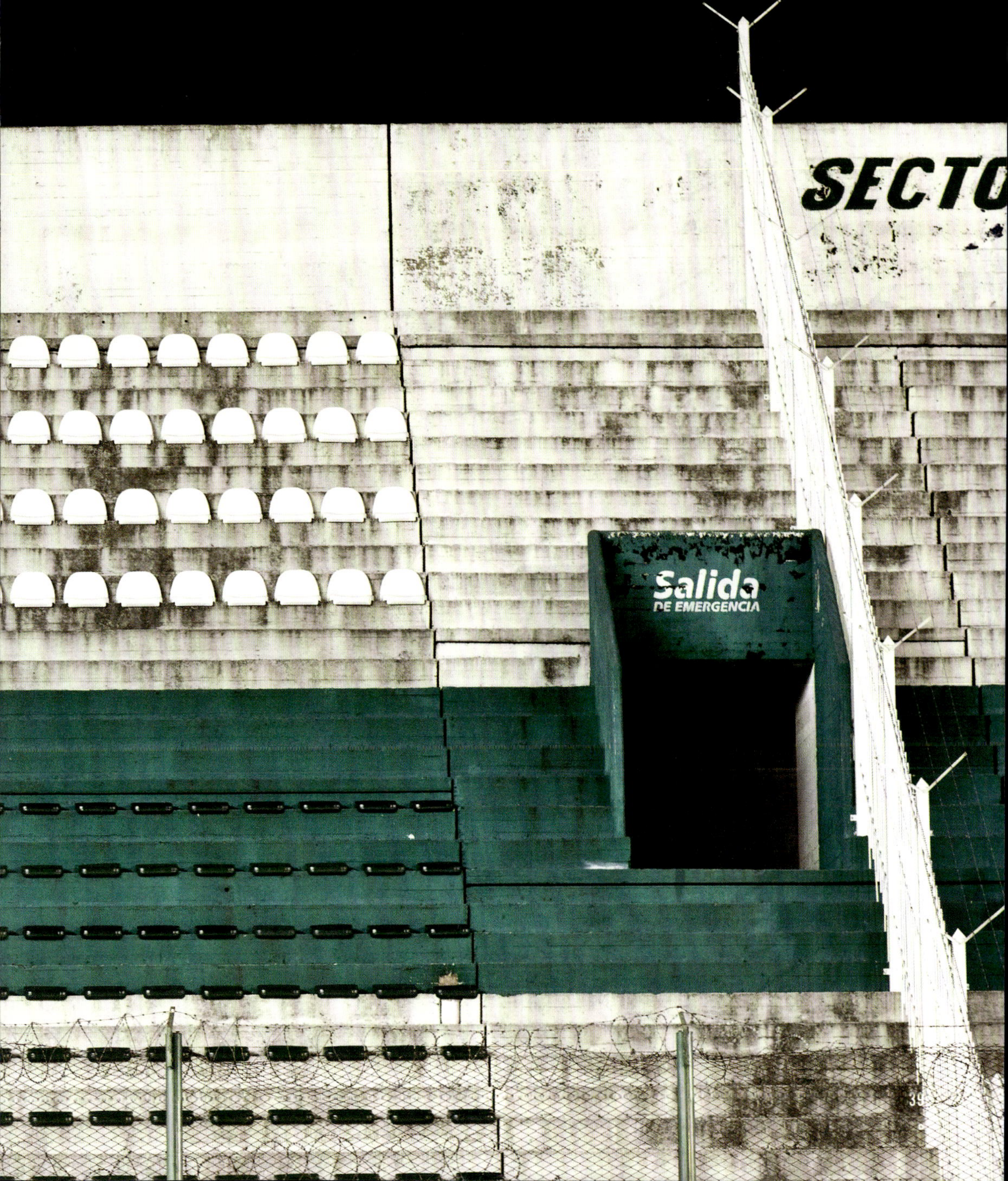
SECTO
Salida
DE EMERGENCIA

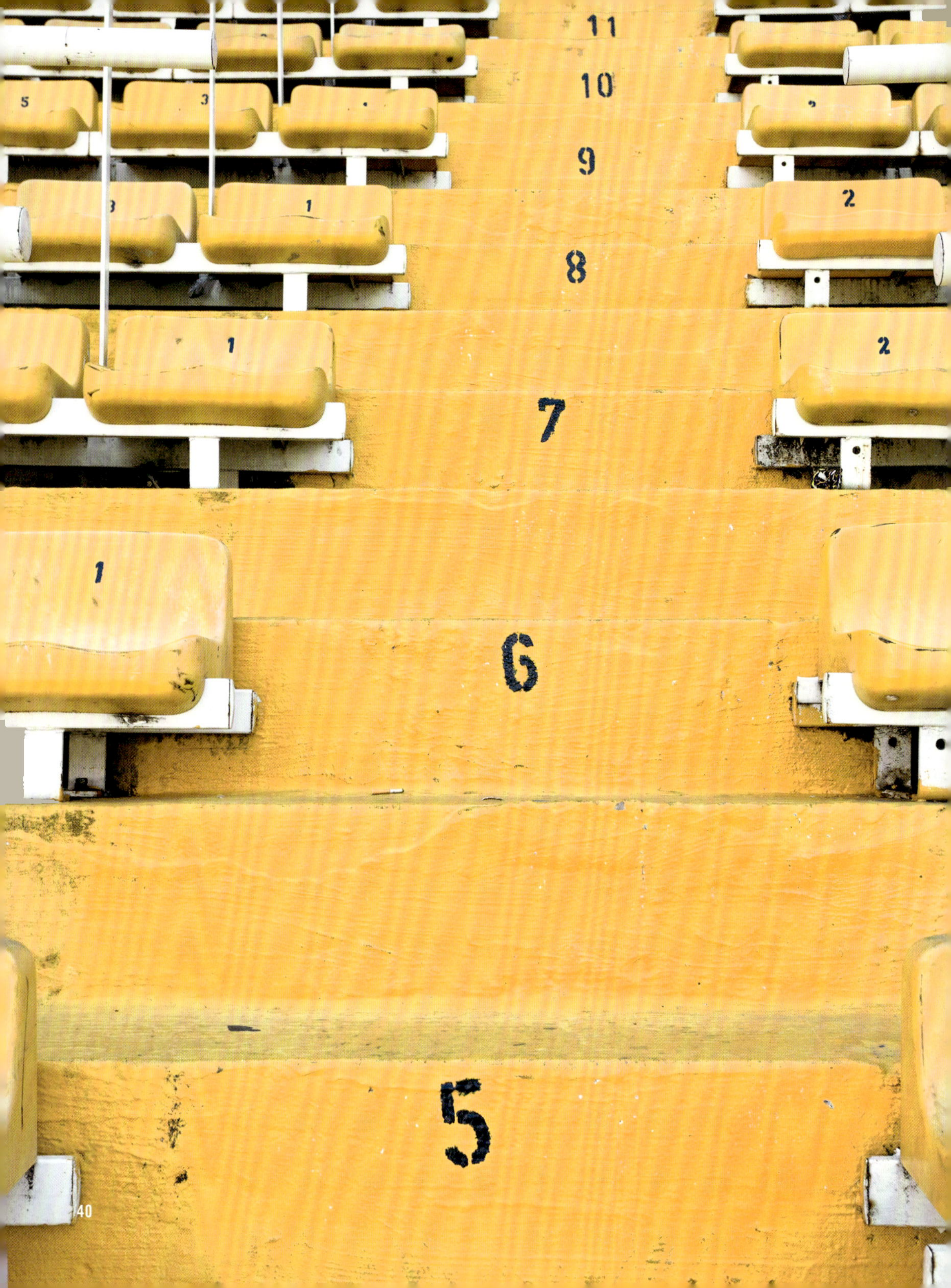
11
10
9
8
7
6
5

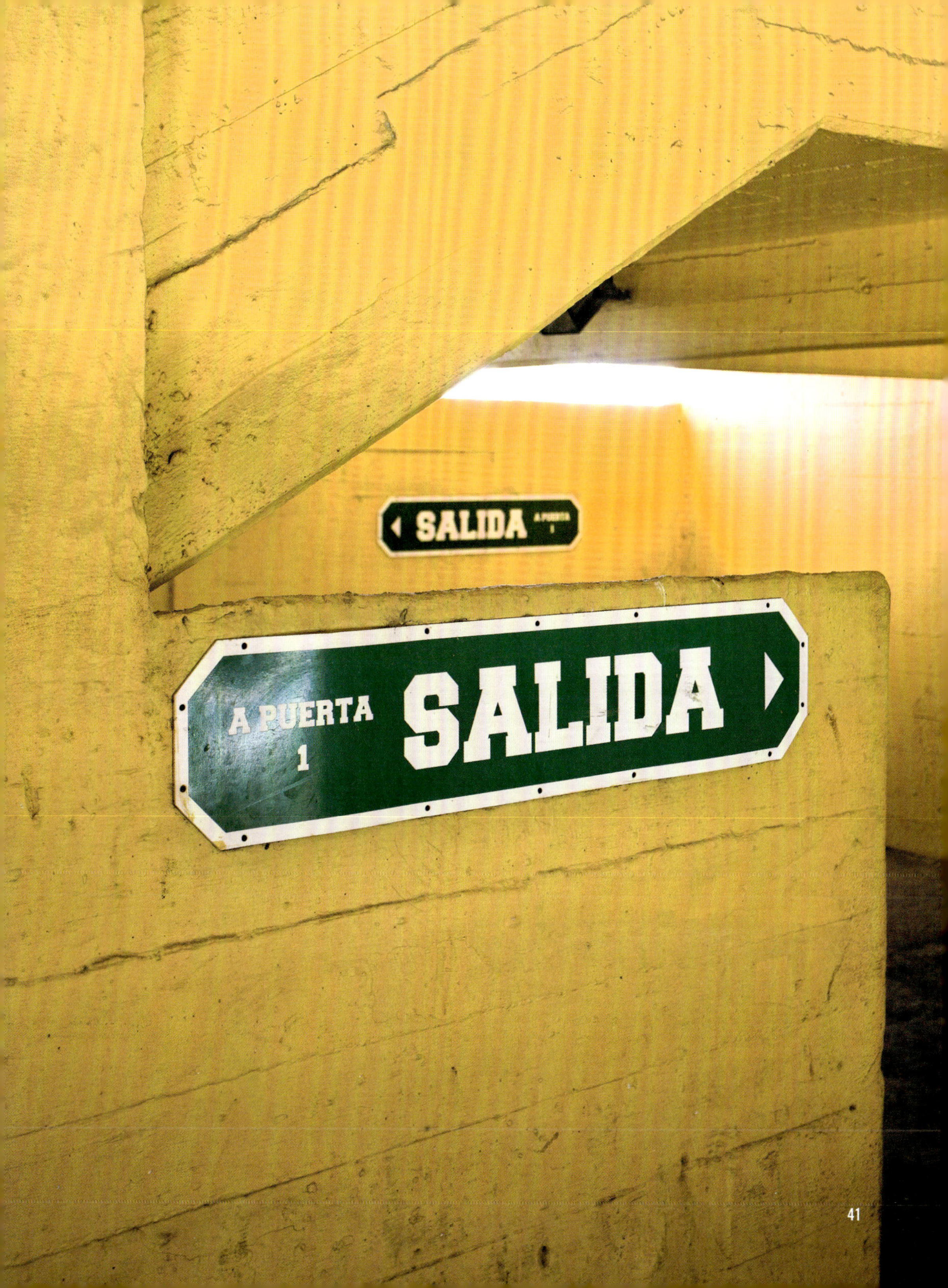
SALIDA
A PUERTA
1
SALIDA

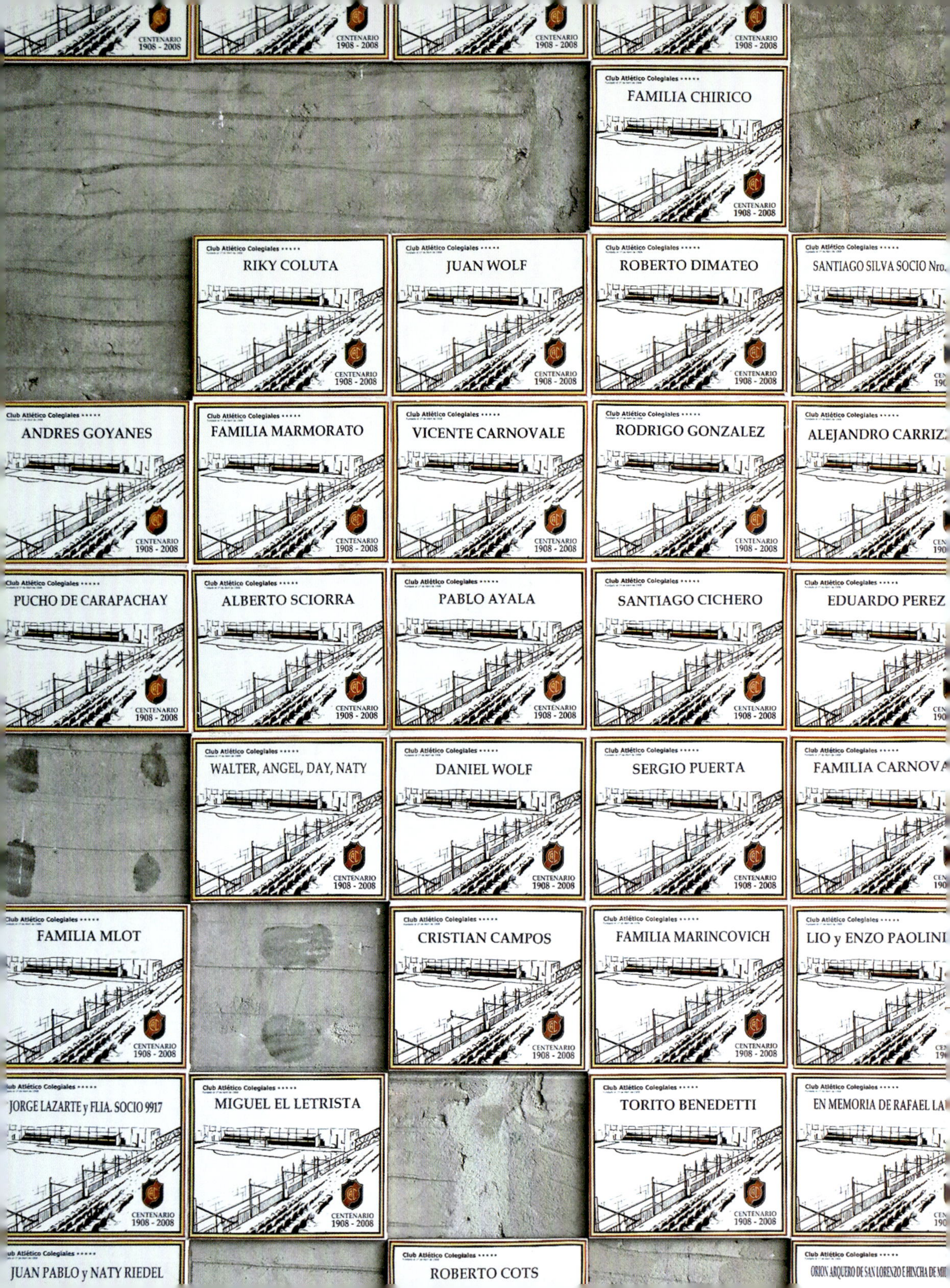

CENTENARIO 1908 - 2008
Club Atlético Colegiales
FAMILIA CHIRICO
RIKY COLUTA
JUAN WOLF
ROBERTO DIMATEO
SANTIAGO SILVA SOCIO Nro.
ANDRES GOYANES
FAMILIA MARMORATO
VICENTE CARNOVALE
RODRIGO GONZALEZ
ALEJANDRO CARRIZ
PUCHO DE CARAPACHAY
ALBERTO SCIORRA
PABLO AYALA
SANTIAGO CICHERO
EDUARDO PEREZ
WALTER, ANGEL, DAY, NATY
DANIEL WOLF
SERGIO PUERTA
FAMILIA CARNOVA
FAMILIA MLOT
CRISTIAN CAMPOS
FAMILIA MARINCOVICH
LIO y ENZO PAOLINI
JORGE LAZARTE y FLIA. SOCIO 9917
MIGUEL EL LETRISTA
TORITO BENEDETTI
EN MEMORIA DE RAFAEL LA
JUAN PABLO y NATY RIEDEL
ROBERTO COTS
ORION ARQUERO DE SAN LORENZO E HINCHA DE MU

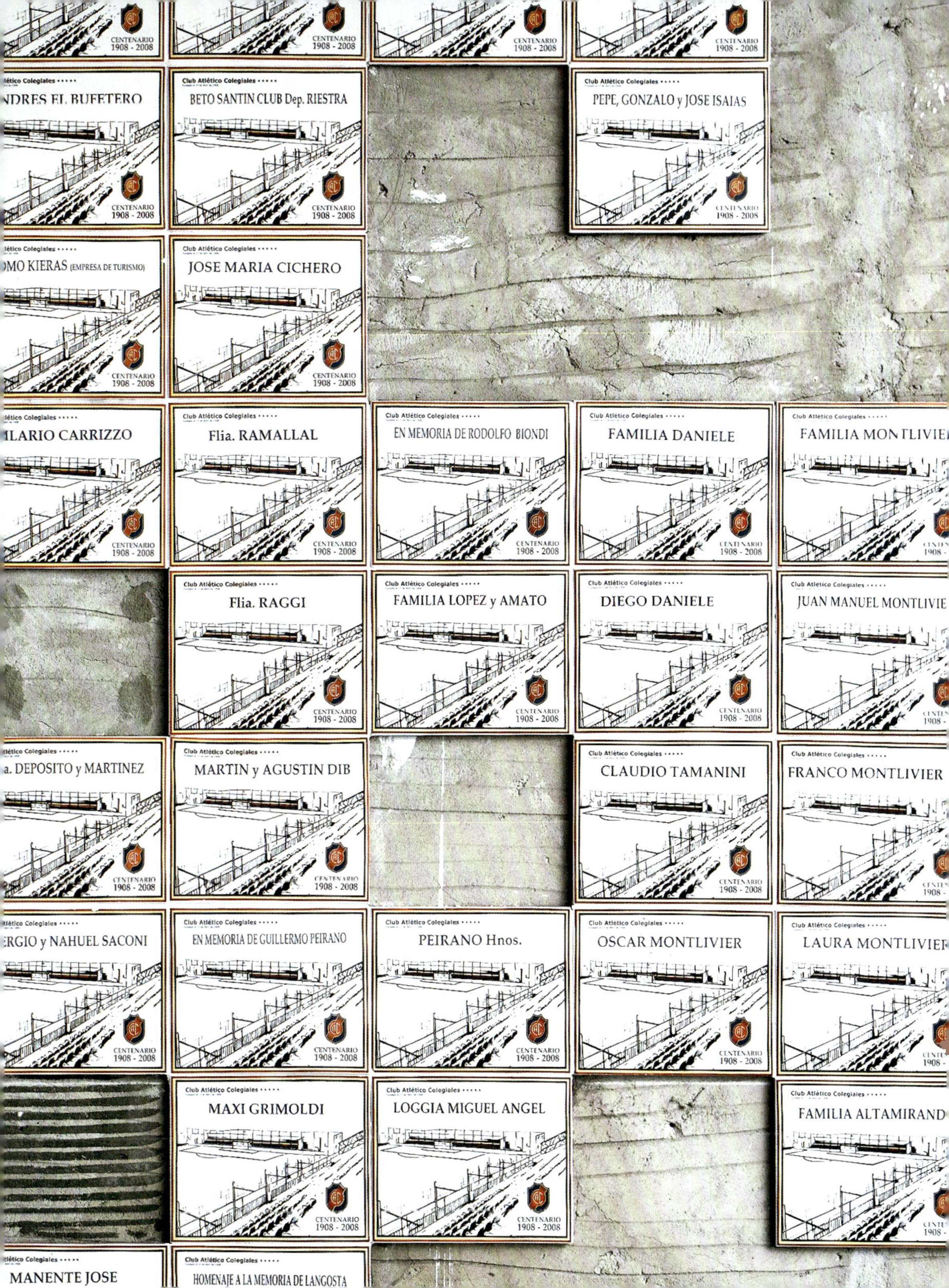

NDRES EL BUFETERO
BETO SANTIN CLUB Dep. RIESTRA
PEPE, GONZALO y JOSE ISAIAS
OMO KIERAS (EMPRESA DE TURISMO)
JOSE MARIA CICHERO
ILARIO CARRIZZO
Flia. RAMALLAL
EN MEMORIA DE RODOLFO BIONDI
FAMILIA DANIELE
FAMILIA MONTLIVIE
Flia. RAGGI
FAMILIA LOPEZ y AMATO
DIEGO DANIELE
JUAN MANUEL MONTLIVIE
a. DEPOSITO y MARTINEZ
MARTIN y AGUSTIN DIB
CLAUDIO TAMANINI
FRANCO MONTLIVIER
ERGIO y NAHUEL SACONI
EN MEMORIA DE GUILLERMO PEIRANO
PEIRANO Hnos.
OSCAR MONTLIVIER
LAURA MONTLIVIER
MAXI GRIMOLDI
LOGGIA MIGUEL ANGEL
FAMILIA ALTAMIRAND
MANENTE JOSE
HOMENAJE A LA MEMORIA DE LANGOSTA
Club Atlético Colegiales
CENTENARIO 1908 - 2008

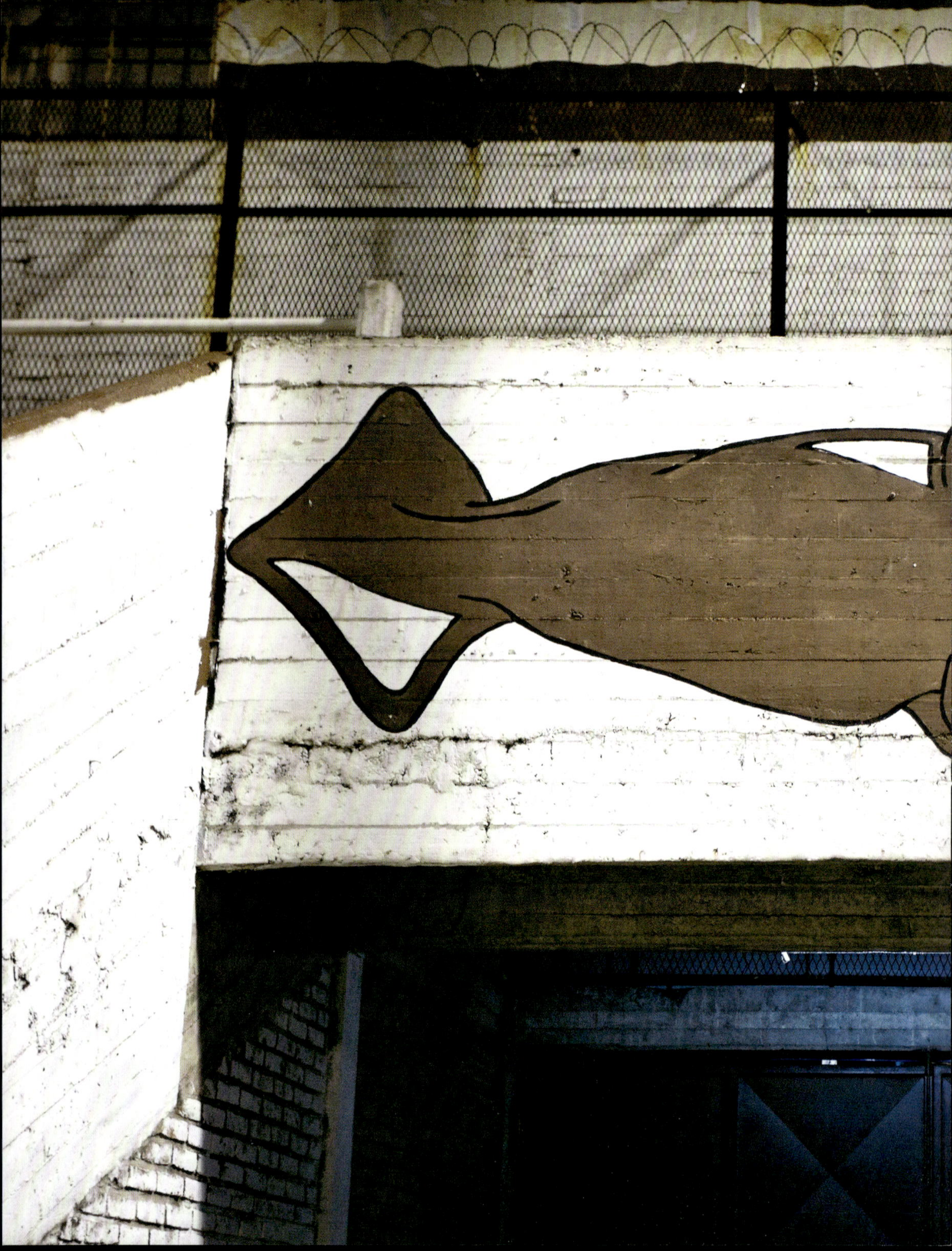

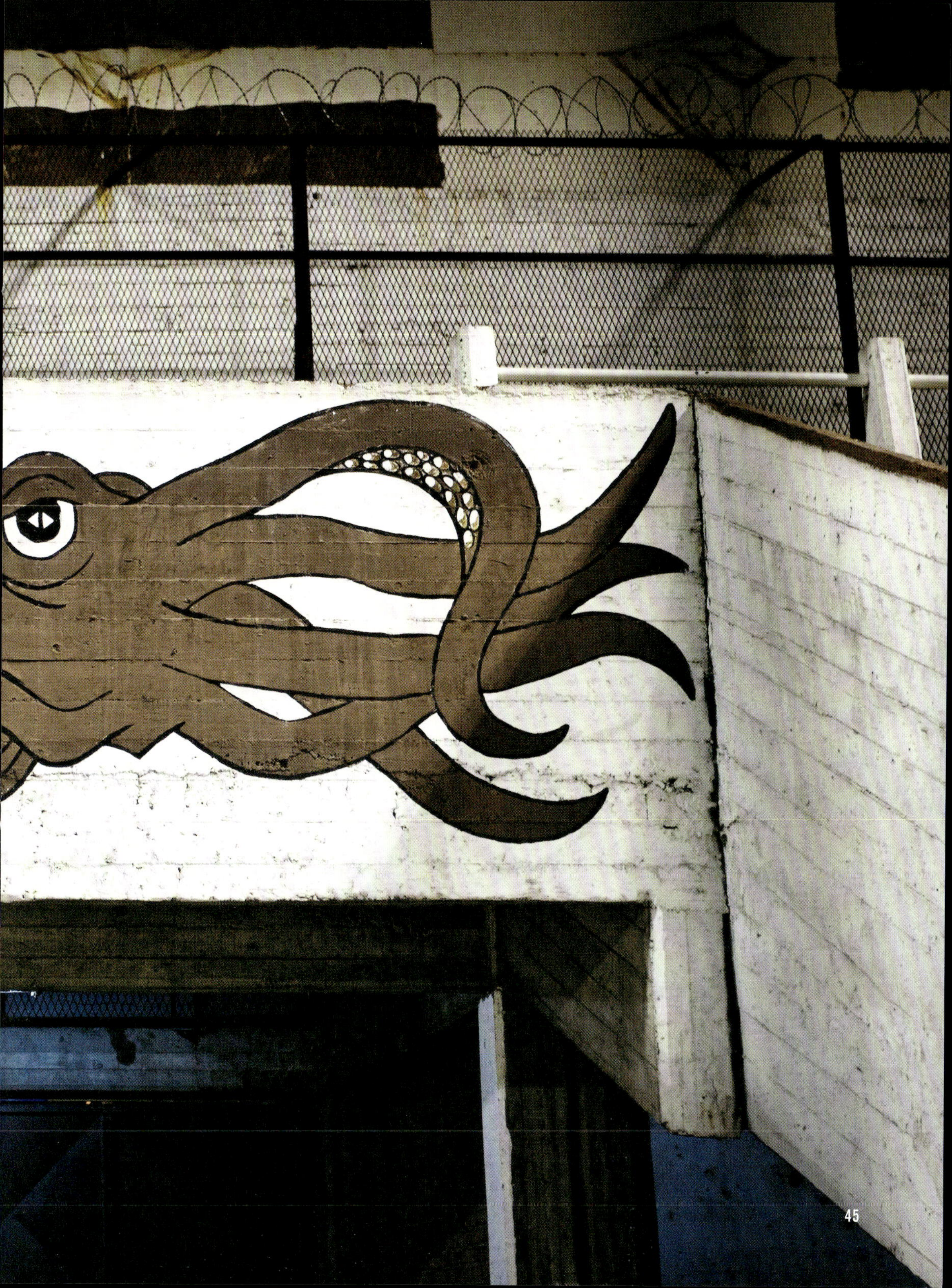

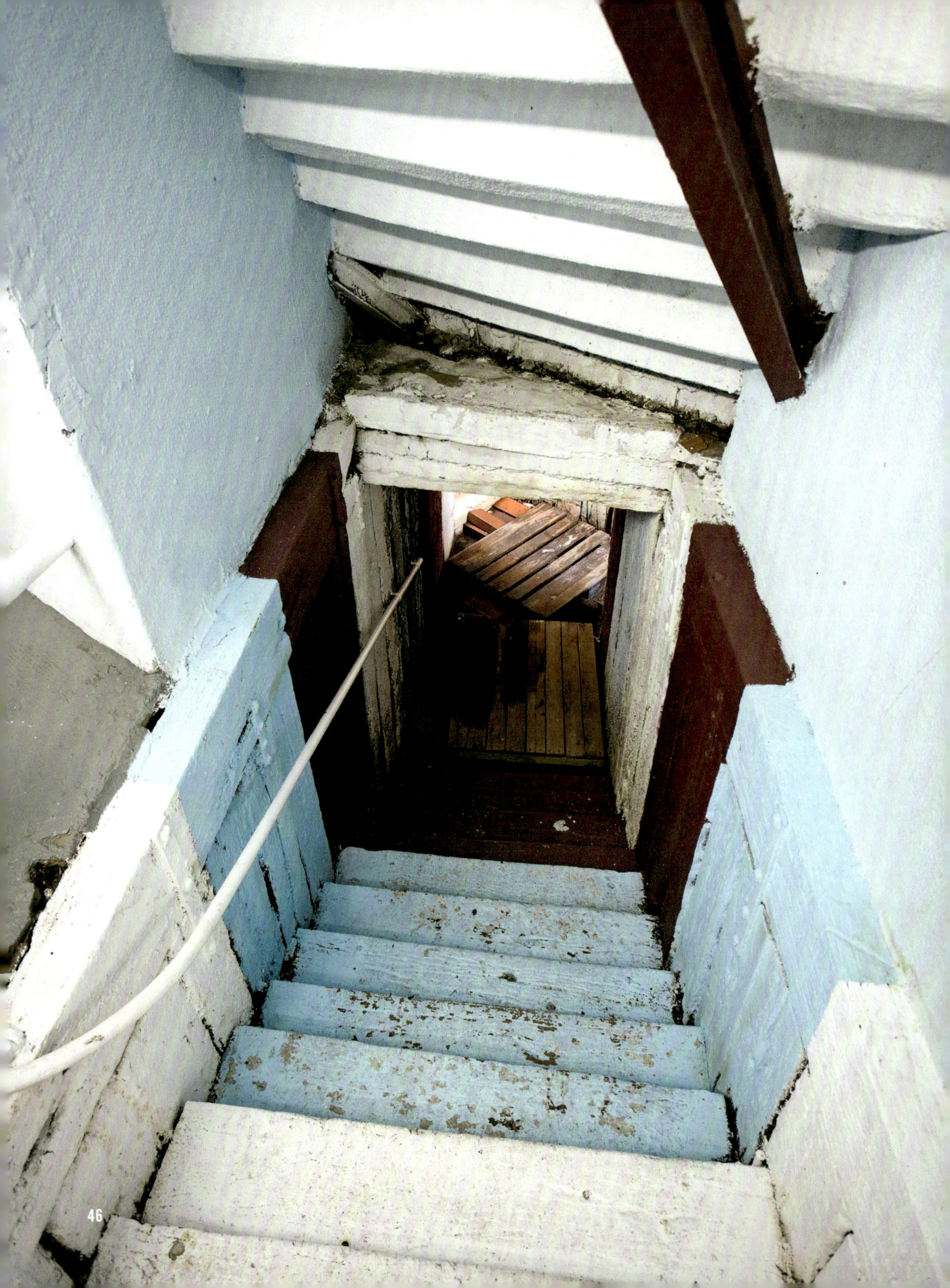

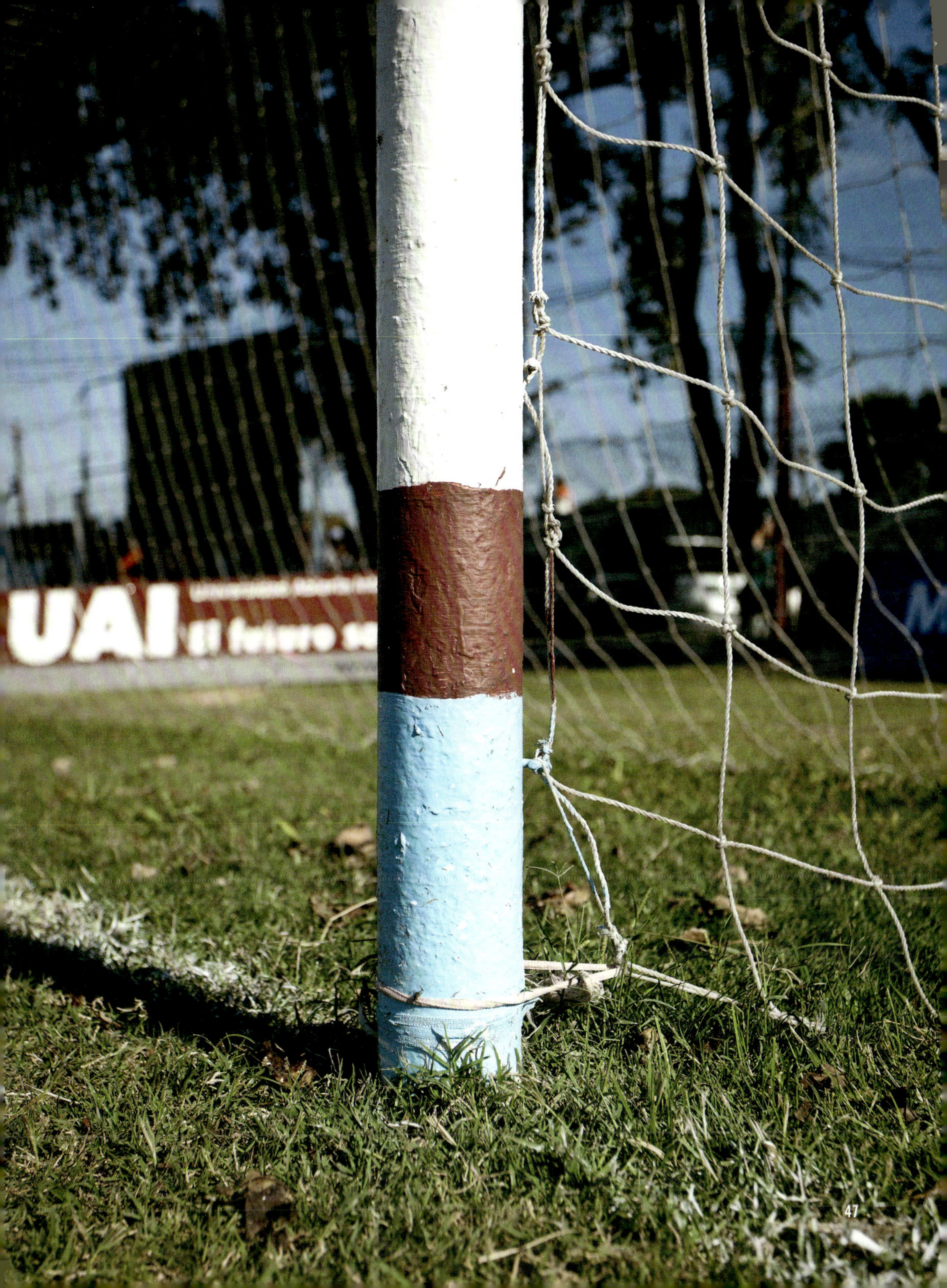
UAI
el futuro

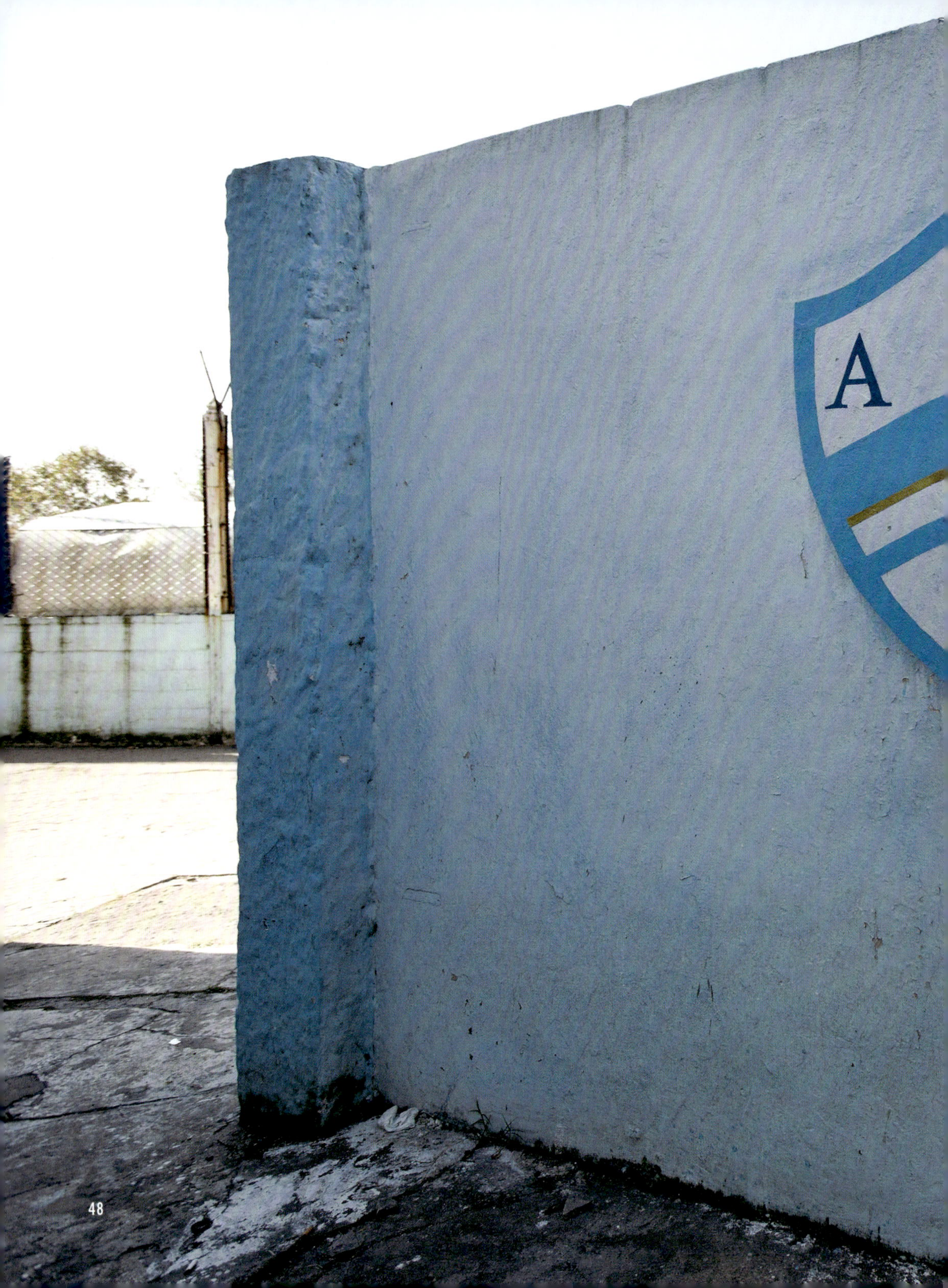
A

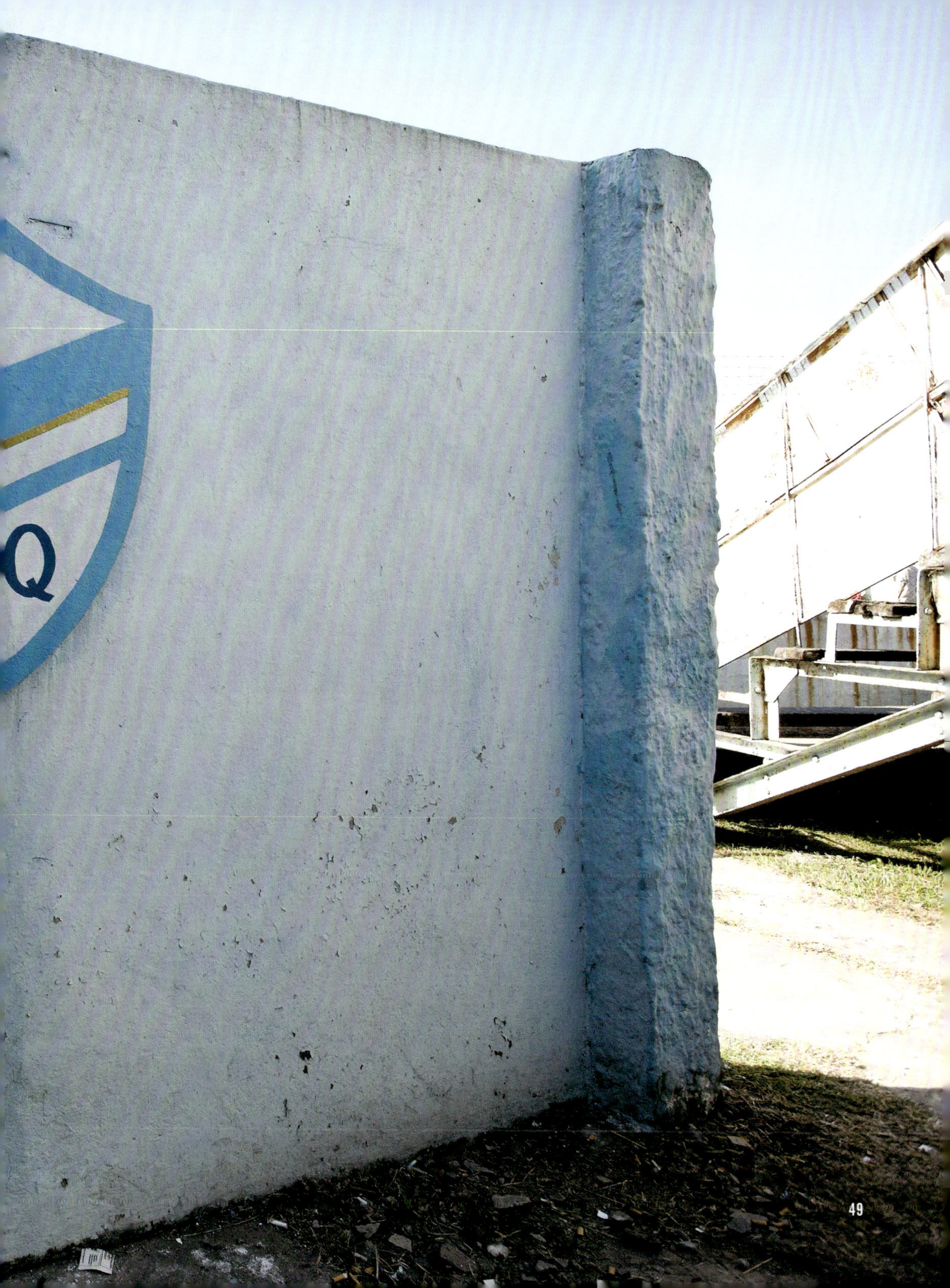

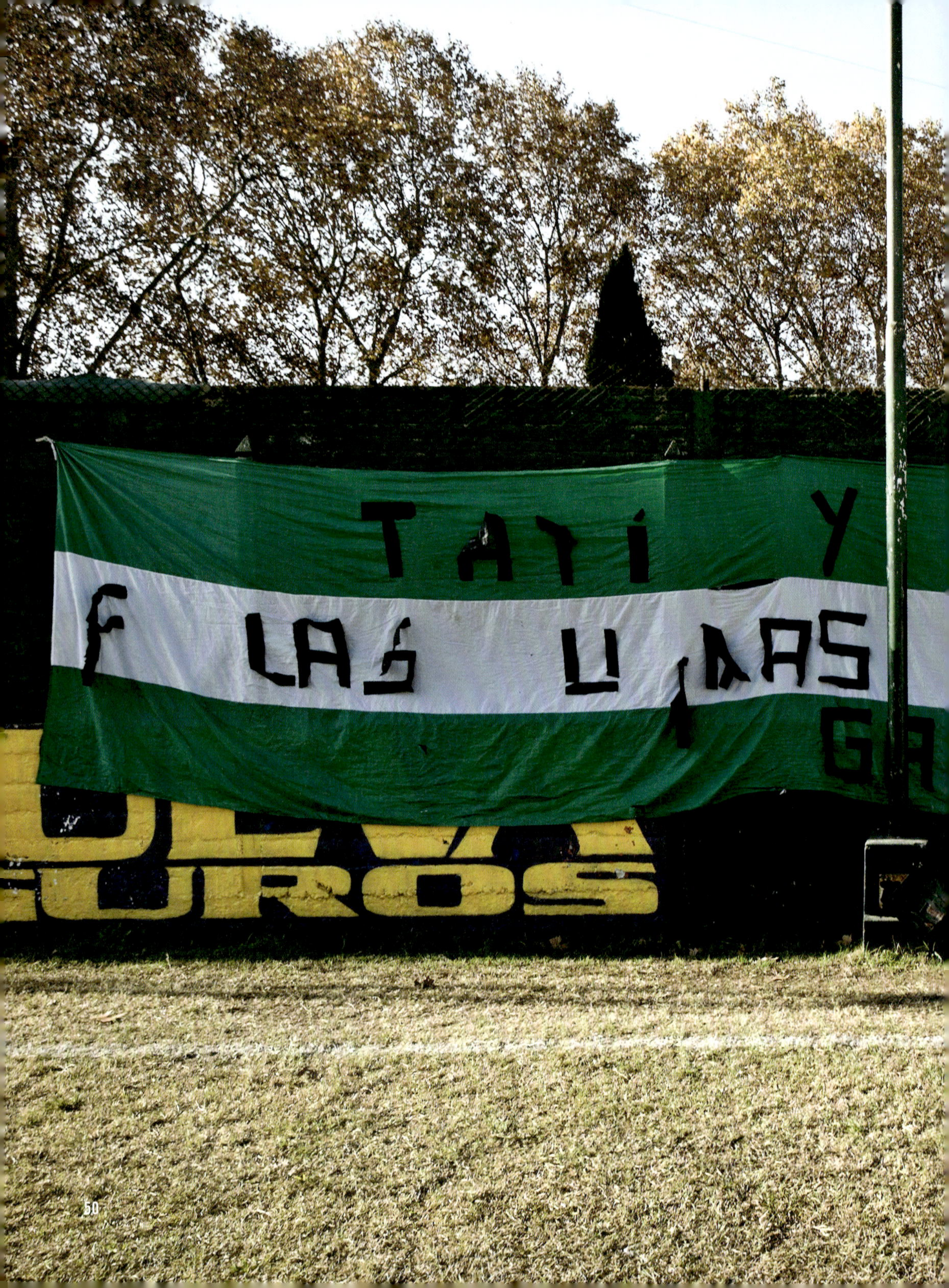
TATÍ Y
LAS

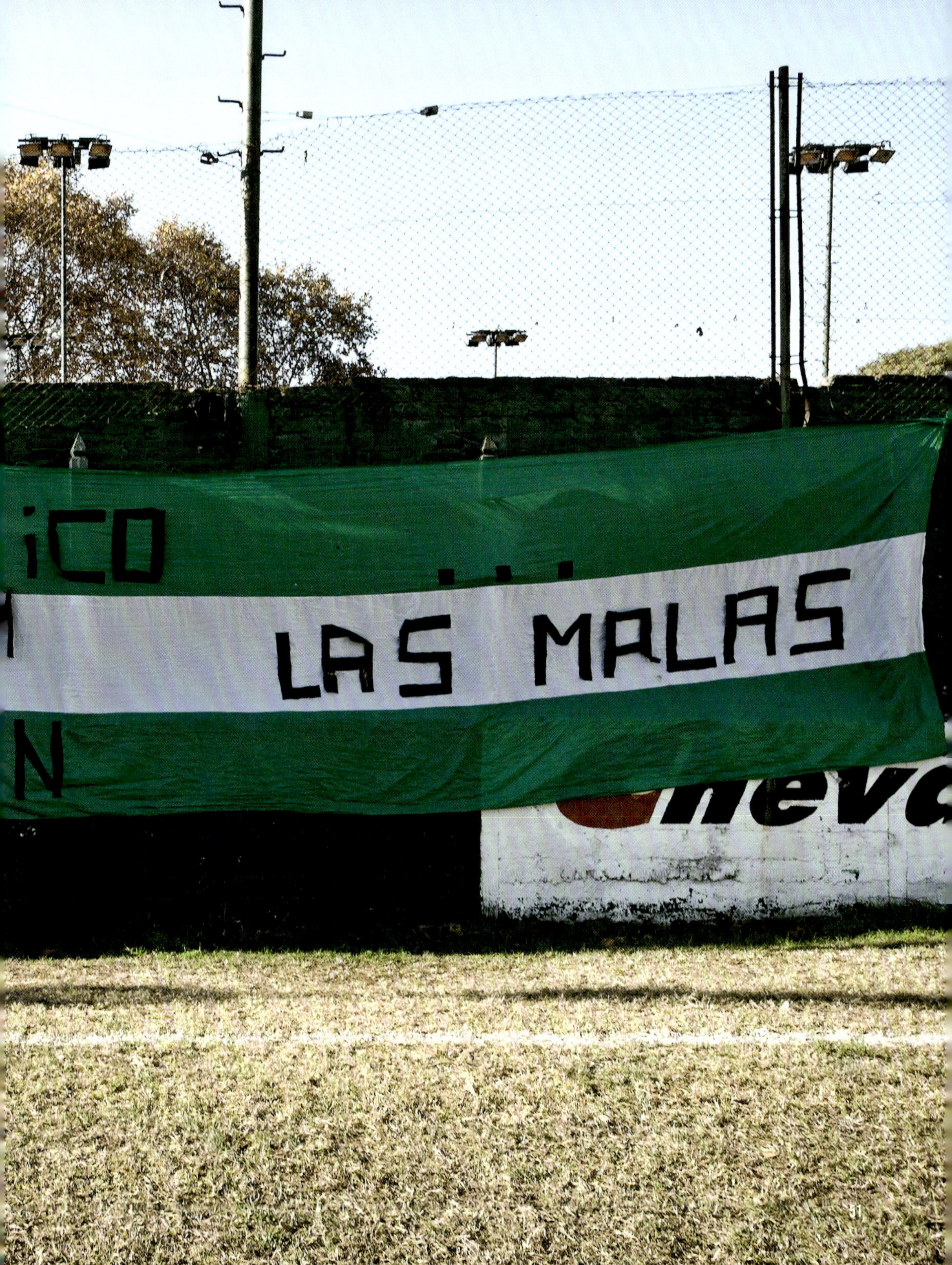
LAS MALAS

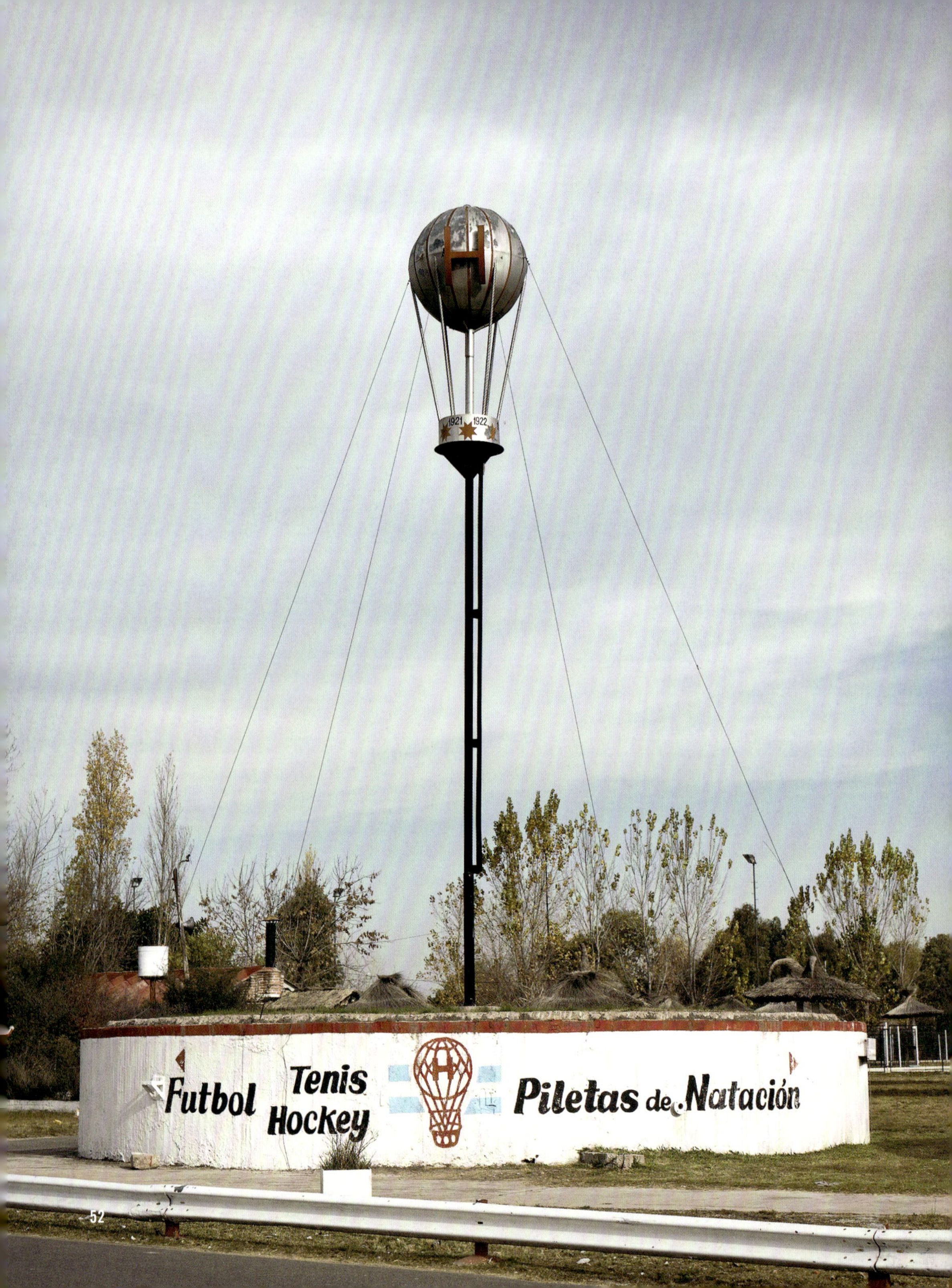
1921
1922
Futbol
Tenis
Hockey
Piletas de Natación

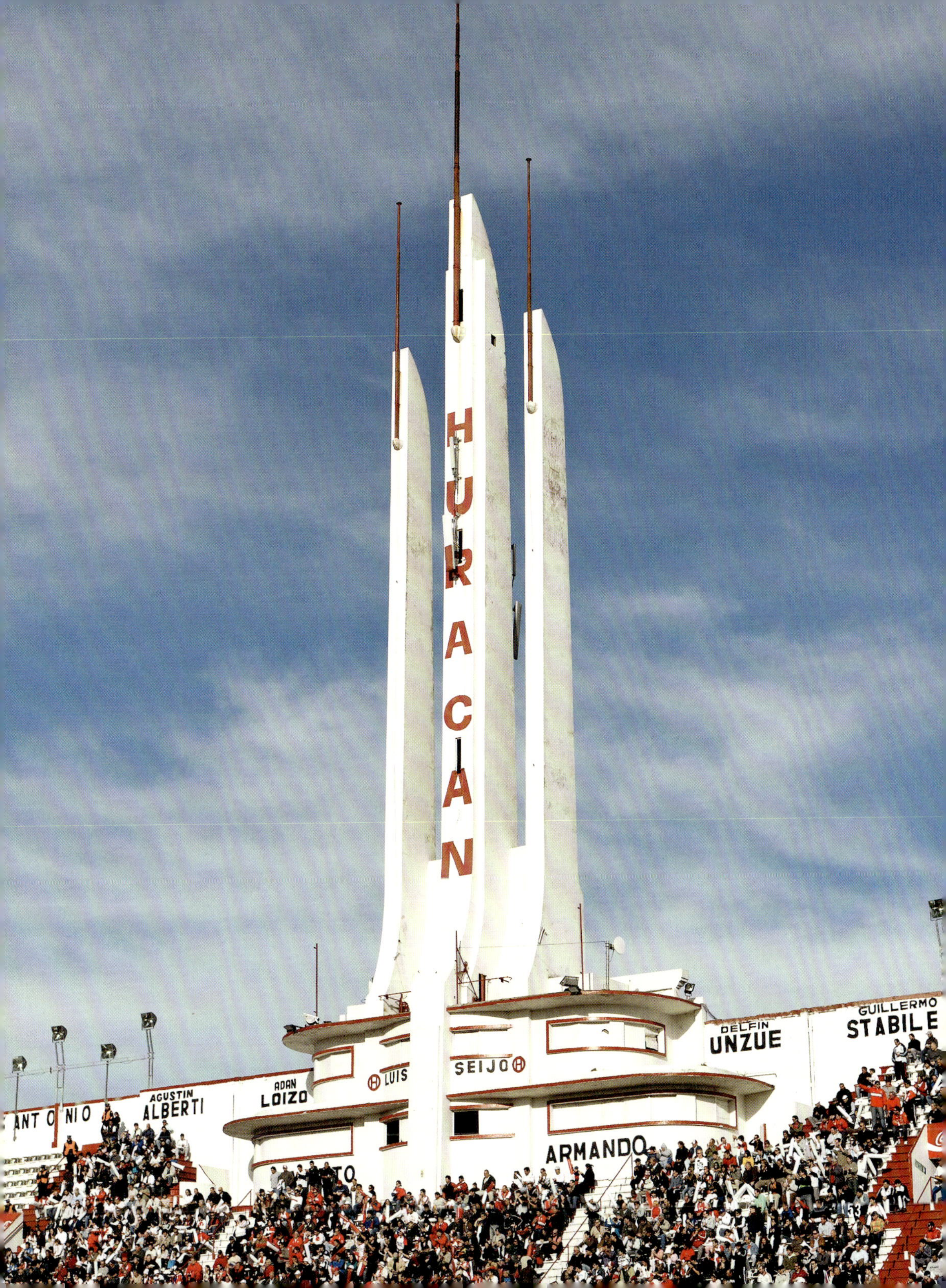

HURACAN
GUILLERMO
STABILE
DELFIN
UNZUE
LUIS
SEIJO
ADAN
LOIZO
AGUSTIN
ALBERTI
ANTONIO
ARMANDO

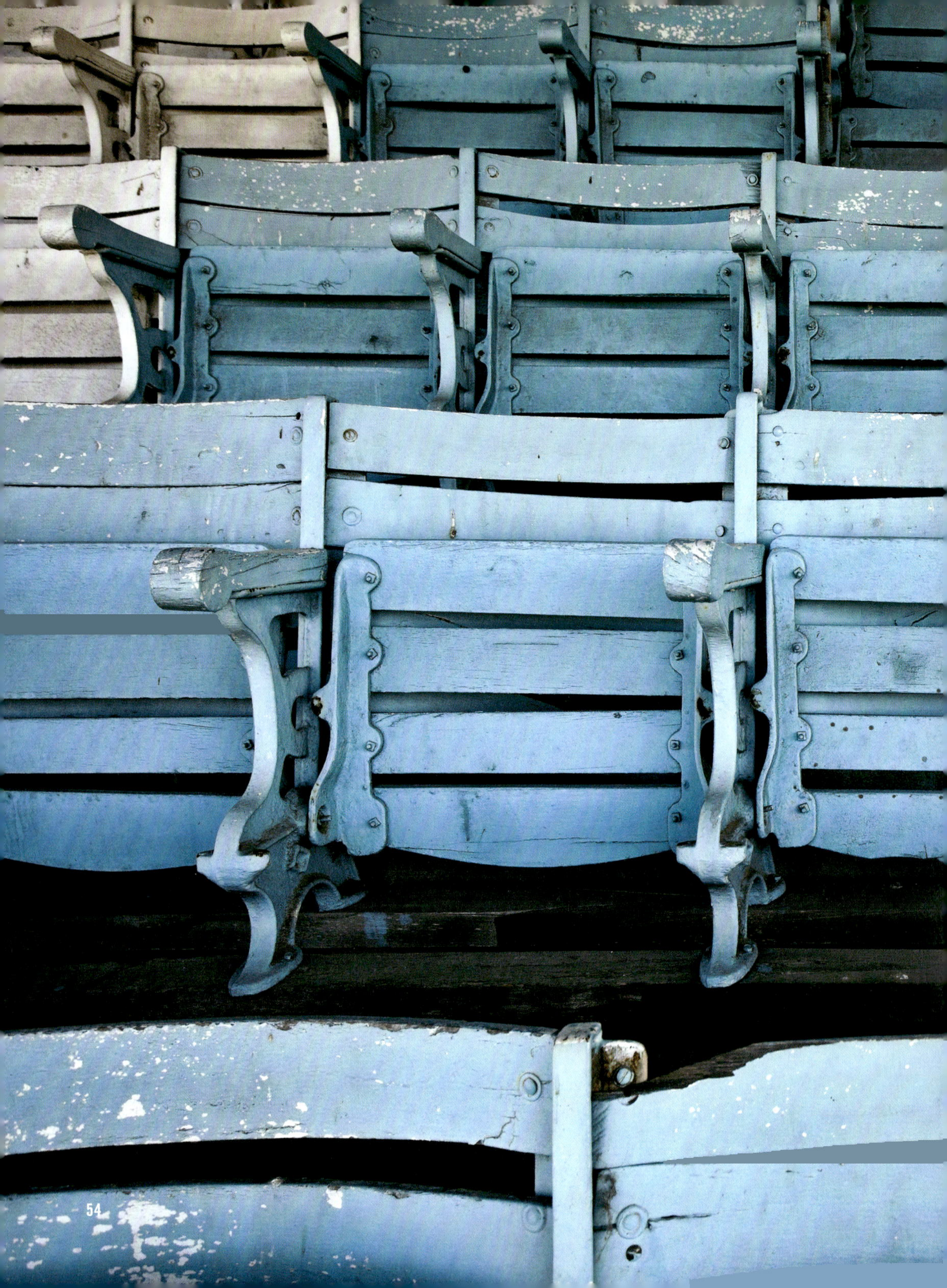

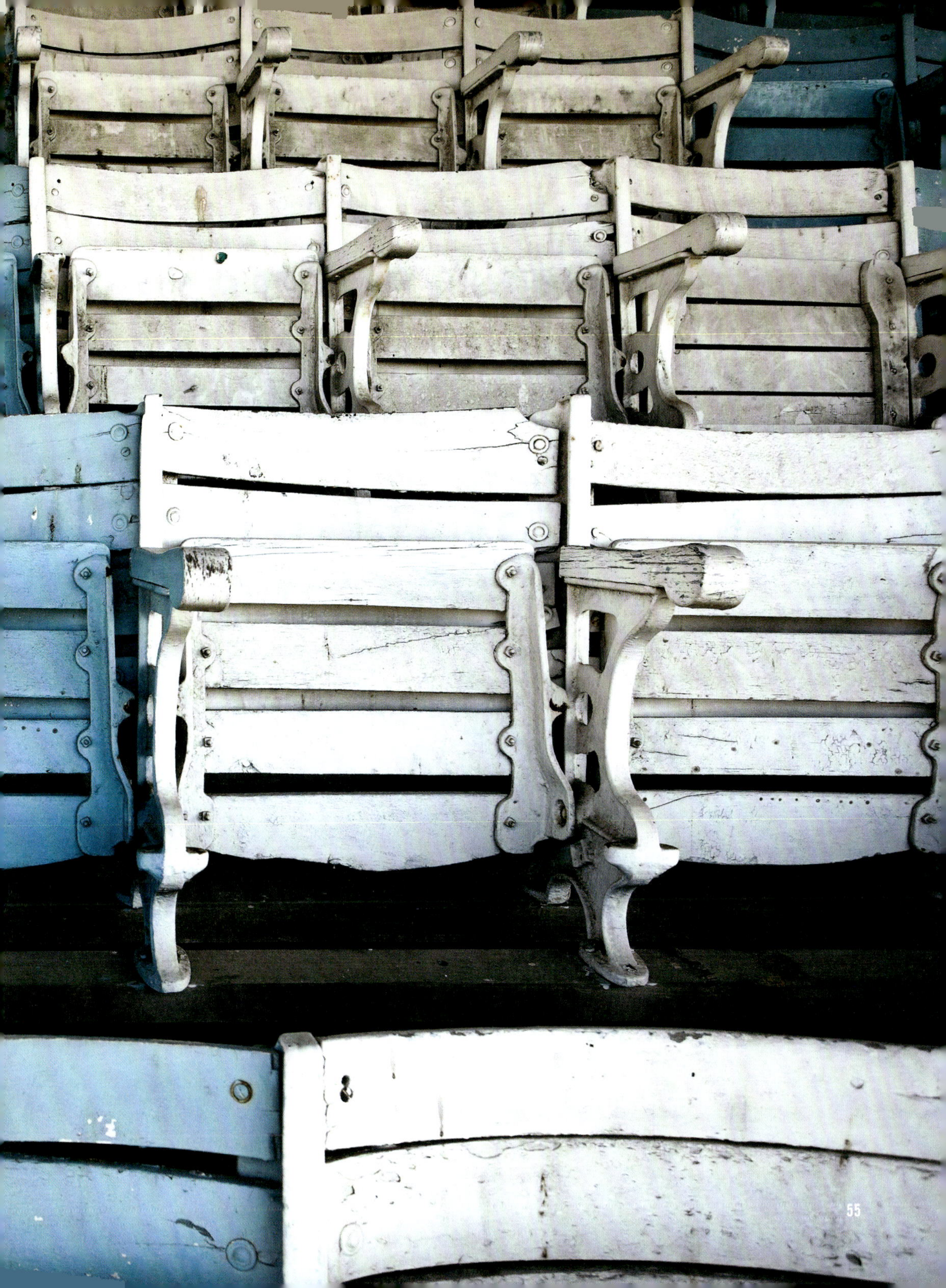

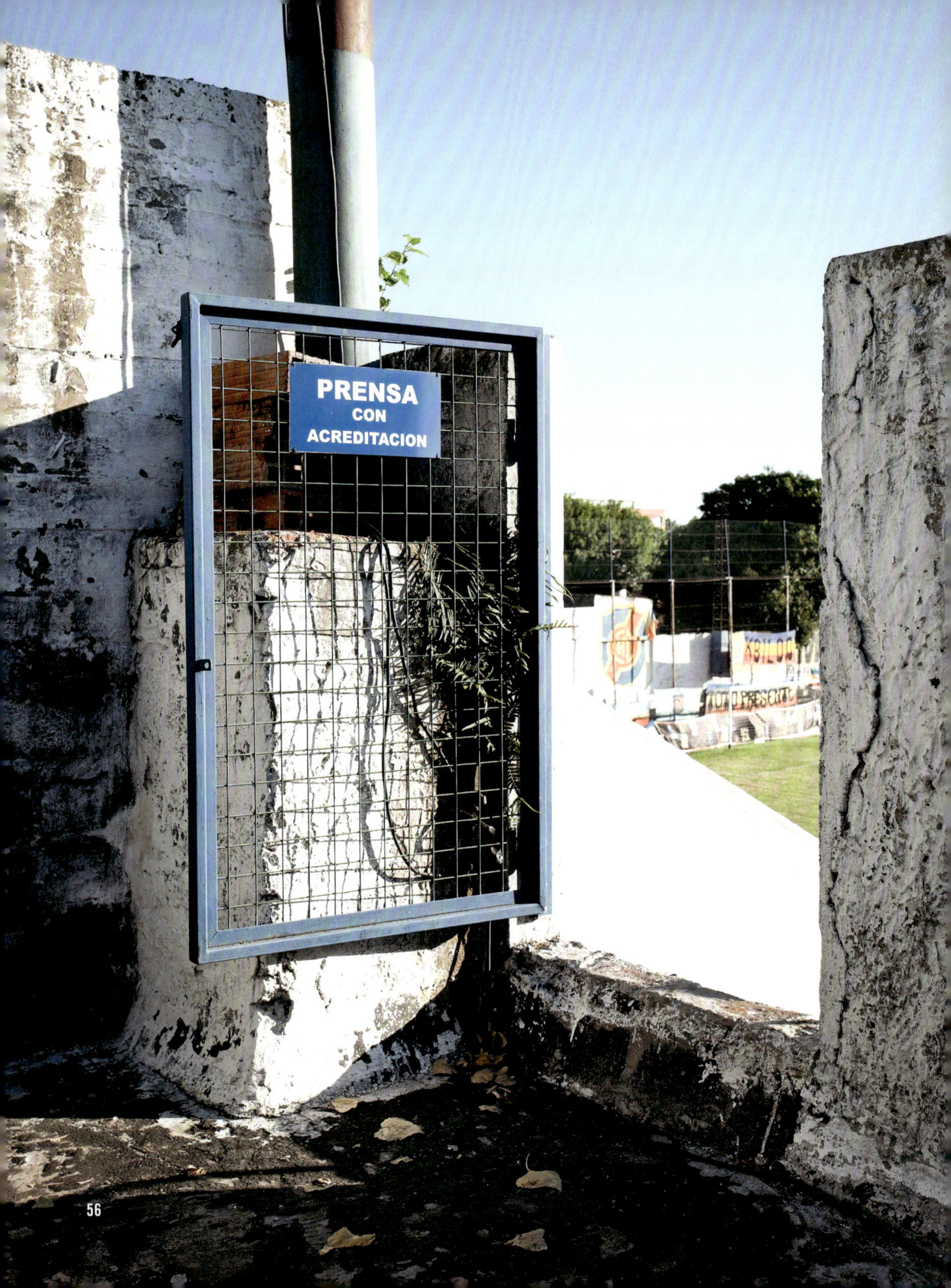
PRENSA
CON
ACREDITACION

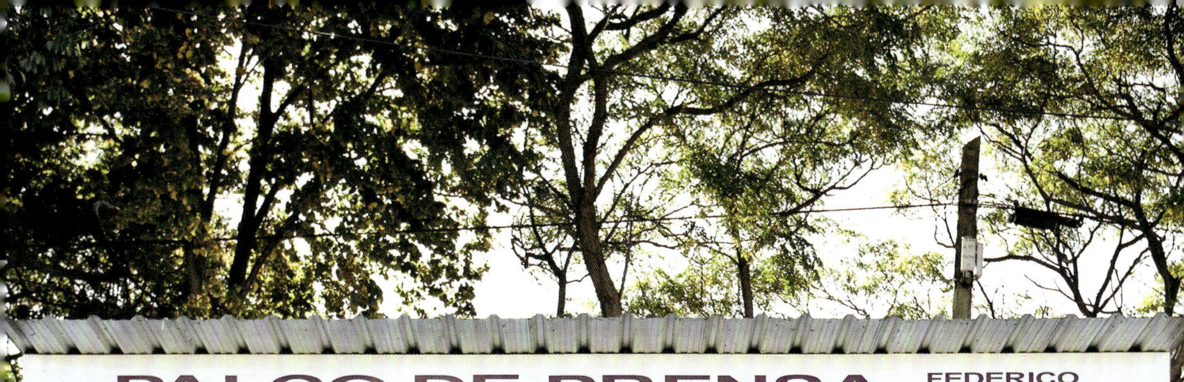

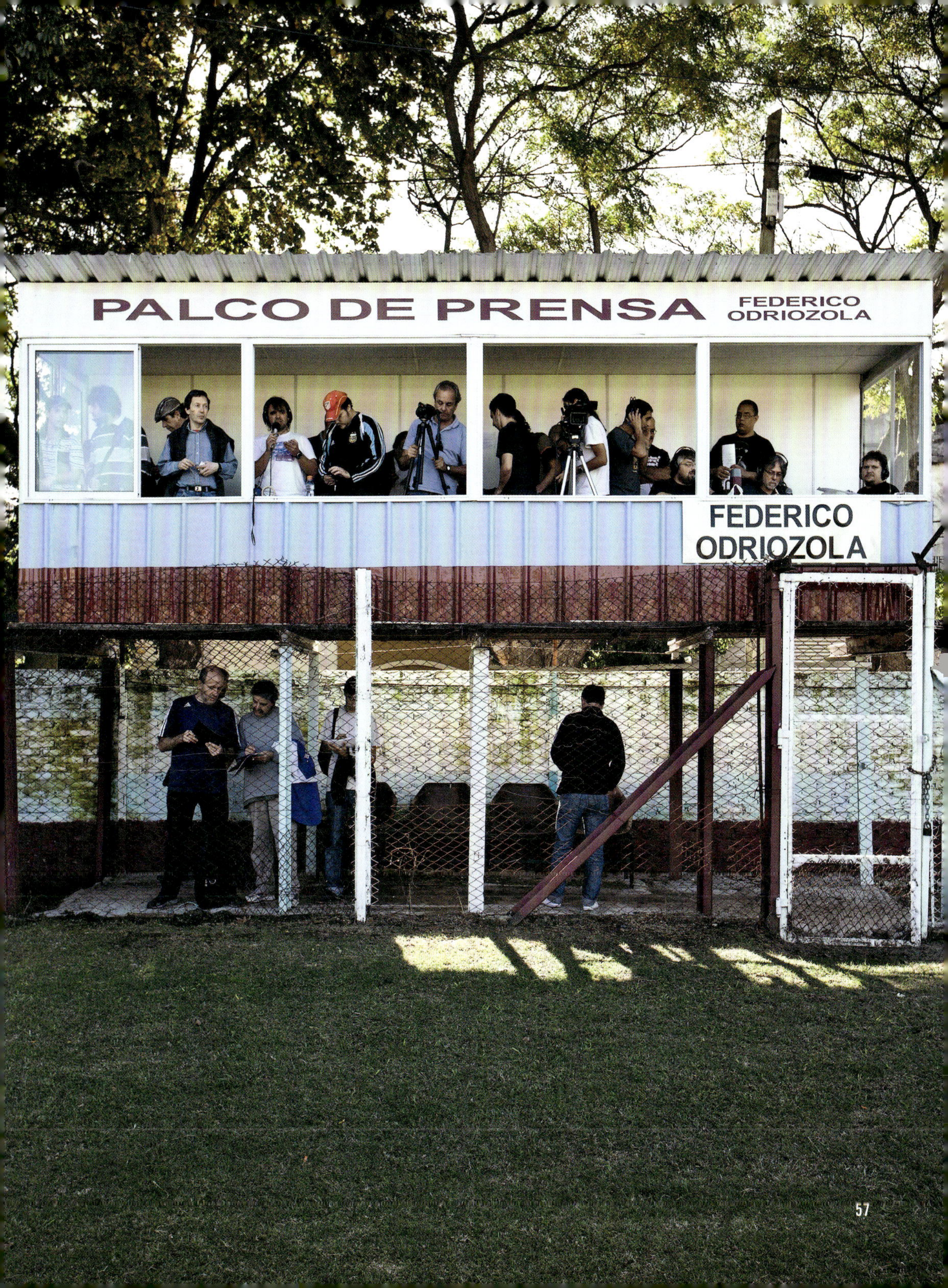

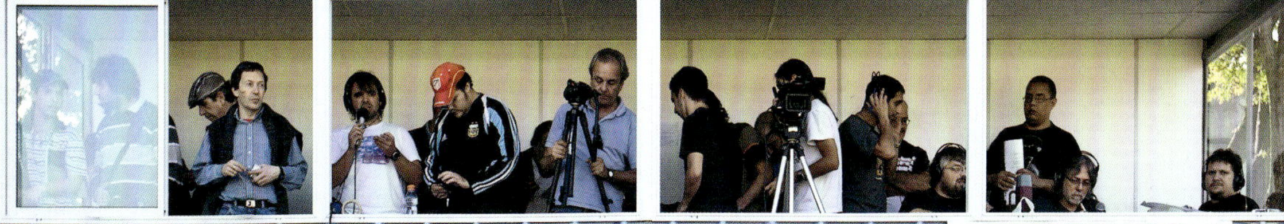
PALCO DE PRENSA
FEDERICO ODRIOZOLA
FEDERICO ODRIOZOLA

ARIO
PRE
LOCAL

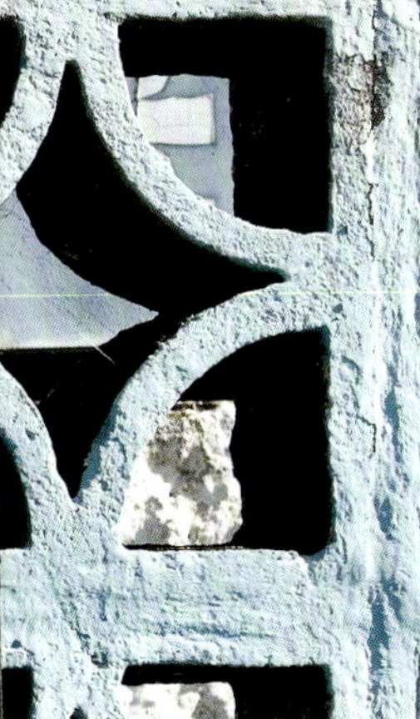

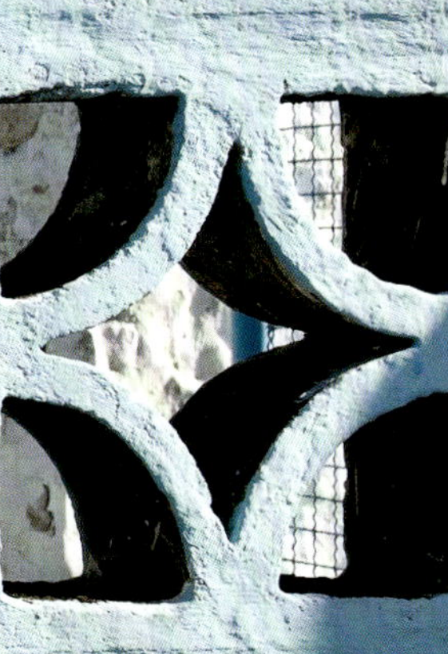

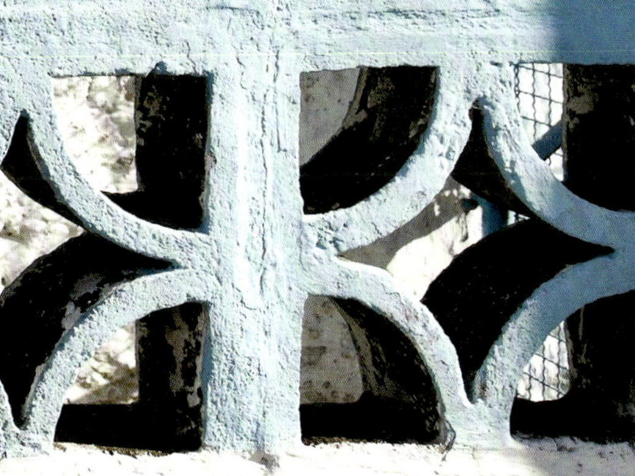

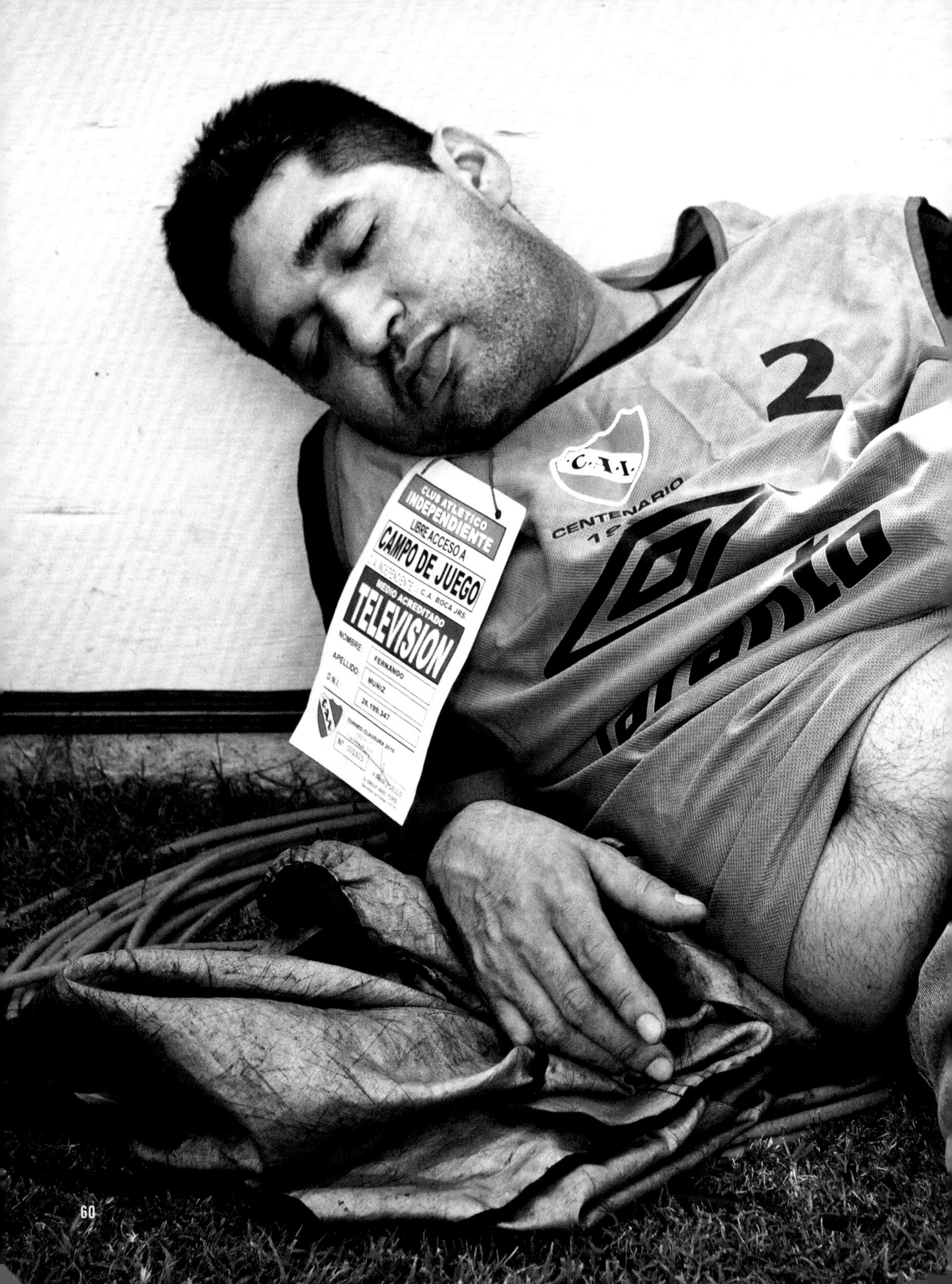
CLUB ATLETICO
INDEPENDIENTE
LIBRE ACCESO A
CAMPO DE JUEGO
C.A. BOCA JRS.
MEDIO ACREDITADO
TELEVISION
NOMBRE:
FERNANDO
APELLIDO:
MUÑIZ
D.N.I.:
26.199.347
TORNEO CLAUSURA 2010
C.A.I.
CENTENARIO
2

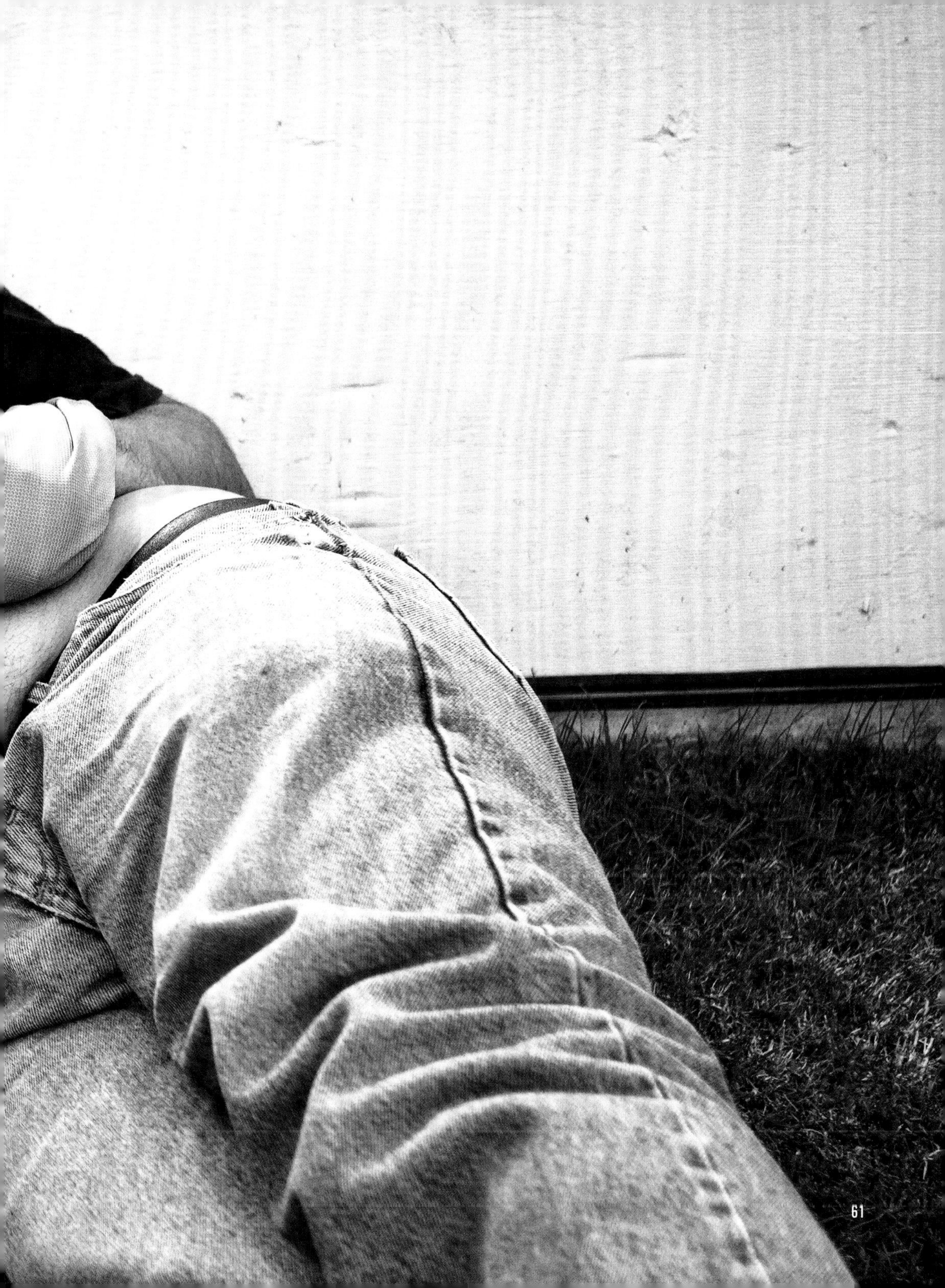

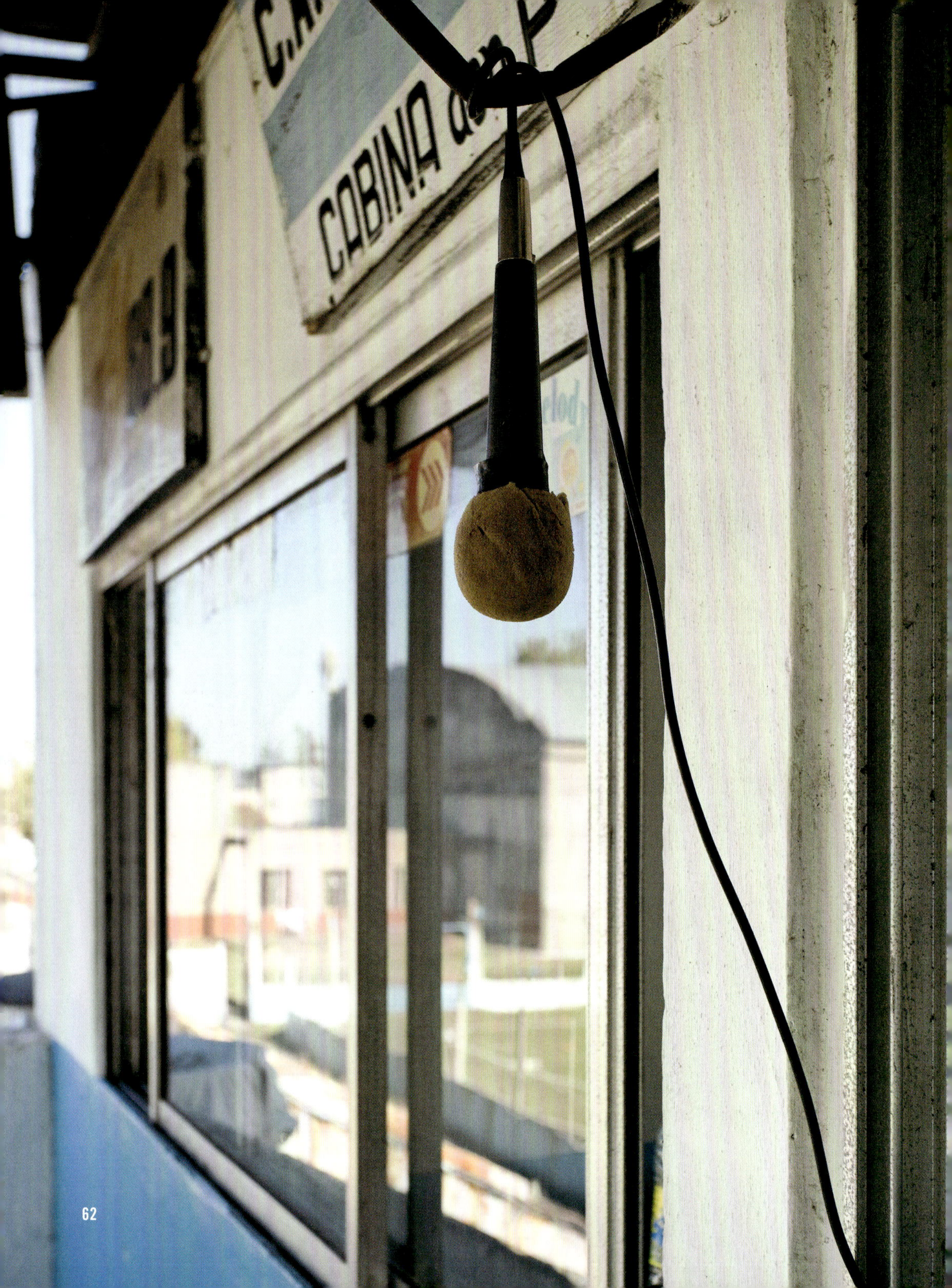
CABINA

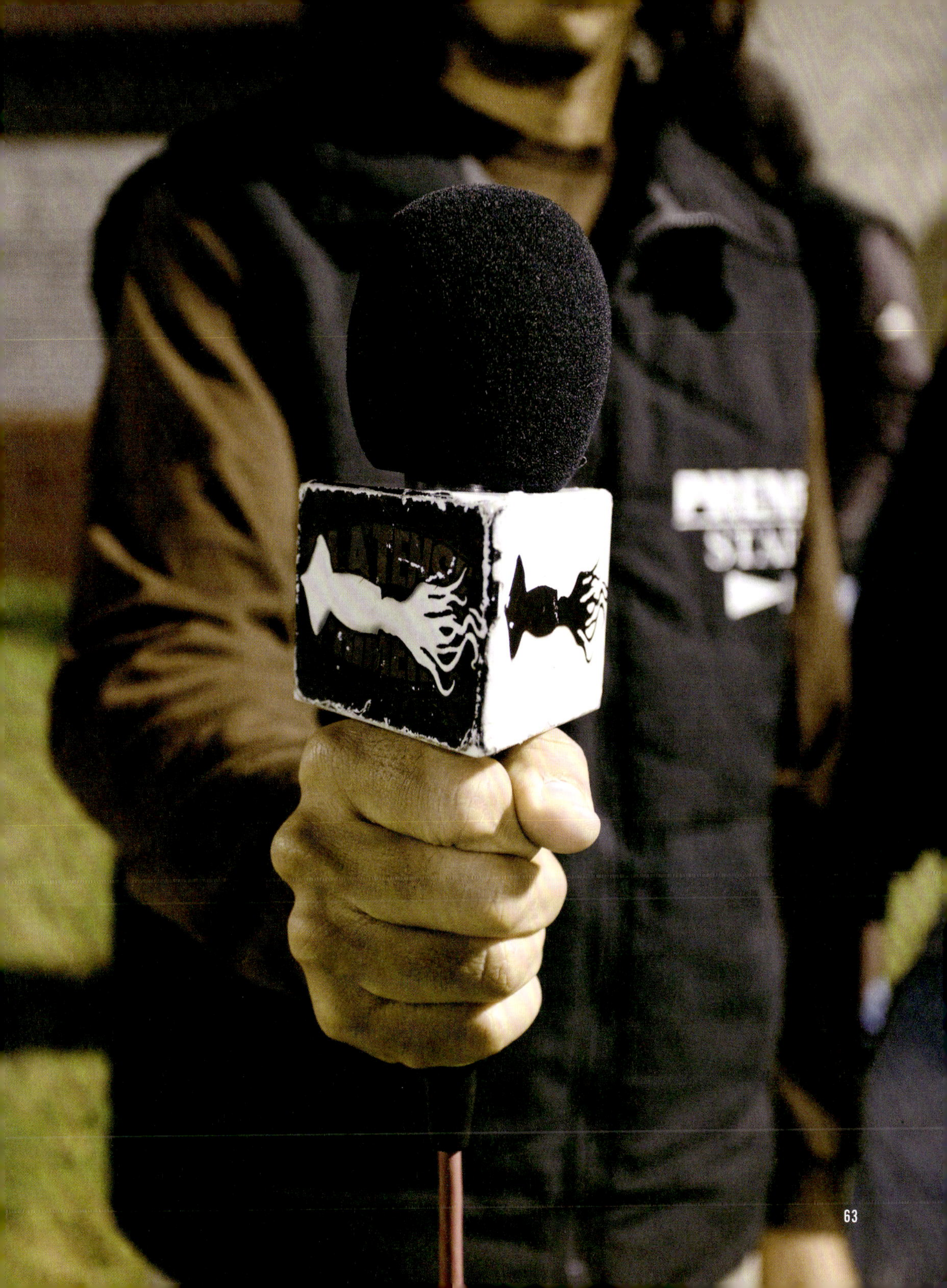

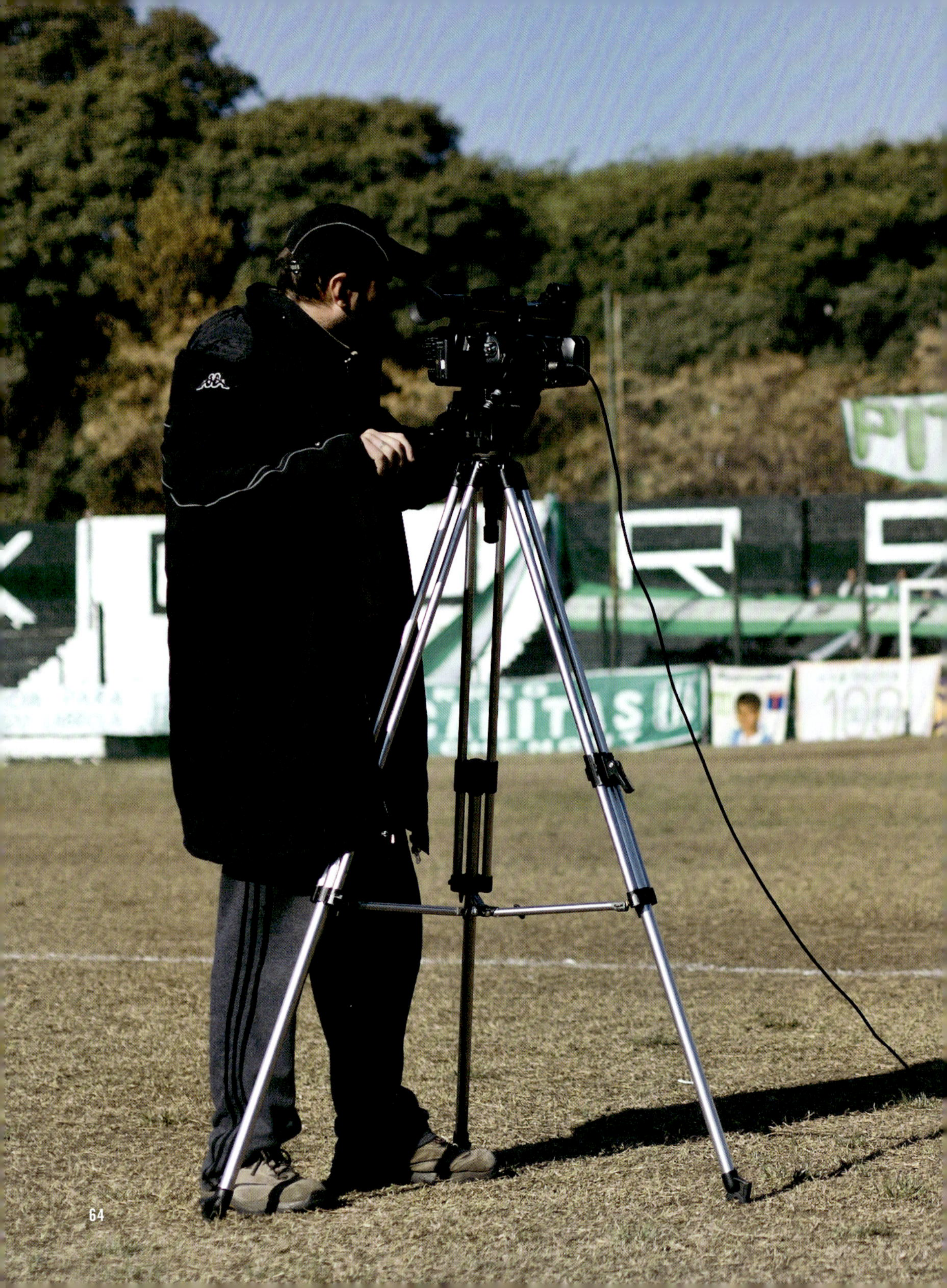

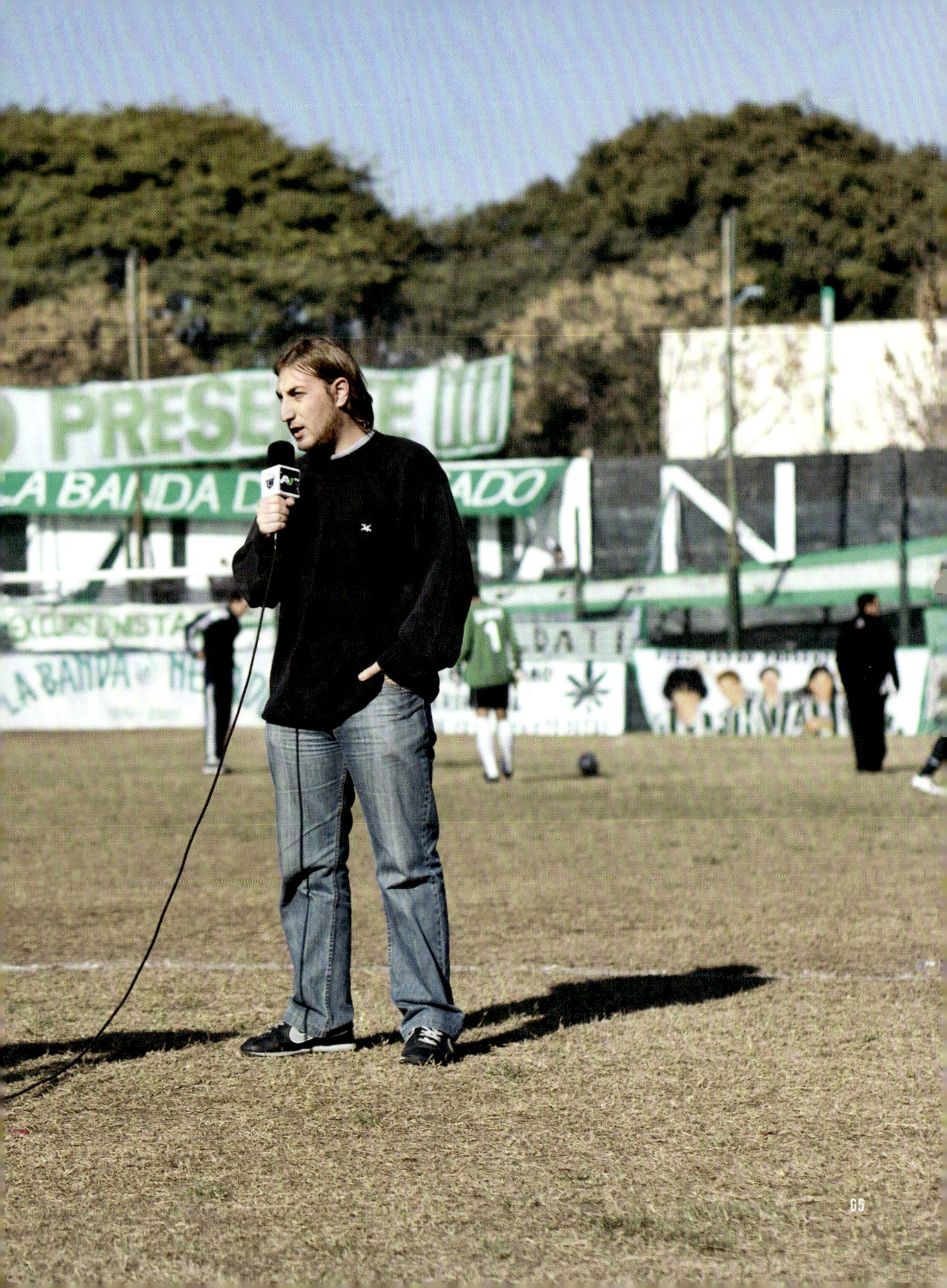

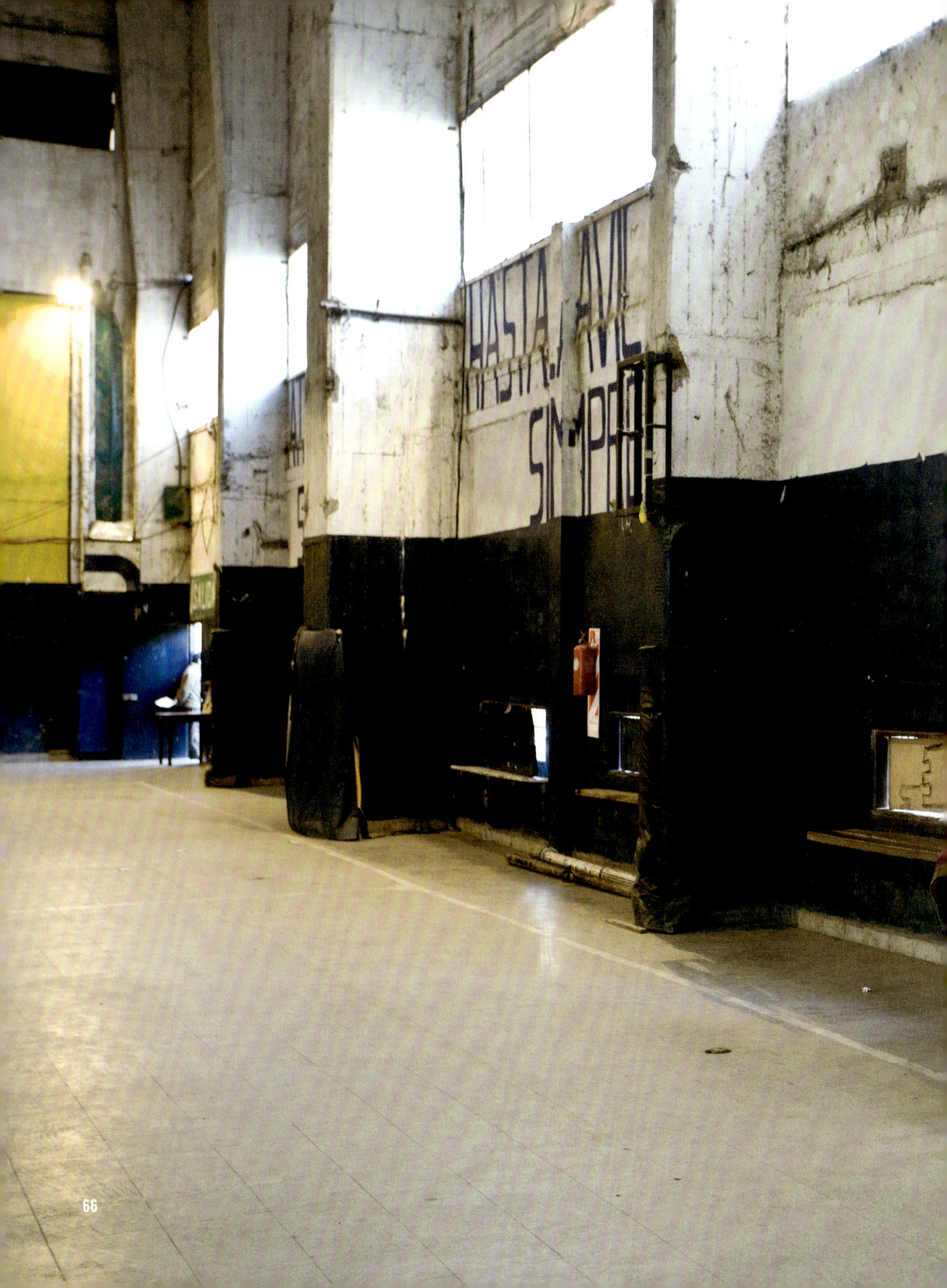
HASTA

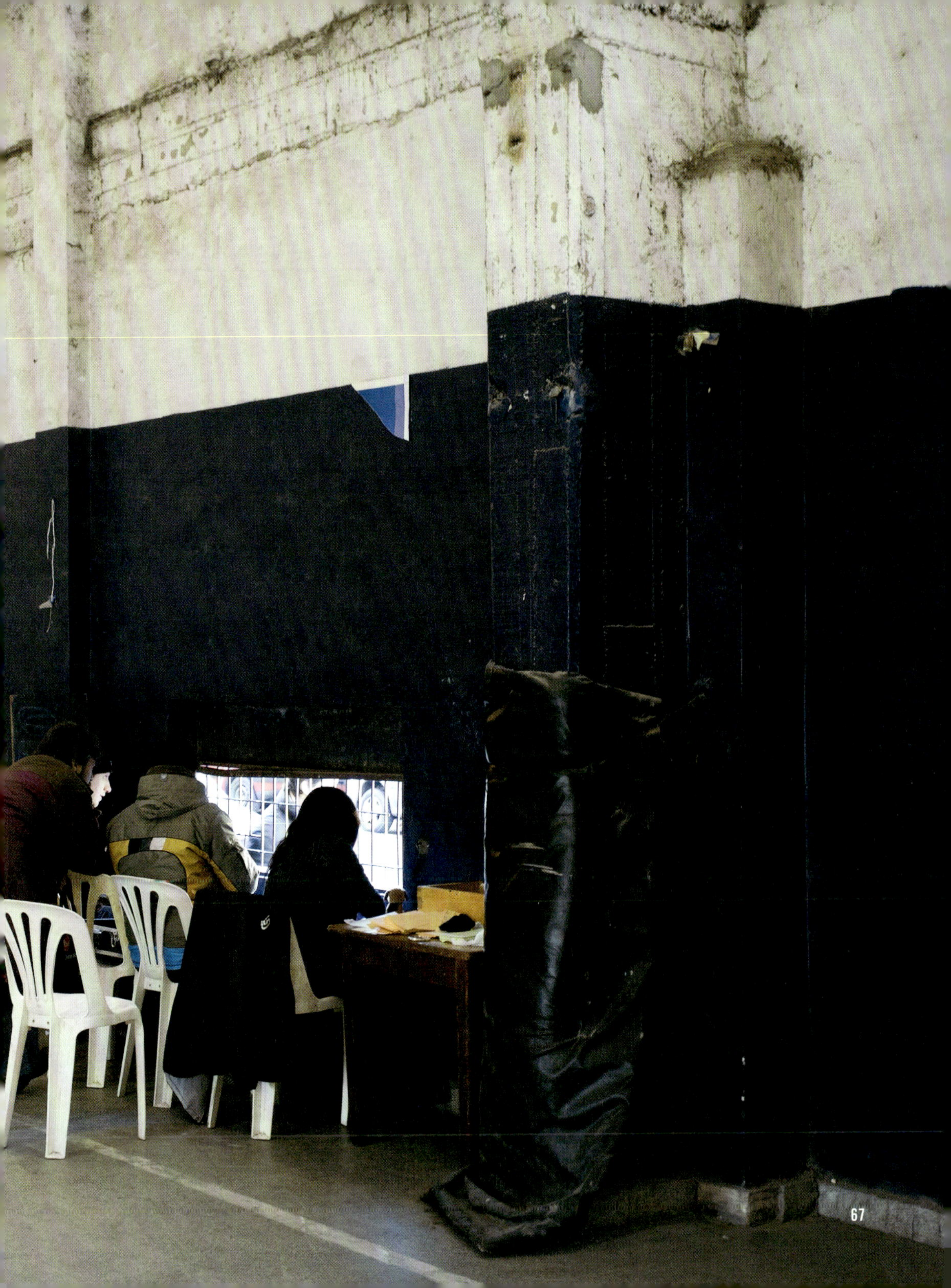

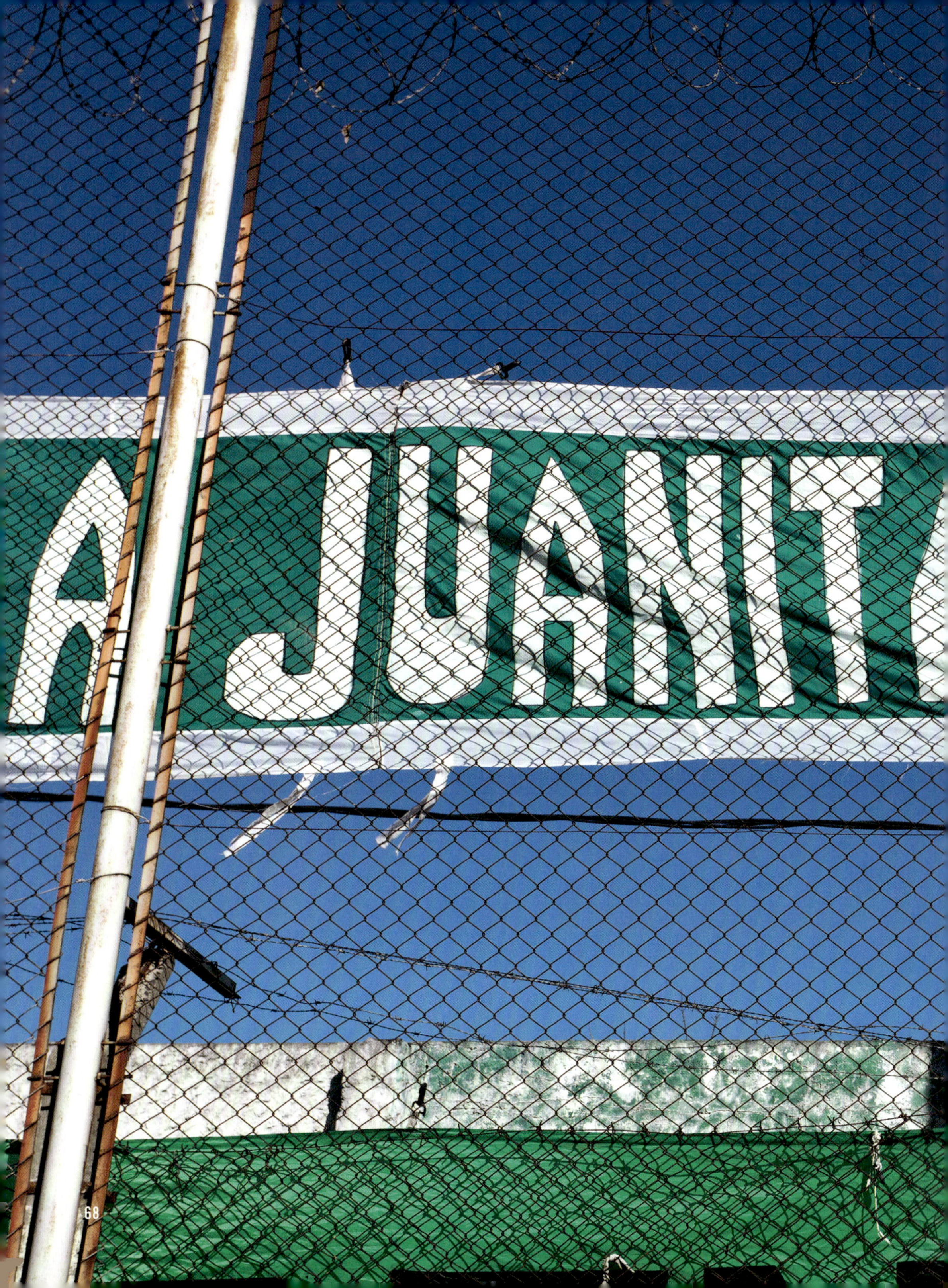
A JUANIT

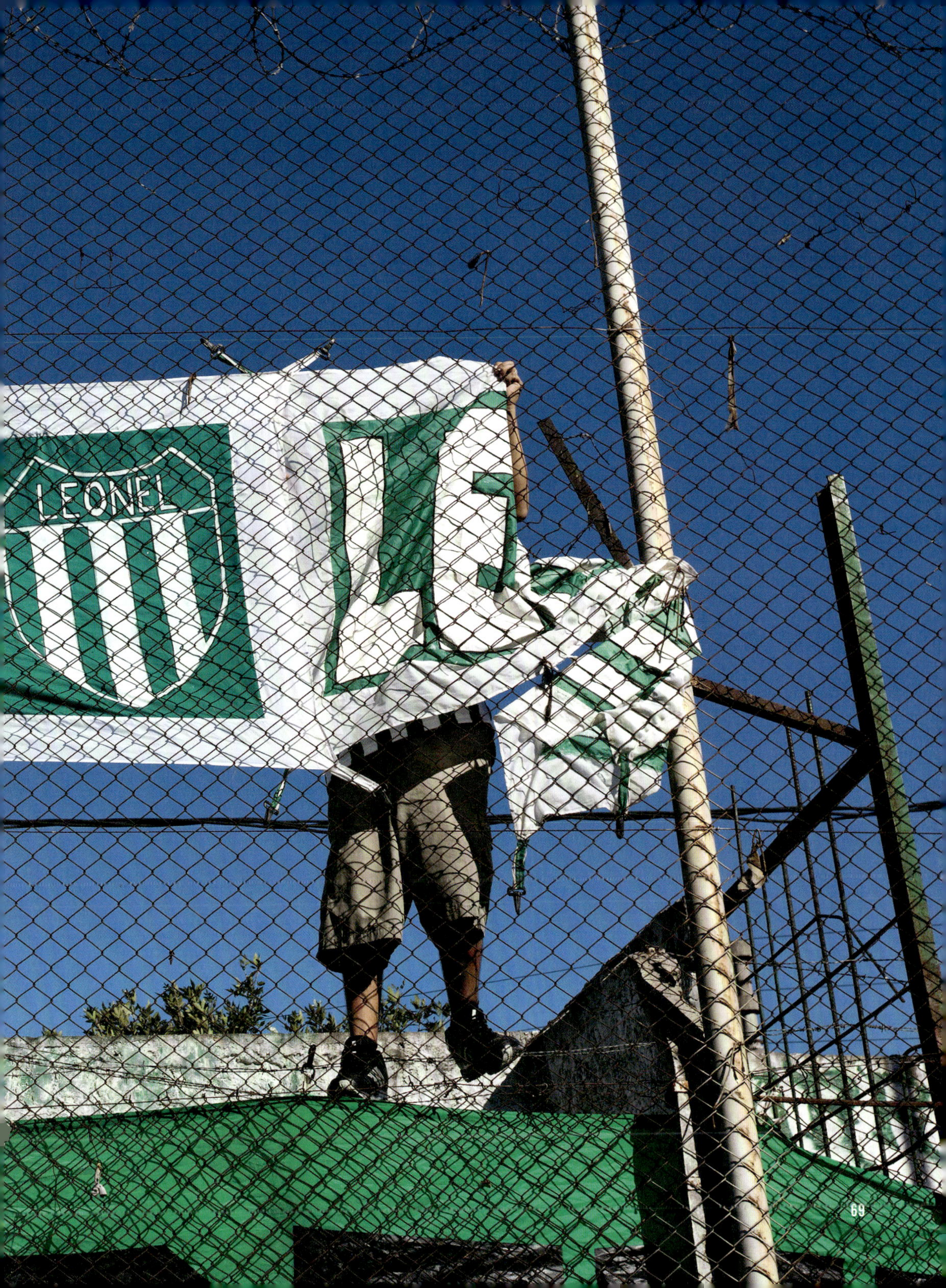
LEONEL

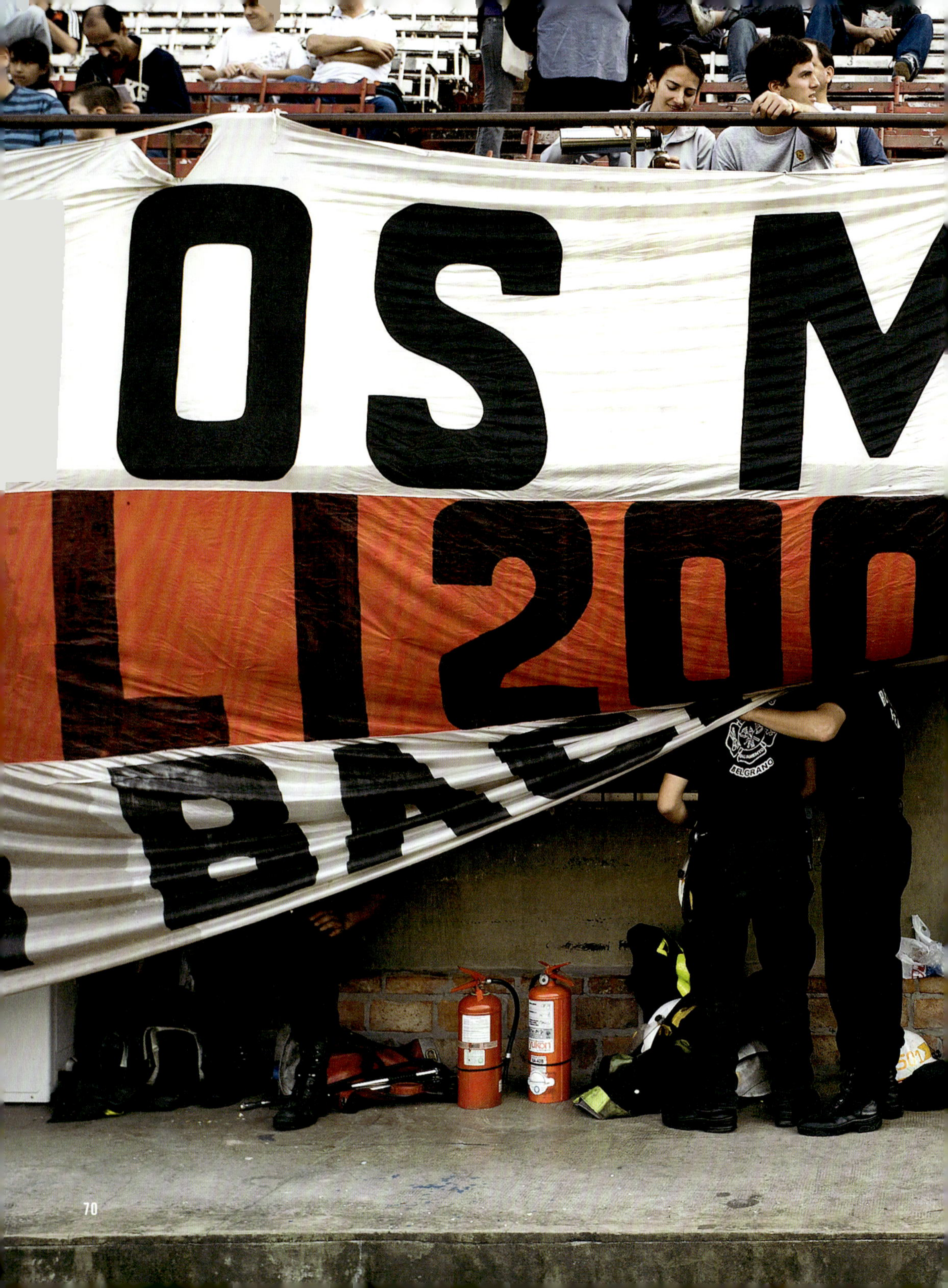
OS M
L 200
BA
BELGRANO

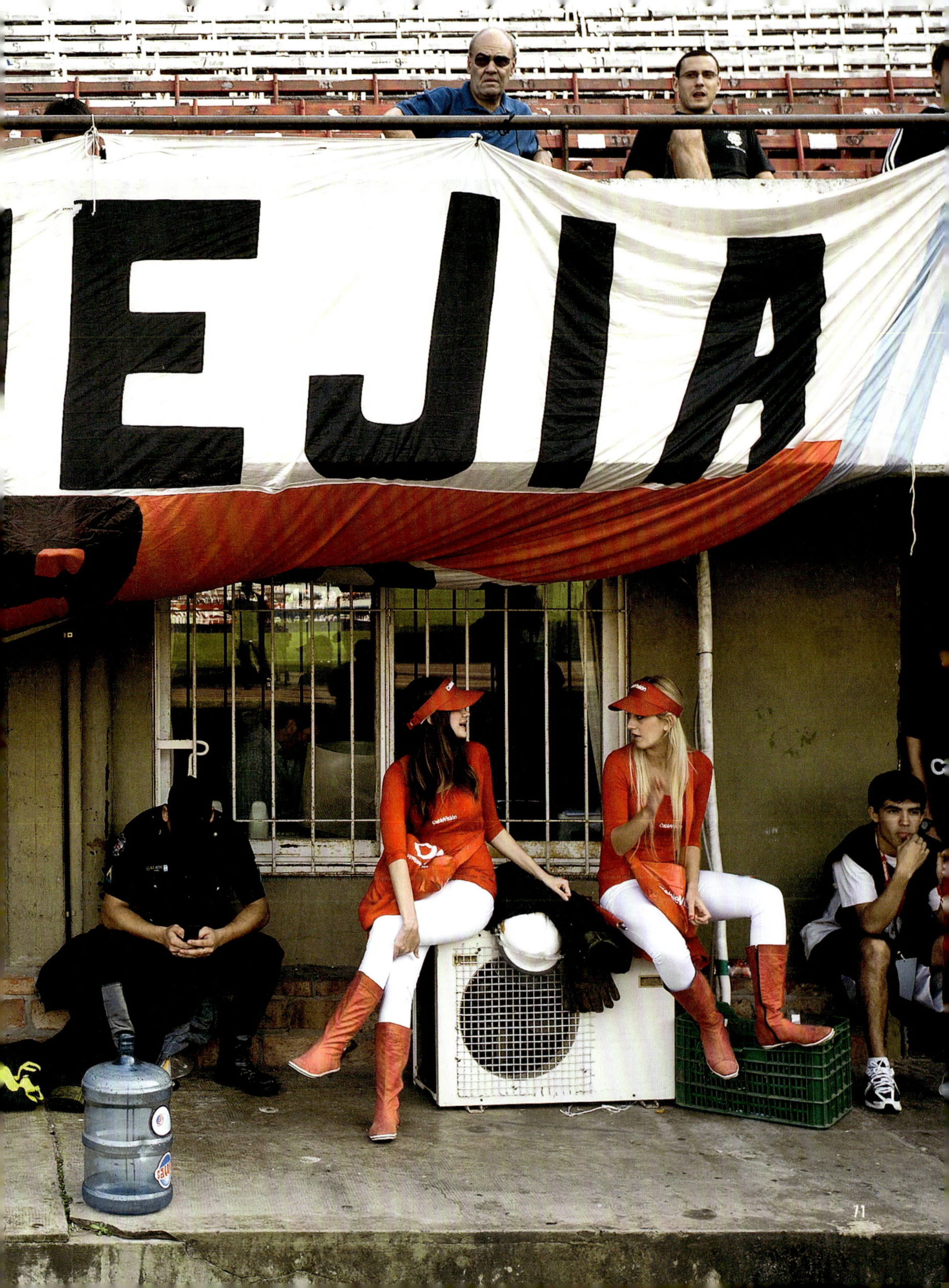
EJIA

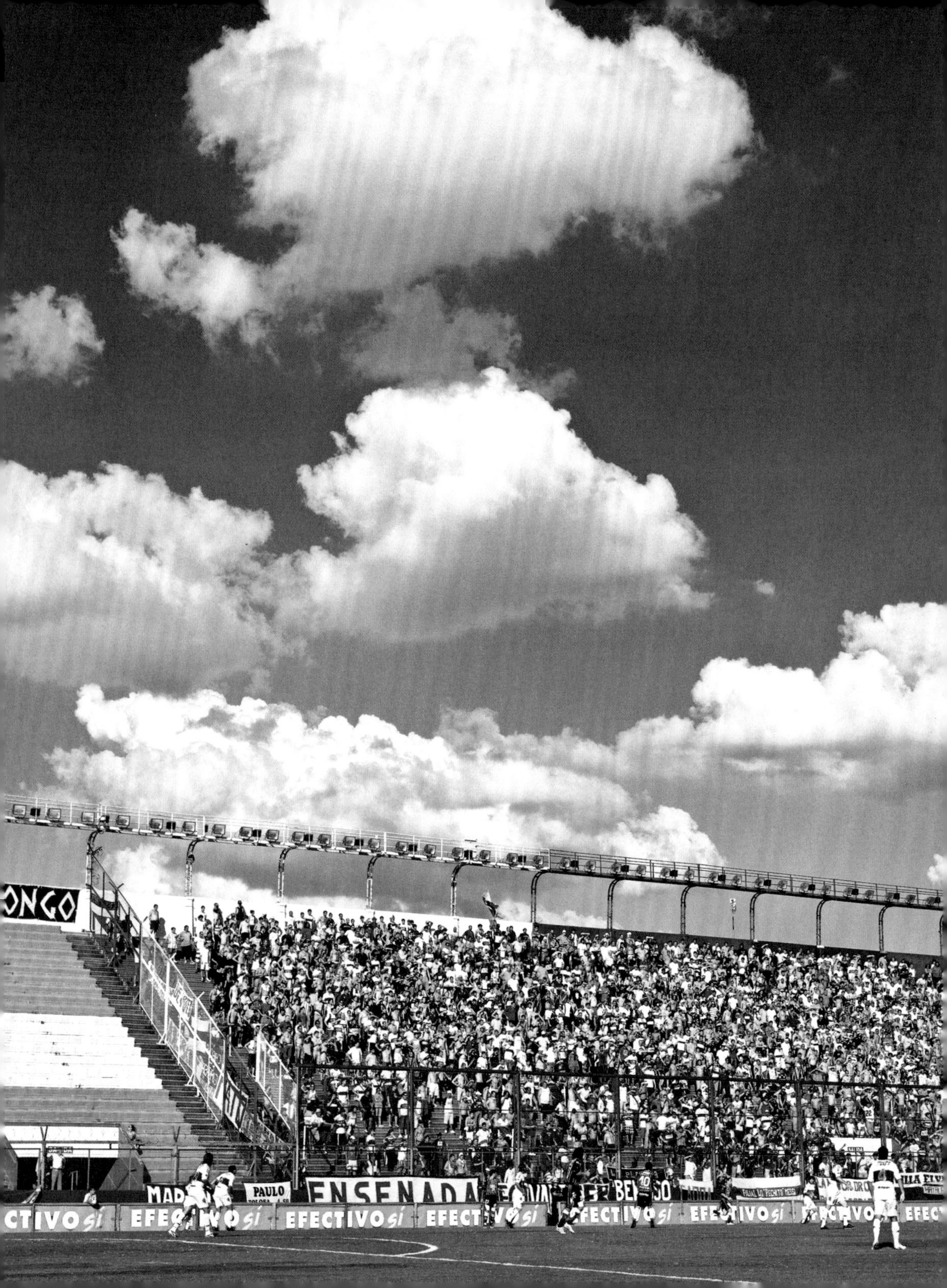
ONGO
PAULO
ENSENADA
EFECTIVO sí

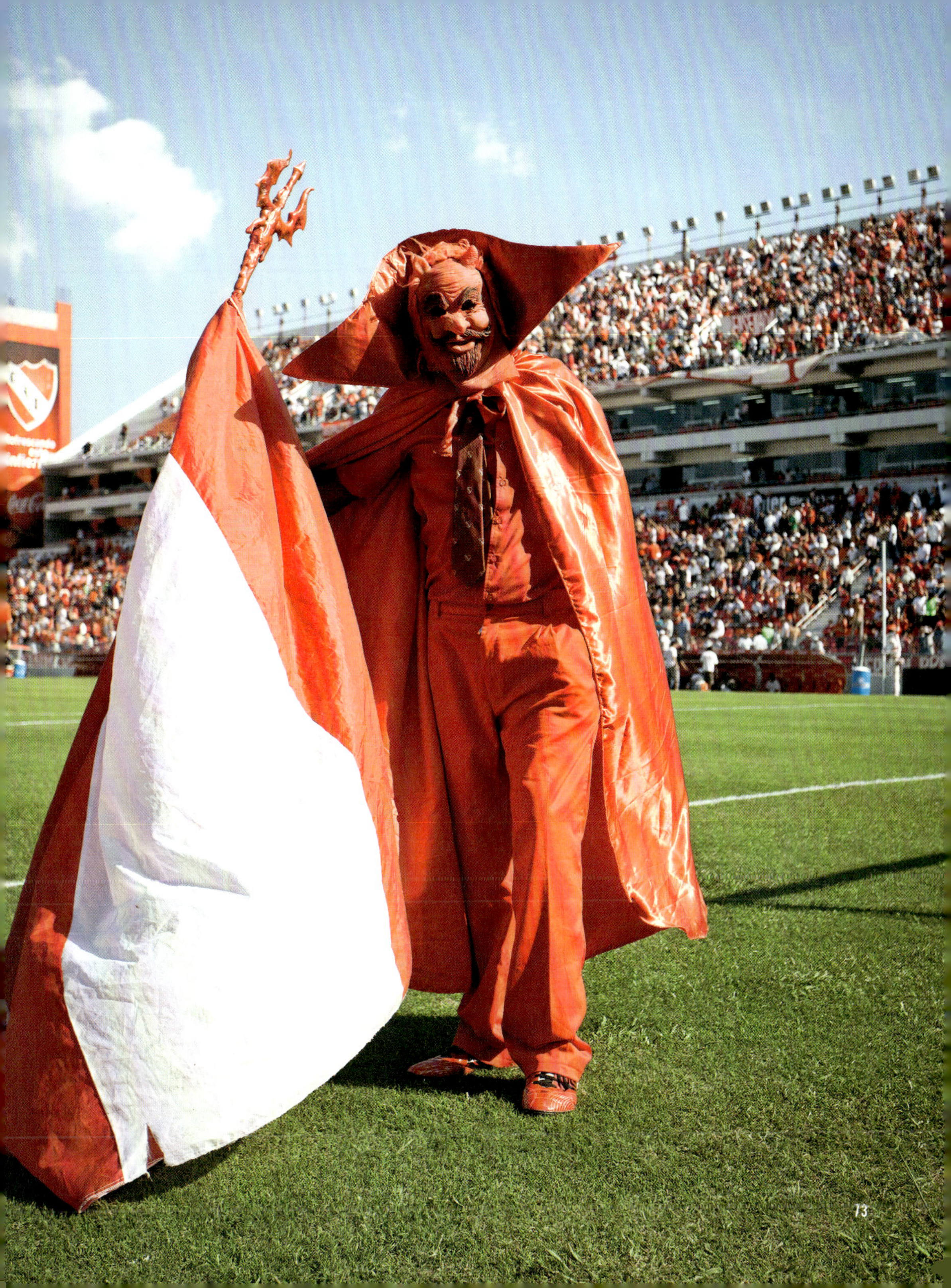

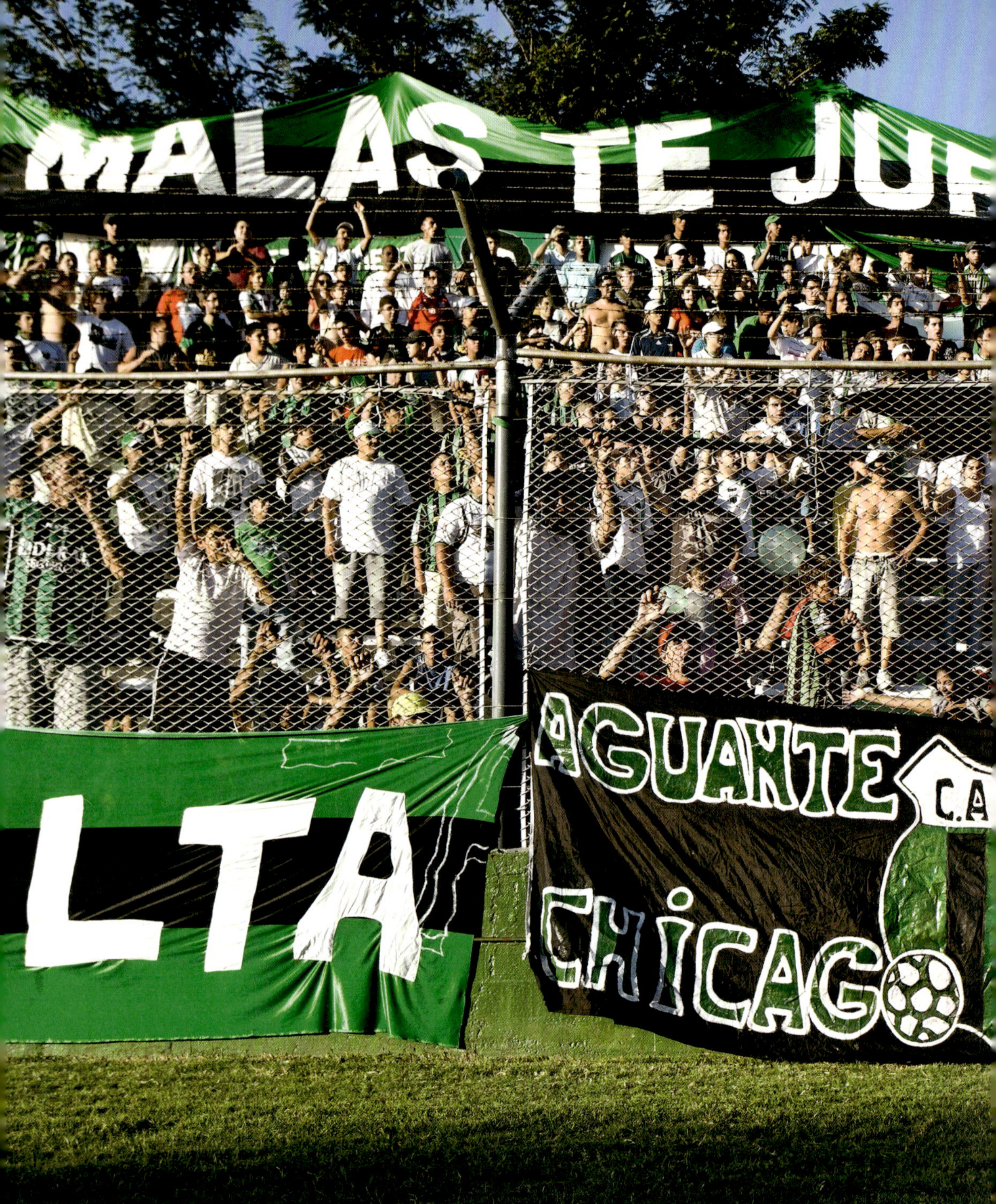
MALAS TE JU
AGUANTE
C.A
LTA
CHICAGO

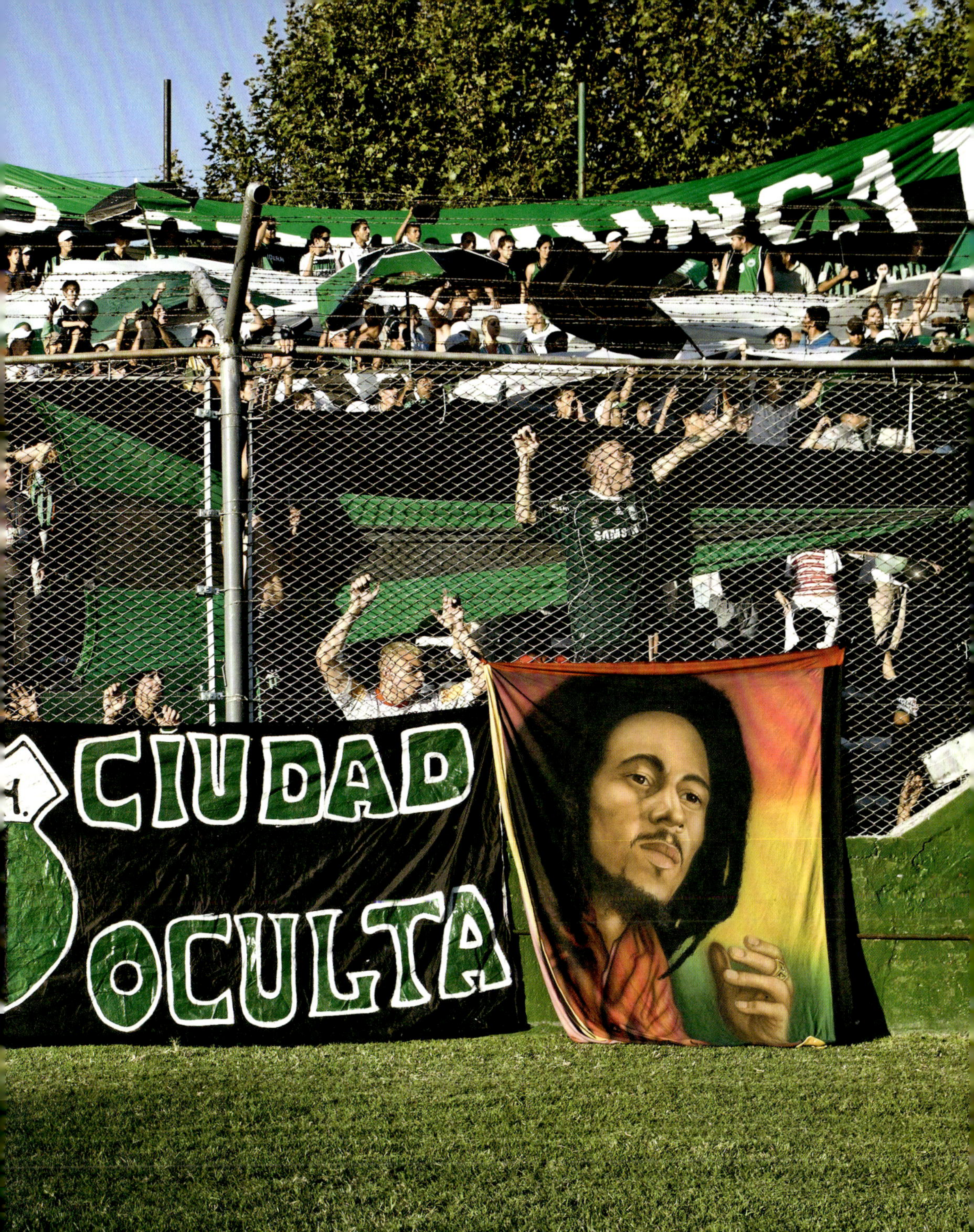
CIUDAD
OCULTA

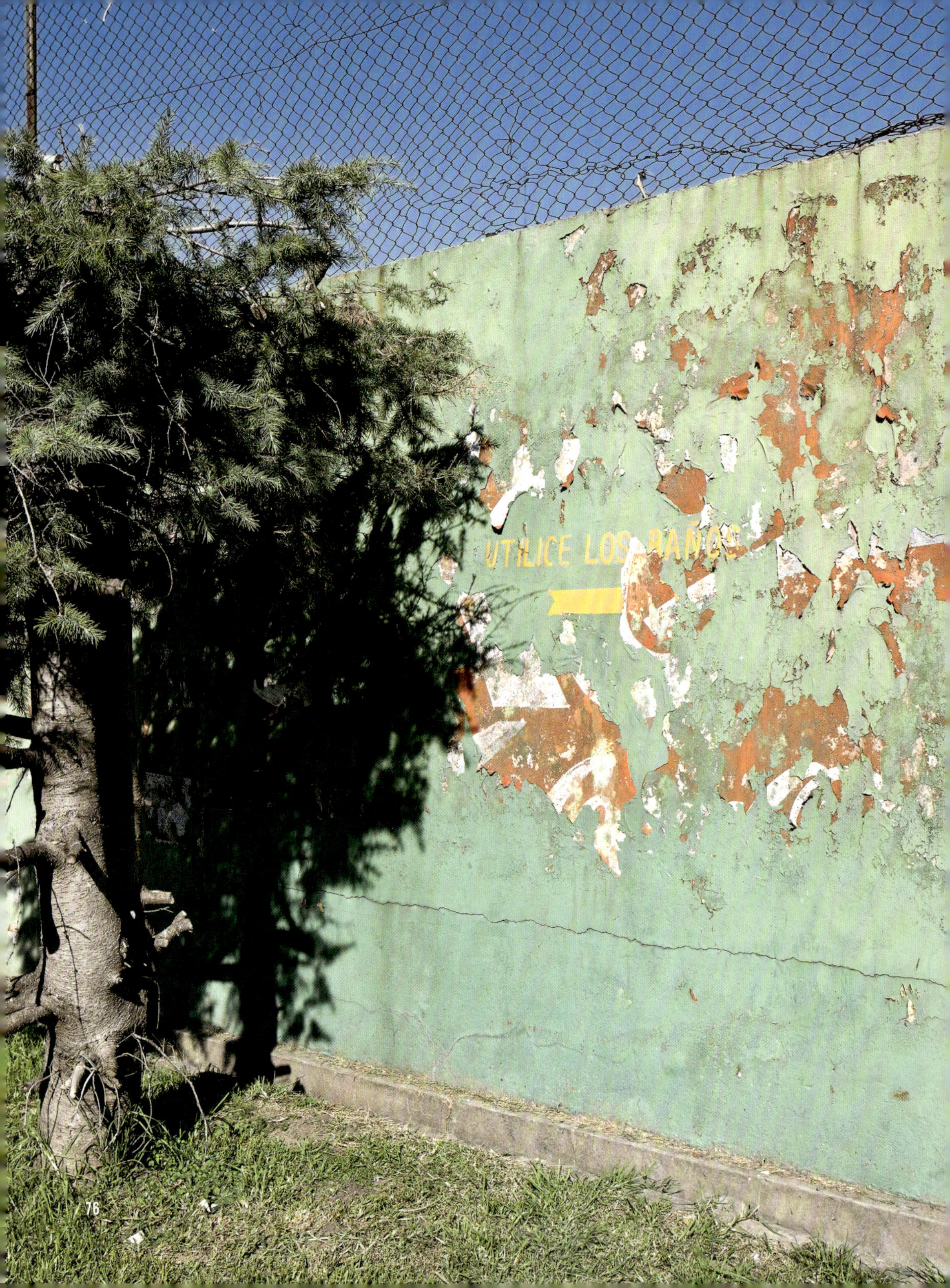
UTILICE LOS BAÑOS

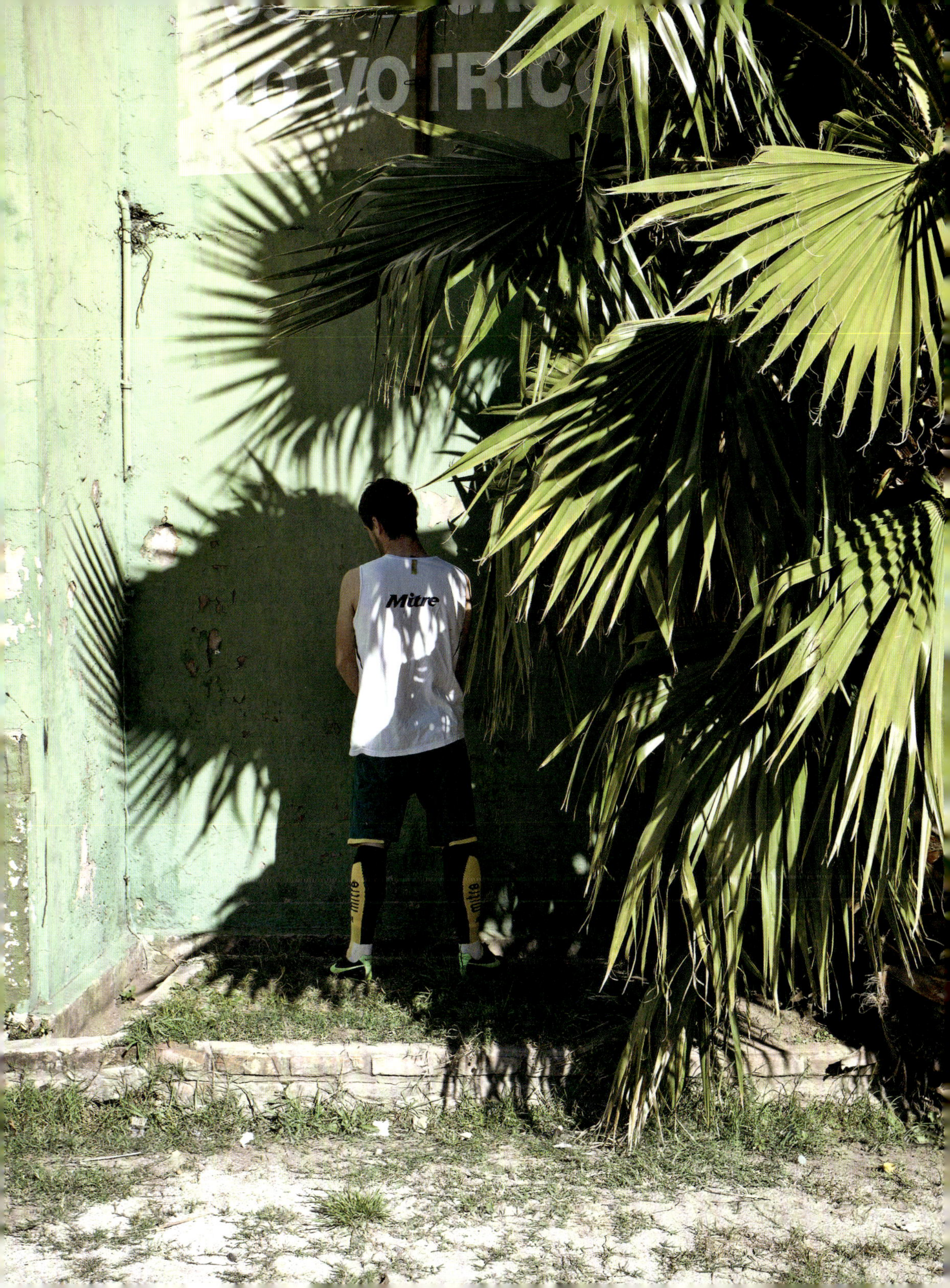
Mitre

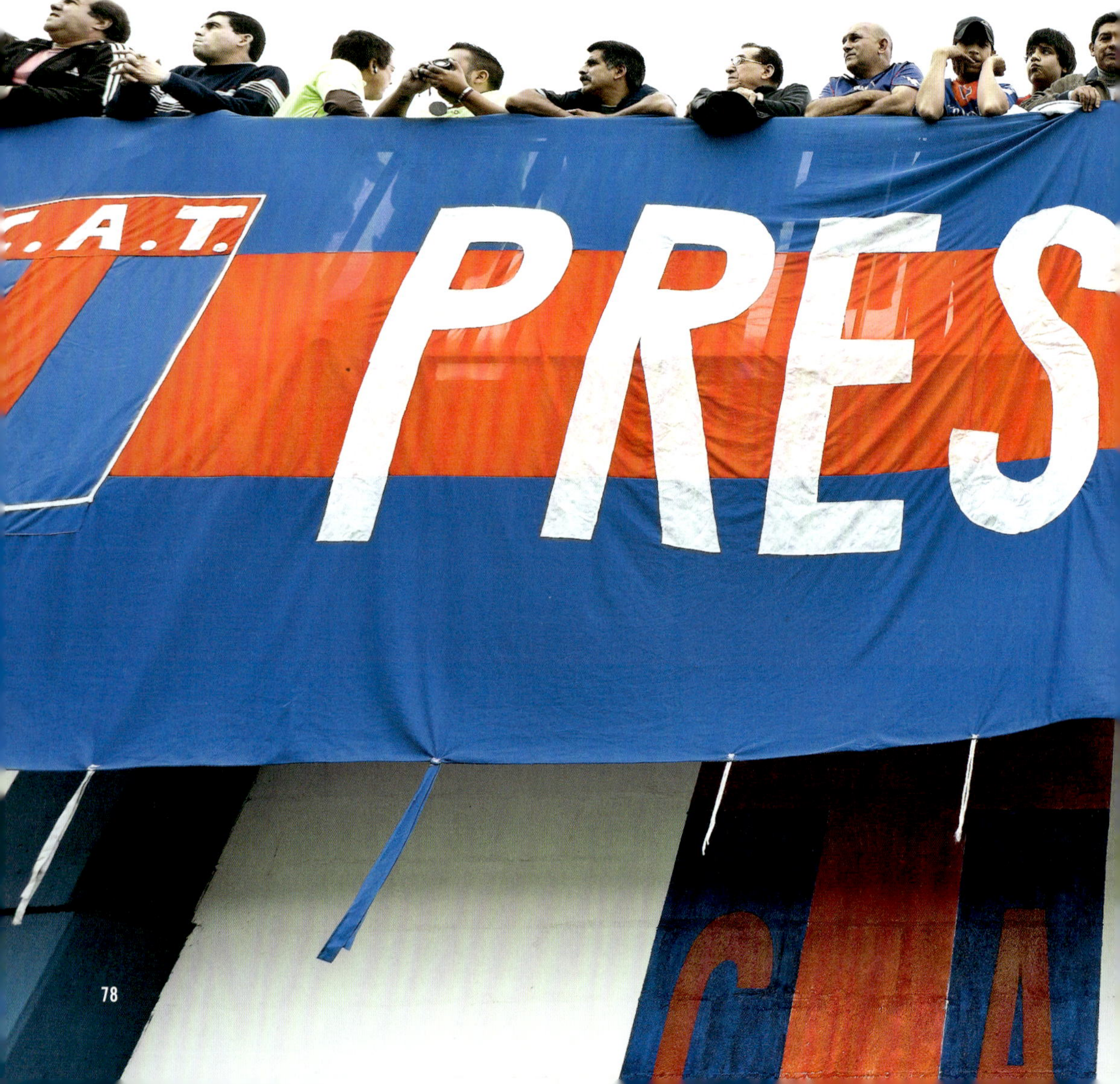
A.T.
PRES

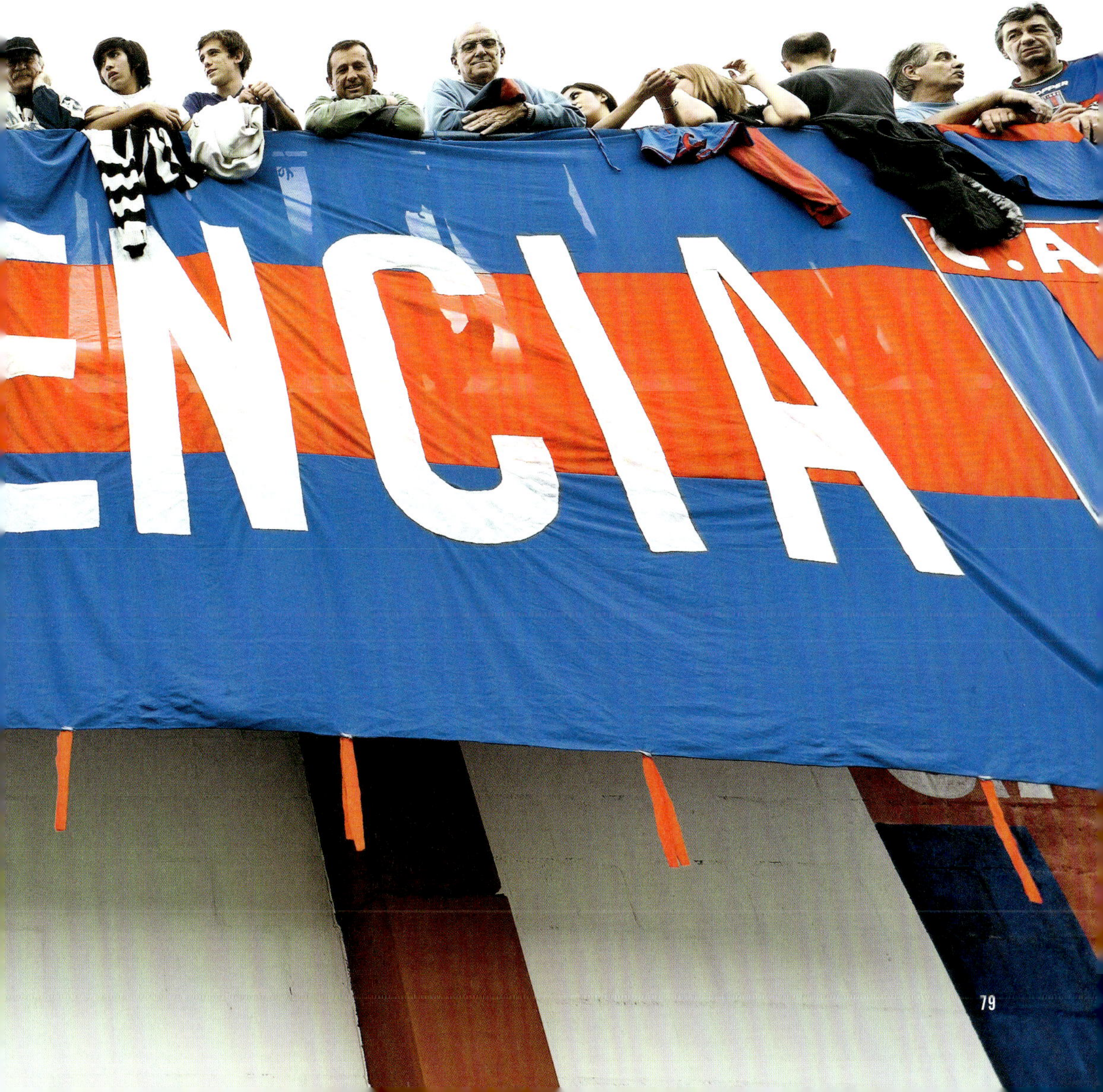
ENCIA

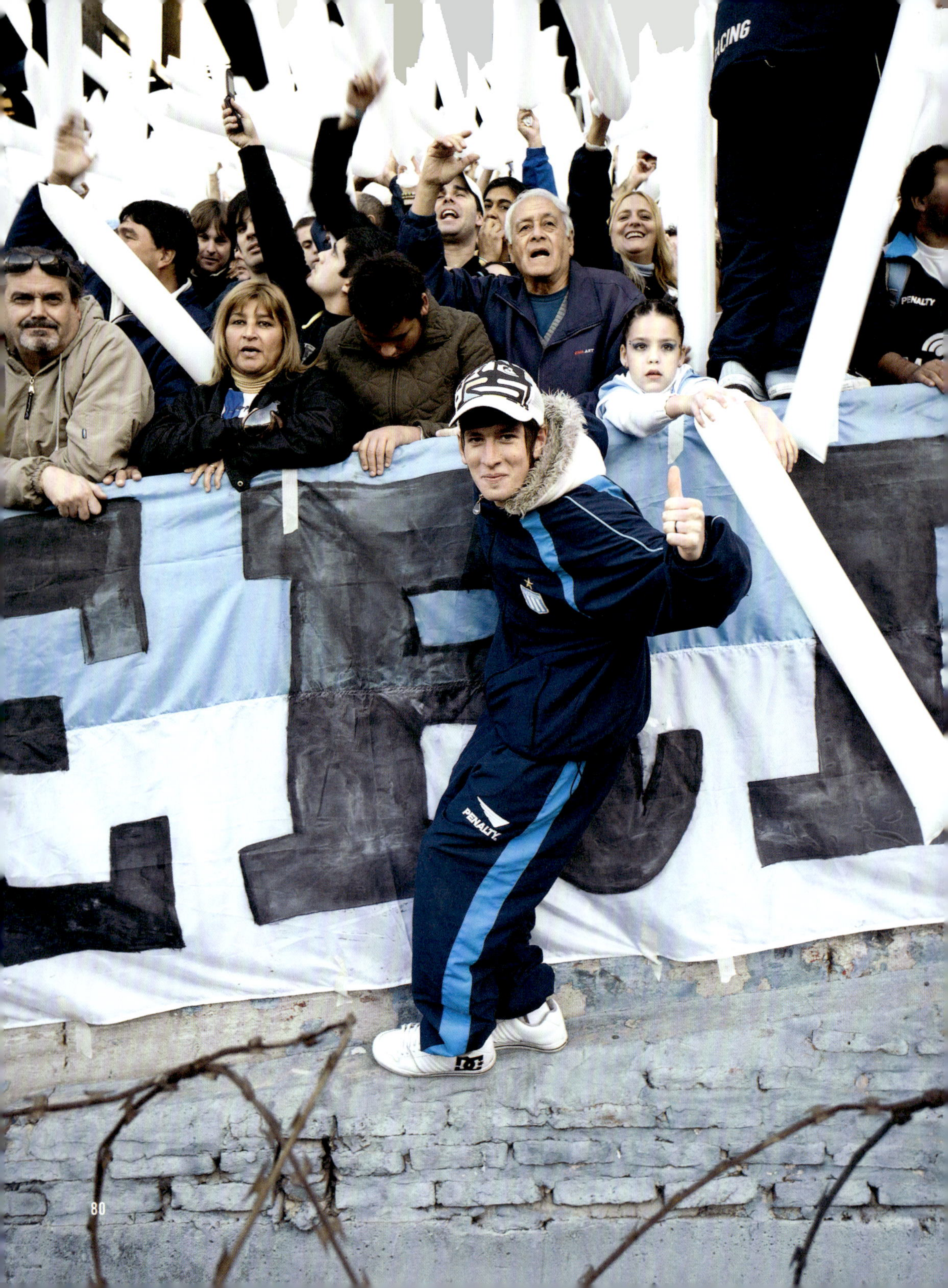
PENALTY

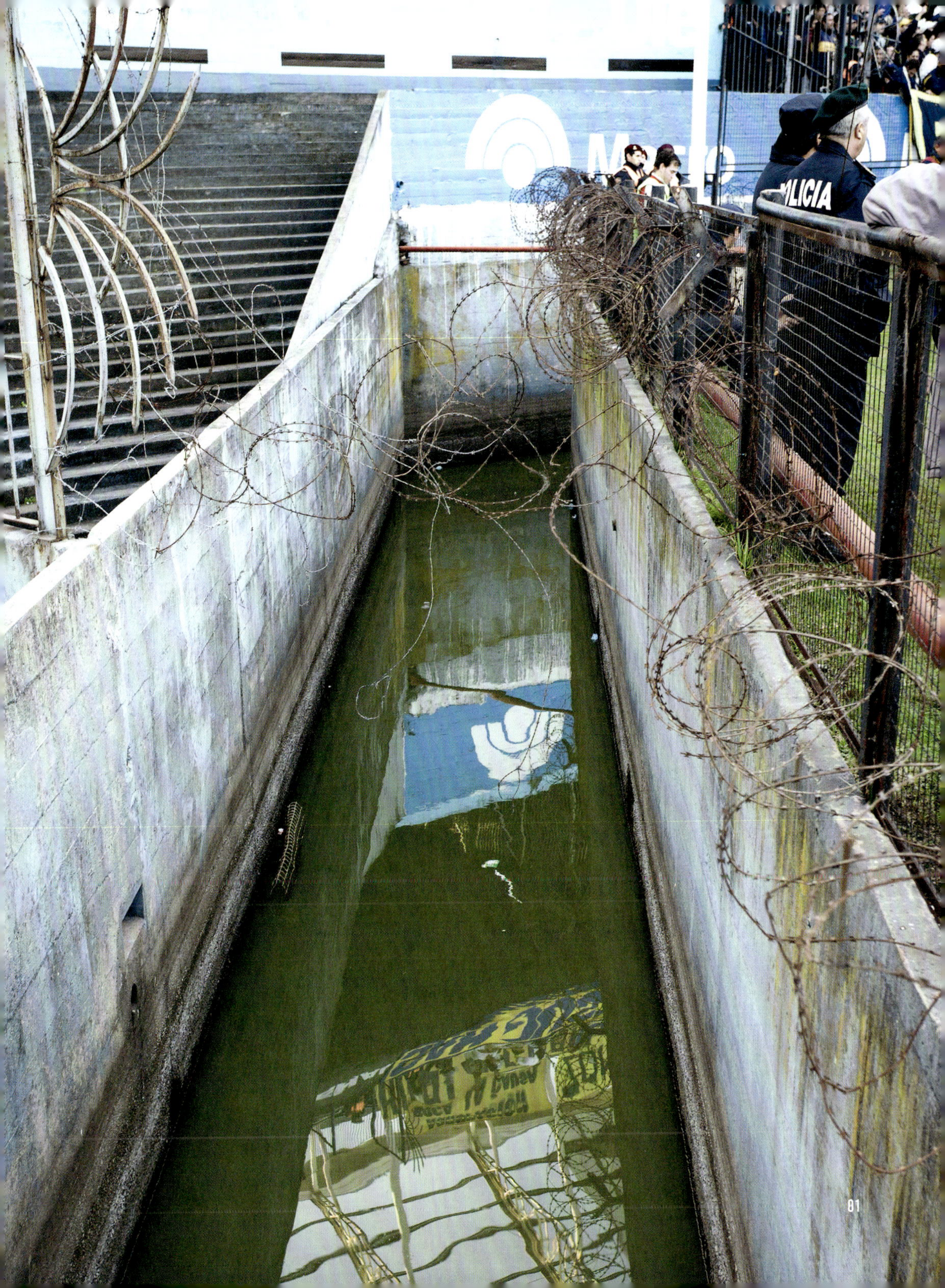

DER STOLZ EINES JEDEN KLUBS

Buenos Aires ist die Welthauptstadt des Fußballs und beherbergt eine Reihe von Stadien, in denen große Fußballgeschichte geschrieben wurde. In der Hauptstadt Argentiniens schlägt der Puls der beiden größten Klubs des Landes: Boca Juniors und River Plate. Im Zentrum der Stadt ruht der frühere Riese Ferro Carril Oeste und im Süden die Vorlage für eine typische Postkarte aus Buenos Aires: Huracán, eine Mischung aus Tango, Kopfsteinpflaster und Nostalgie.

Das beeindruckendste Stadion, *La Bombonera*, liegt im Stadtviertel La Boca. Direkt am Hafen, wo die Einwanderer zu Beginn des 20. Jahrhunderts nach ihrer langen Reise über den Atlantik eintrafen, um ein neues Leben zu beginnen. Die Zuschauerränge der *Bombonera* sind in drei Ringe unterteilt, allerdings nur auf drei Seiten, denn eine der Geraden besteht nur aus einer senkrechten Wand mit VIP-Tribünen (Foto). Seit seiner Errichtung hat das Stadion diese eigenartige Form, da es nie gelungen ist, die dahinter liegenden Grundstücke zu kaufen, um die vierte Tribüne nach hinten zu erweitern. So bleibt die Kapazität bis heute auf 49 000 Zuschauer beschränkt. „Die *Bombonera* zittert nicht, sie bebt", lautet der Slogan des Stadions und damit ist der Druck gemeint, den die Boca-Anhänger mit ihrer Unterstützung ausüben. *Jugador Nº 12*, der zwölfte Spieler, so nennen sich die Fans von Boca Juniors und die britische Wochenzeitung *The Observer* hat das Derby zwischen Boca und River Plate einmal „die intensivste Erfahrung des argentinischen Fußballs" genannt.

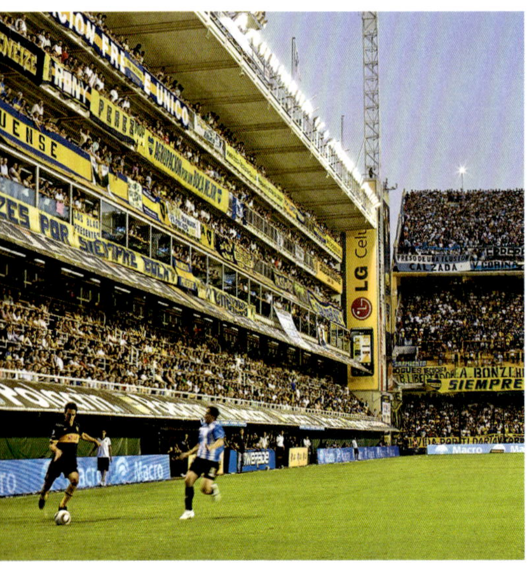

Das *Monumental* ist der Stolz von River Plate und liegt im Stadtteil Núñez. Das weite Oval wurde 1938 eingeweiht, hat ebenfalls drei Ebenen und bietet 65 645 Zuschauern Platz (S.182/183). Das Stadion war der Hauptschauplatz der Fußball-Weltmeisterschaft 1978, unter anderem wurde hier auch das Finale zwischen Argentinien und den Niederlanden ausgespielt. Seit dem damaligen 3:1-Sieg zum ersten argentinischen Weltmeister-Titel finden im Monumental-Stadion fast alle Heimspiele der Nationalmannschaft statt.

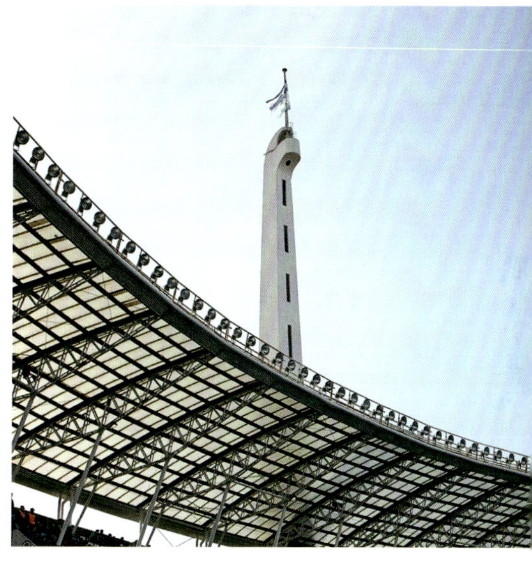

Independiente und Racing Club sind die traditionellen Rivalen aus Avellaneda, dem südlichen Vorort von Buenos Aires, den man über die Pueyrredón-Brücke erreicht. Die beiden Stadien *Libertadores de América* (Independiente) und *Juan Domingo Perón* (Racing) liegen nur einen Steinwurf voneinander entfernt. Die *Roten Teufel* von Independiente rissen 2006 ihr Stadion aus dem Jahre 1928 fast komplett ab, um ein neues zu bauen. Nach diversen Finanzproblemen haben sie nun ein Stadion, das immerhin zu fast zwei Dritteln fertig ist (S.86/87). *La Academia*, wie Racing auch genannt wird, nennt *El Cilindro* sein Eigen, ein kreisrundes Stadion aus Zement mit überdachtem Oberrang (S.138/139), der unter den Gesängen seiner Fans *La Guardia Imperial* (Die kaiserliche Leibwache) erzittert. Zudem ragt aus dem Stadion Racings noch ein funktionsloser Turm hervor (Foto), eine Besonderheit, die sonst nur der *Palacio Tomás Adolfo Ducó* bietet, das Stadion des Club Atlético Huracán aus dem Stadtteil Parque de los Patricios. Hier sind die Sitzplätze aus Zement (S.24) und gleich in die Tribüne eingebaut. Dieses traditionsreiche Stadion ist Buenos Aires pur. Die einzelnen Sektoren tragen die Namen von ehemaligen Spielern, Schriftstellern, Musikern, Tango-Dichtern und sogar den eines ehemaligen Boxers des Viertels, Oscar Natalio Bonavena. Apropos Namensgebung: Beim Club Atlético Colegiales, der in der *Primera B Metropolitana* spielt, gibt es eine Tribüne mit dem Namen *Libertarios Unidos* (S.28), in Erinnerung an den ersten Namen des Klubs, der am 1. April 1908 von militanten Anarchisten gegründet worden war.

Der Ort an dem ein Klub gegründet wurde, ist immer auch das Gebiet, in dem der Verein seine meisten Anhänger hat. Wenn ein Klub die angestammte Umgebung verlassen muss, ist dies meist mit großem Schmerz verbunden. Davon können die Fans von San Lorenzo aus dem Stadtteil Boedo ein Lied singen, deren *Gasómetro* im Jahre 1979 geschlossen wurde. Es war ein wunderschönes Stadion für 60 000 Zuschauer mit Tribünen aus Holz. Erst 14 Jahre später durften *Los Cuervos* (*Die Krähen*) ihr neues Stadion, *Pedro Bidegain* oder *Nuevo Gasómetro* genannt, einweihen (S.176/177). Problematisch ist allerdings, dass das Stadion nun nicht mehr in Boedo liegt, sondern in Bajo Flores, direkt neben einem der gefährlichsten und ärmsten Elendsviertel der Stadt. Die Welt sieht jetzt anders aus für die *Sanlorencistas*. Die Diskothek um die Ecke, die Kumpels von nebenan, der Geruch nach Malven, die gibt es nun nicht mehr. Ein ähnliches Schicksal mussten aber auch andere Vereine schon erleiden. Unter anderem mussten Chacarita Juniors, Justo José de Urquiza, Almagro, Platense, Fénix und Sportivo Barracas ihre angestammte Heimat verlassen.

Aus all den Stadien ragt aber eines besonders hervor, weil der von allen argentinischen Fußball-Fans verehrte und bewunderte Diego Armando Maradona dort sein Debüt in der 1. Liga gab. Im Stadtviertel La Paternal absolvierte *Pelusa* (*der Lockenkopf*) 1976 seine erste Partie für Argentinos Juniors. Das Spielfeld hatte damals nur die geringsten zugelassenen Abmessungen, und die kleinen Tribünen waren aus Holz. Argentinos Juniors verließ La Paternal im Jahre 1980 und kehrte erst 2003 wieder zurück – in ein neues Stadion aus Beton, das den glanzvollsten aller Namen trägt: *Diego Armando Maradona* (S.246/247).

Unter den Stadien mit dem größten Komfort spielt das Stadion des Club Atlético Vélez Sarsfield ganz oben mit. Das *José Amalfitani* liegt in Villa Luro und wird oft als das *Teatro Colón des Fußballs* angesehen, angelehnt an das Opernhaus der Stadt, das zu den schönsten der Welt zählt. Auf einer Längsseite besitzt das Stadion noch einen alten Wassergraben, der die Südtribüne vom Spielfeld trennt, eine Besonderheit, die auch in den Stadien von Racing und Lanús zu finden ist.

Die Stadien liegen meist nicht weit entfernt von den Orten, an denen die Klubs gegründet wurden, und meist spiegeln sie die wirtschaftliche und soziale Situation der nächsten Umgebung wider. Besonders deutlich wird das im Großraum Buenos Aires. Gerade in den südlichen Außenbezirken ist die Armut groß, das Verbrechen gehört zum Alltag wie das Kleingeld. In solchen Bezirken spielen die Vereine die Rolle sozialer Institutionen, in denen jungen Leuten der Sinn für Solidarität und Gemeinschaft nähergebracht wird. Ein typisches Beispiel dafür ist Victoriano Arenas mit seinem kleinen Stadion in Valentín Alsina, einem Ortsteil von Avellaneda. Der gesamte Ort grenzt auf einer Seite an den übel riechenden Fluss Riachuelo und auf seiner anderen

Seite liegt ein Elendsviertel mit kleinen Häusern, deren Dächer kaum die Stadionmauern überragen (S.256/257).

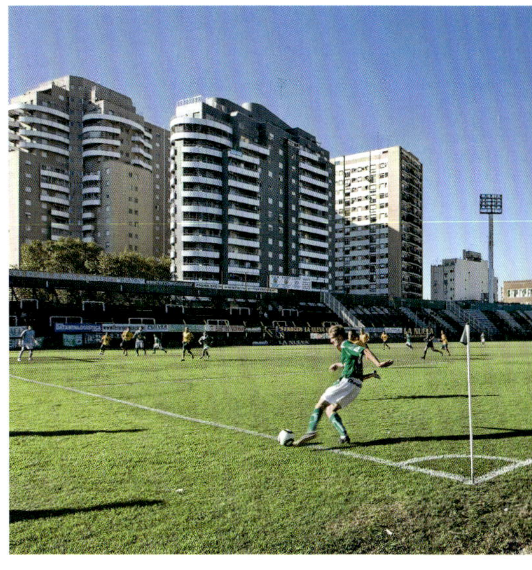

Lange Zeit bot Ferro Carril Oeste ein Gegenbeispiel. Im geografischen Zentrum der Stadt gelegen, ging hier die Mittelschicht gegen Entrichtung eines monatlichen Beitrages einem breiten Spektrum an sportlichen Aktivitäten nach und füllte am Wochenende das von luxuriösen Appartement-Hochhäusern umgebene Stadion. Heute ist das Stadion von den Behörden wegen Baufälligkeit teilweise gesperrt und nur noch eine Handvoll Unentwegte halten Ferro in der 2. Liga die Treue (Foto).

Schon viele Vereine haben ihre Stadien abgerissen, um neue zu errichten. Manchmal auch auf neuem Terrain, um von den gestiegenen Grundstückspreisen zu profitieren, die sich im Laufe der Jahre am ursprünglichen Standort ergaben. Der Quilmes Atlético Club hatte sein Stadion in einer der teuersten Gegenden der Vorstadt im Süden, sein *Centenario* baute der Verein dann aber am Rande von Quilmes. Chacarita Juniors hat sich von seinem alten Stadion aus Stahlrohren und Holzplanken getrennt. Dank einiger gewinnbringender Spielerverkäufe ist jetzt Geld vorhanden für eine neue Arena mit moderner Infrastruktur, die 2011 eingeweiht werden soll. Ein ganz anderer Fall ist der von San Telmo, dem kleinen Verein aus dem gleichnamigen Tango- und Künstlerviertel. Das Stadion liegt auf der Isla Maciel, einer Gegend, deren hohe Kriminalitätsrate oft dazu führte, dass Auswärtsteams sich weigerten dort anzutreten. Trotz einiger Renovierungen haben die Behörden die Schließung des Spielorts angeordnet und San Telmo muss nun im Stadion von Atlanta spielen, weit entfernt im ruhigen Viertel Villa Crespo (S.204/205).

Als eine Art Zeitzeuge ist noch immer die erste Tribüne erhalten, die in Argentinien aus Zement gebaut wurde: die Haupttribüne von Argentino de Quilmes aus dem Jahr 1927, in ihrem typisch englischen Stil (S.32). Nur noch wenige Zuschauer finden sich auf den hellblau-weiß angemalten hölzernen Sitzplätzen ein (S.54/55). Kein Wunder, leiden die Anhänger des *Mate* doch unter der fußballerischen Qualität der *Primera D*, der untersten Liga des argentinischen Fußballverbands AFA.

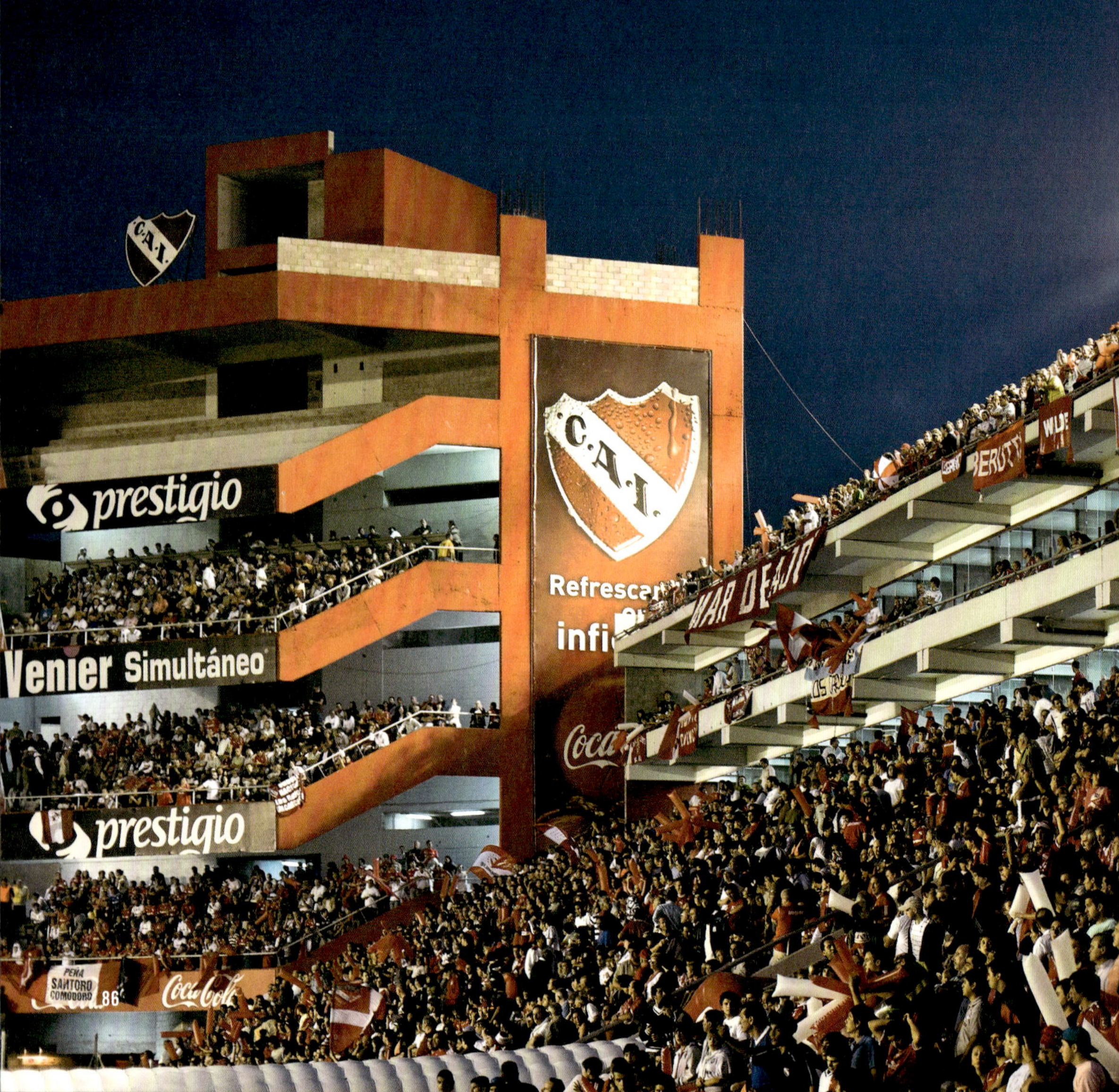
C.A.I.
prestigio
Venier Simultáneo
prestigio
C.A.I.
Coca-Cola

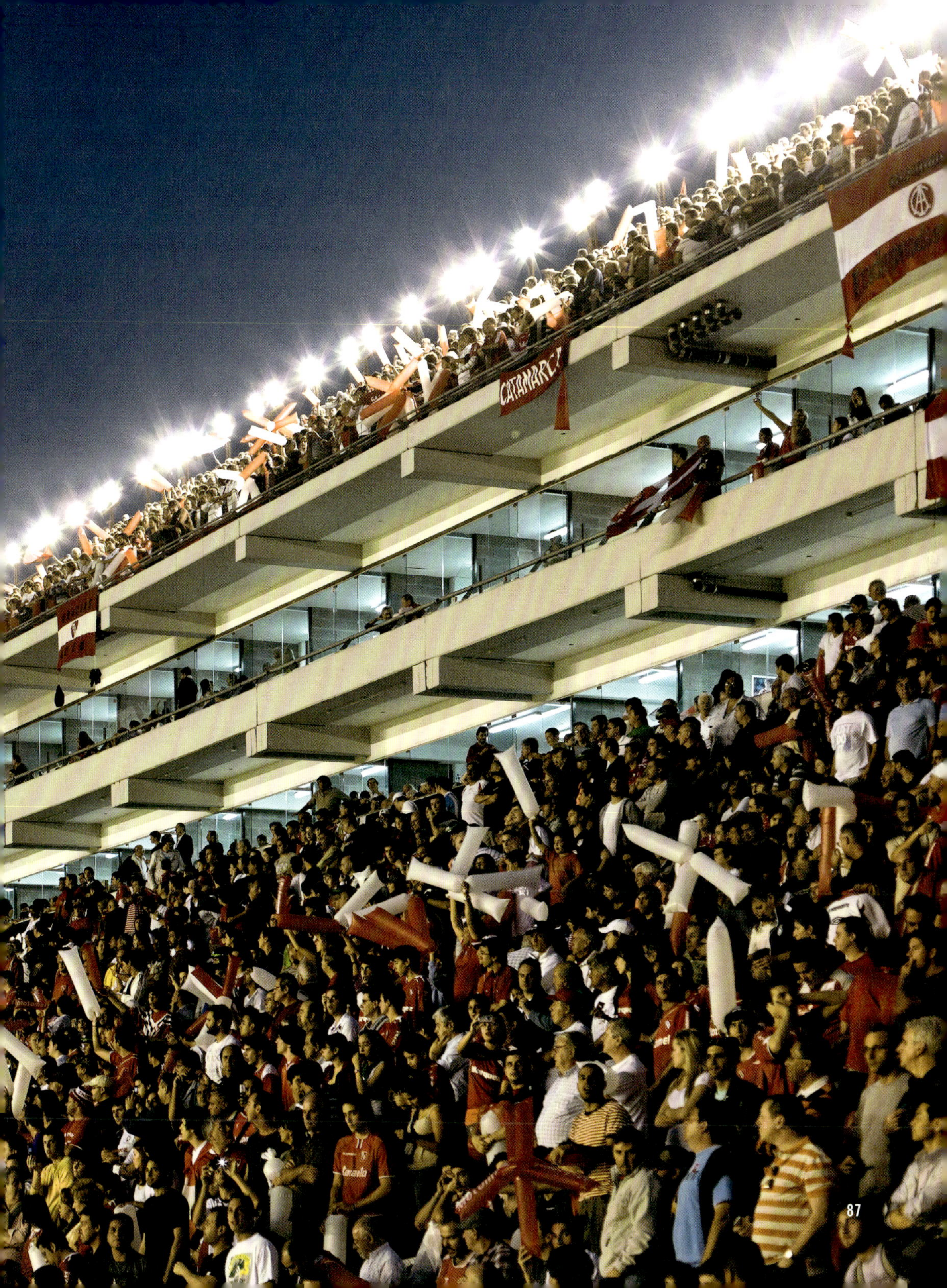

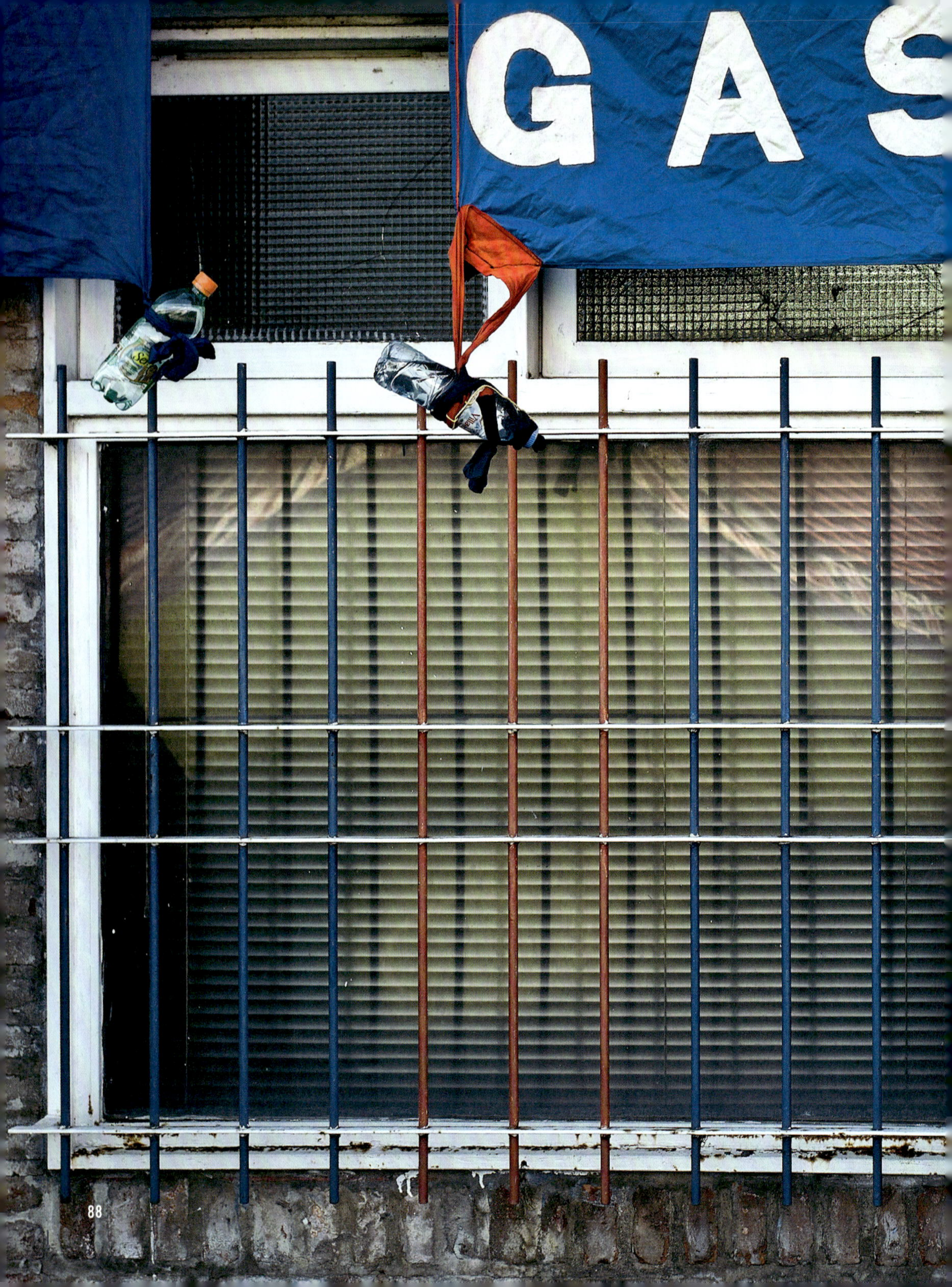
GAS

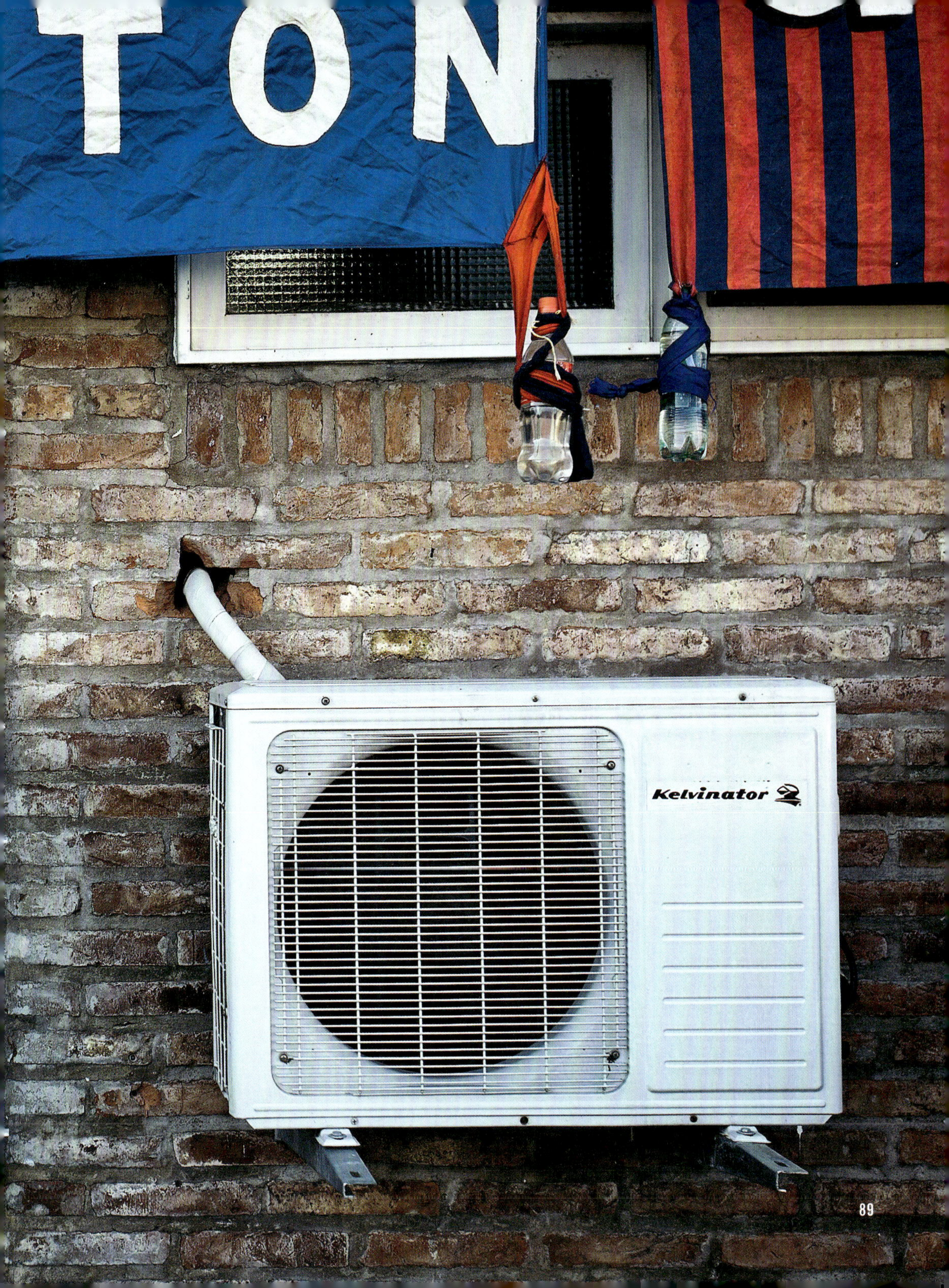
TON
Kelvinator

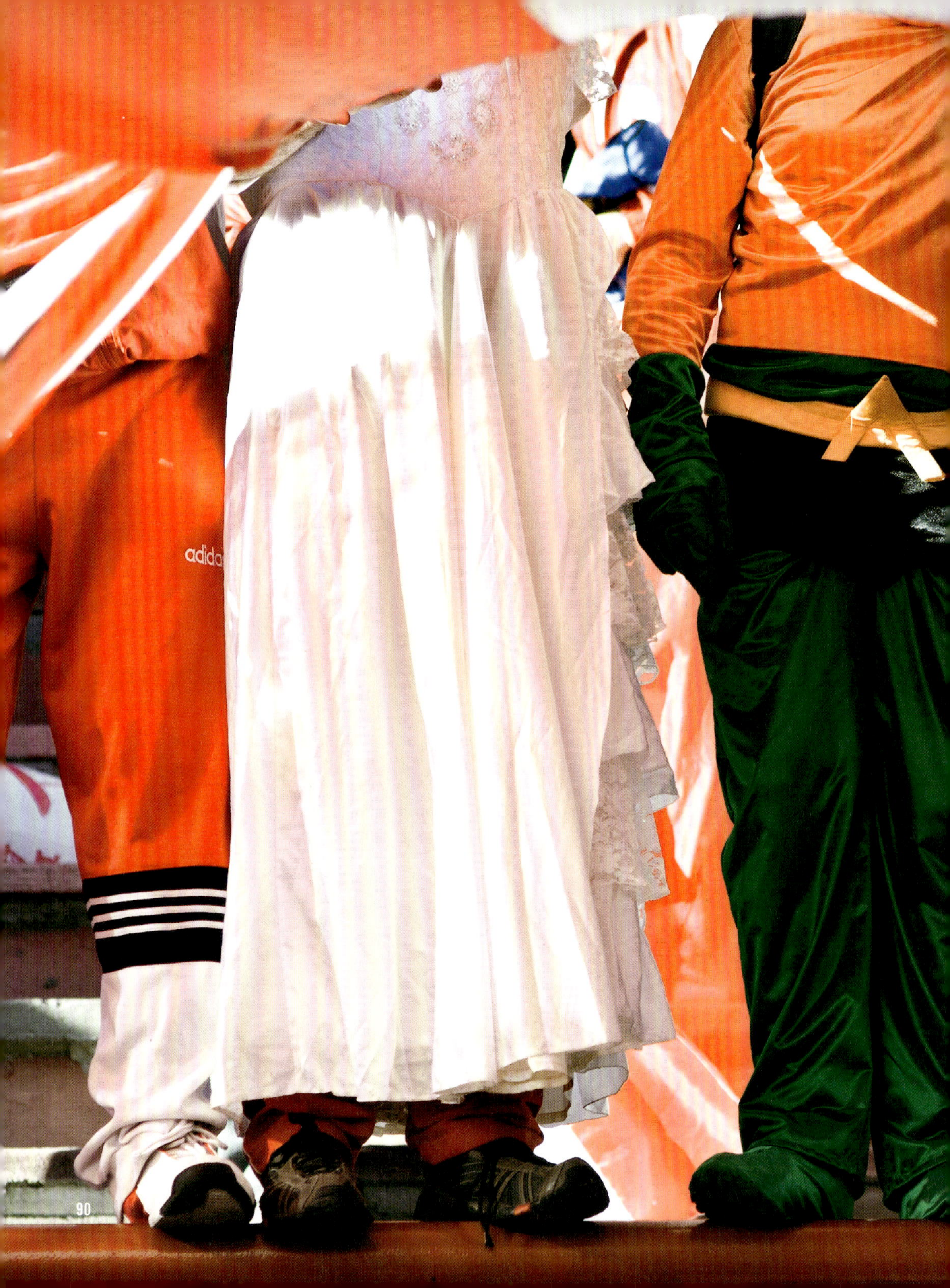
adidas

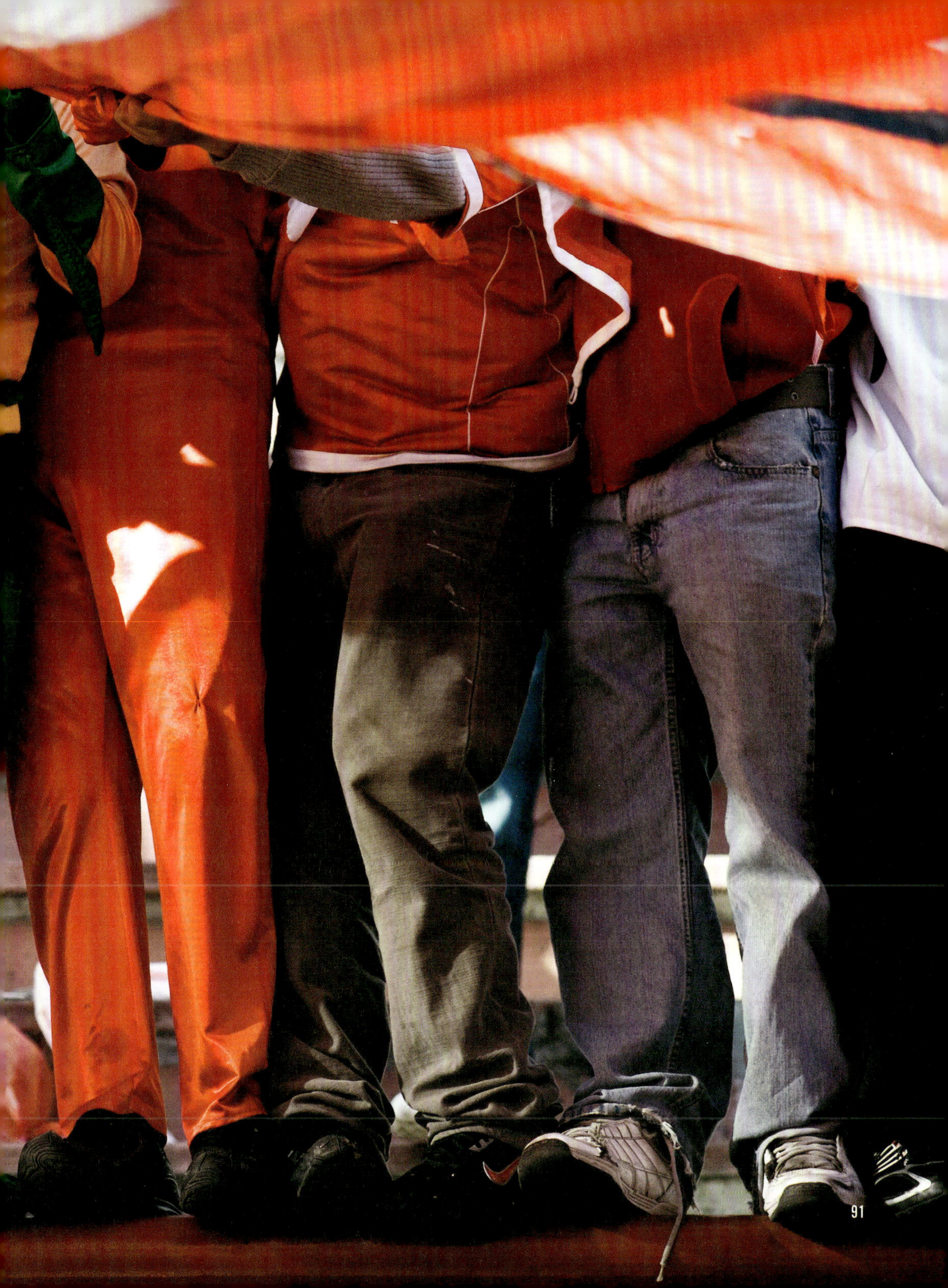

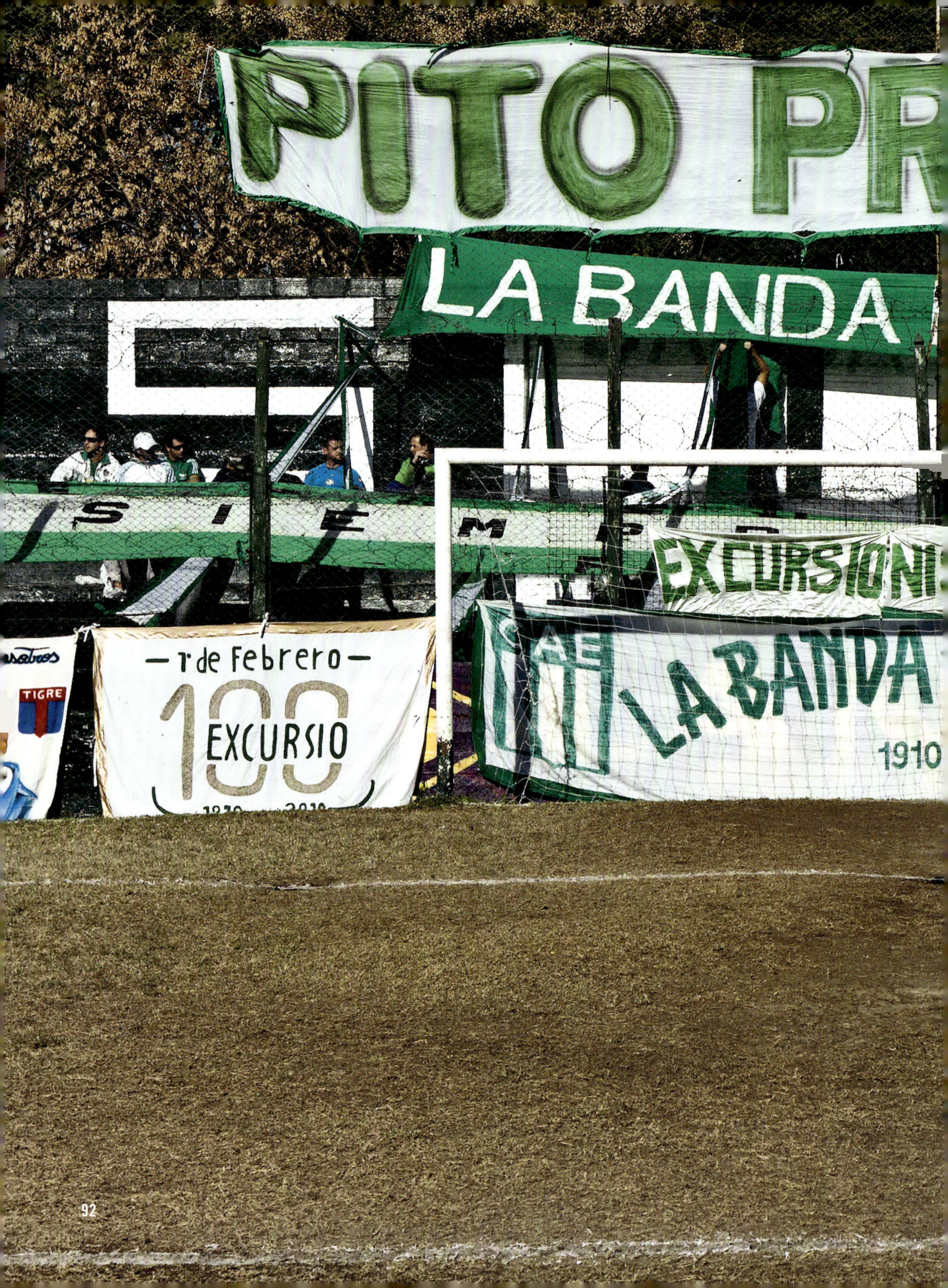
PITO PR
LA BANDA
EXCURSIONI
TIGRE
1° de Febrero
100
EXCURSIO
CAE
LA BANDA
1910

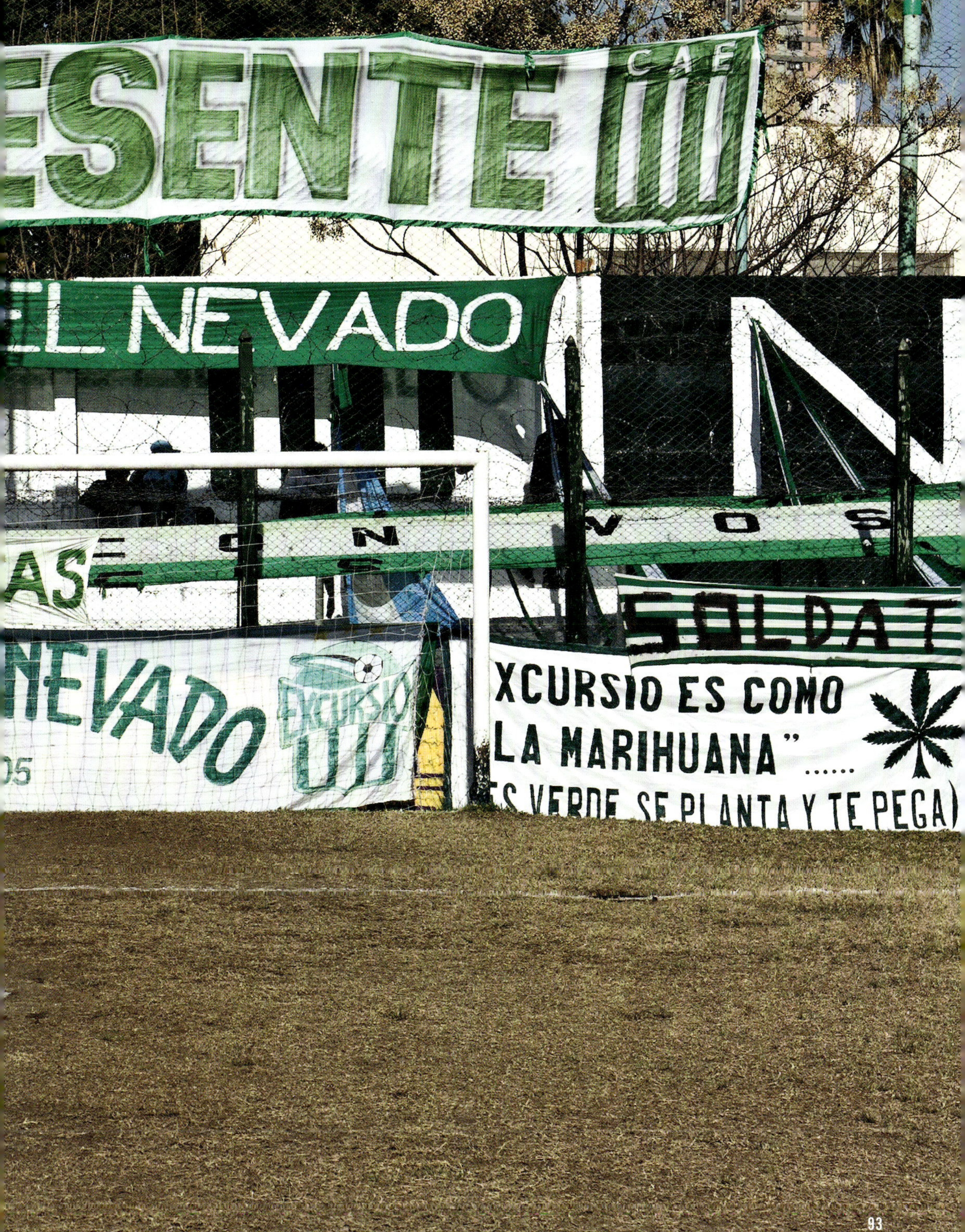
ESENTE
EL NEVADO
AS
NEVADO
EXCURSIO
SOLDAT
XCURSIO ES COMO
LA MARIHUANA” ......
S VERDE SE PLANTA Y TE PEGA)

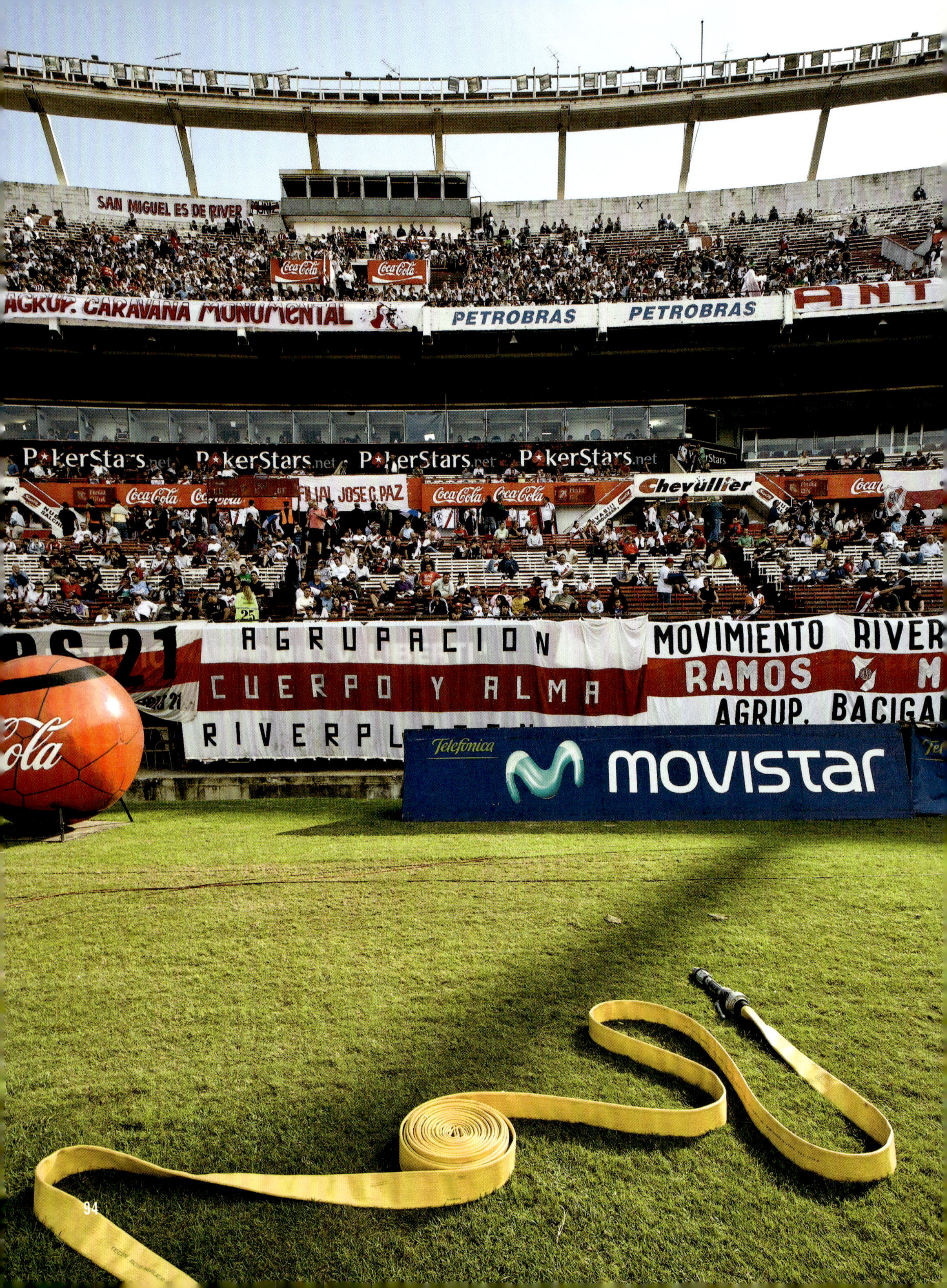
SAN MIGUEL ES DE RIVER
Coca-Cola
AGRUP. CARAVANA MONUMENTAL
PETROBRAS
PETROBRAS
PokerStars.net
Chevallier
AGRUPACION
CUERPO Y ALMA
MOVIMIENTO RIVER
RAMOS
Telefónica
movistar

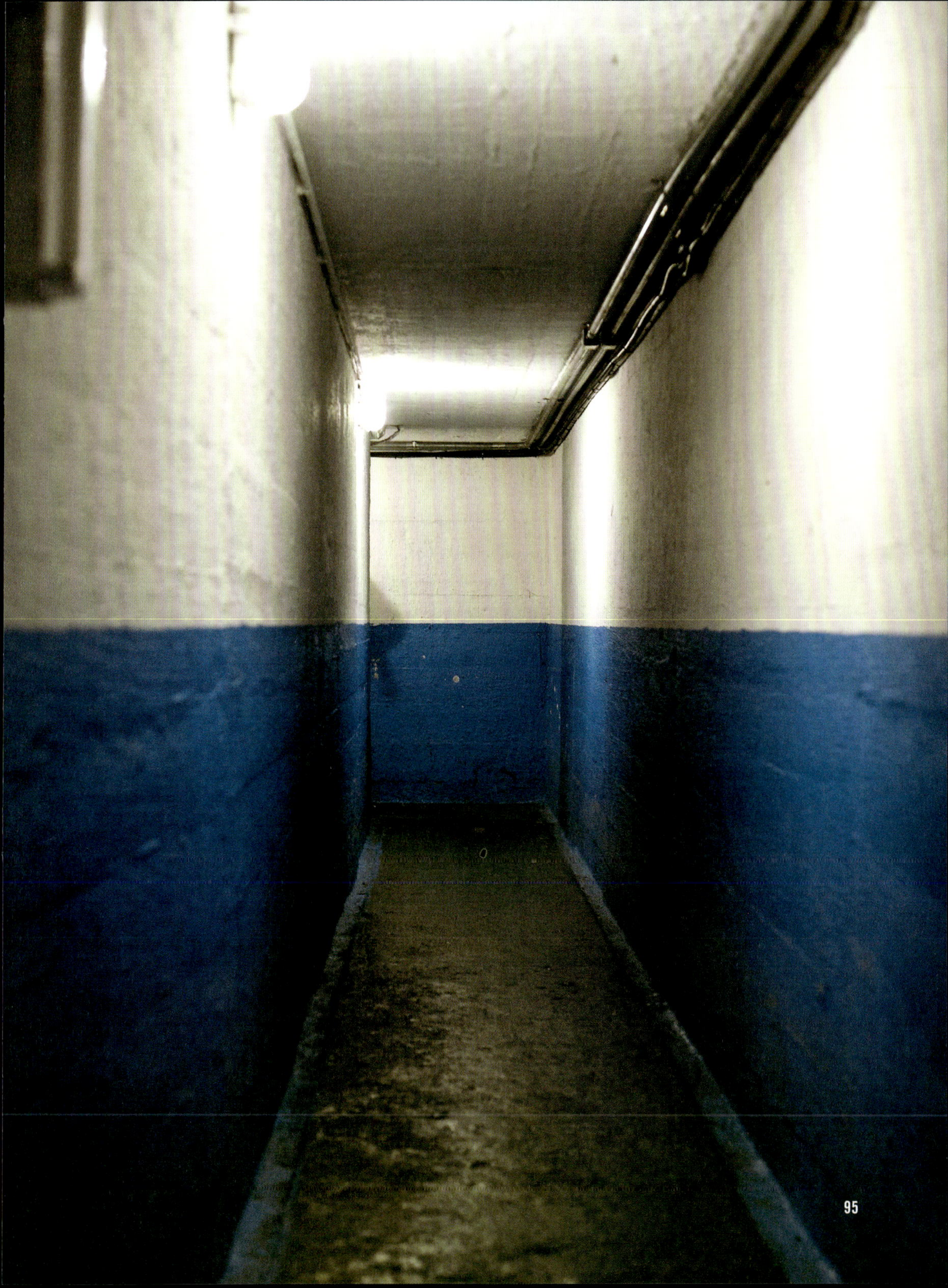

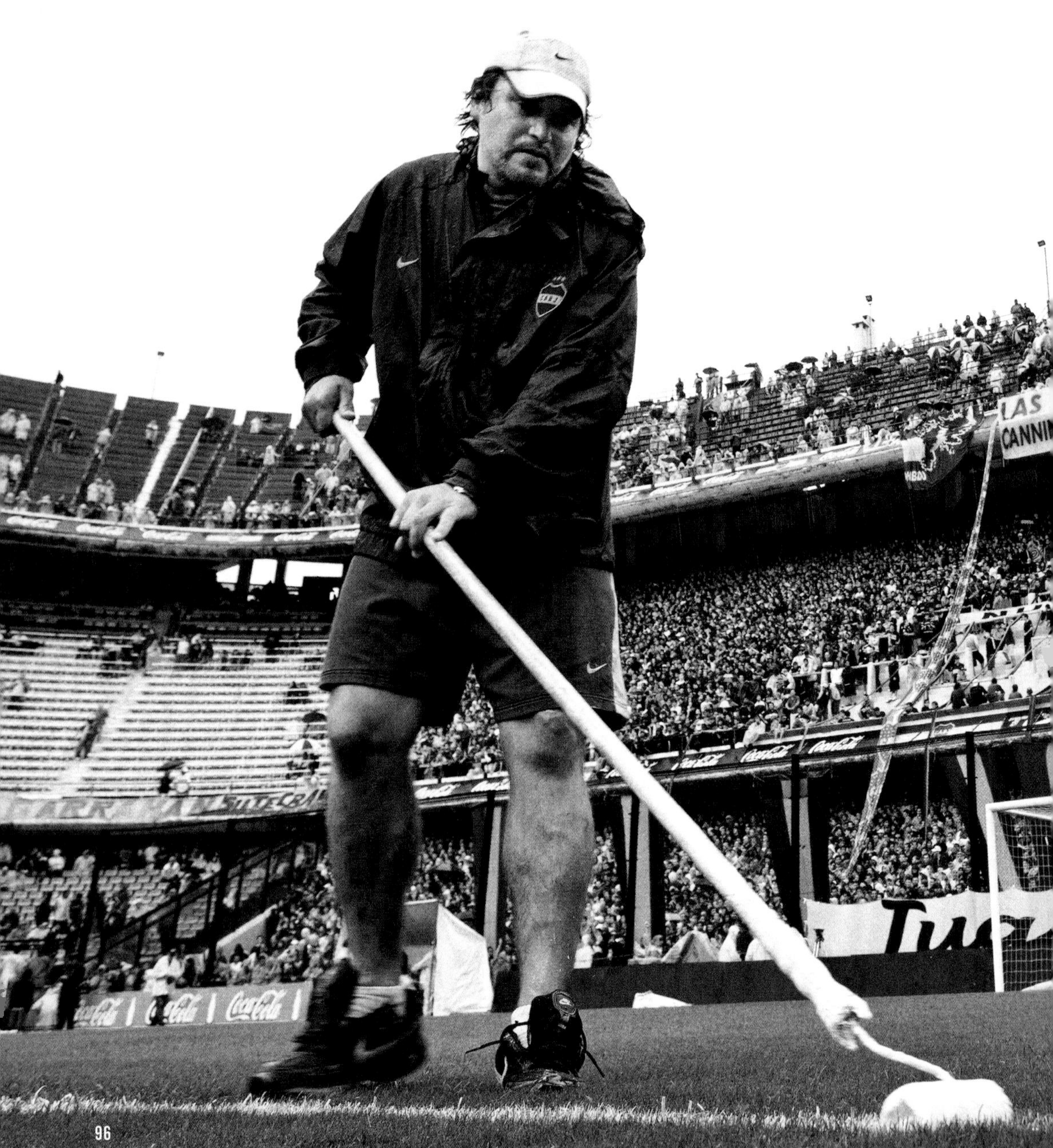
Coca-Cola
LAS
CANNI

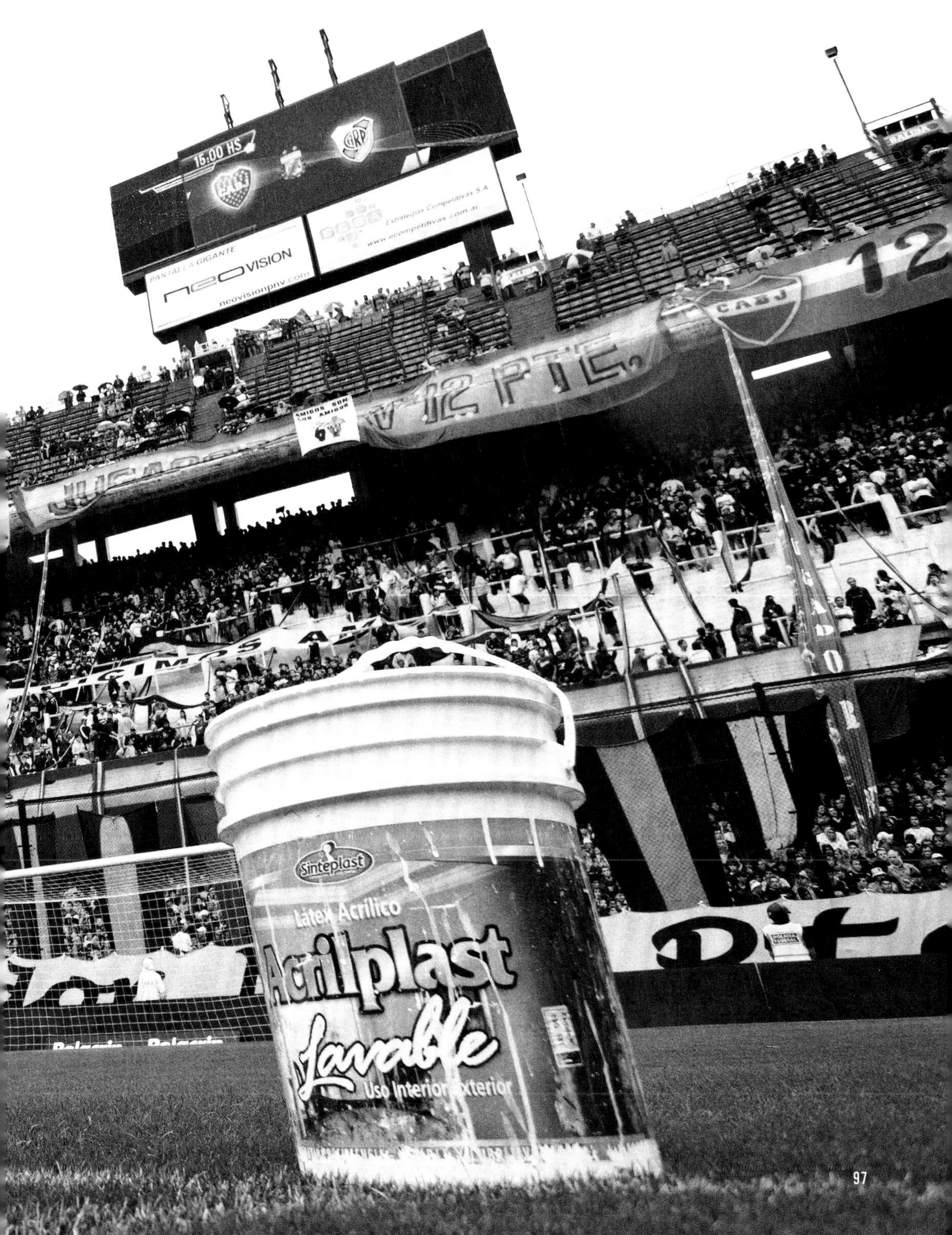
15:00 HS
PANTALLA GIGANTE
neovision
neovisionpnv.com
Estrategias Competitivas S.A
www.ecompetitivas.com.ar
CABJ
12 PTE.
AMIGOS SON LOS AMIGOS
Sinteplast
Látex Acrílico
Acrilplast
Lavable
Uso Interior

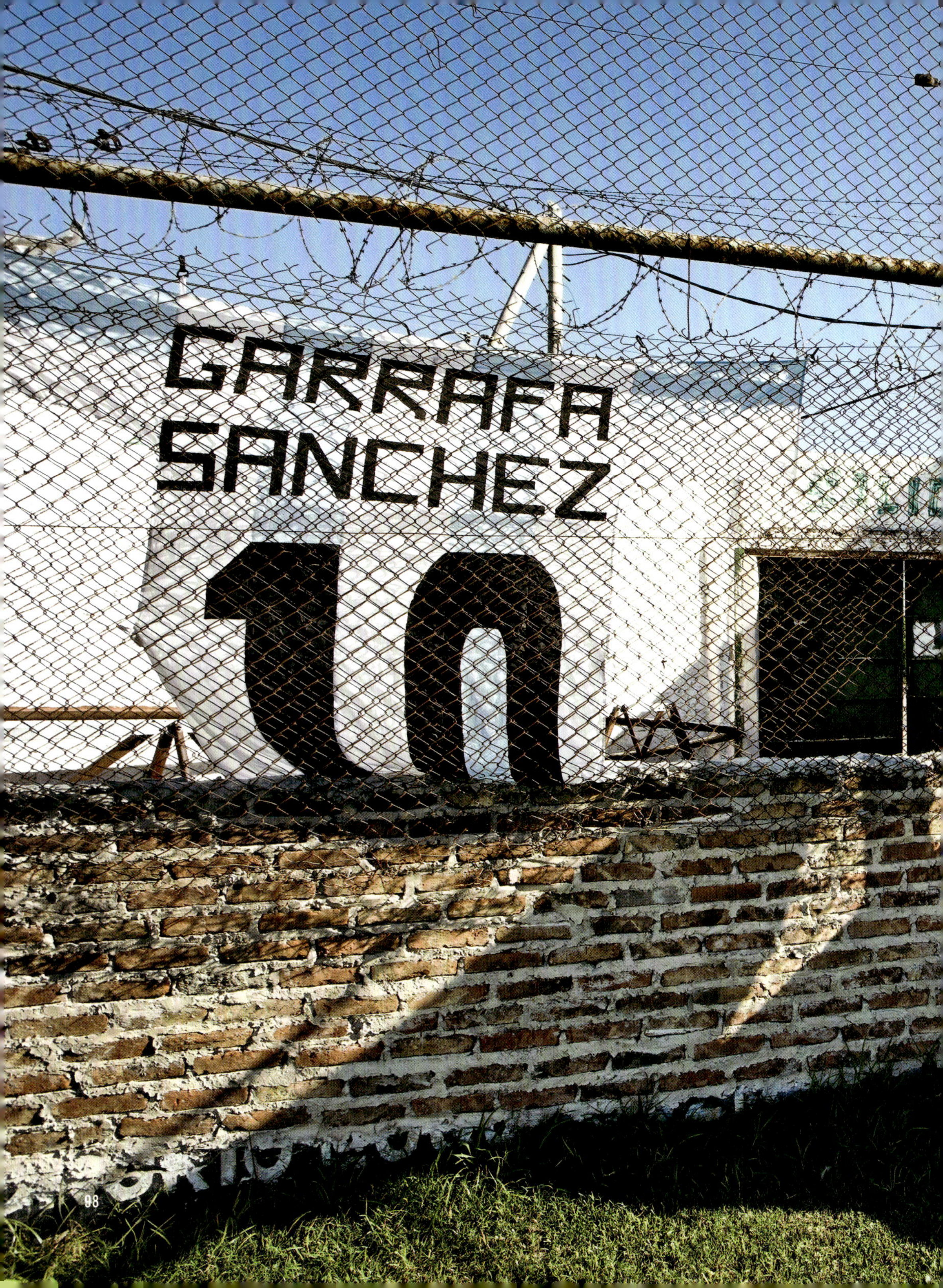
GARRAFA
SANCHEZ
10

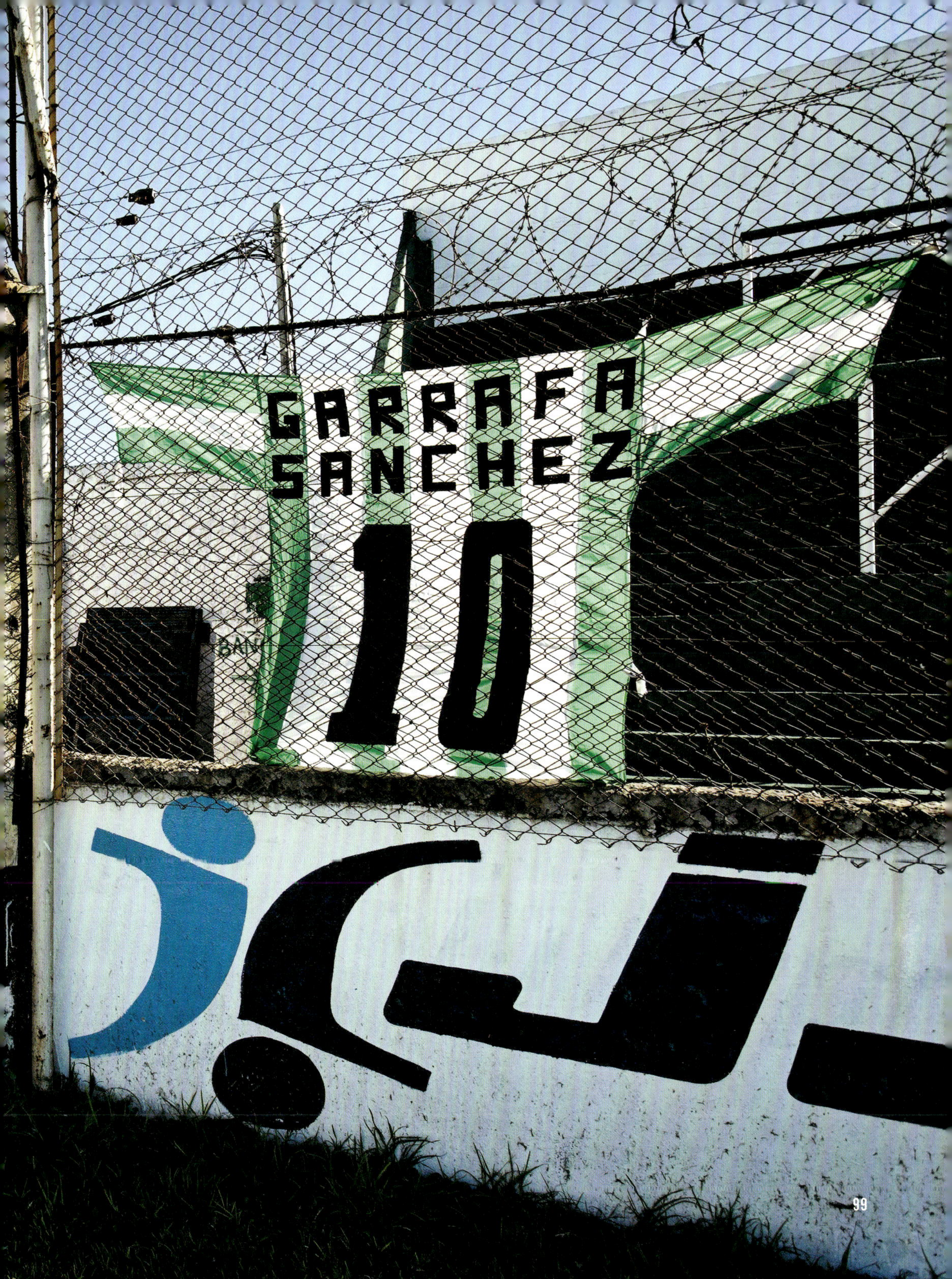
GARRAFA
SANCHEZ
10

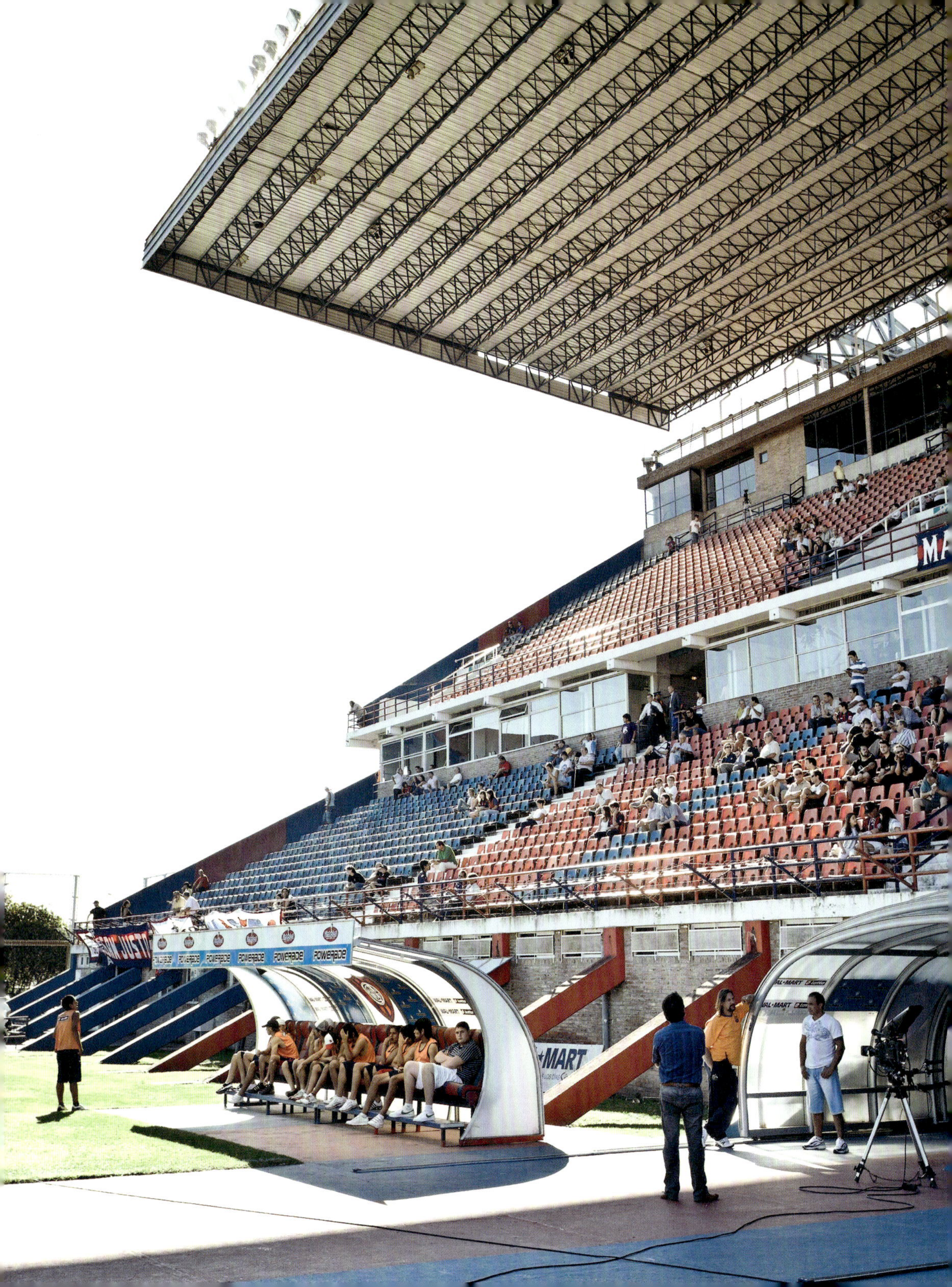
POWERADE
POWERADE
POWERADE
POWERADE
POWERADE
POWERADE

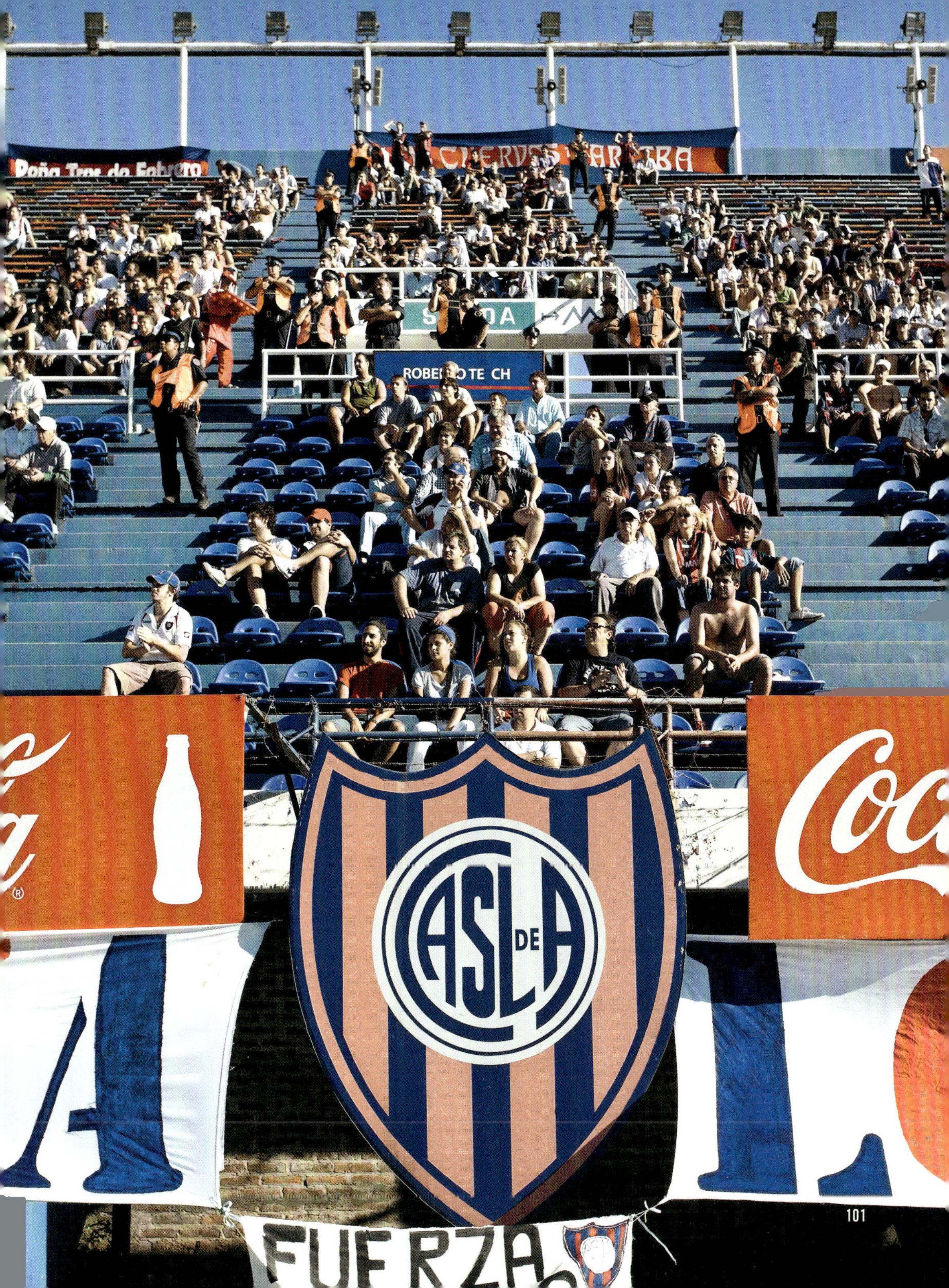
Peña Tres de Febrero
FUERZA

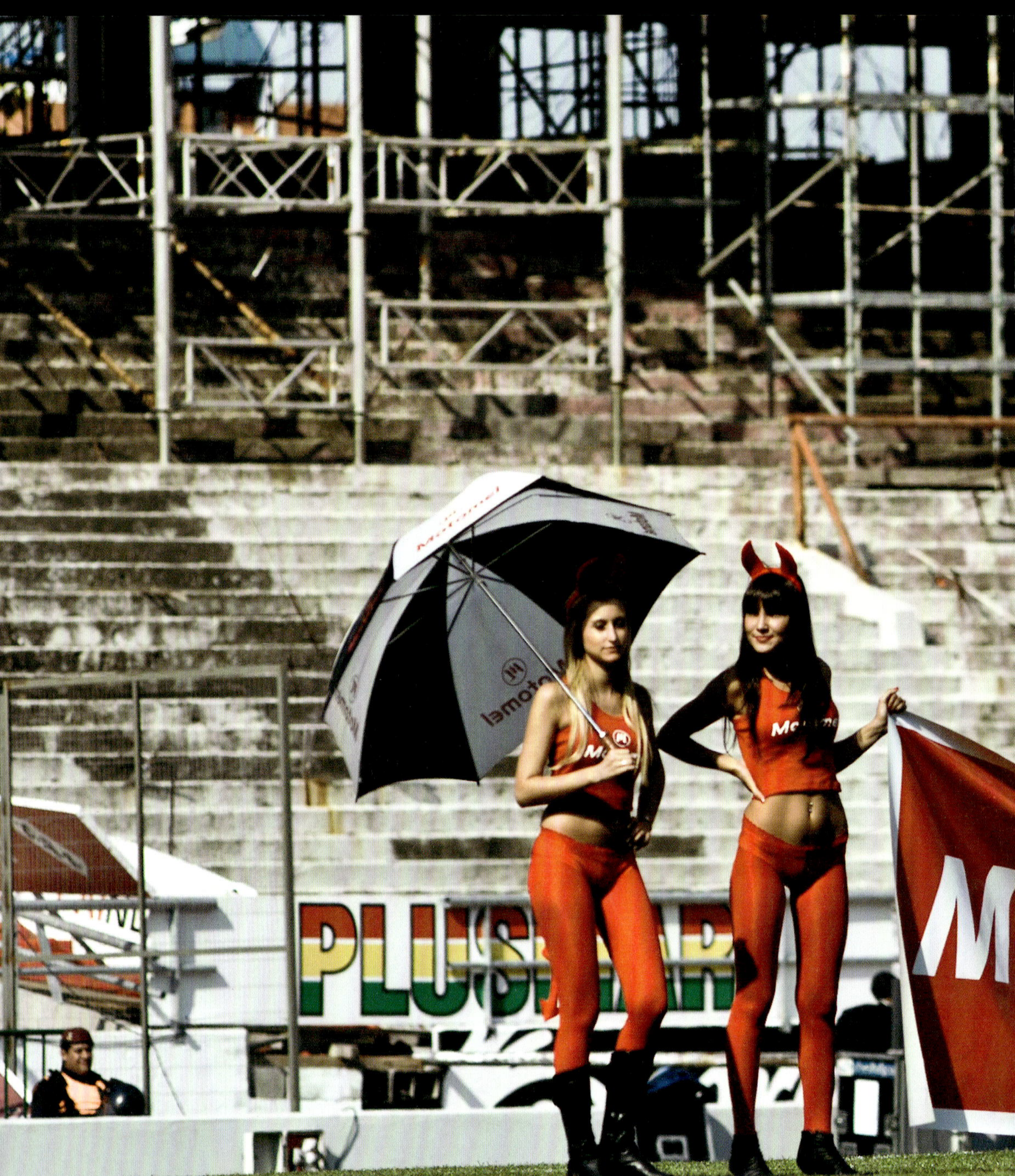

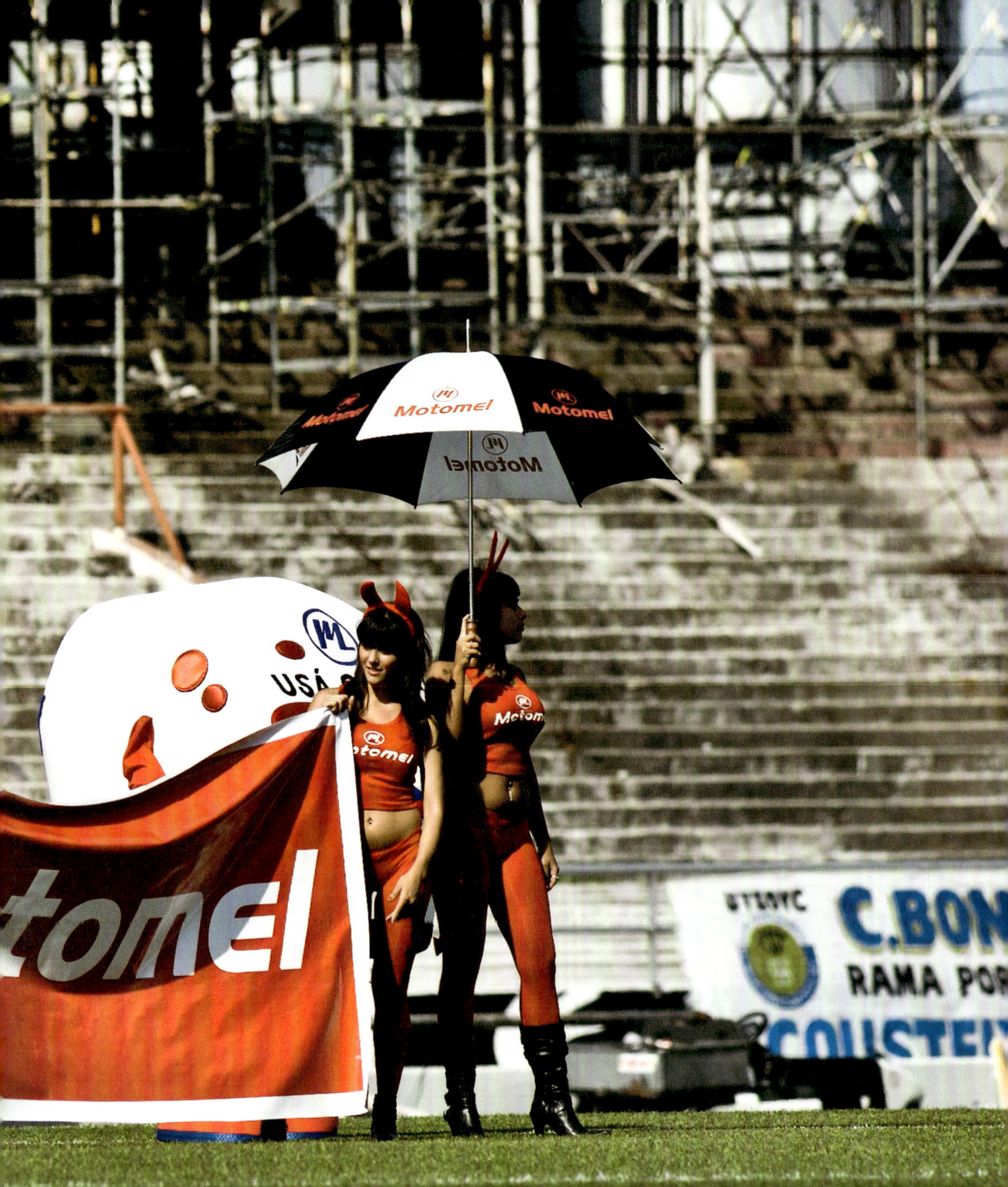
Motomel
Motomel
Motomel
Motomel
Motomel
Motomel

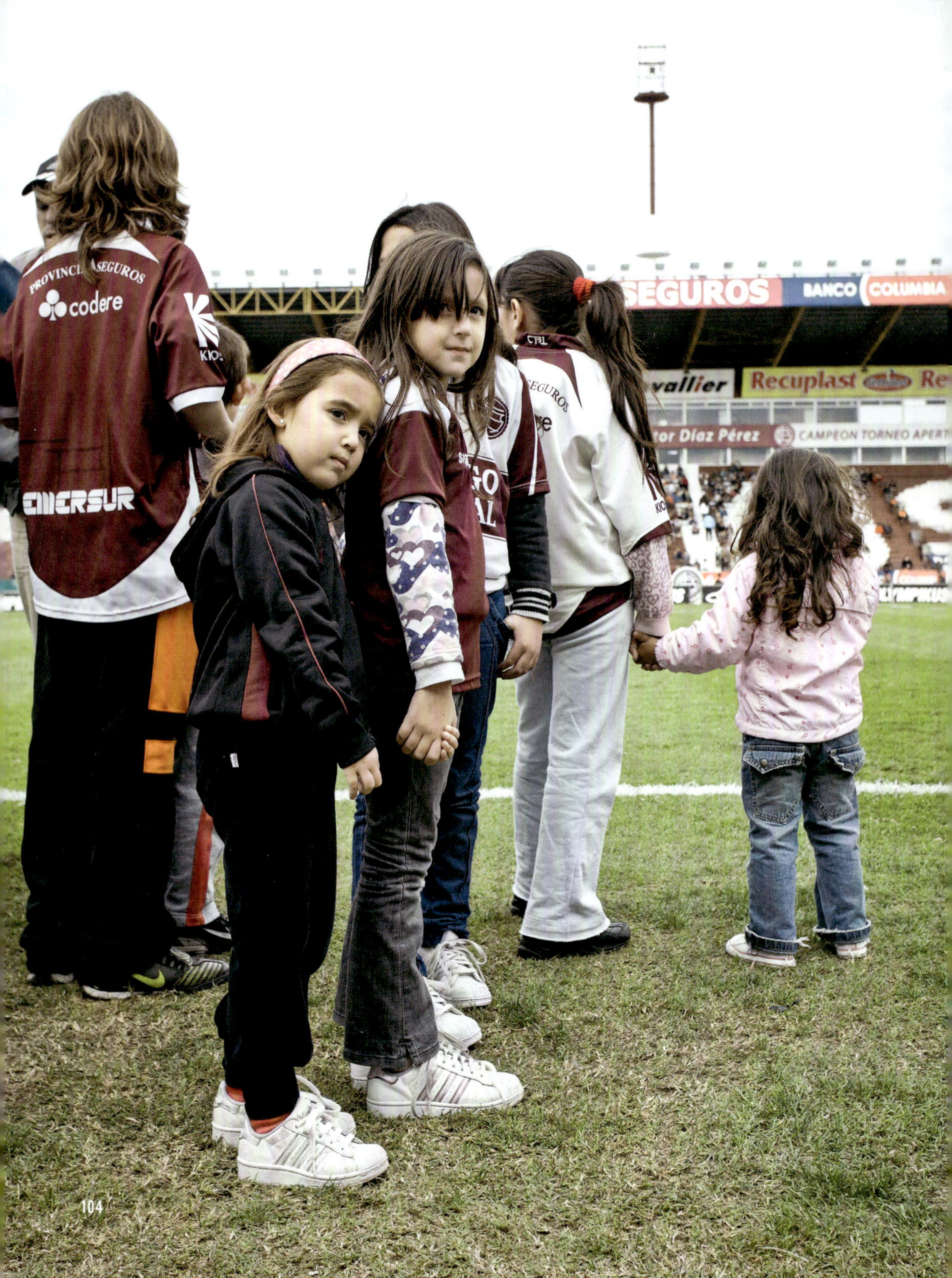
SEGUROS
BANCO
COLUMBIA
codere
Recuplast

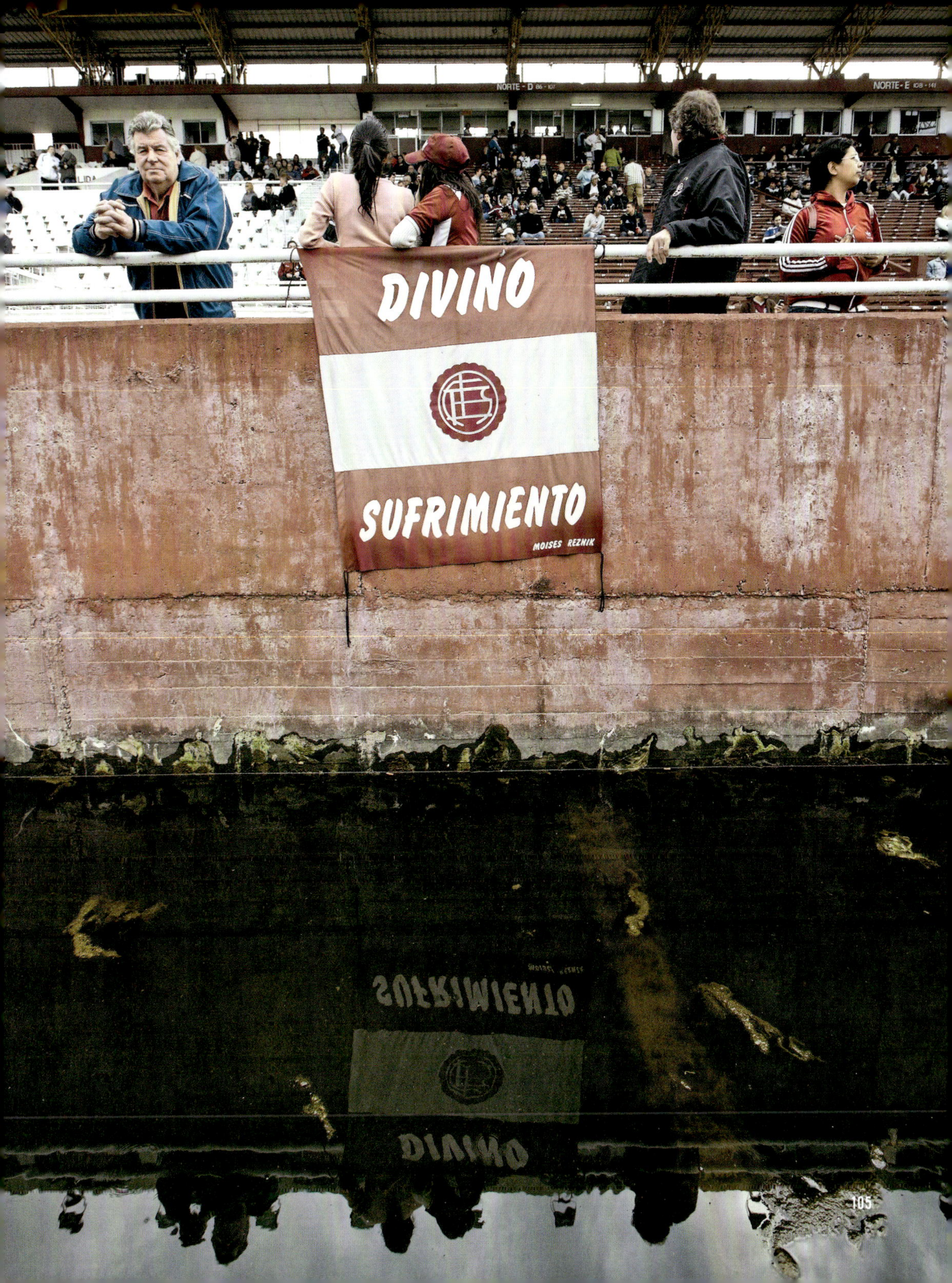
NORTE - D
NORTE - E
DIVINO
SUFRIMIENTO
MOISES REZNIK

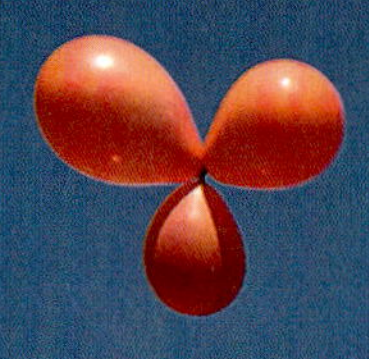

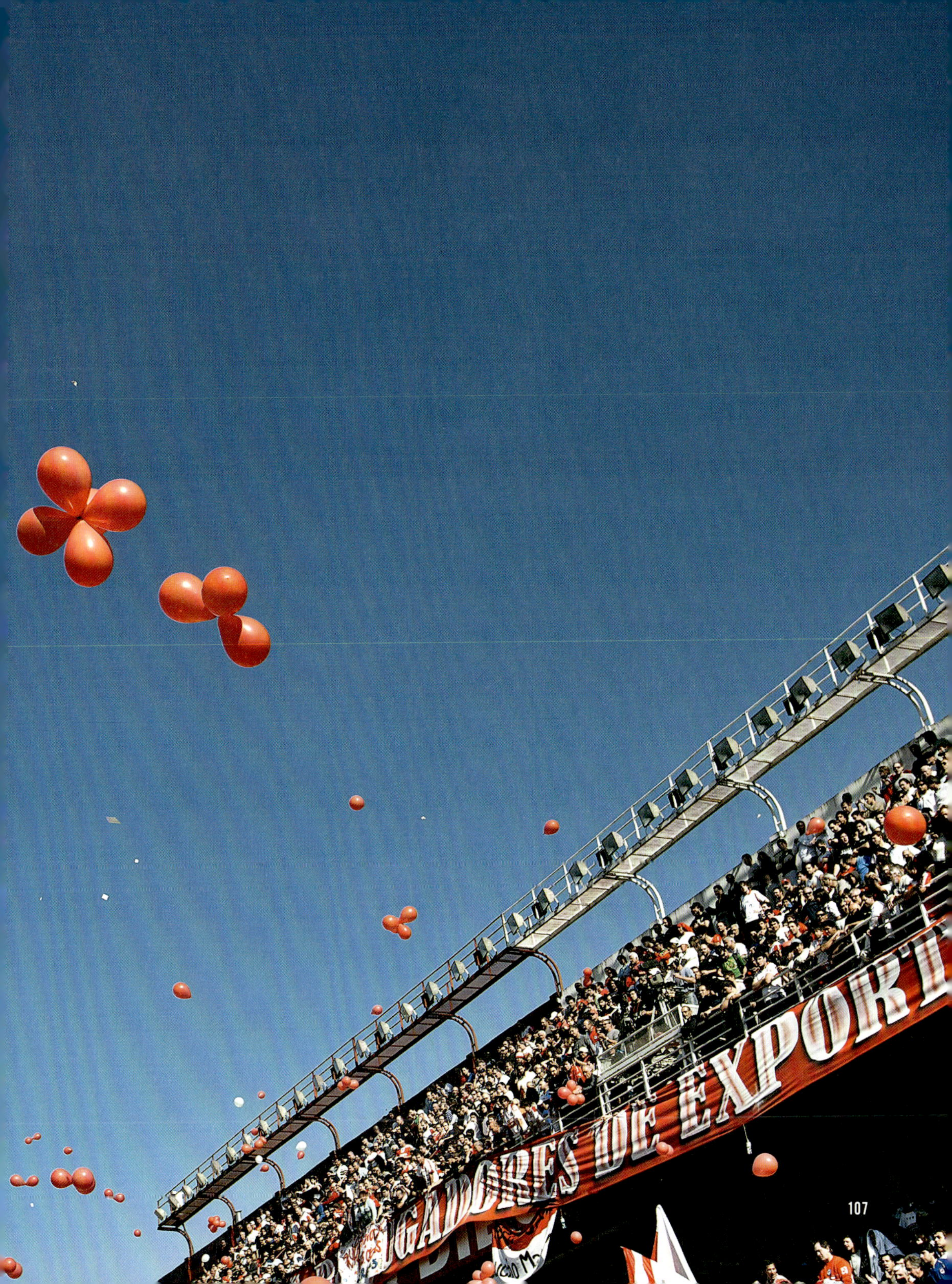

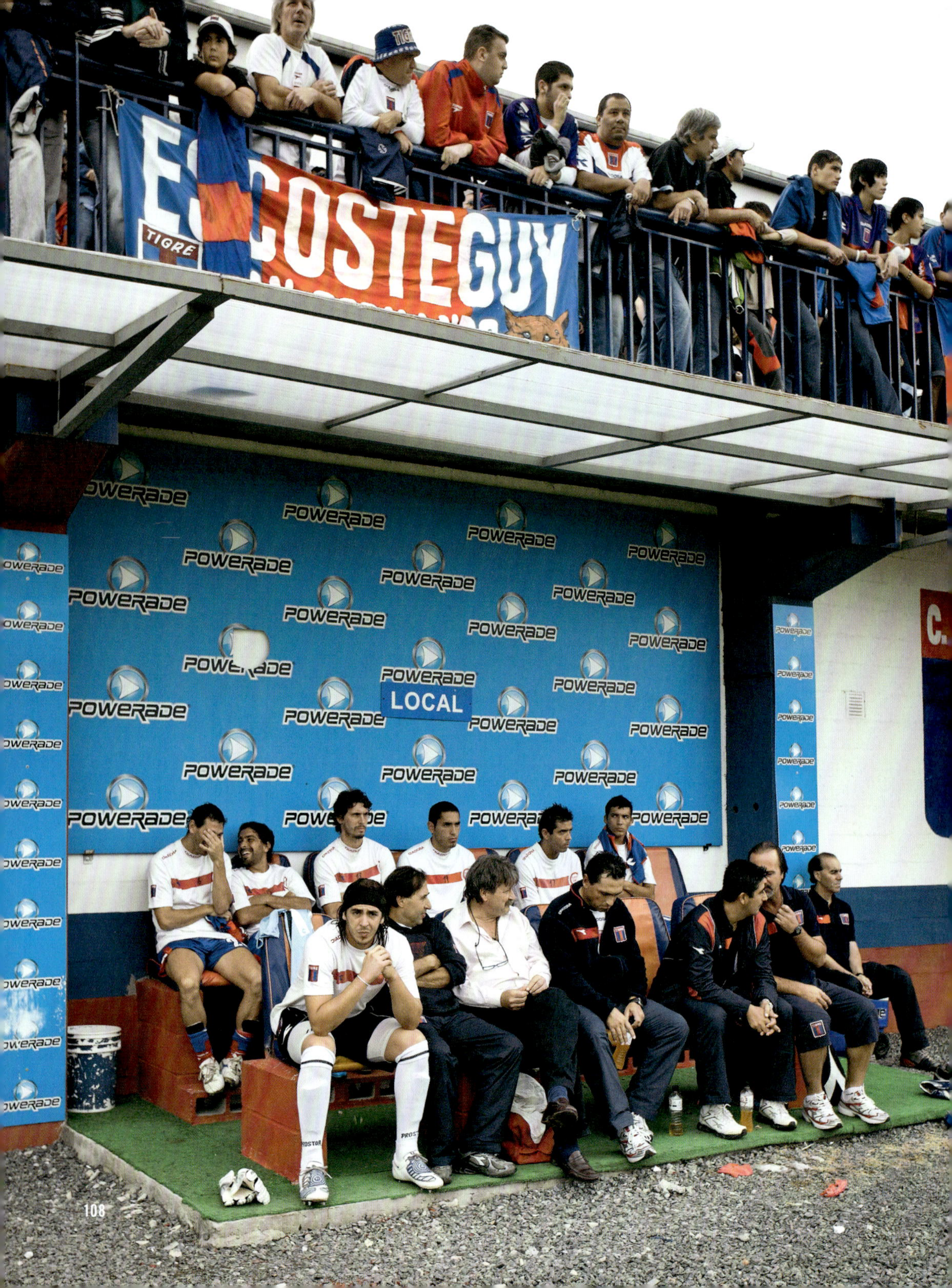
TIGRE
COSTEGUY
POWERADE
LOCAL

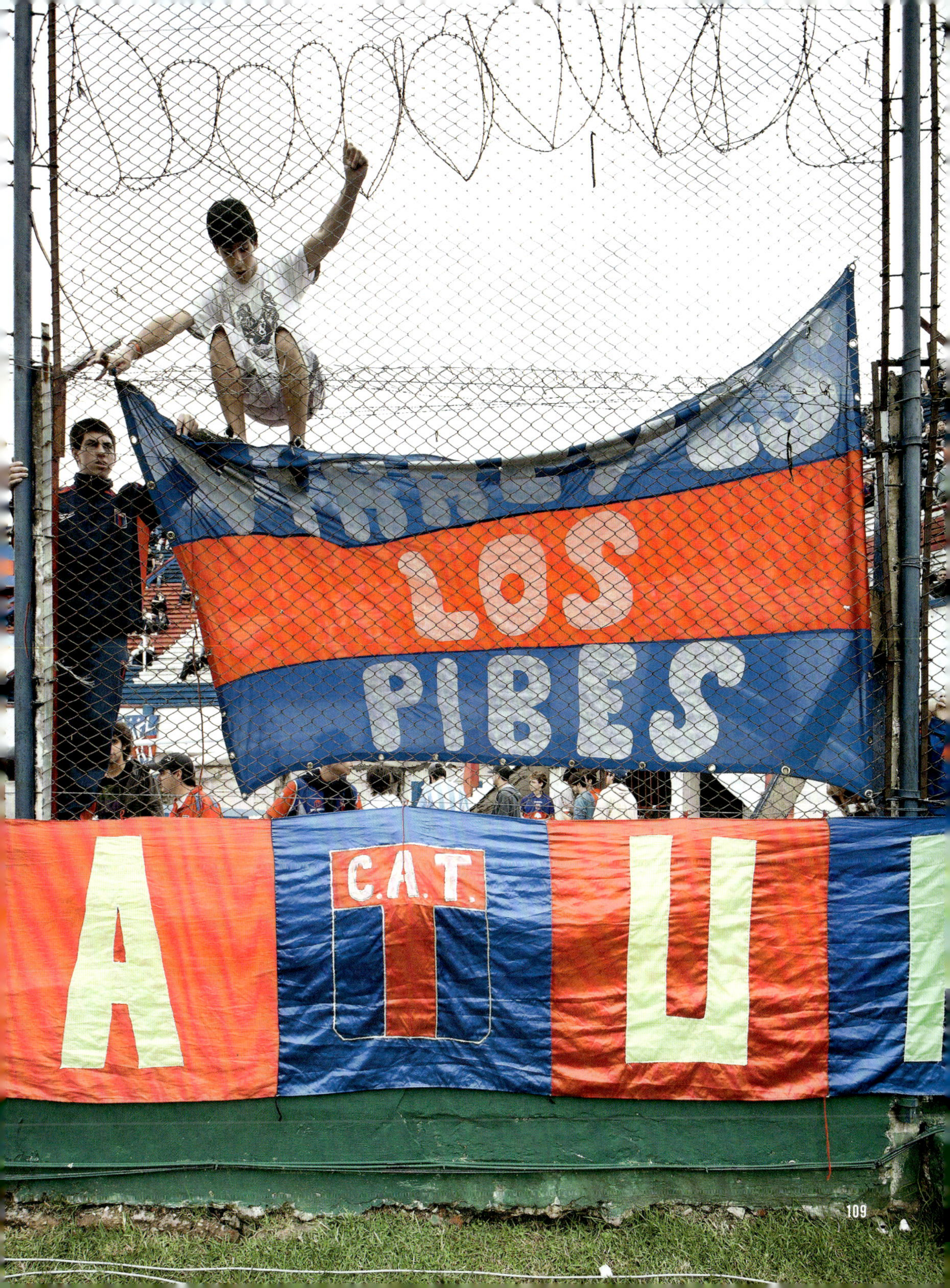
LOS
PIBES
A
C.A.T.
U

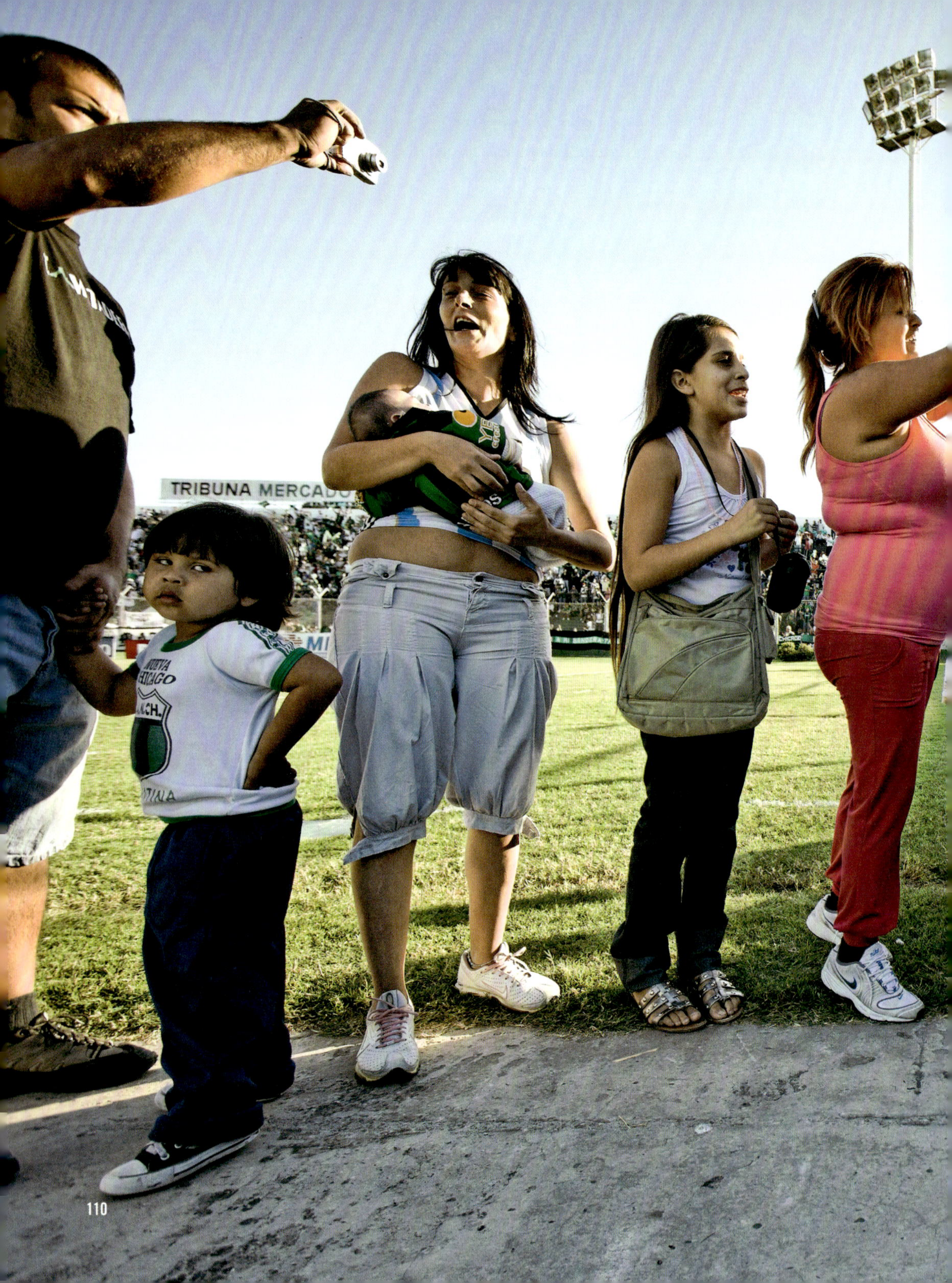
TRIBUNA MERCADO

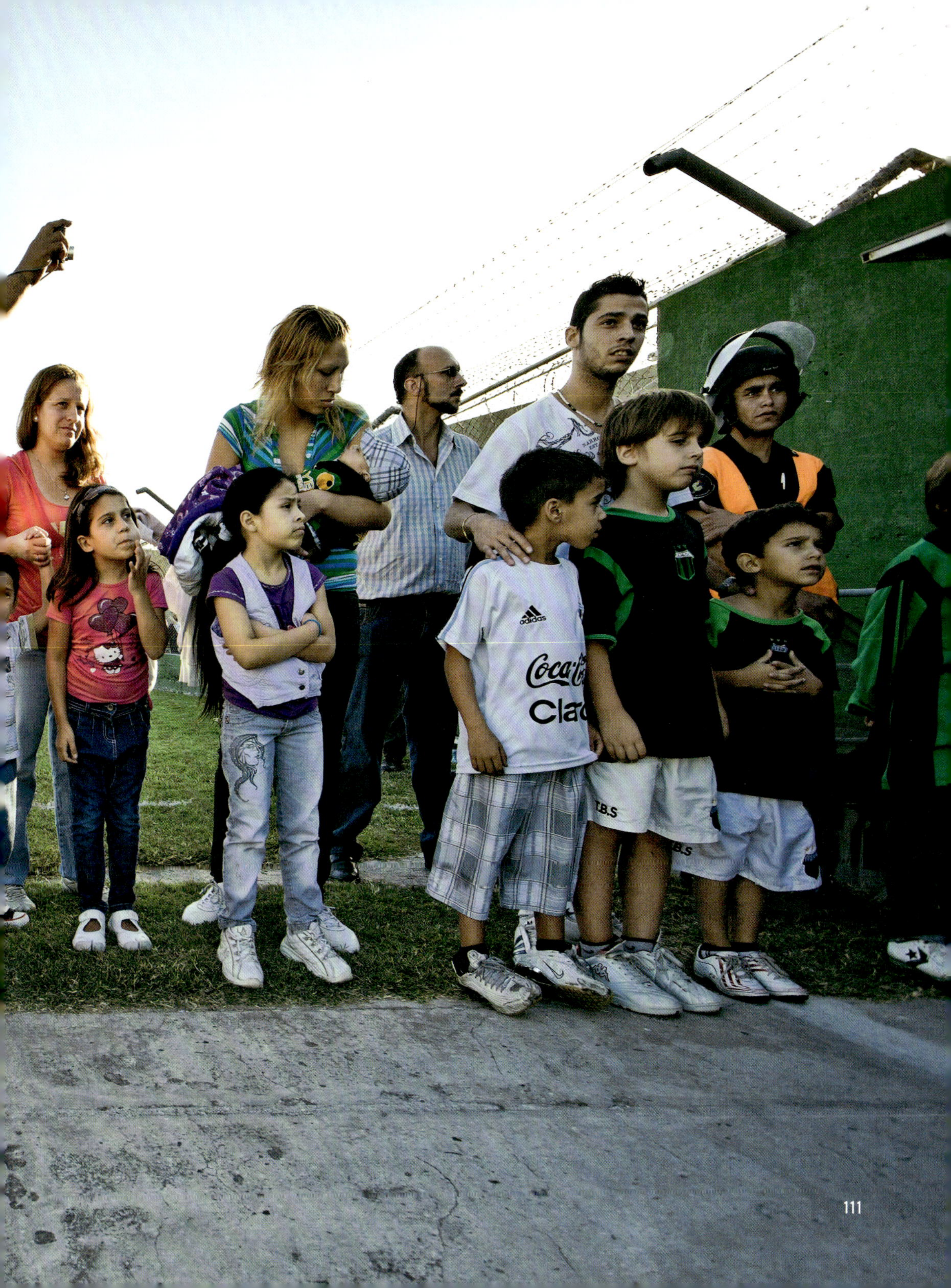
adidas
T.B.S

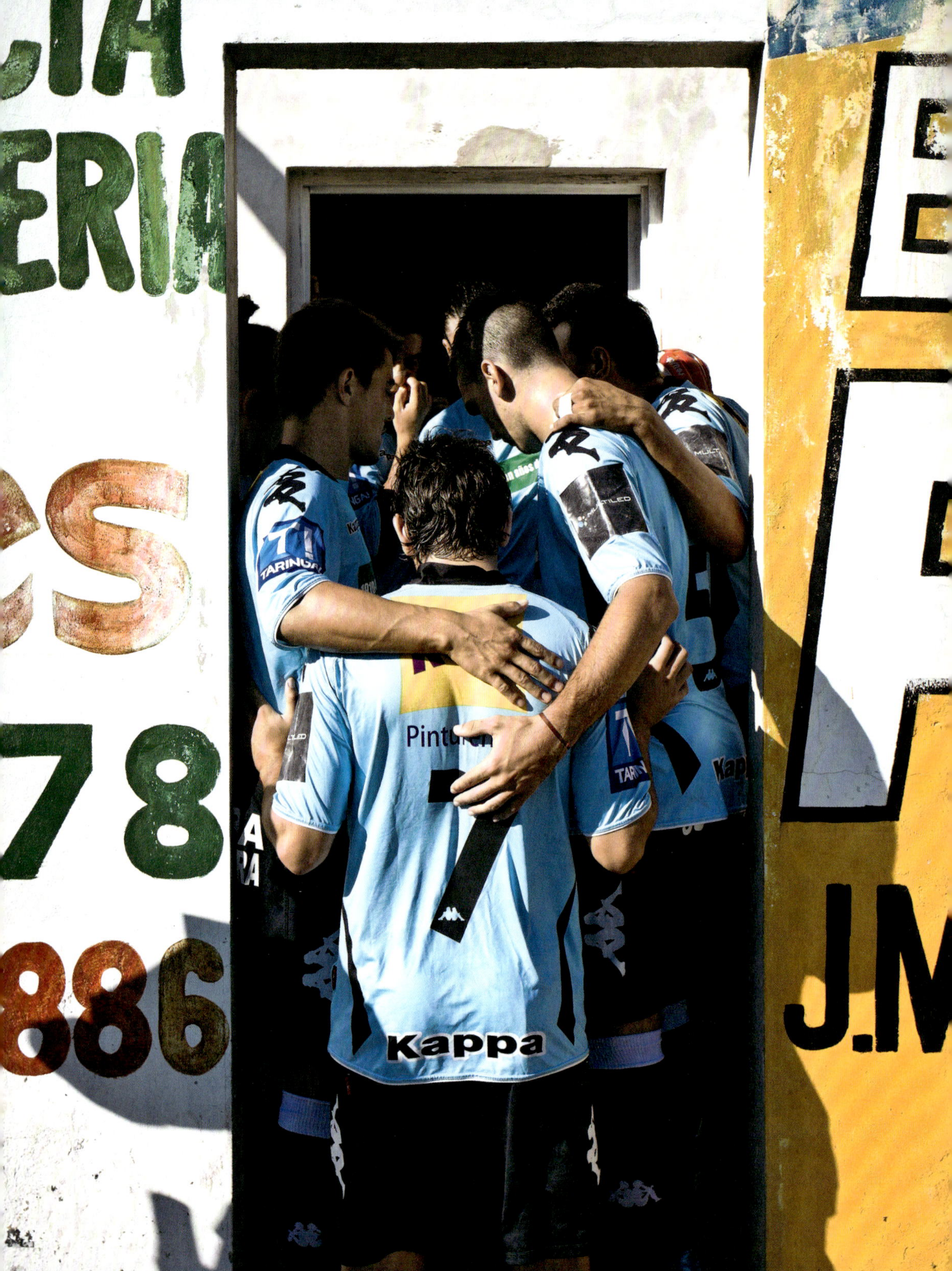
CIA
ERIA
78
886
J.M
TARINGA
Kappa

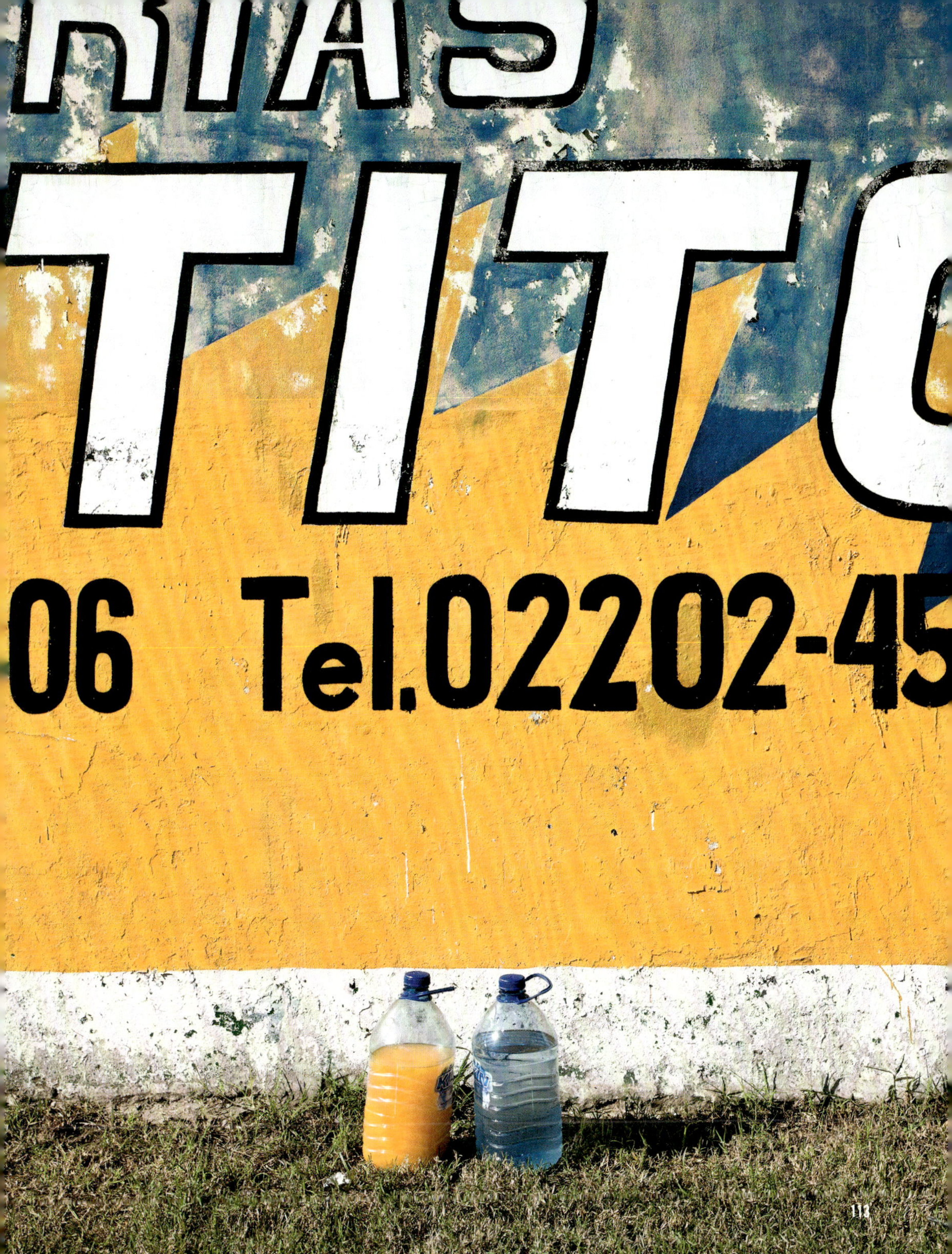
TIT
06 Tel.02202-45

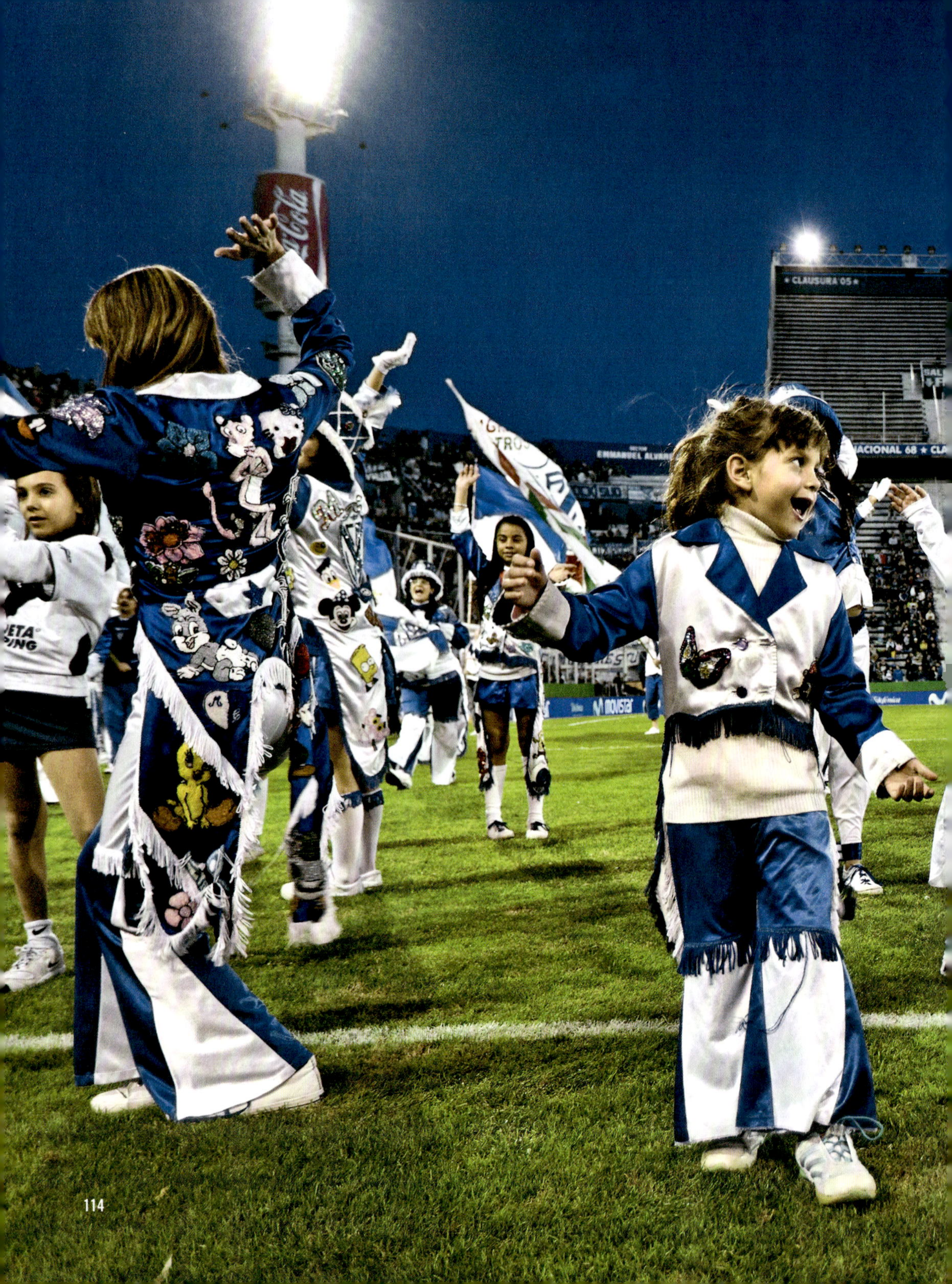
Coca-Cola
CLAUSURA 05
EMMANUEL ALVAREZ
NACIONAL 68 ★ CL
movistar

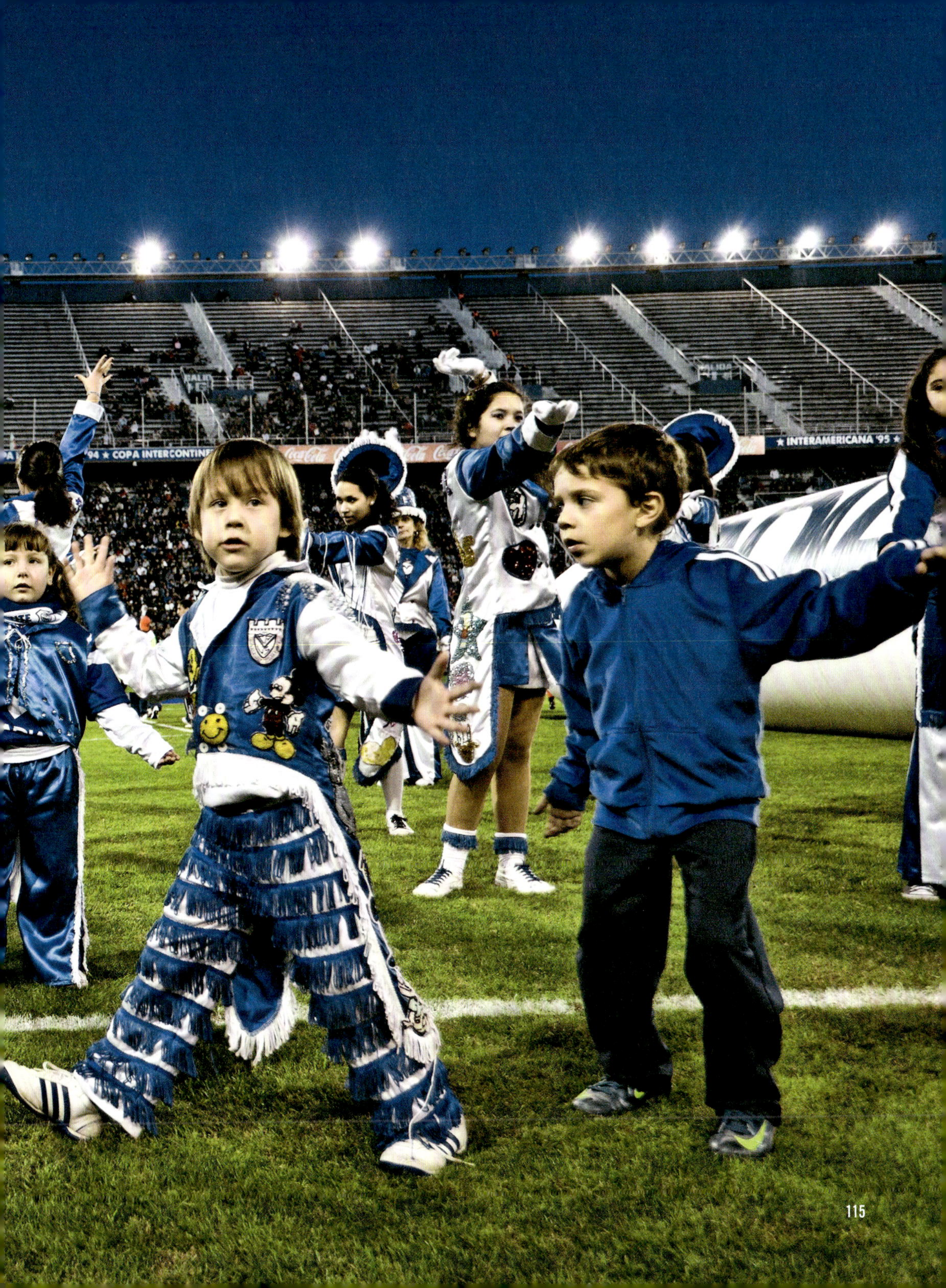
★ INTERAMERICANA '95 ★

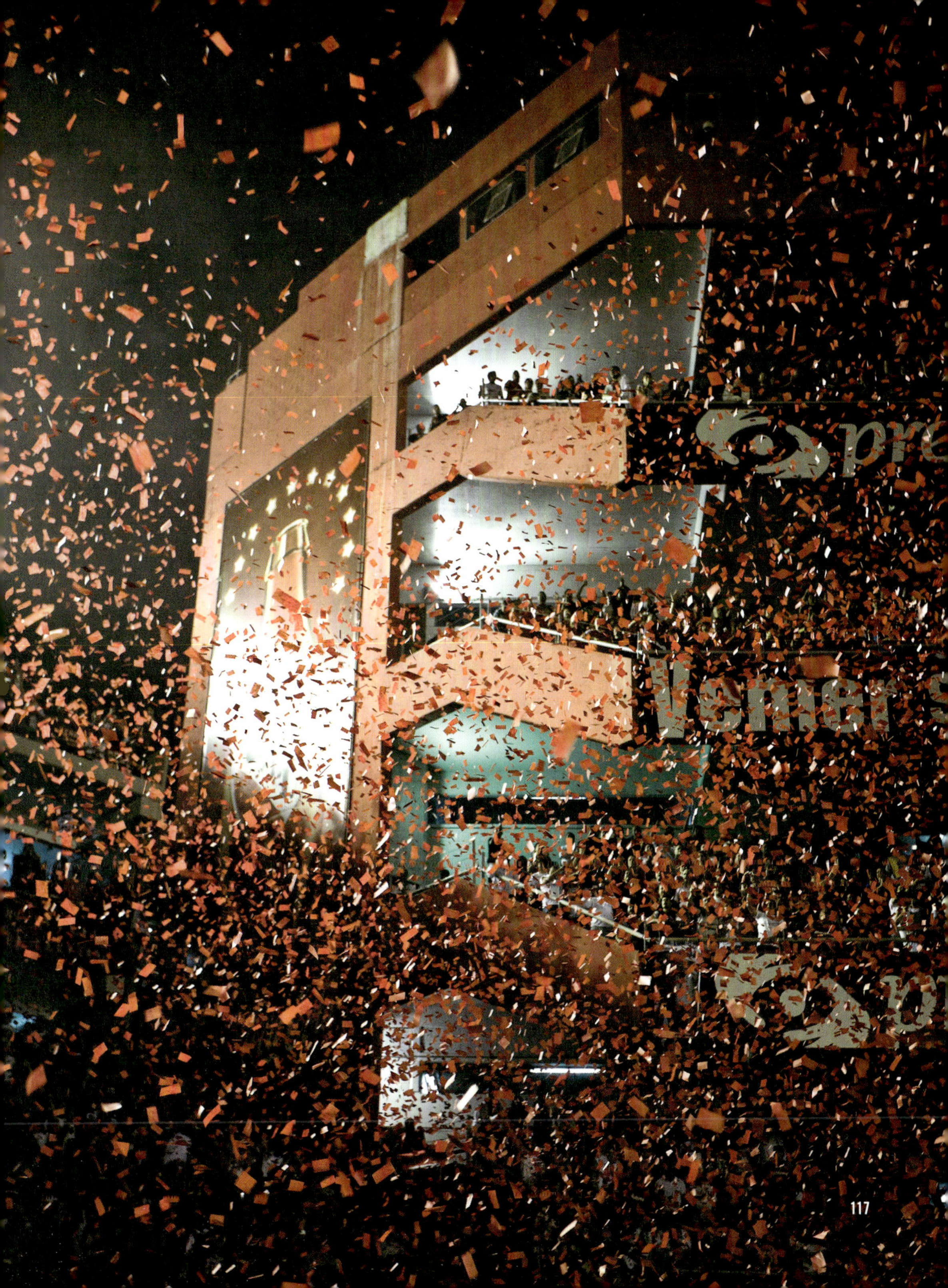

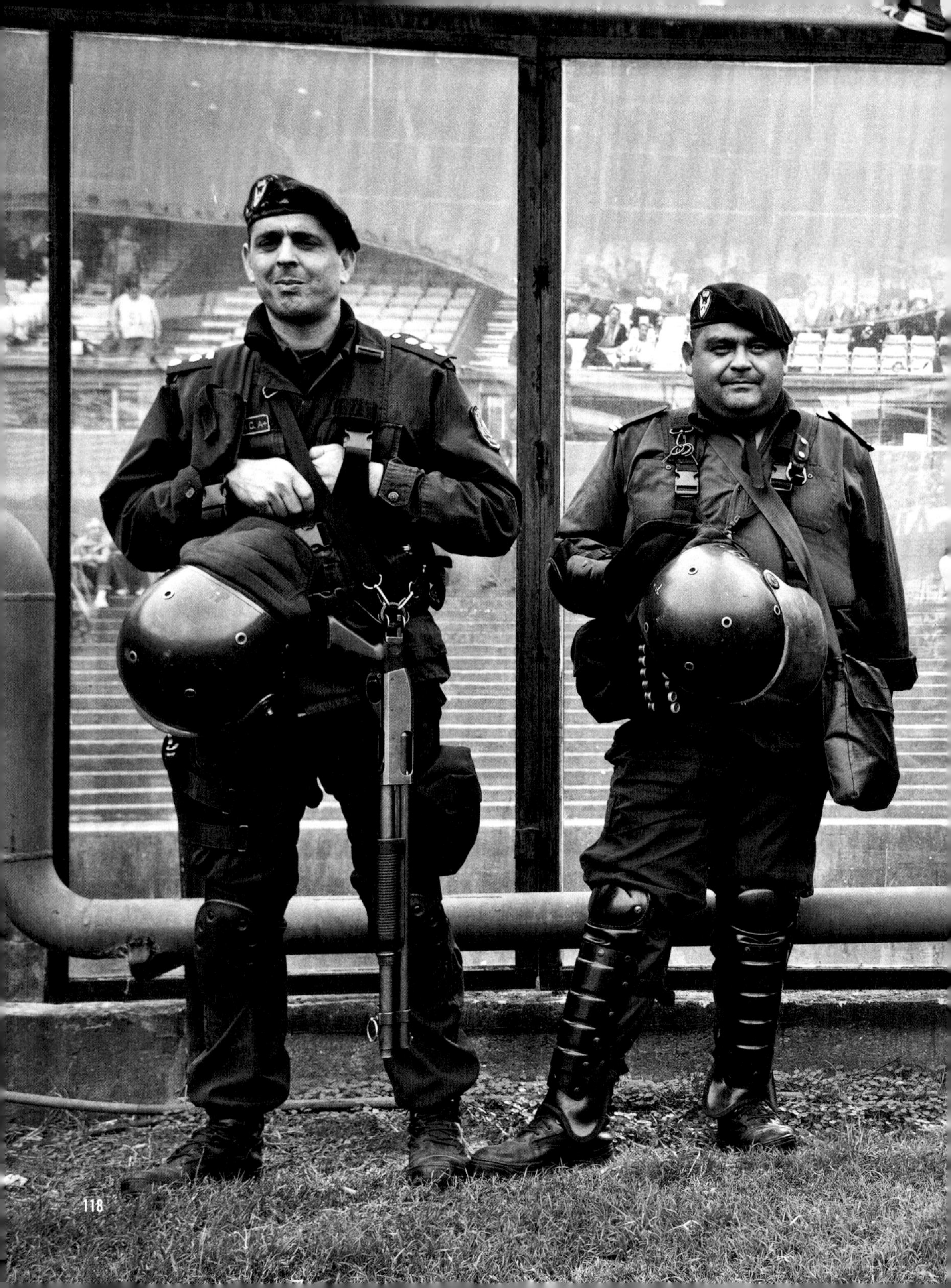

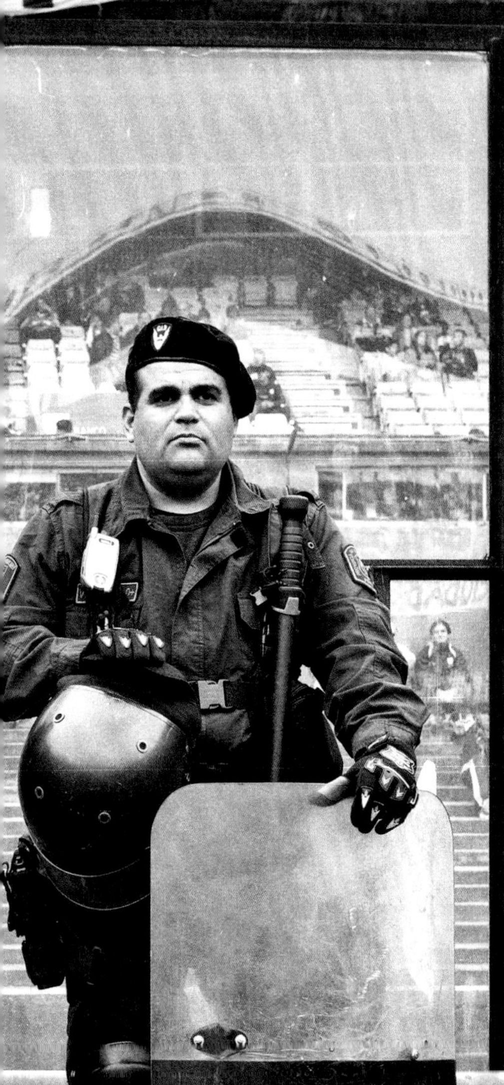
BANCO
Hipot
creador
POLICIA
POLICIA

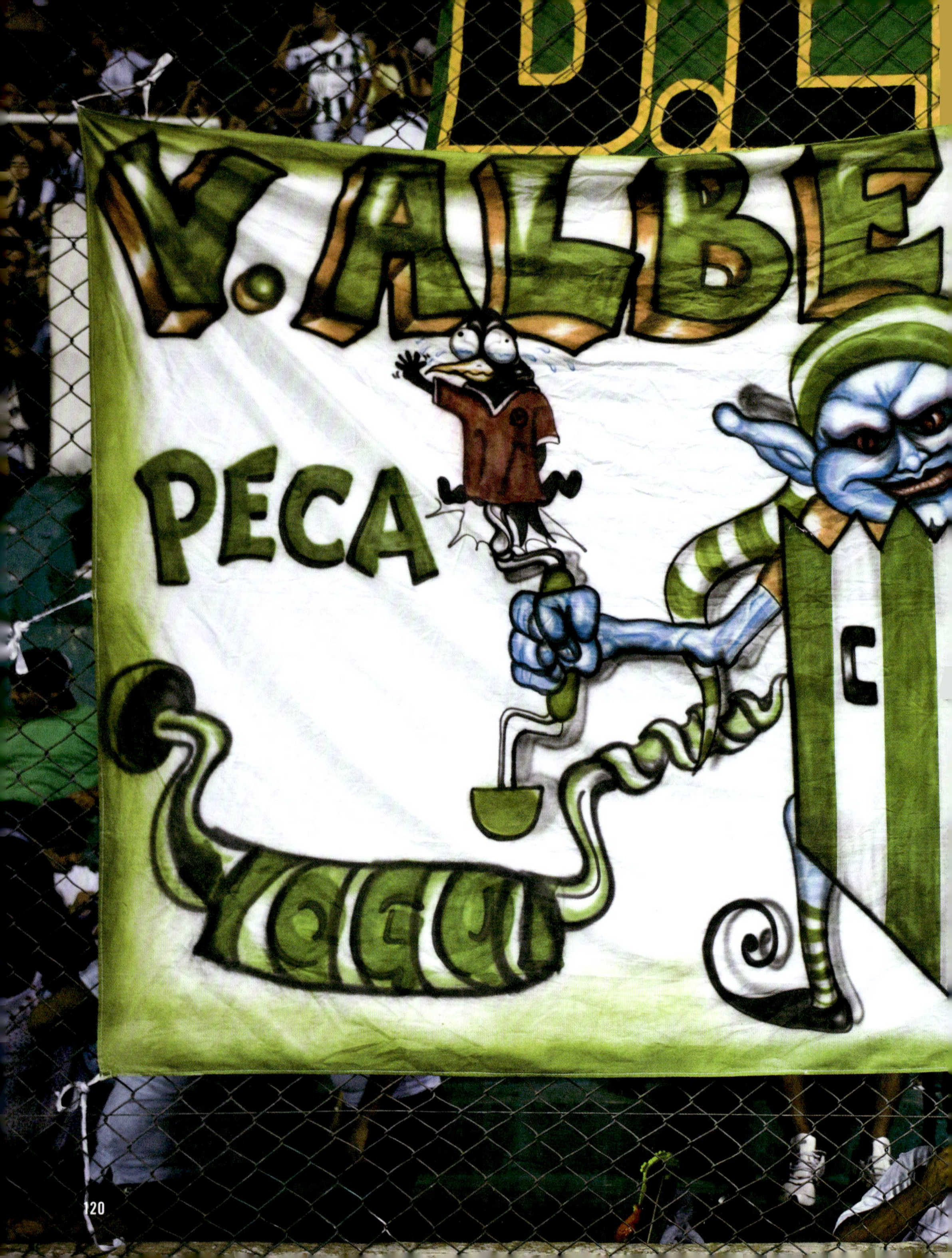
V. ALBE
PECA

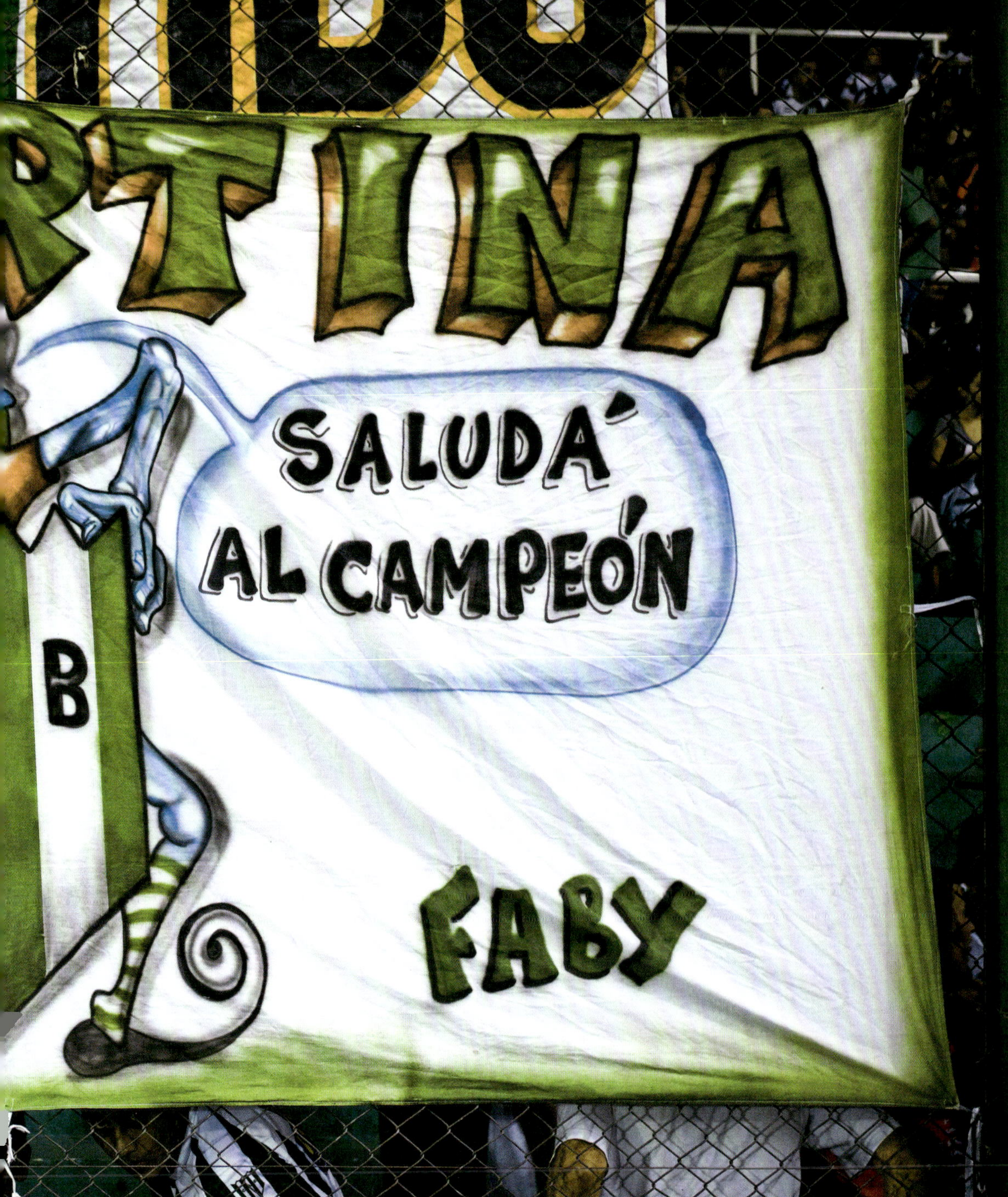

RTINA
SALUDÁ
AL CAMPEÓN
B
FABY

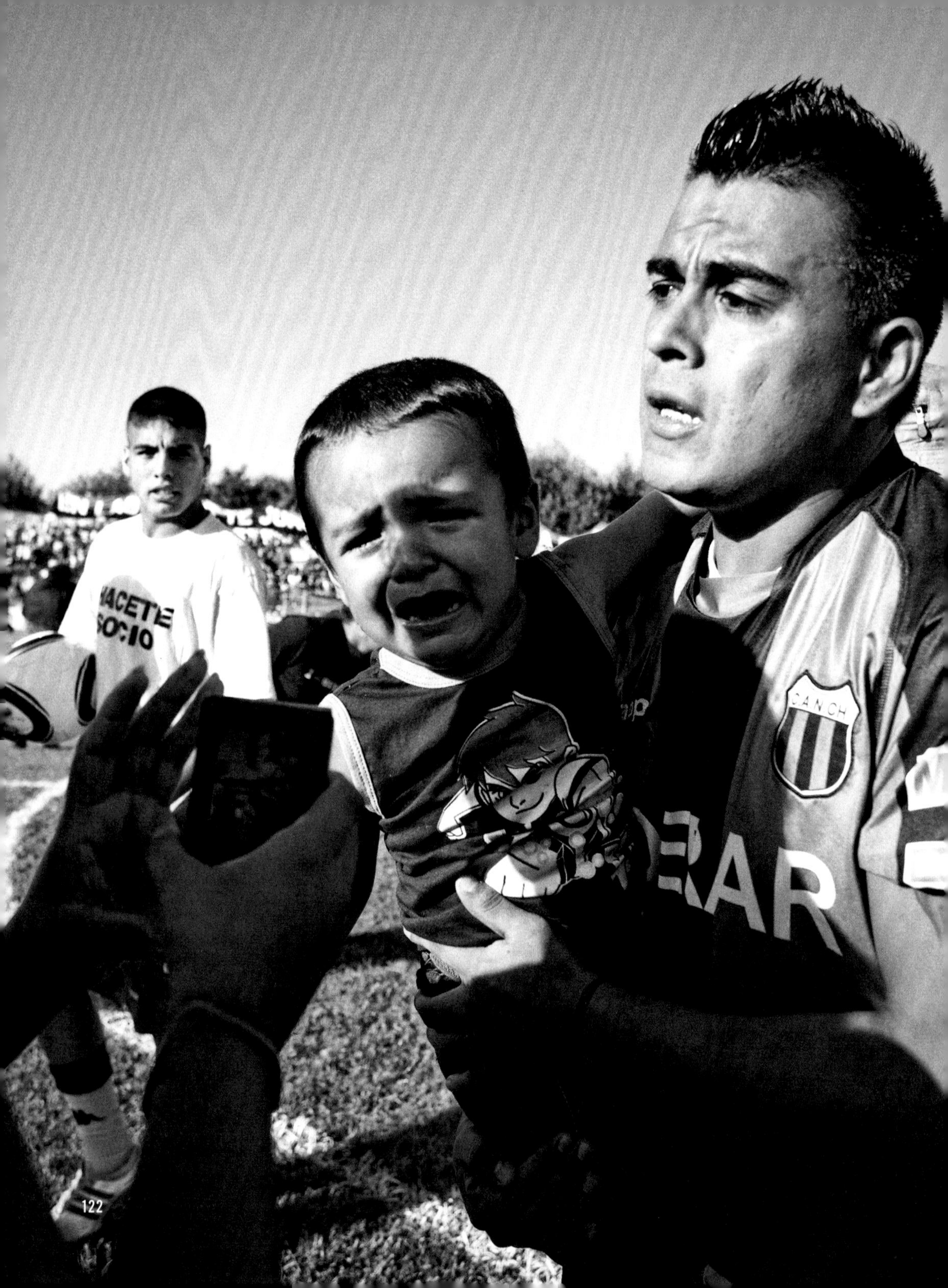
HACETE
SOCIO
C.A.N.CH

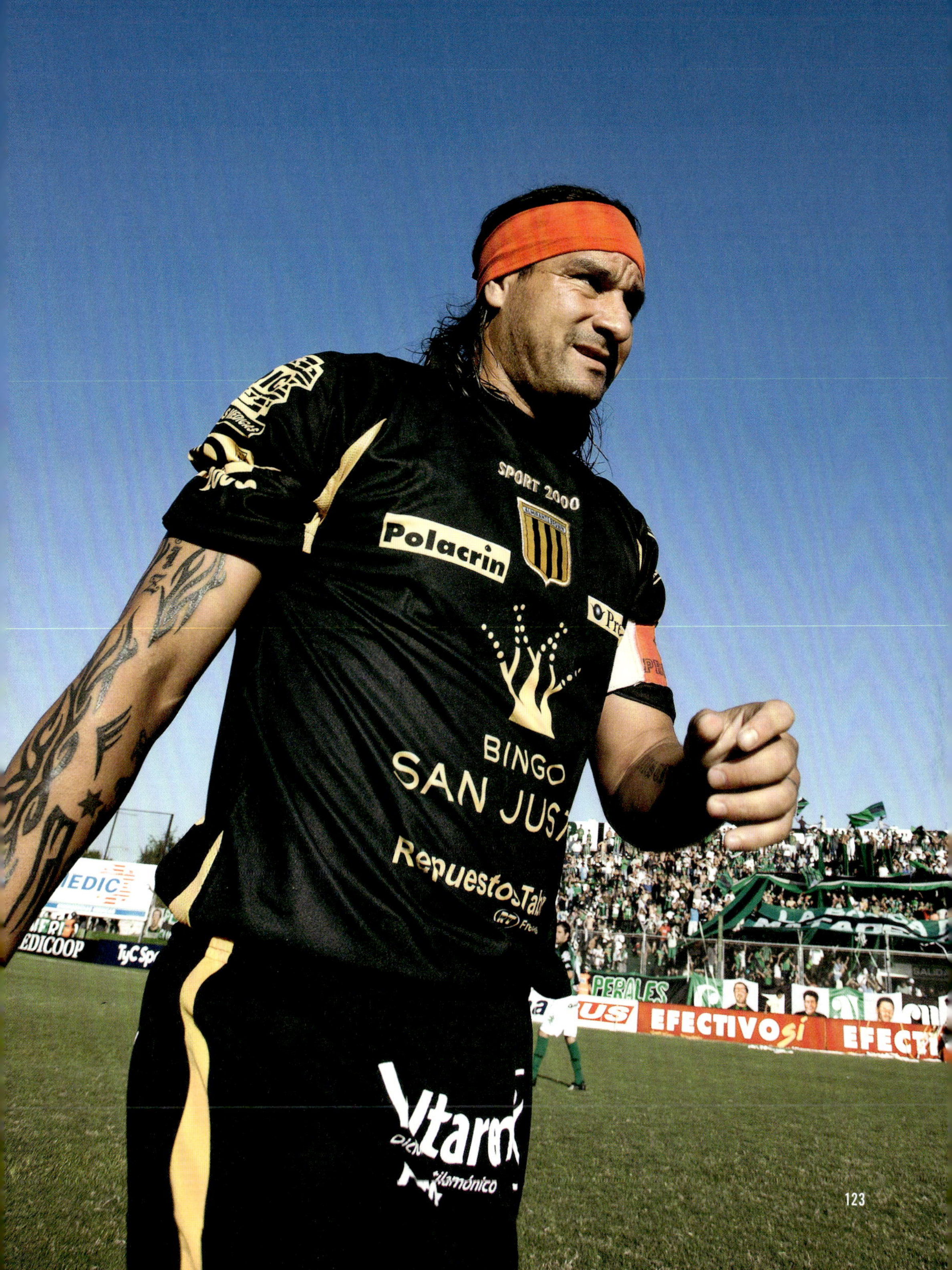
SPORT 2000
Polacrin
BINGO
PERALES
EFECTIVO sí
EDICOOP

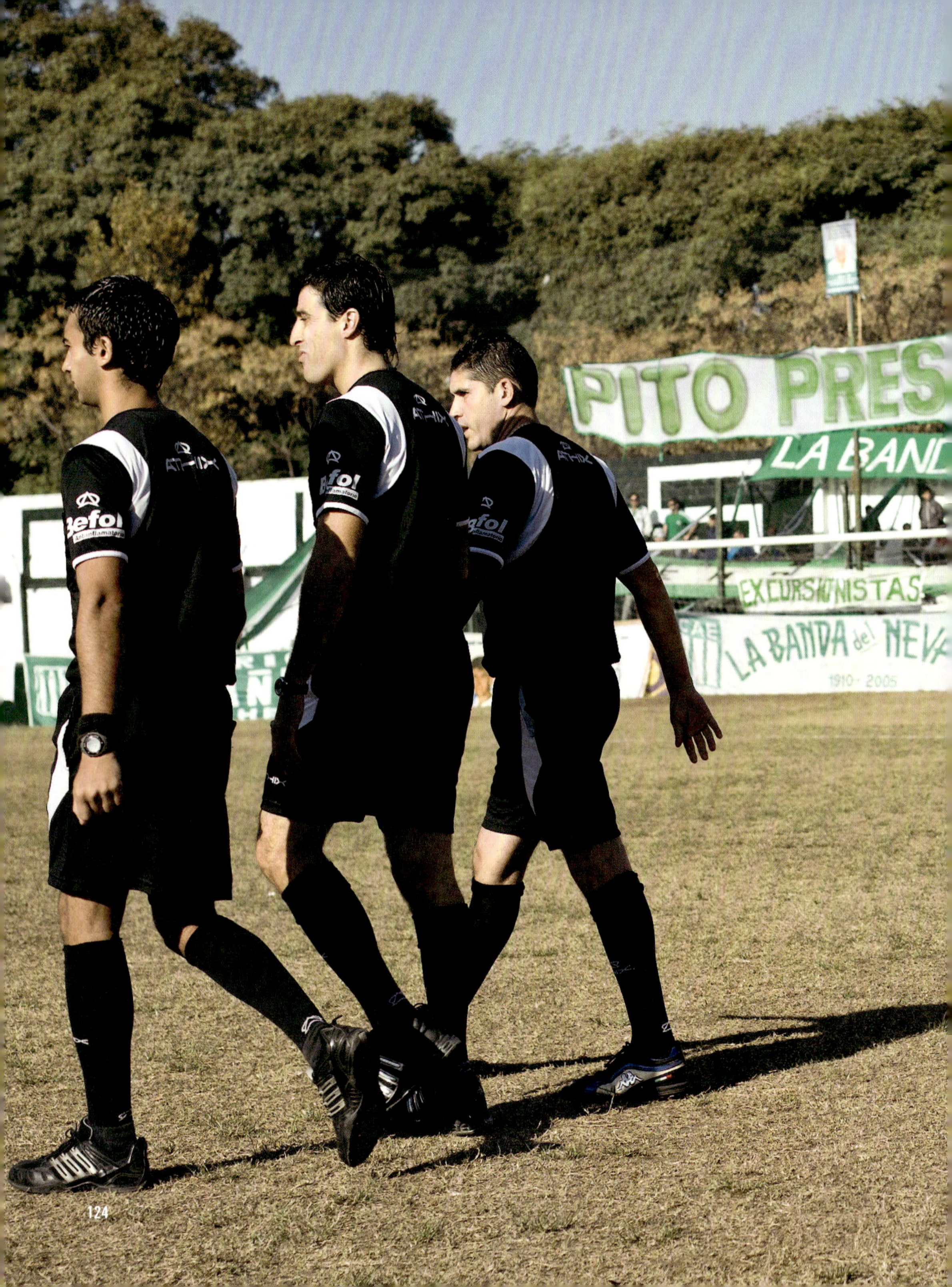

PITO PRES
LA BAND
EXCURSIONISTAS
LA BANDA del NEVA
1910 - 2005

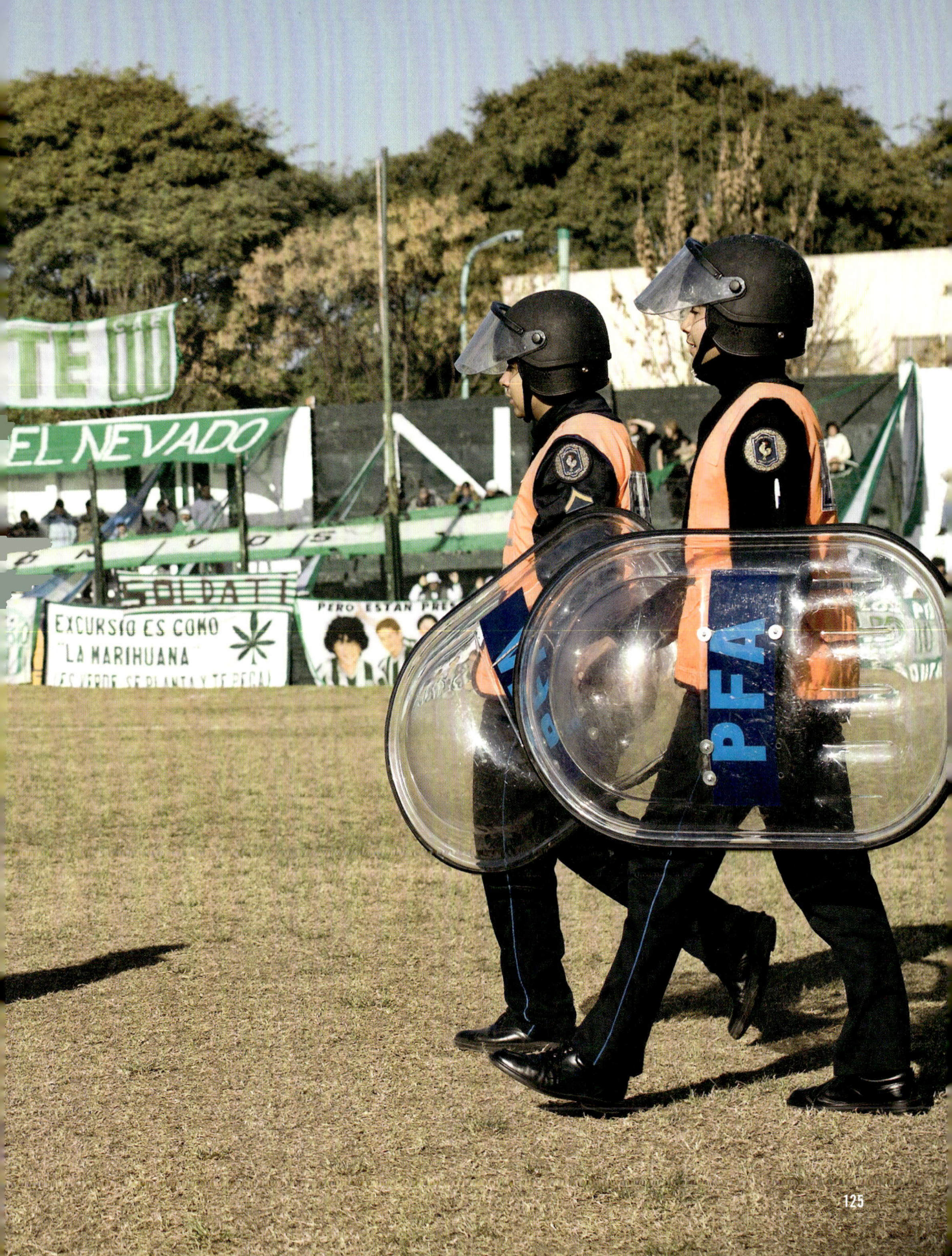
EL NEVADO
EXCURSIO ES COMO
"LA MARIHUANA"
PFA

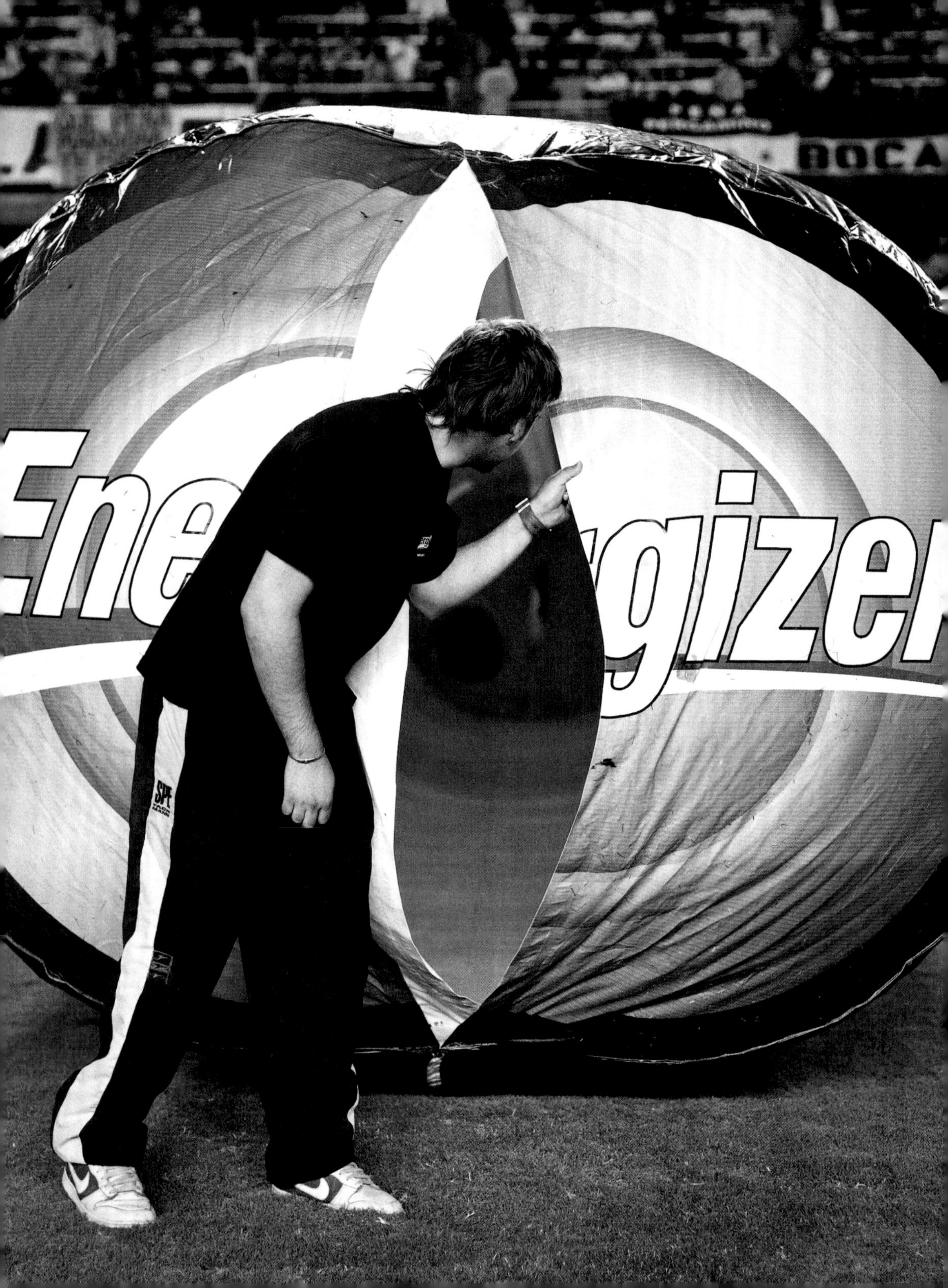
BOCA
Ene
gizer

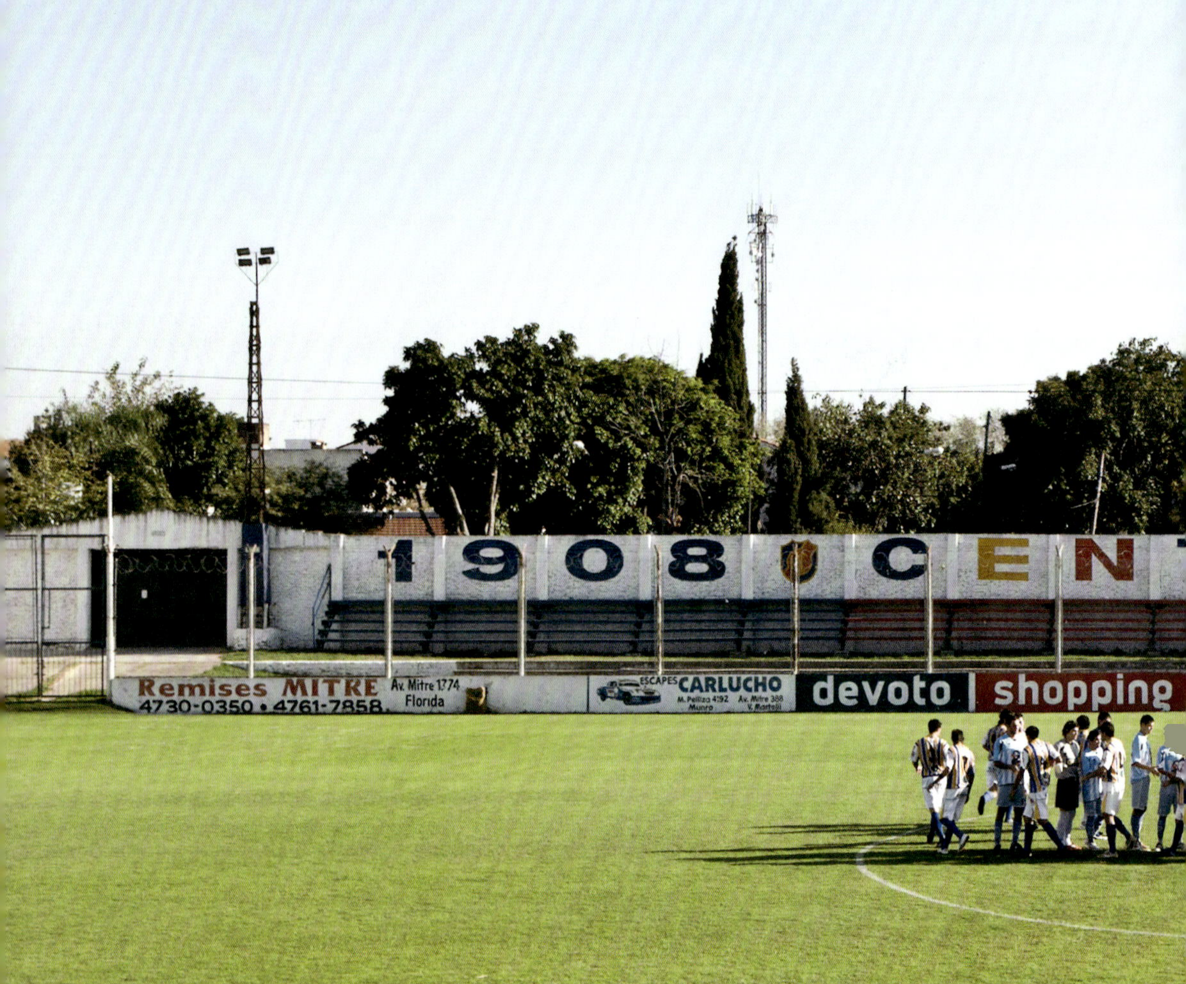
1908
CEN
Remises MITRE
4730-0350 • 4761-7858
Av. Mitre 1774
Florida
ESCAPES CARLUCHO
M. Pelliza 4192
Munro
Av. Mitre 388
V. Martelli
devoto
shopping

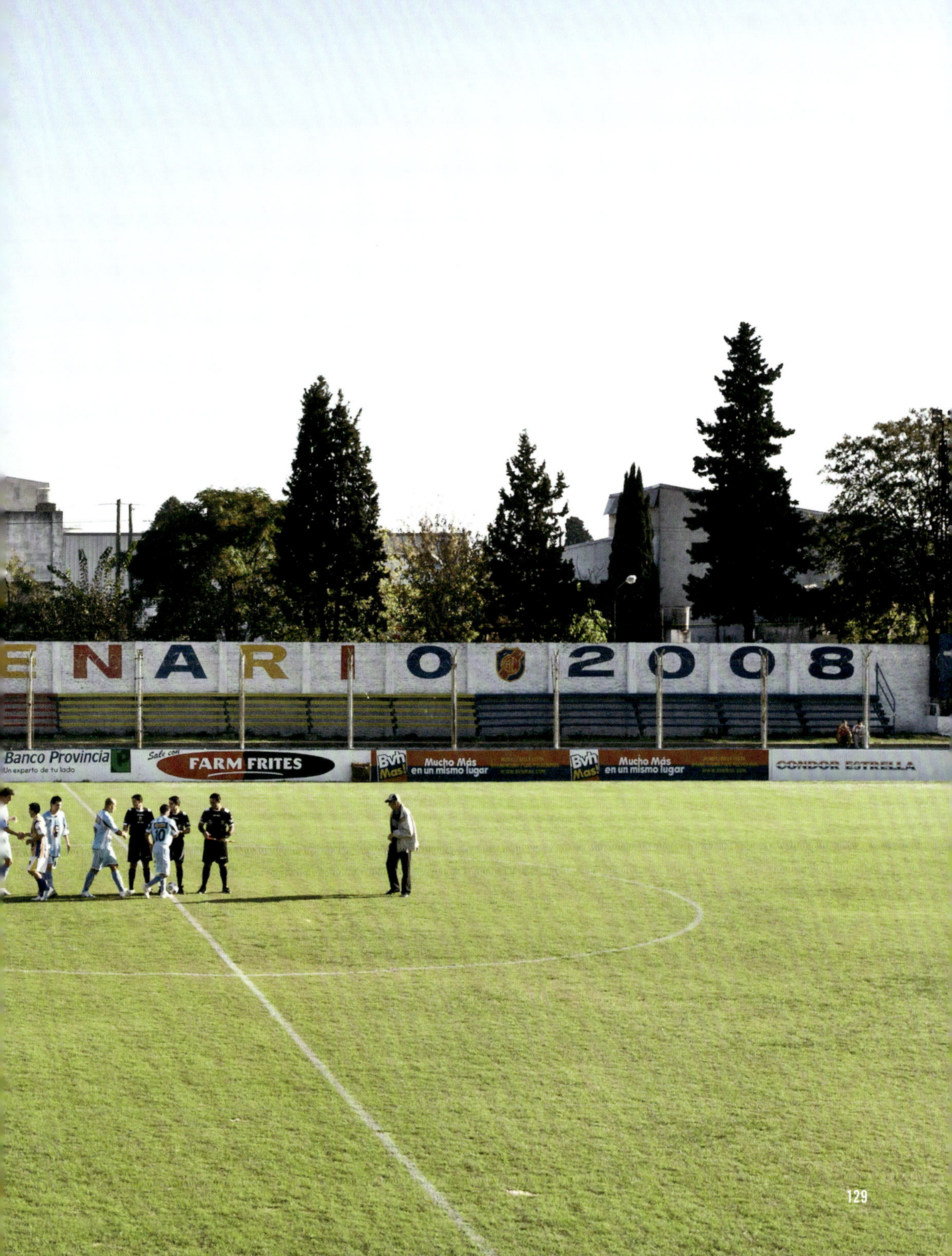
ENARIO 2008
Banco Provincia
Un experto de tu lado
FARM FRITES
Mucho Más en un mismo lugar
Mucho Más en un mismo lugar
CONDOR ESTRELLA

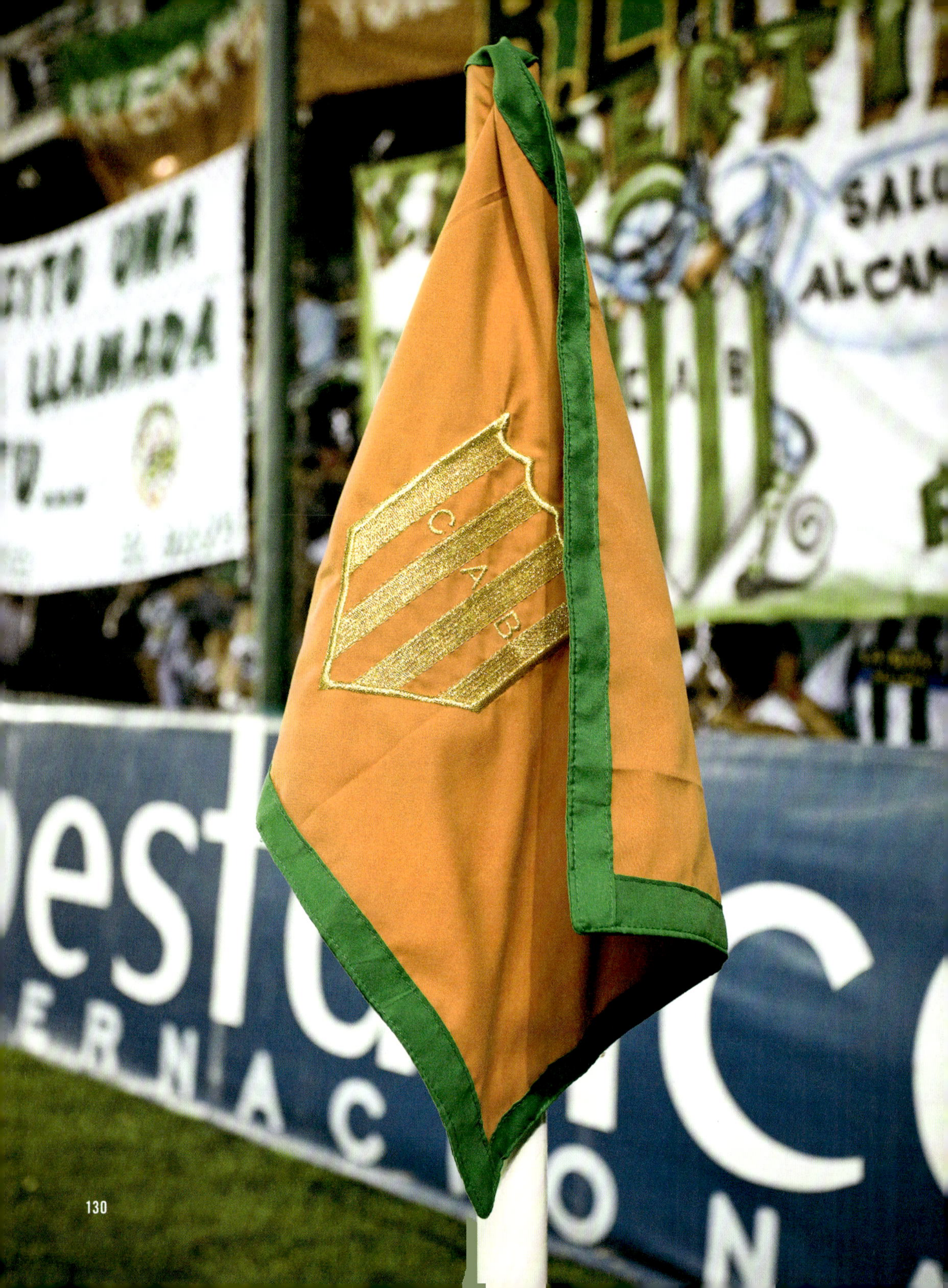
LLAMADA
C
A
B

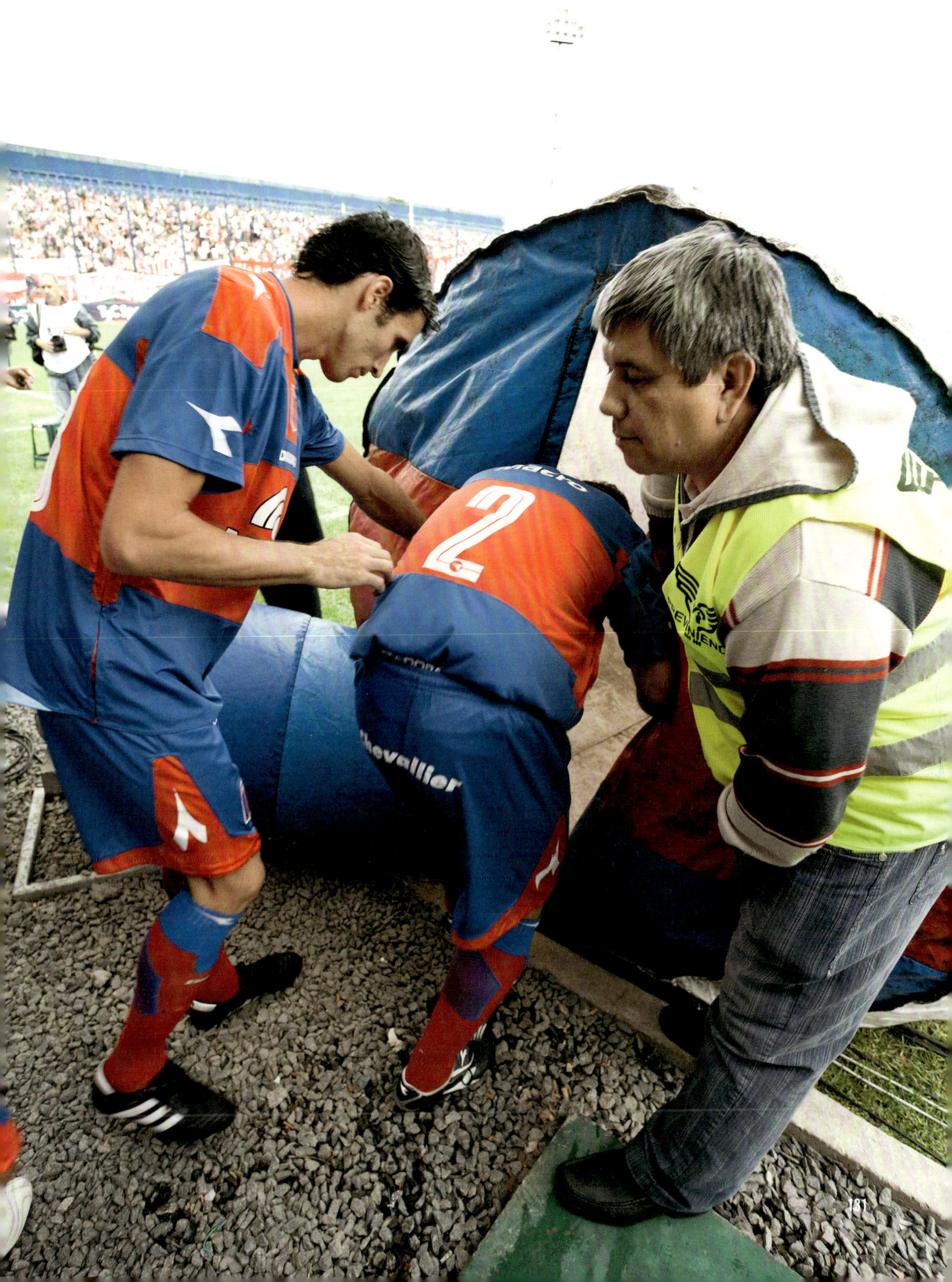
2

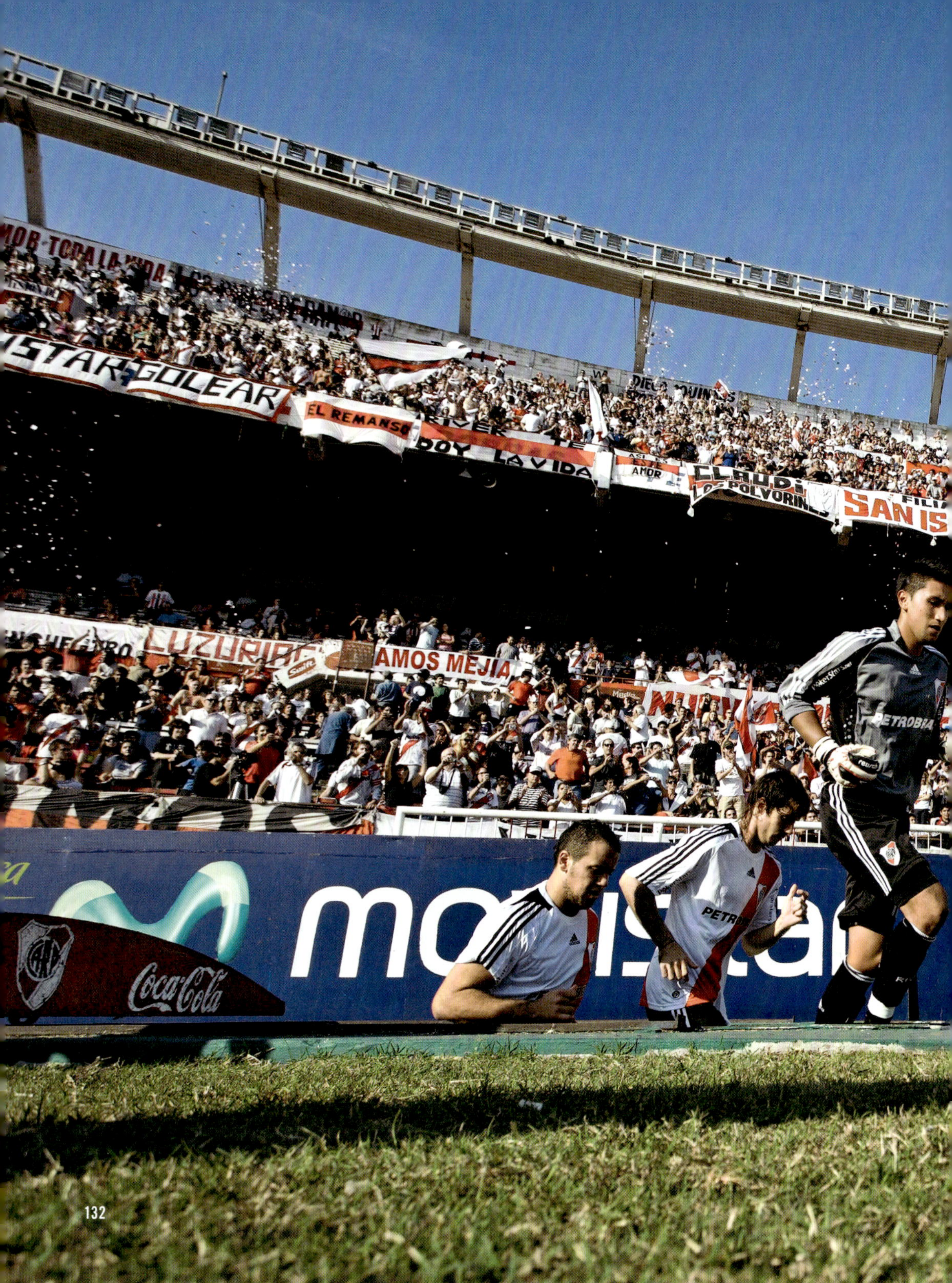
GOLEAR
EL REMANSO
SOY LA VIDA
LOS POLVORINES
AMOS MEJIA
PETROBRAS
Coca-Cola

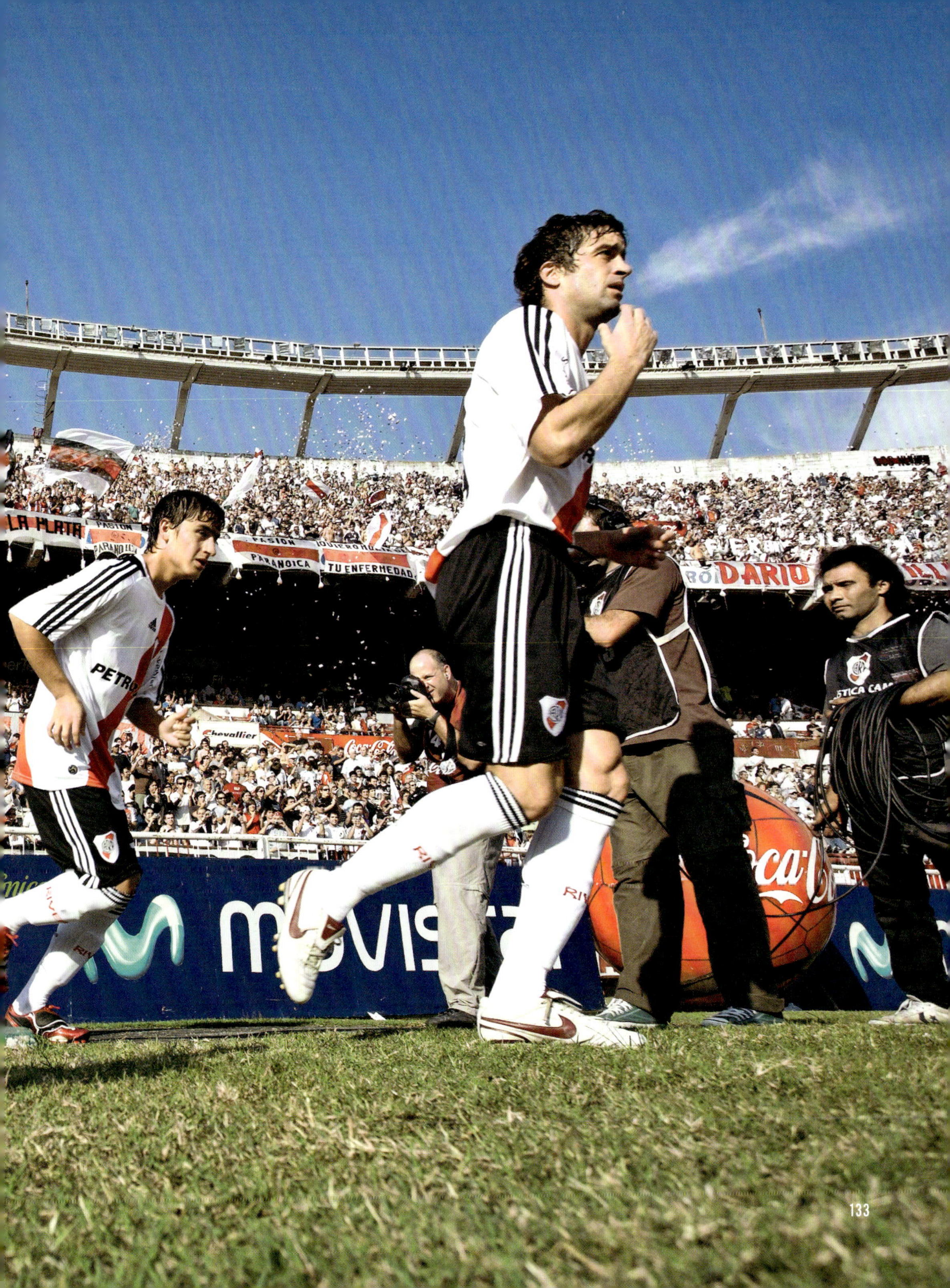
LA PLATA
PASION
PARANOICA
TU ENFERMEDAD
DARIO
Chevallier

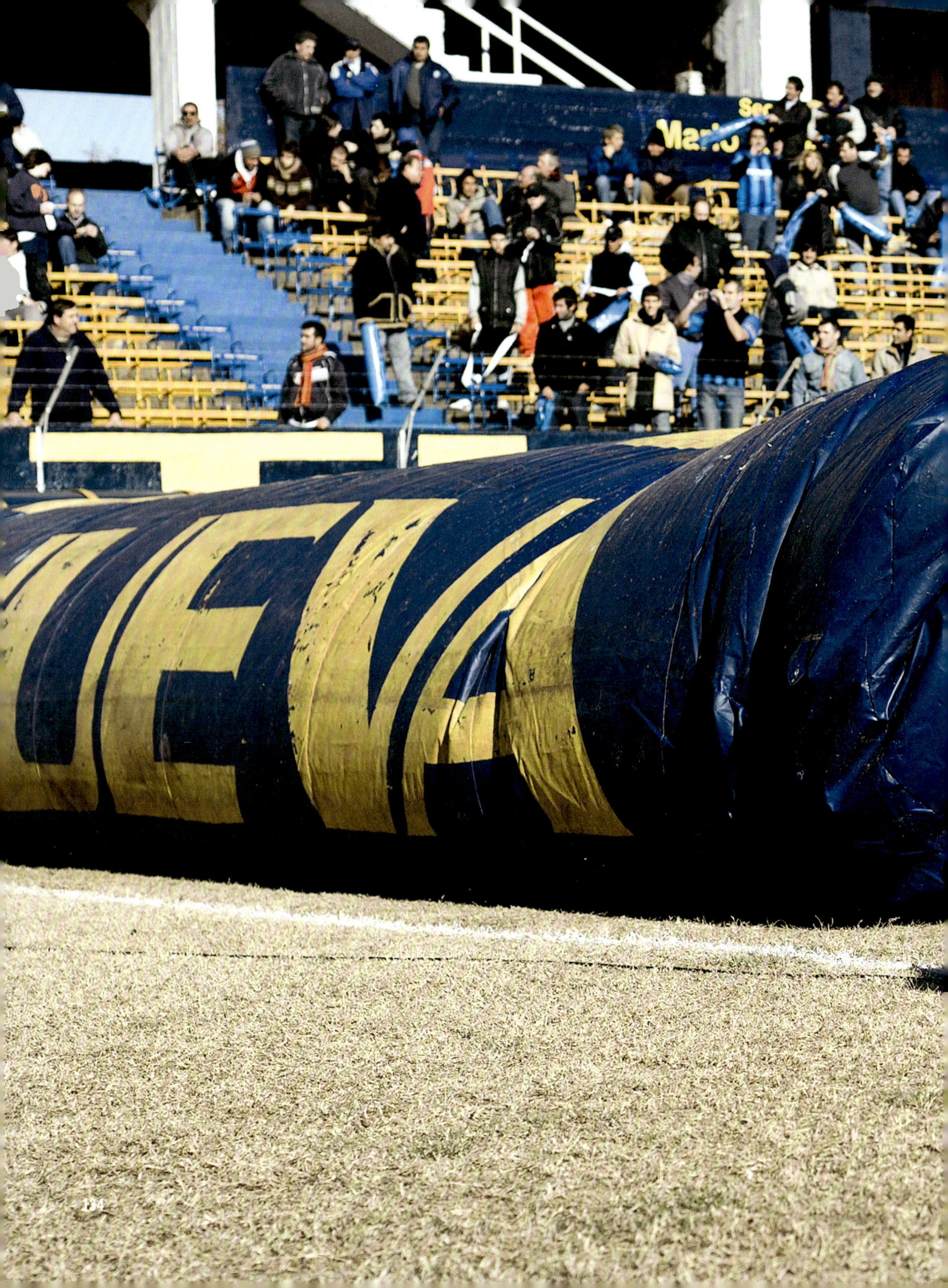

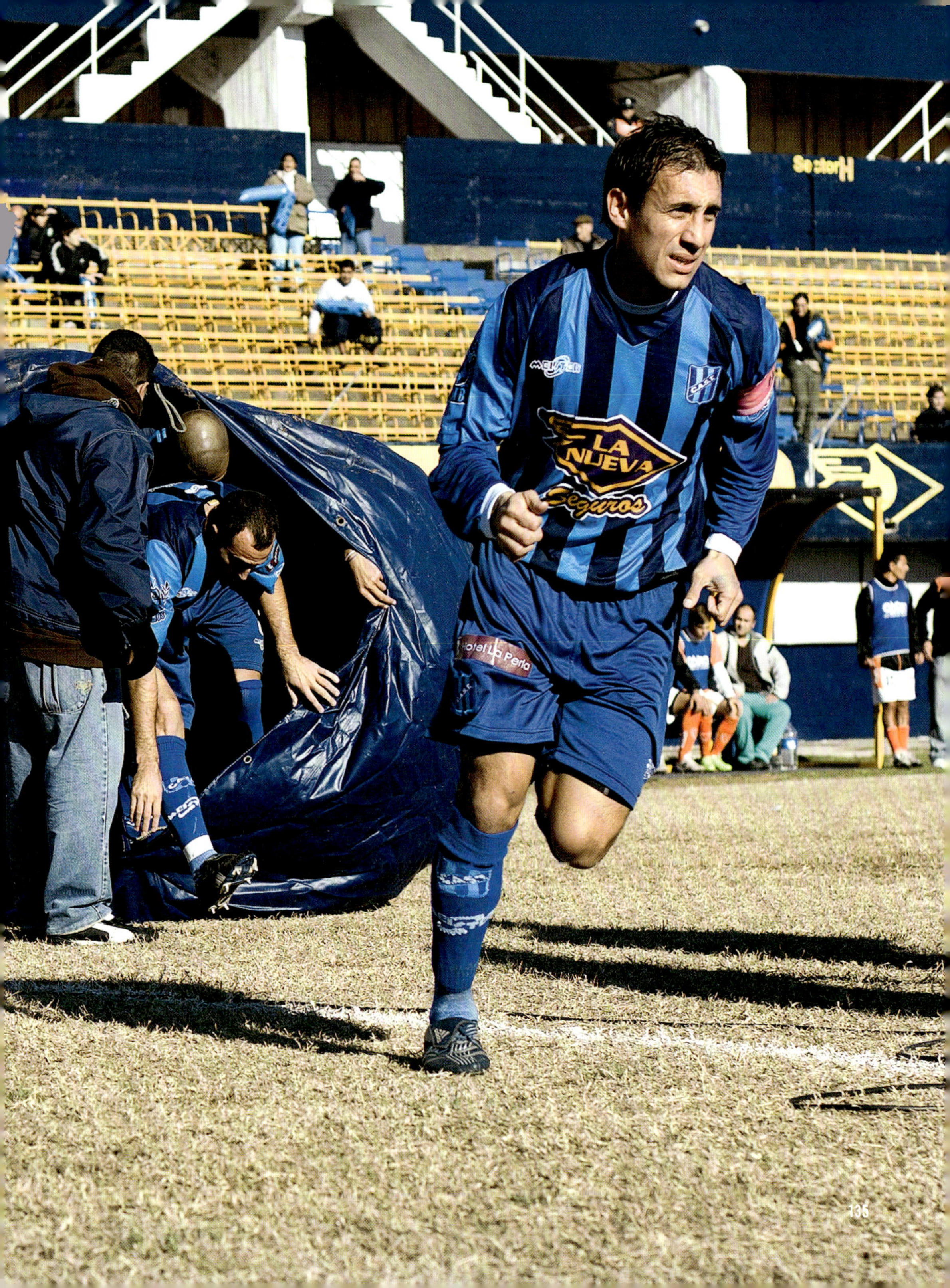
Sector H
LA NUEVA
Seguros
Hotel La Perla

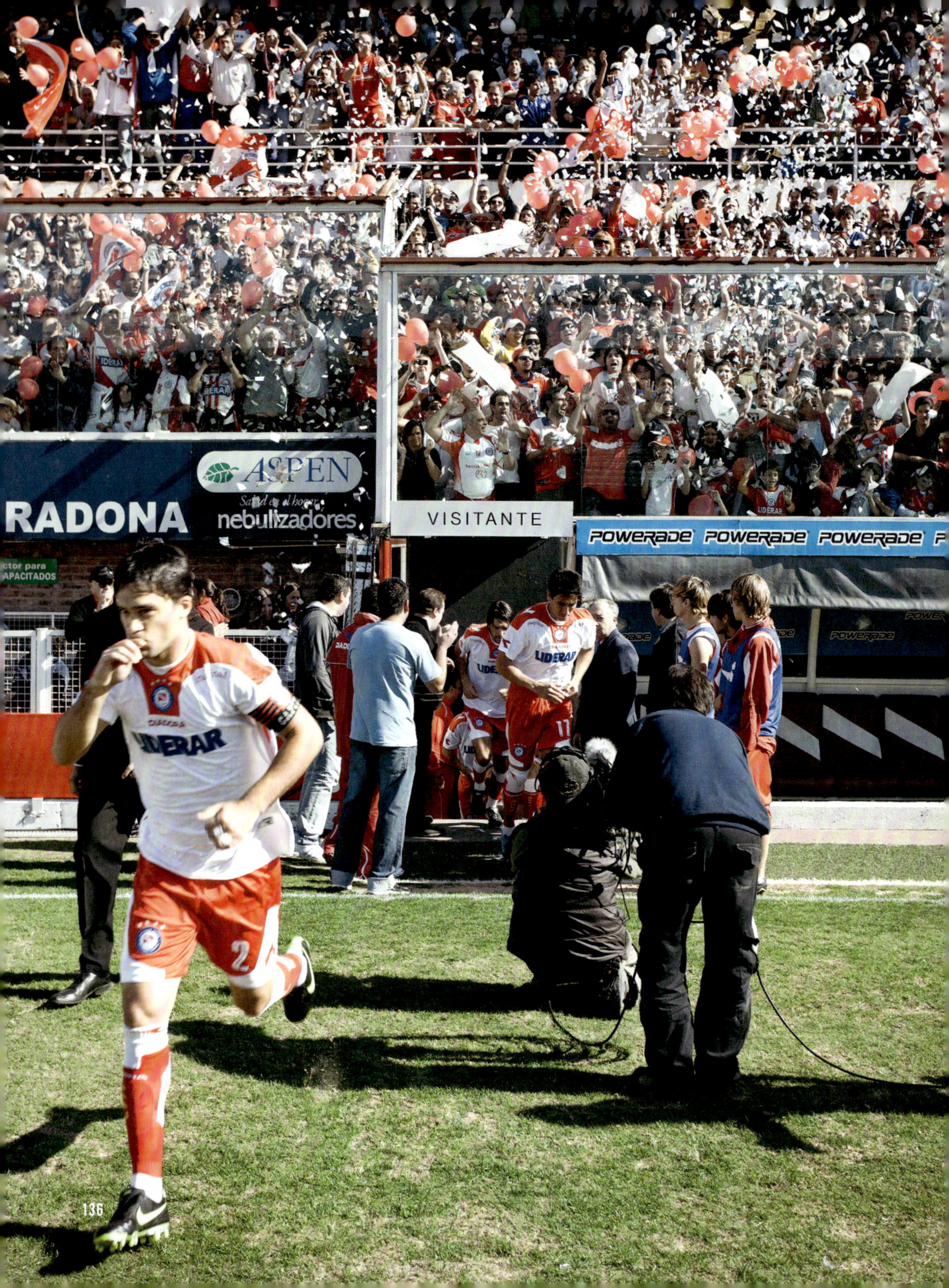
RADONA
ASPEN
nebulizadores
VISITANTE
POWERADE POWERADE POWERADE
LIDERAR

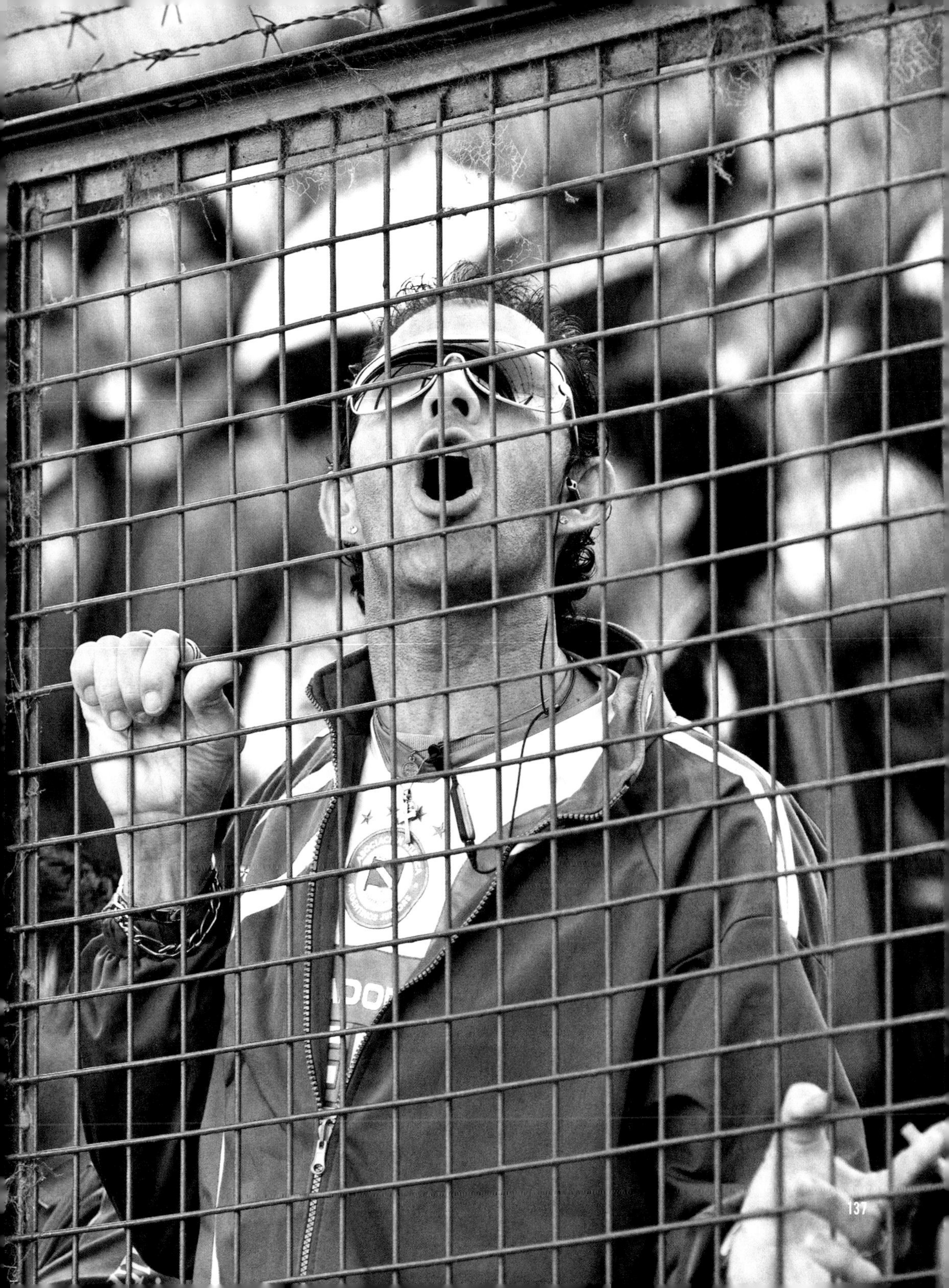

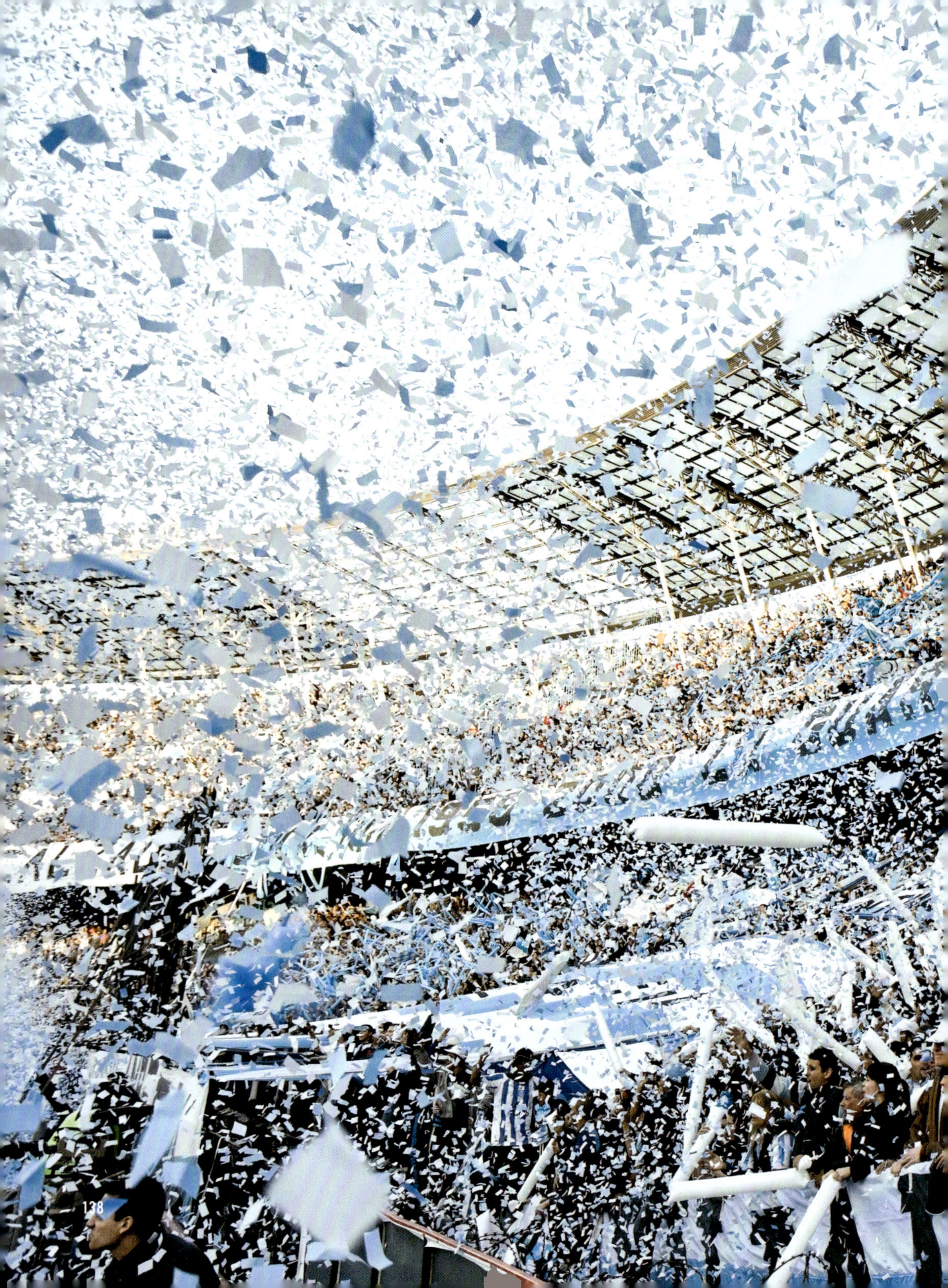

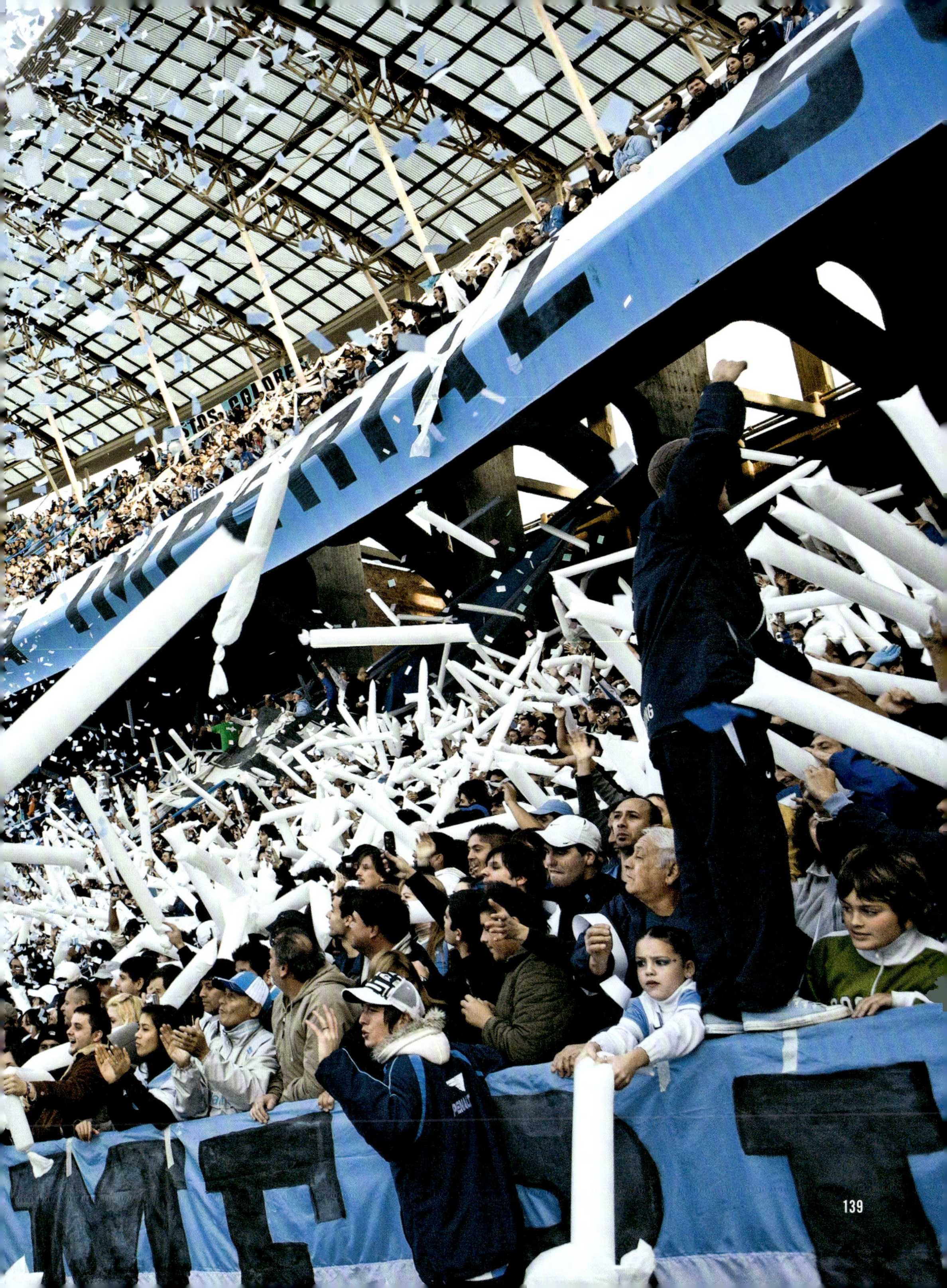
IMPERIAL

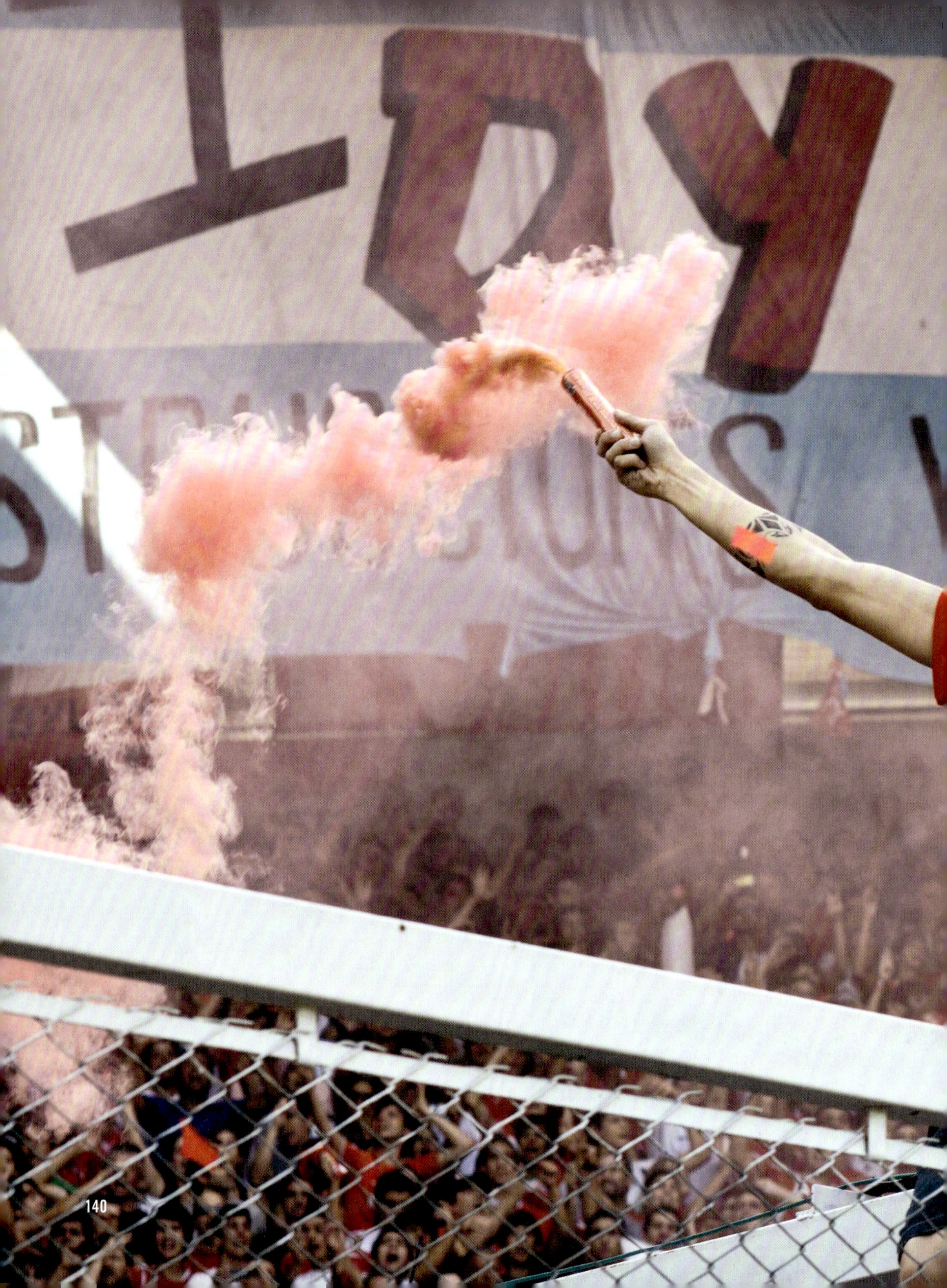

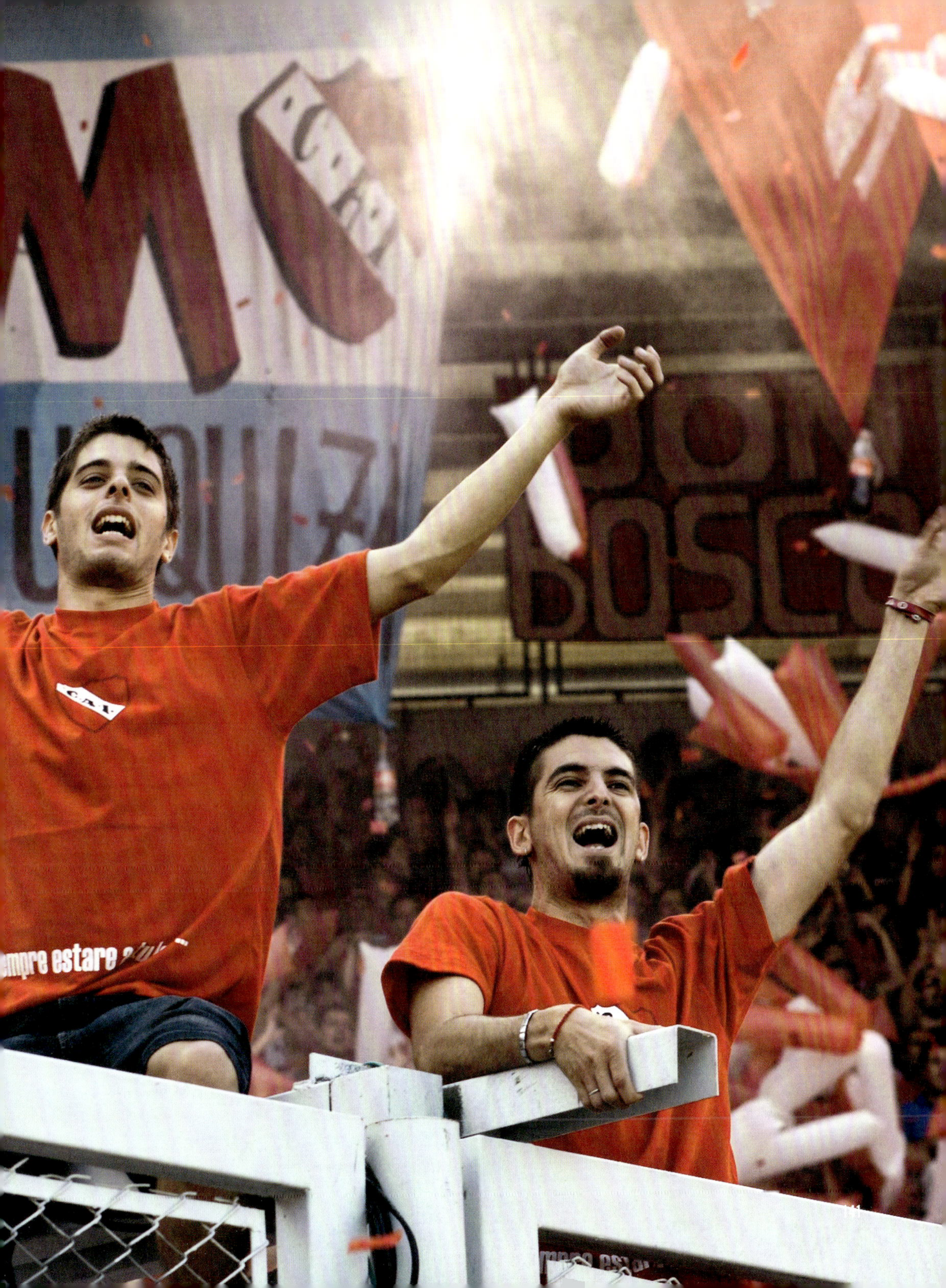
empre estare

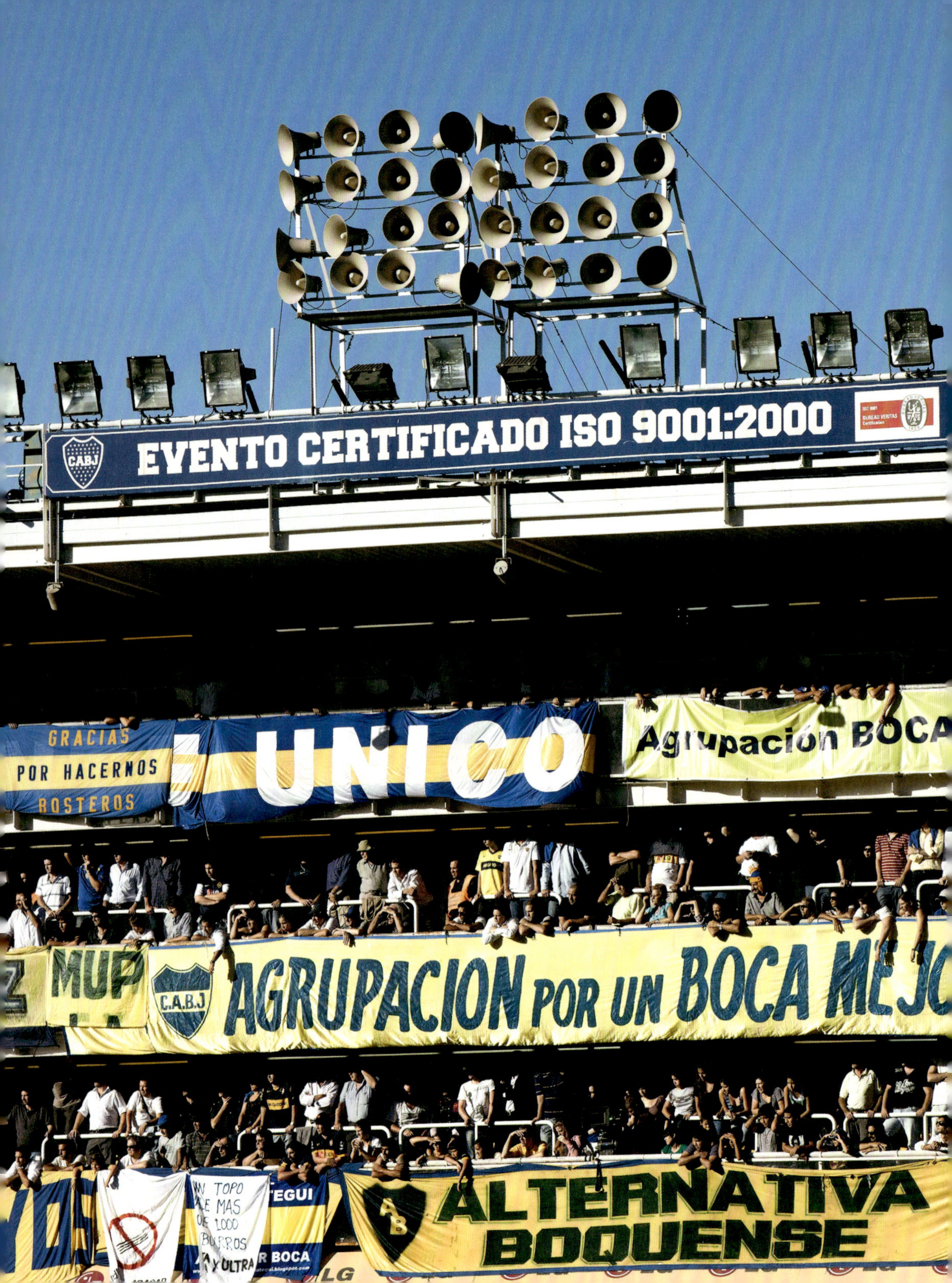
EVENTO CERTIFICADO ISO 9001:2000
CABJ
GRACIAS
POR HACERNOS
BOSTEROS
UNICO
Agrupación BOCA
MUP
C.A.B.J
AGRUPACION POR UN BOCA
ALTERNATIVA
BOQUENSE

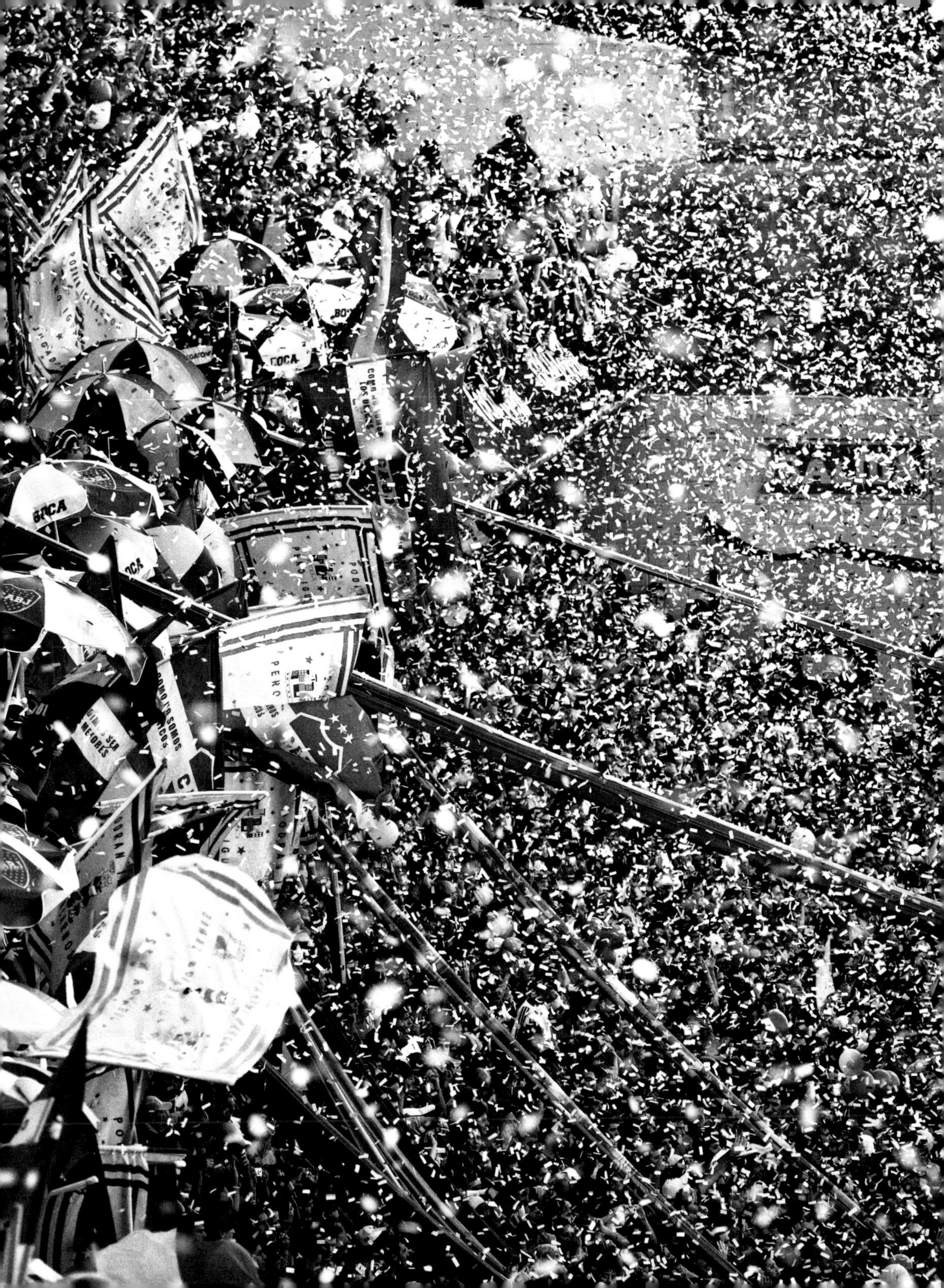
BOCA
BOCA
BOCA

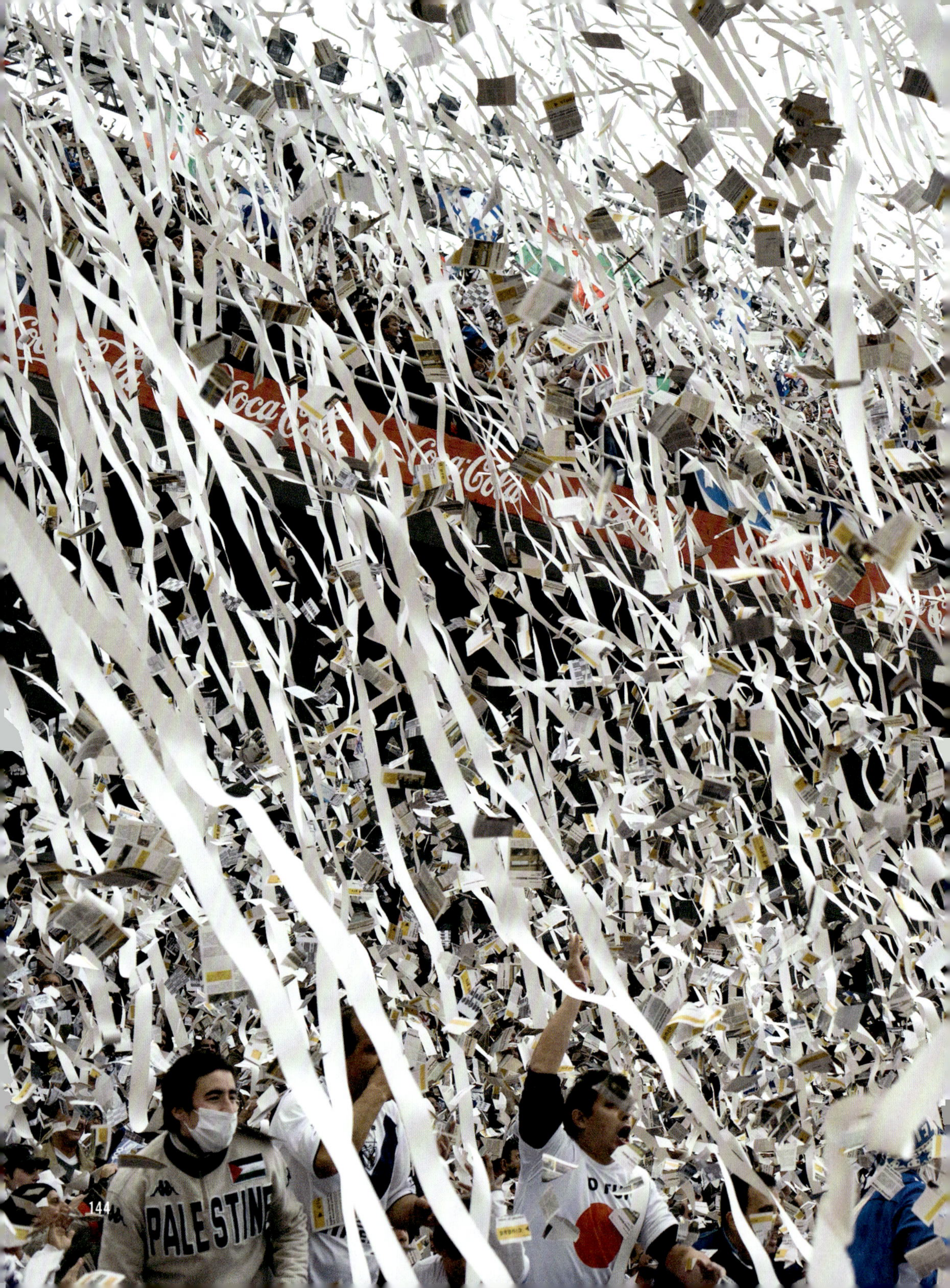
Coca-Cola
Coca-Cola
PALESTINE

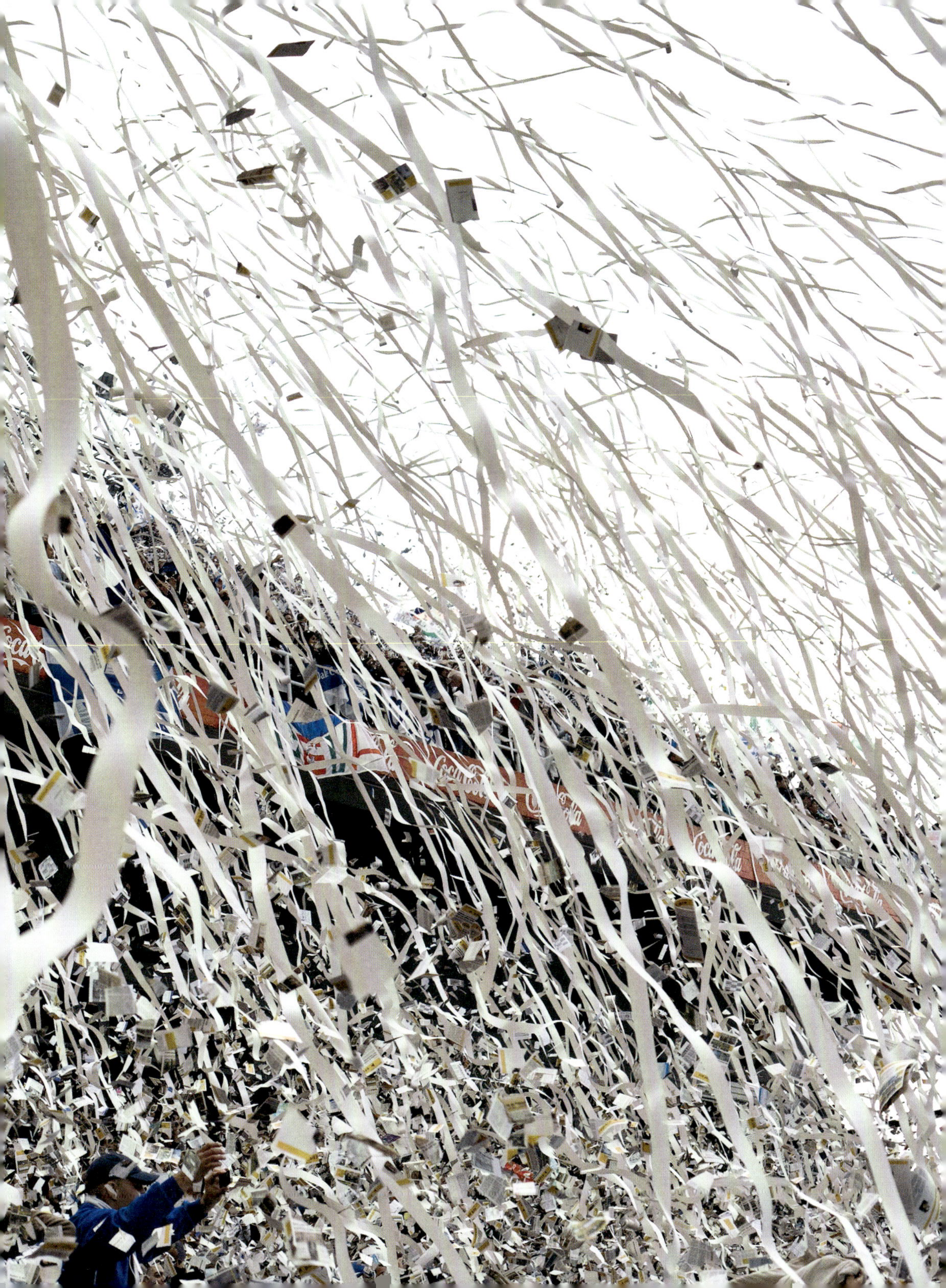

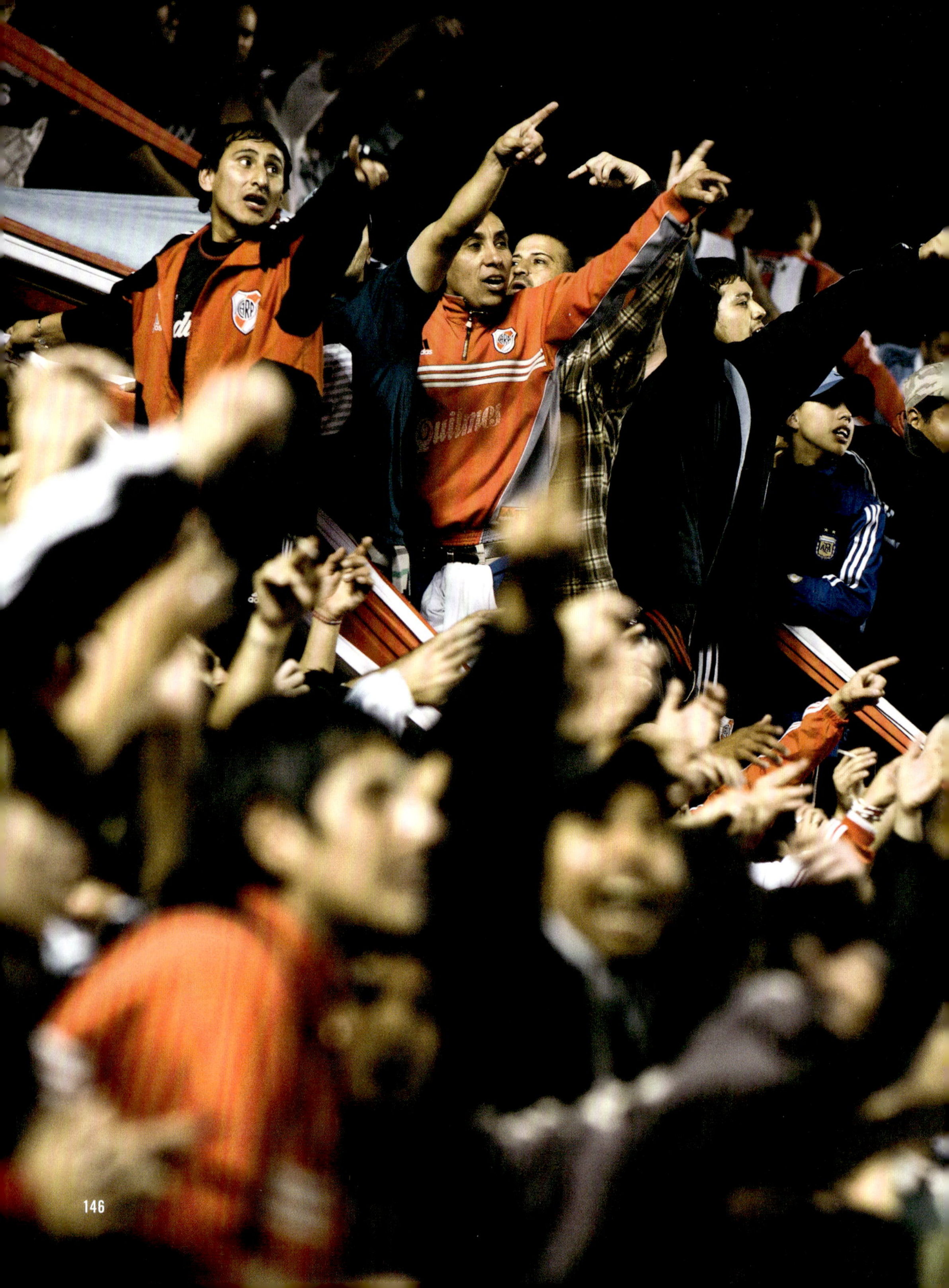
Quilmes

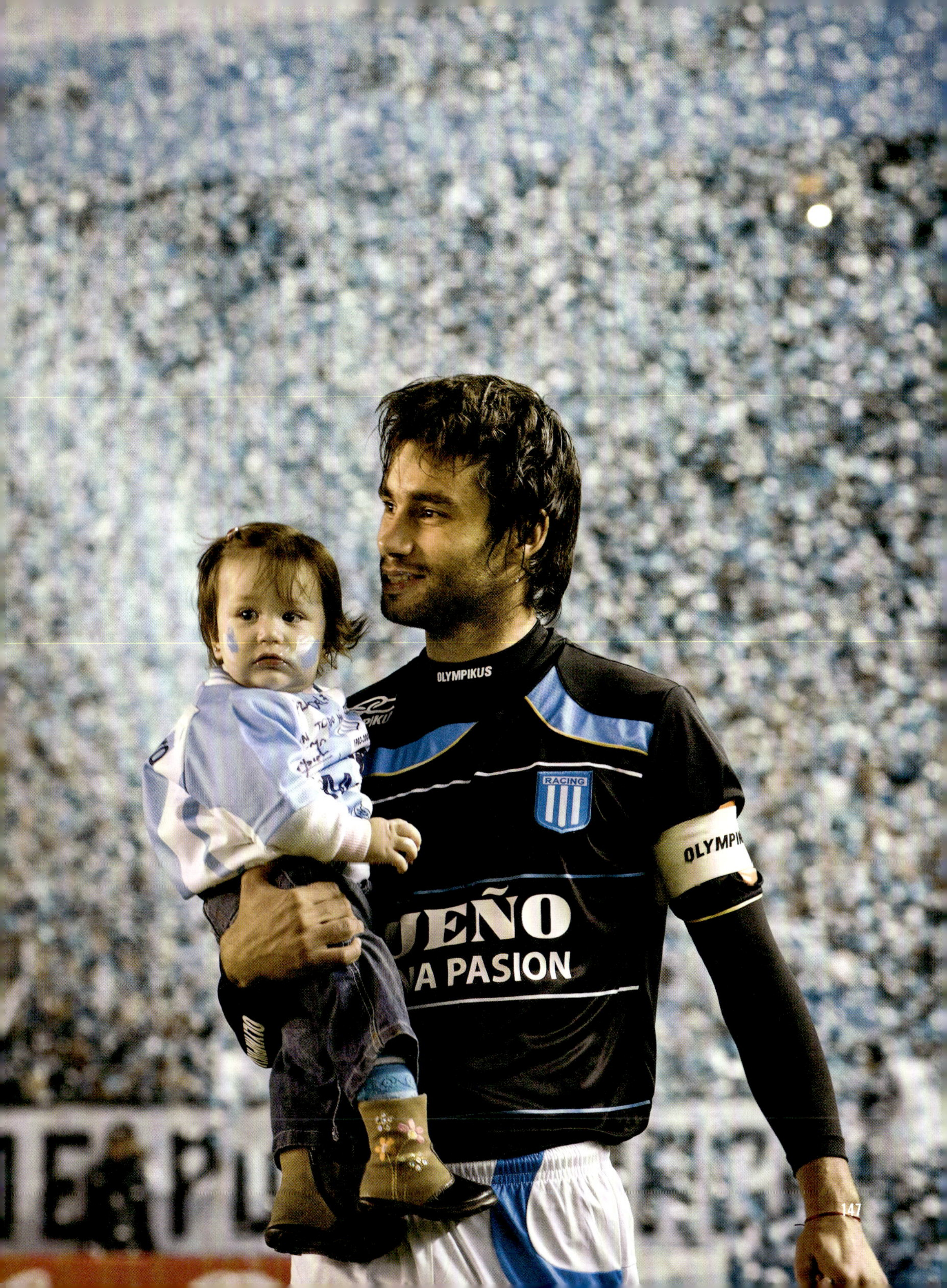
OLYMPIKUS
RACING
OLYMPIK
UEÑO
A PASION

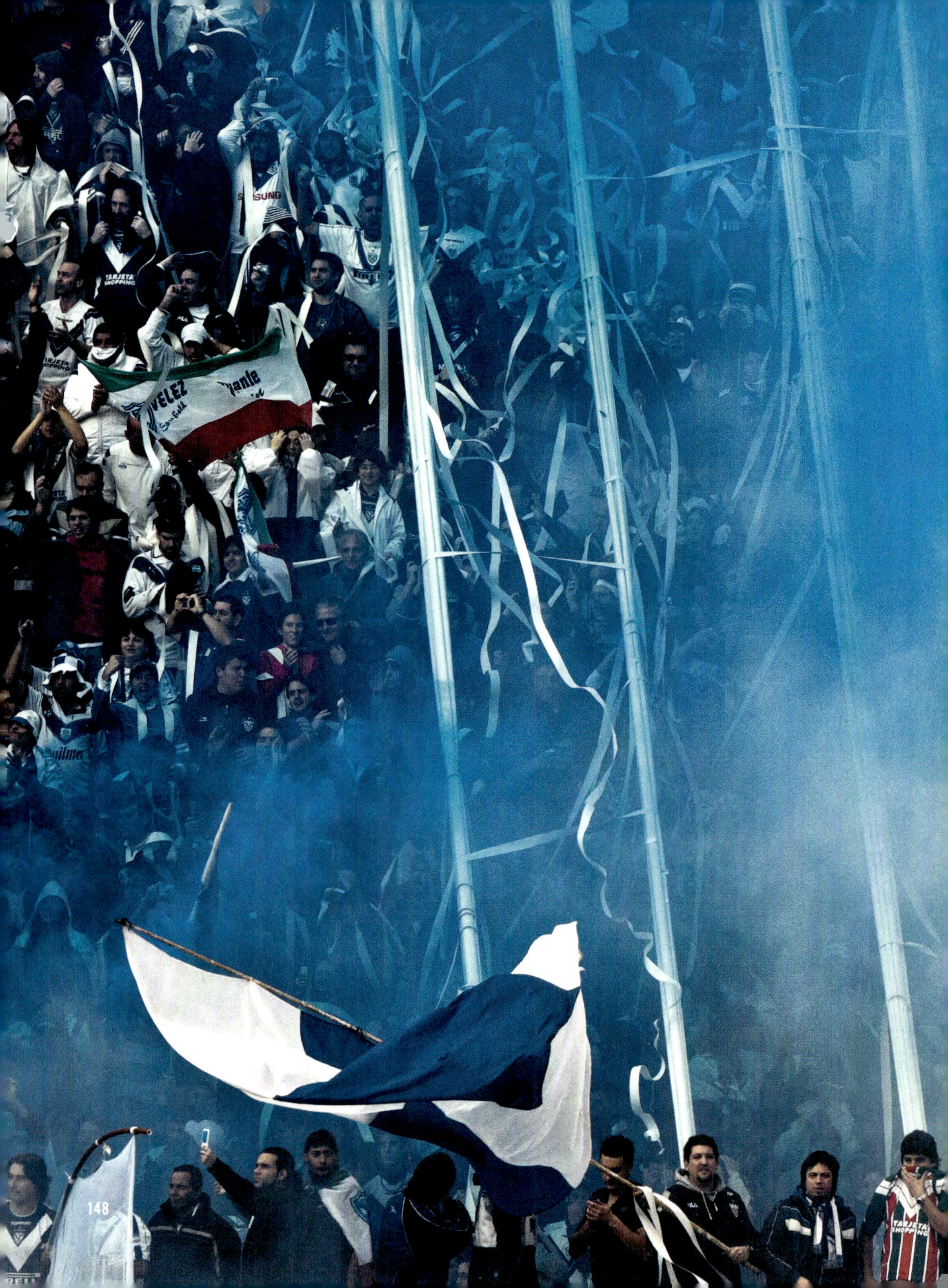
VELEZ
TARJETA SHOPPING

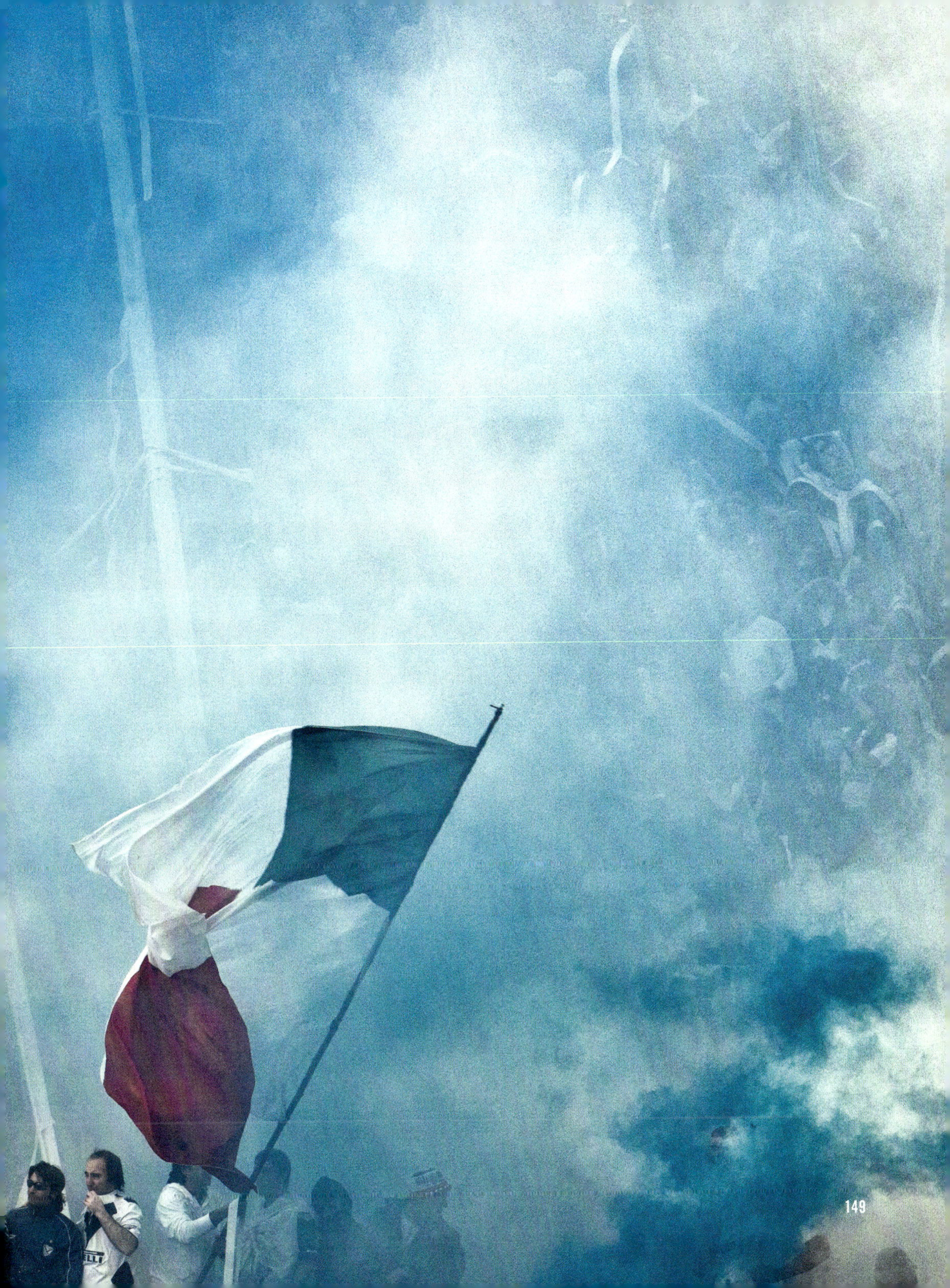

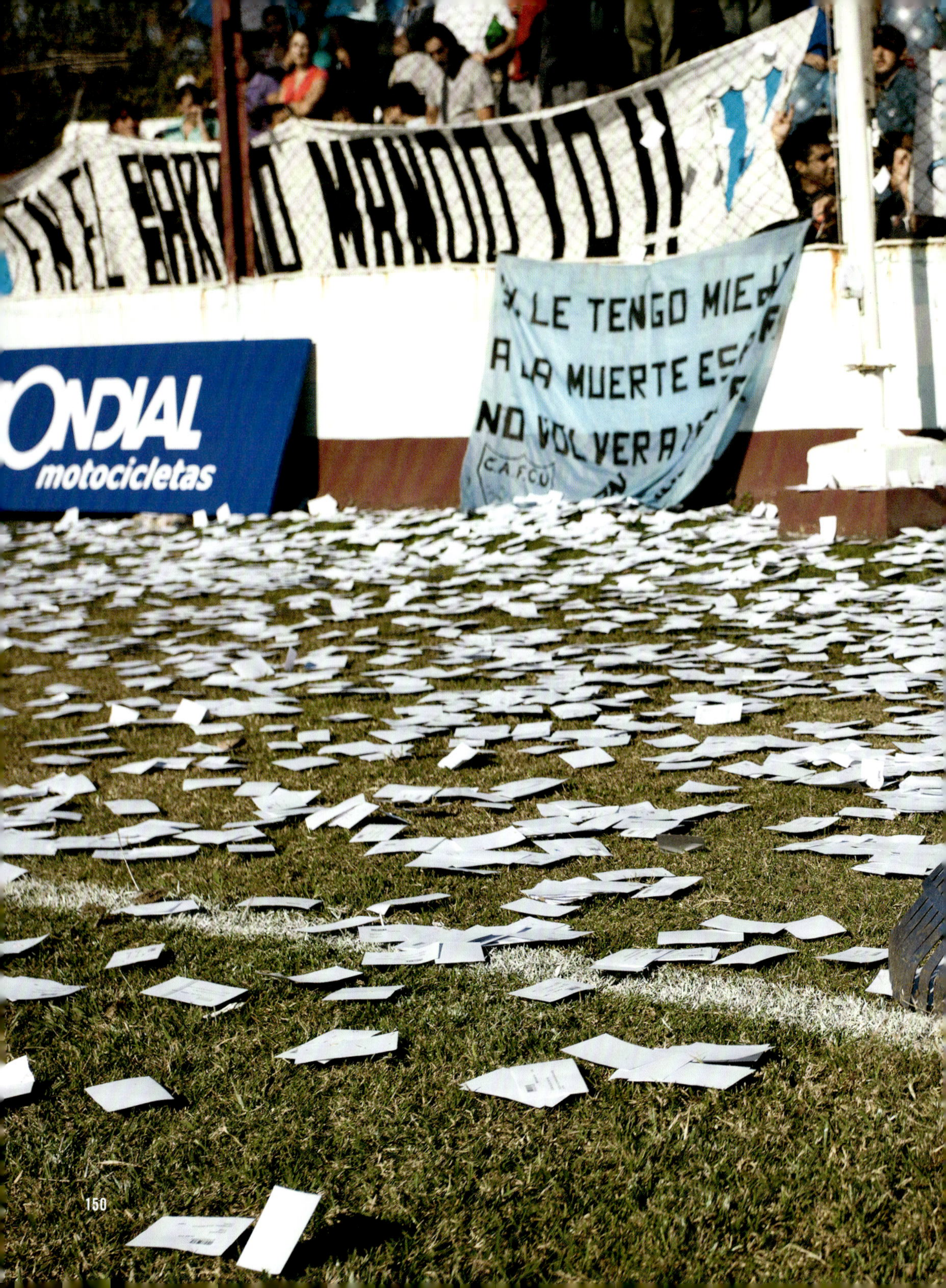
MANDO YO !!
LE TENGO
MUERTE
VOLVERA
C.A.F.C.U
motocicletas

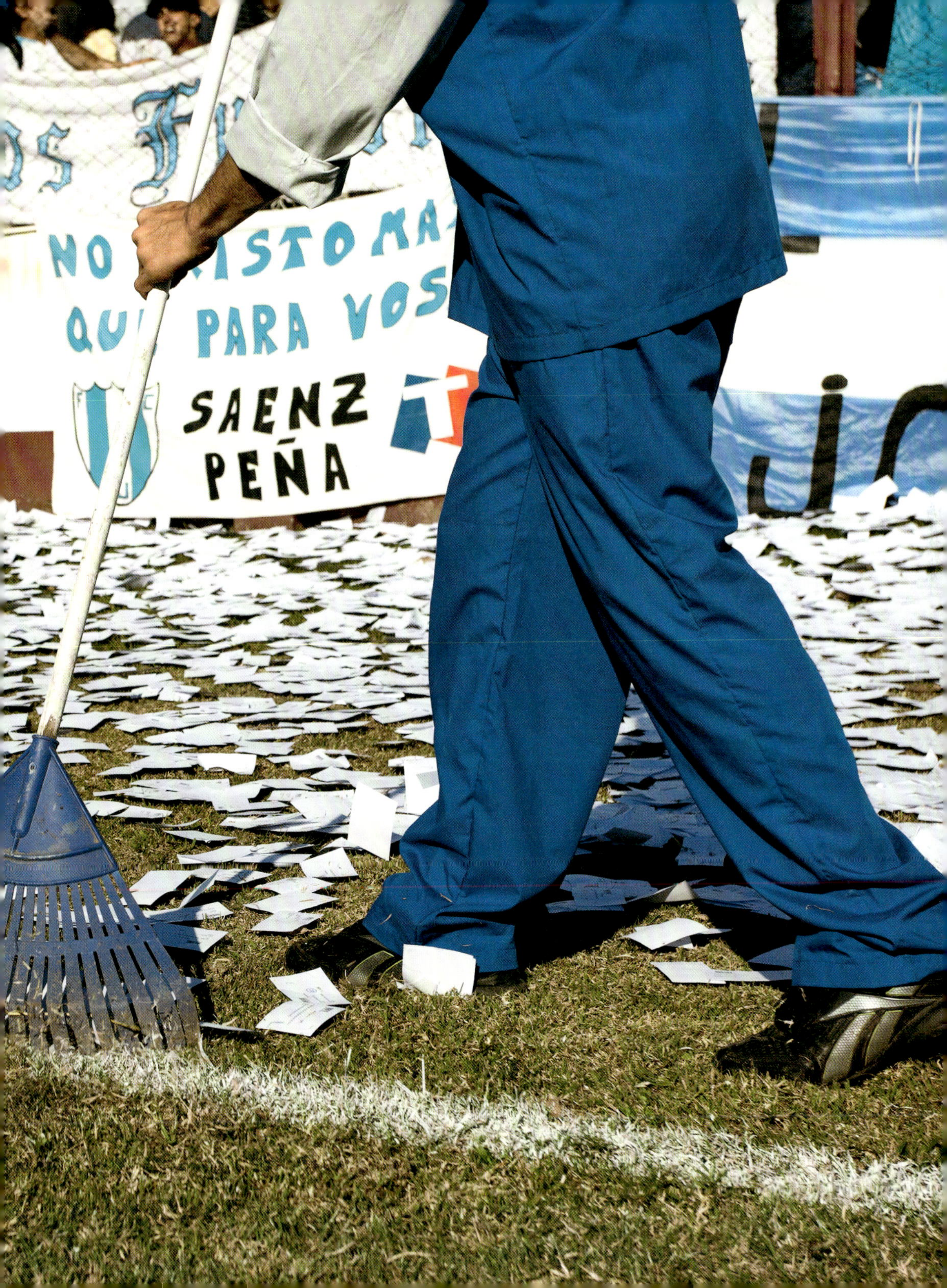
SAENZ
PEÑA

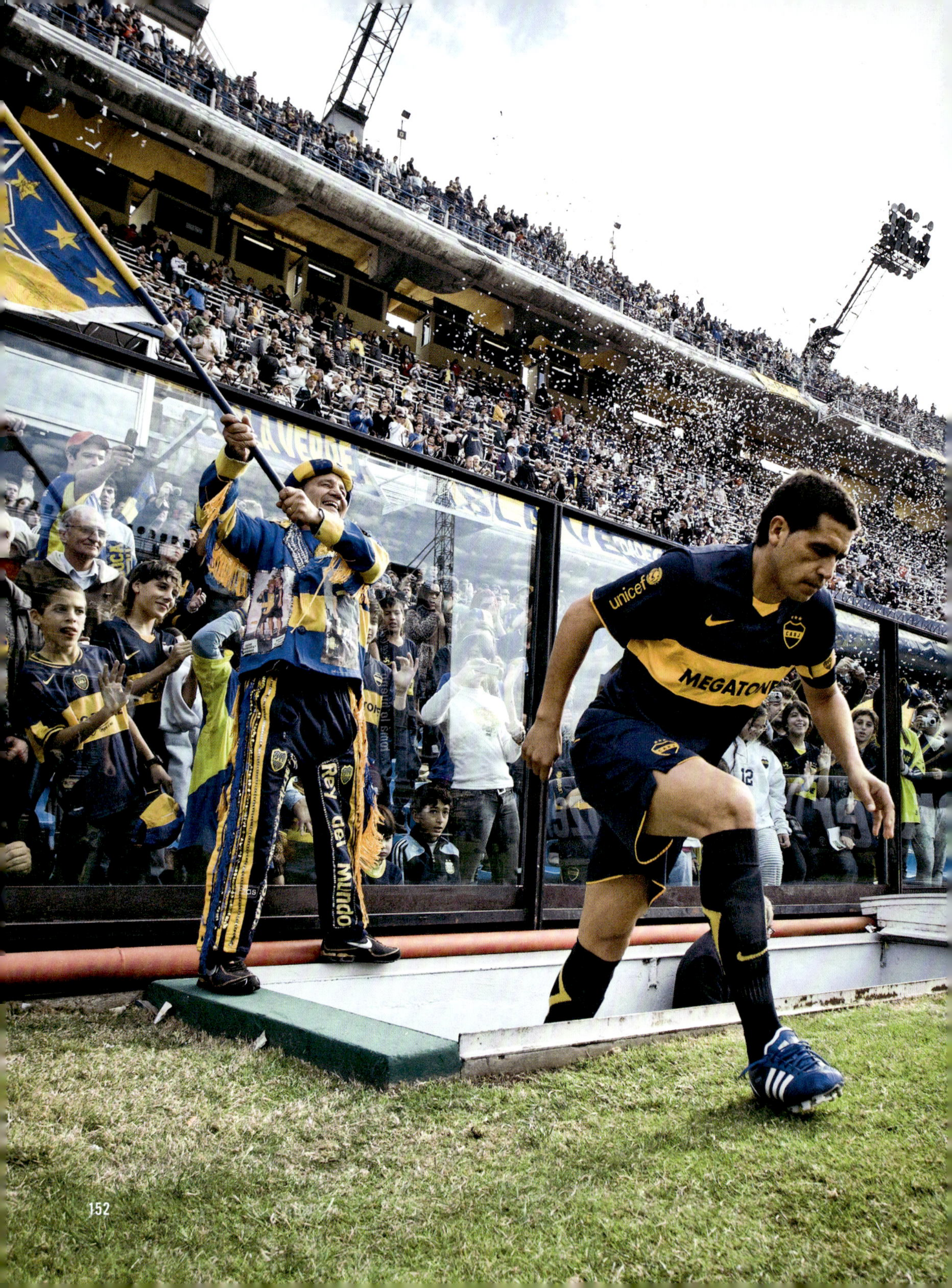
unicef
MEGATONE
Rey del Mundo

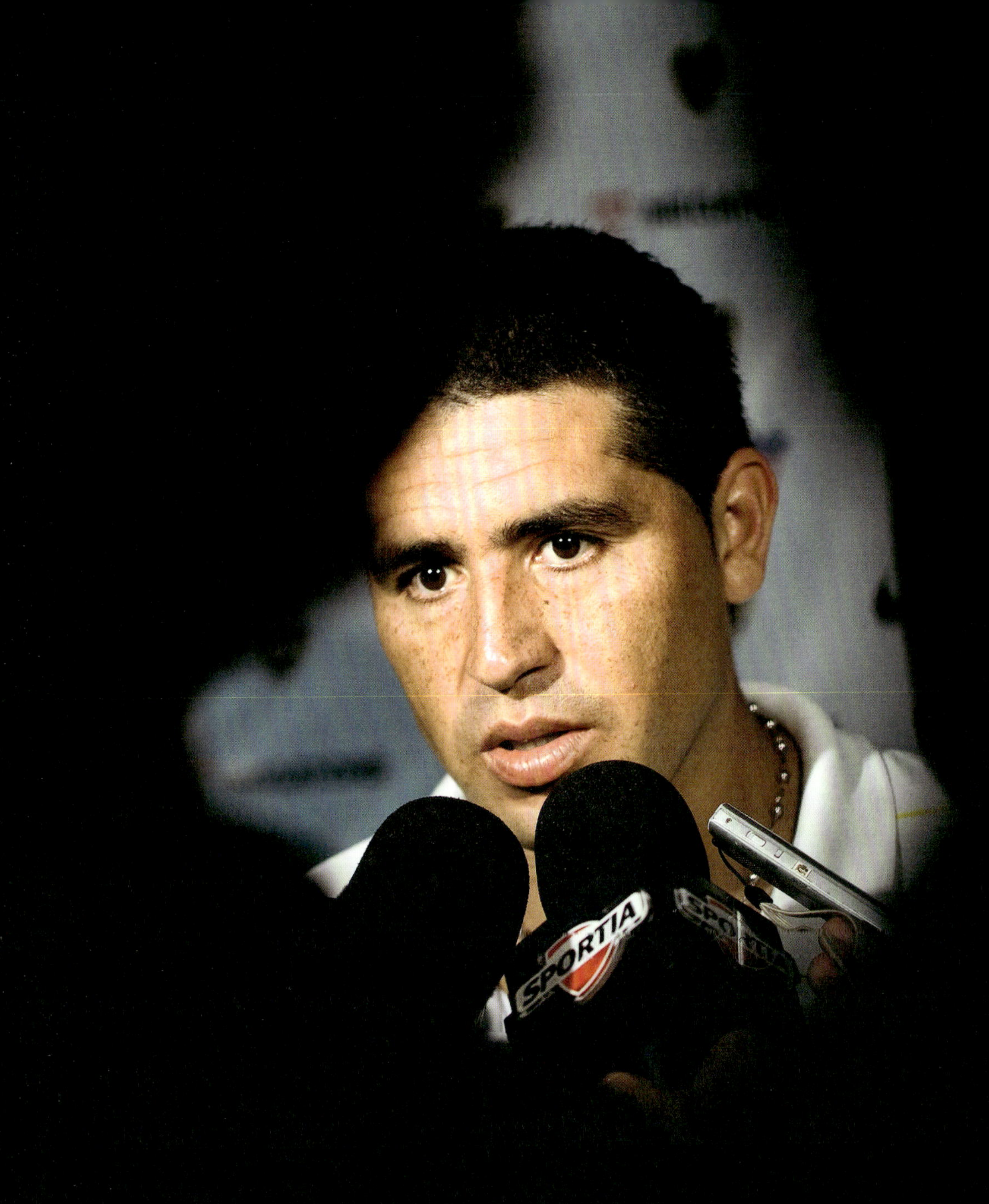
SPORTIA

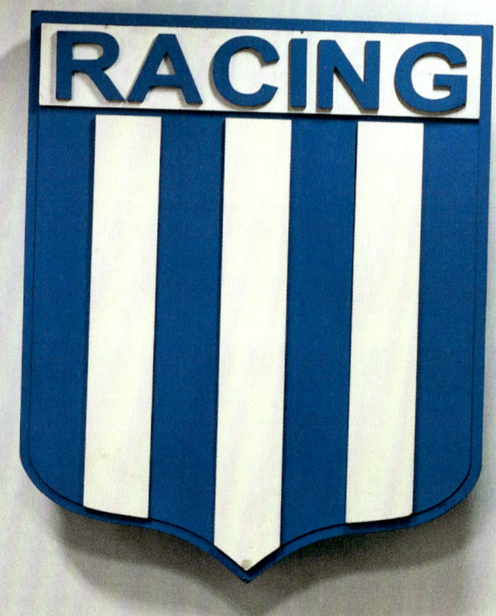
RACING

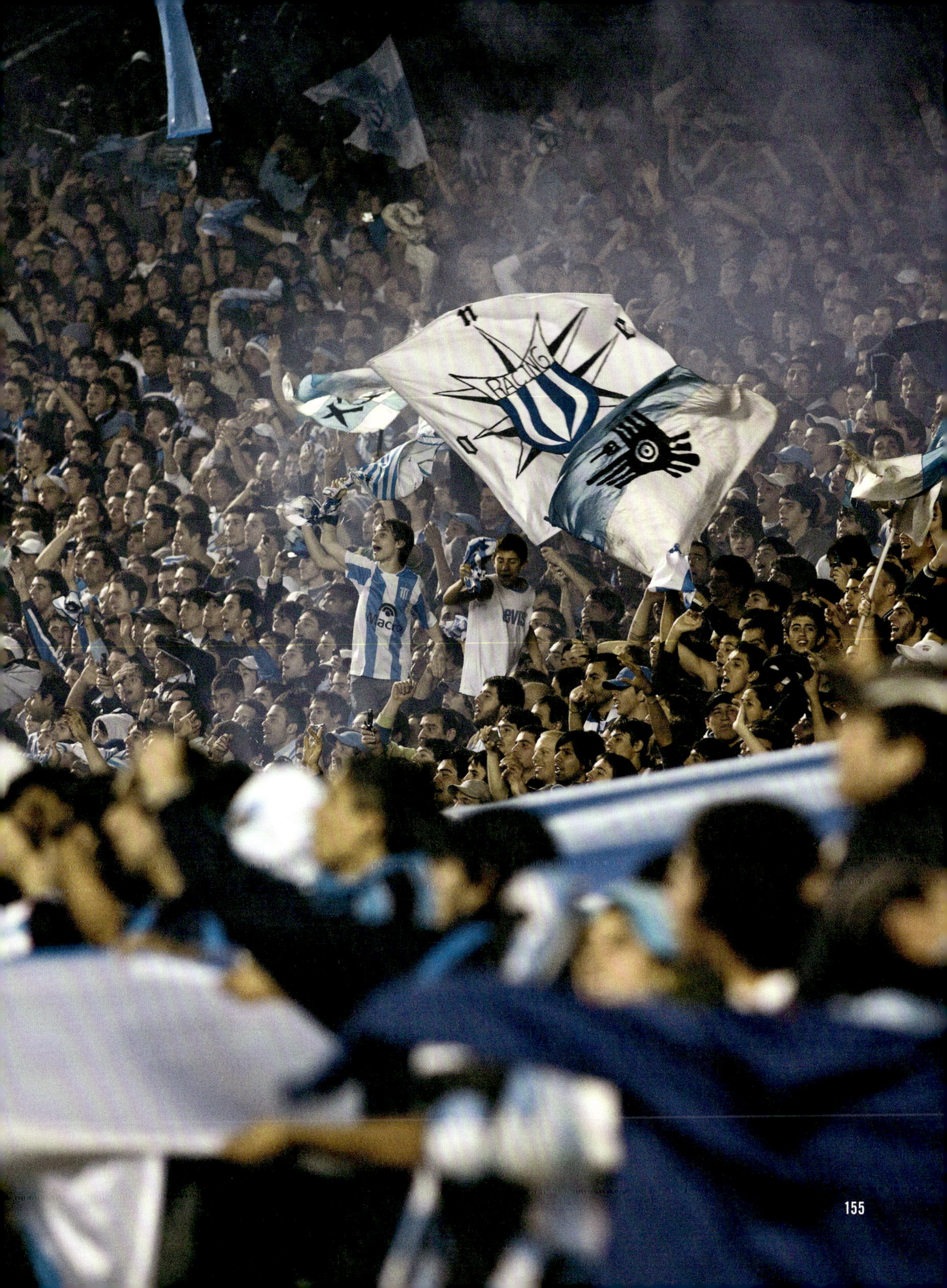
RACING
Macro

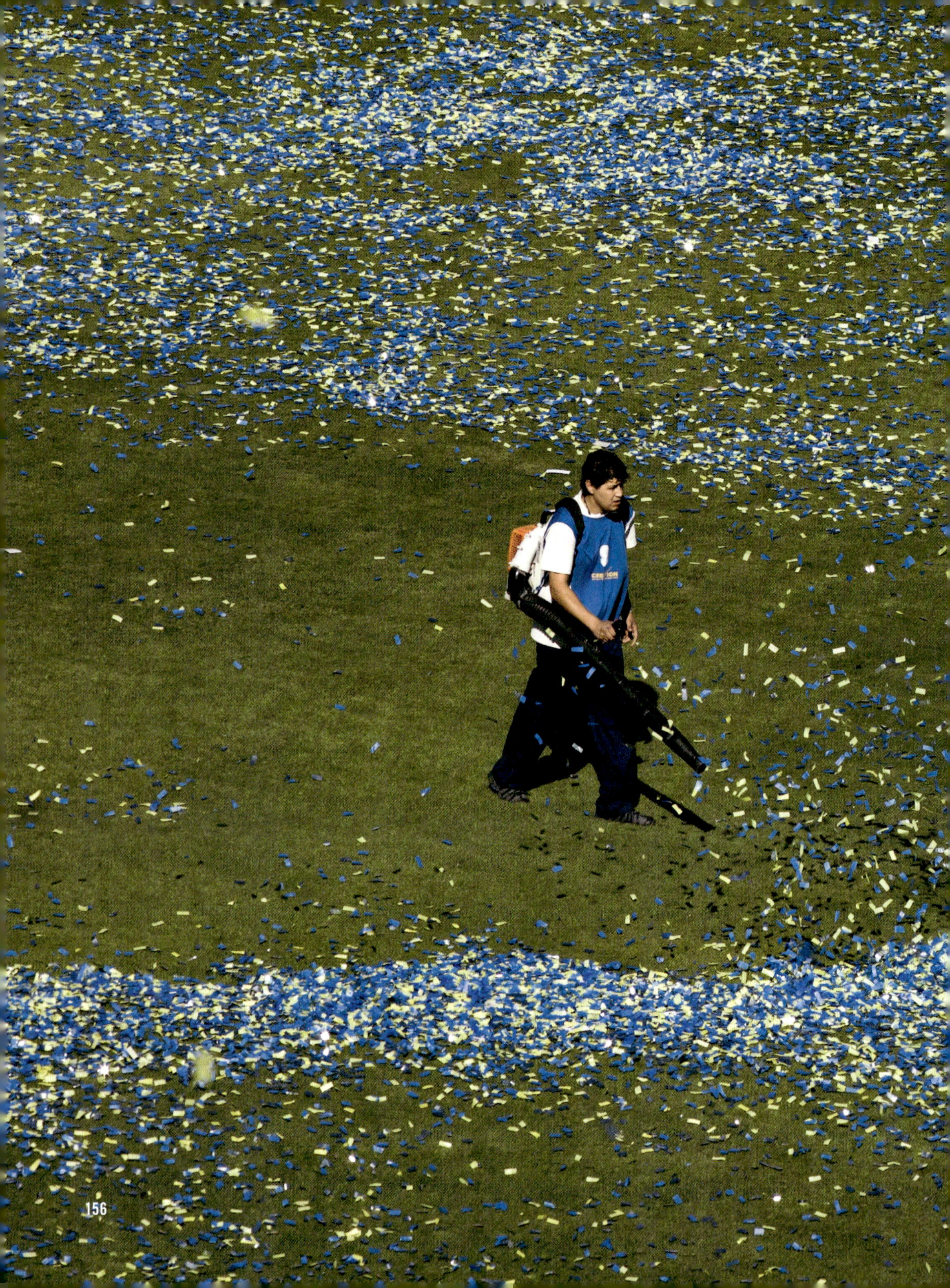

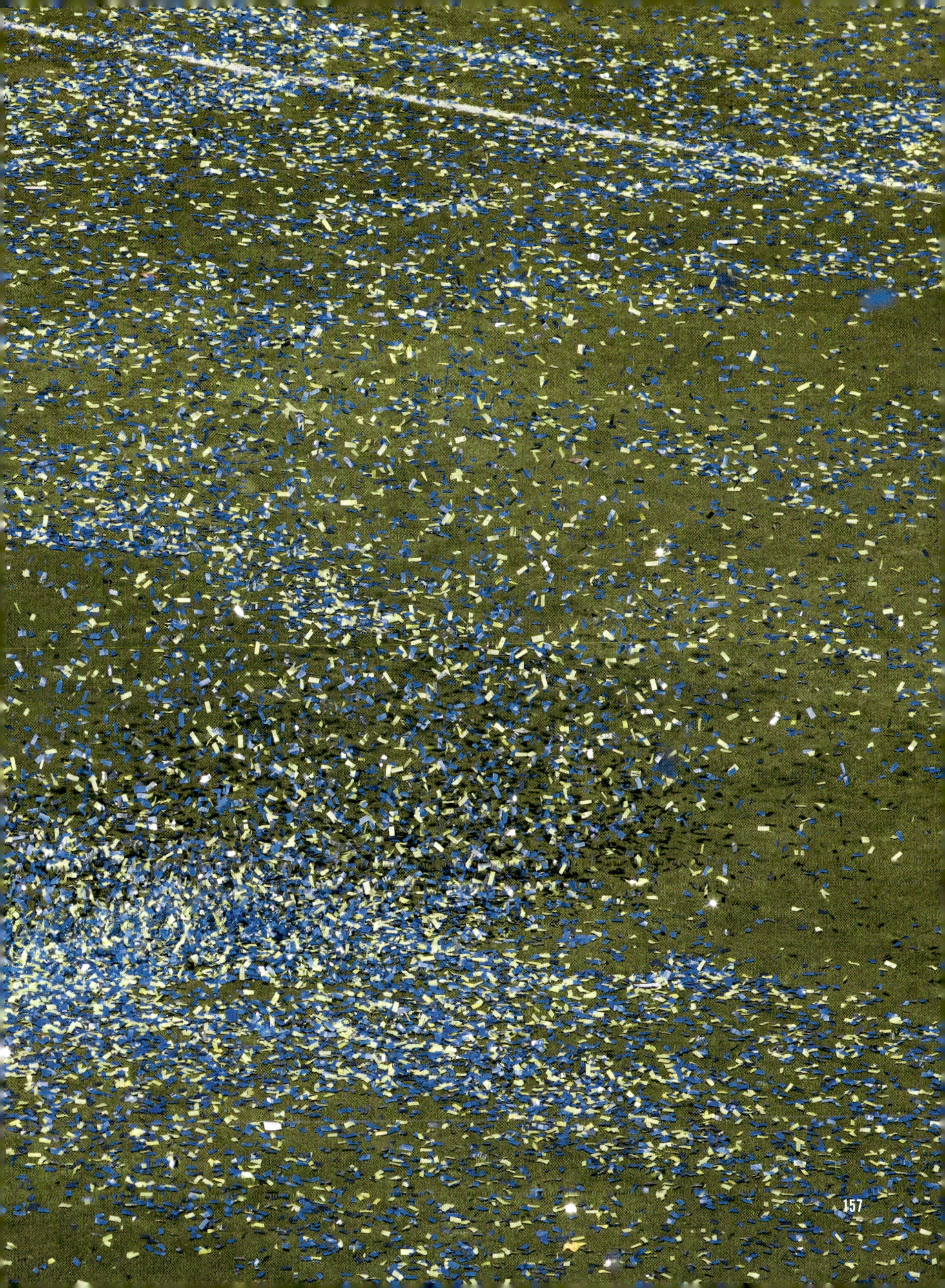

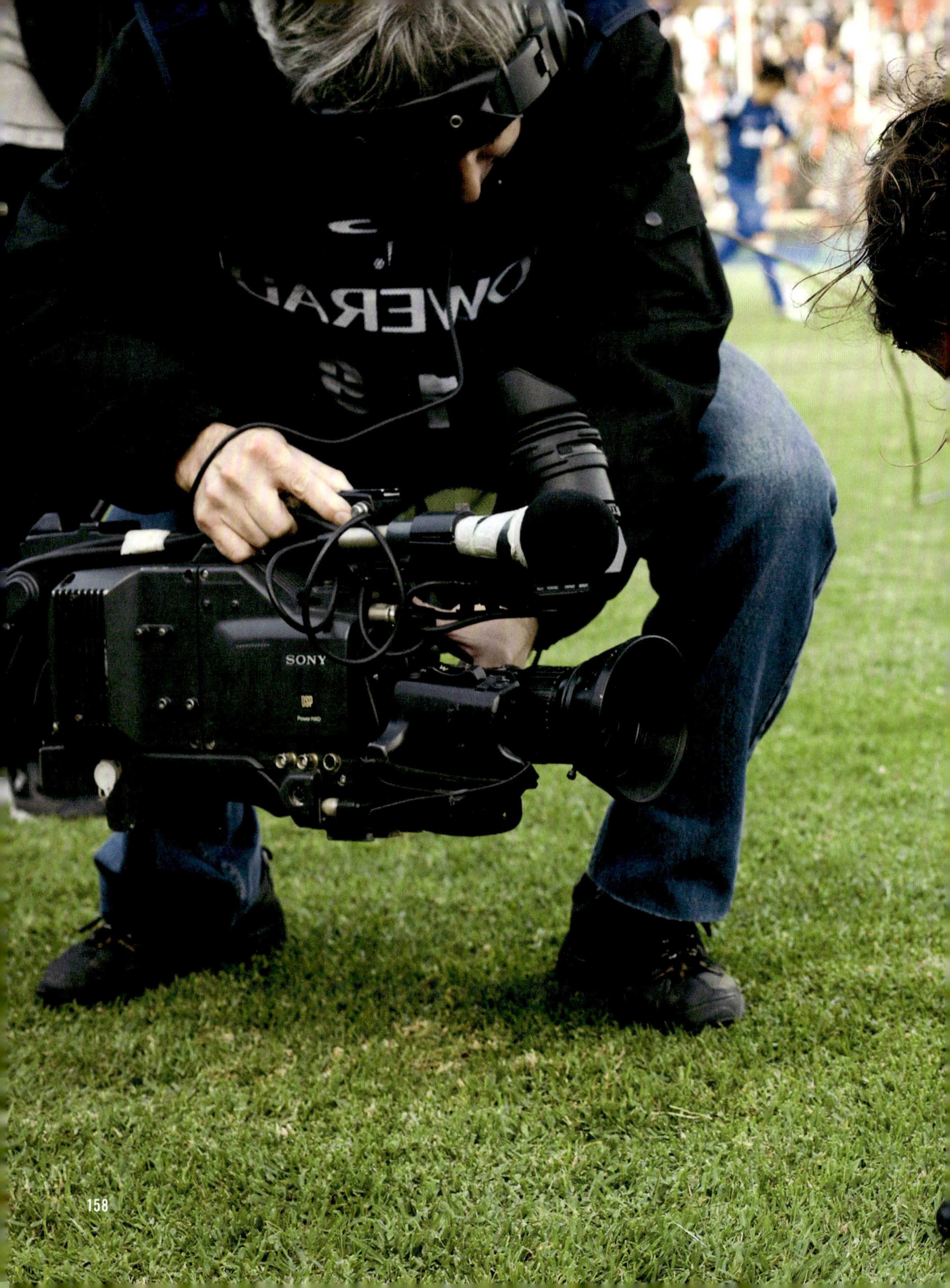
SONY

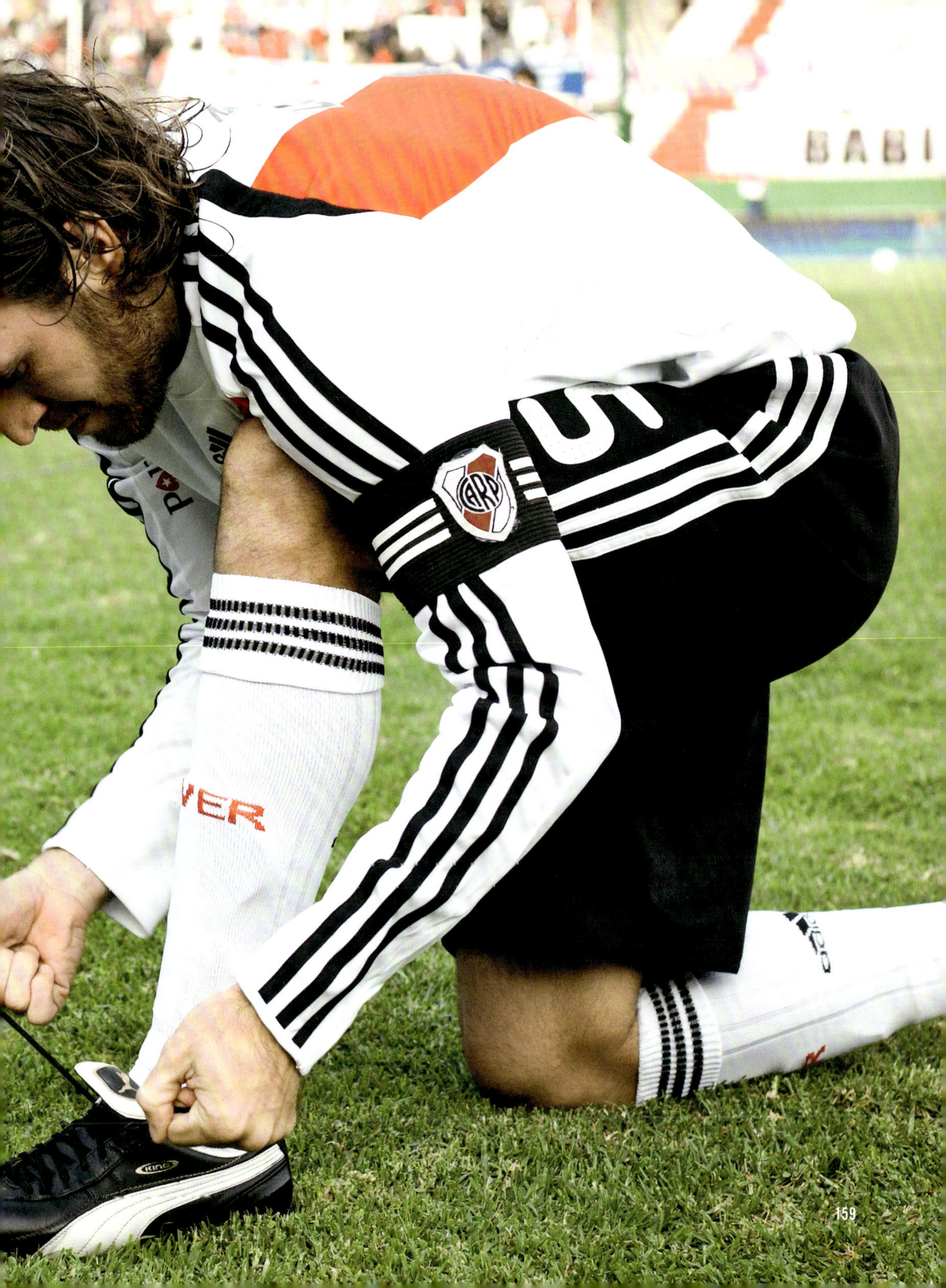
BABI
VER

FUSSBALLREGELN AUF ARGENTINISCH

Es sind viele kleine Eigenheiten, die den argentinischen Fußball so einzigartig machen. Die Leidenschaft, mit der die Fans aus jedem Spiel einen Festtag machen, ist bekannt, aber ebenso die Gewaltexzesse. Dies hat dazu geführt, dass einige Fußballregeln, die in anderen Ligen unverrückbar sind, in Argentinien etwas flexibler gehandhabt werden. Darüber hinaus hat der mangelnde Respekt der Spieler vor Schiedsrichterentscheidungen die Funktionäre dazu gebracht, technische Hilfsmittel einzuführen, die Fehlentscheidungen der Referees minimieren sollen.

Zur Auffrischung eine kleine Regelkunde des Fußballs, wie er überall in der Welt gespielt wird: Direkt vor Spielbeginn wird zwischen den Mannschaftskapitänen das Recht der Seitenwahl ausgelost. Üblich ist es auch, dass die Heimmannschaft ihr erstes Trikot anziehen darf und die Gastmannschaft auf Auswärtstrikots ausweicht, wenn sich die Garderobe zu sehr ähnelt. Wenn später der Schiedsrichter auf Freistoß entscheidet, platziert er den Ball an den Ort des Fouls und die Abwehrmauer im regelkonformen Abstand von 9,15 Meter. Geht es aber um den argentinischen Fußball, lohnt es, diese Regeln noch einmal ausdrücklich in Erinnerung zu bringen.

Die Seitenwahl vor dem Spiel musste der nationale Verband AFA ersatzlos streichen. Das Verhalten der gewalttätigen argentinischen Fangruppierungen, den *Barrabravas*, lässt dieses gängige Ritual nicht mehr zu. Die ständigen Übergriffe auf den Torwart der gegnerischen Mannschaft waren zu extrem. Besonders während der zweiten Halbzeit, wenn die Spielentscheidung naht, versuchten die jeweiligen Fanlager alles, um das Spiel zu stören. Wurfgeschosse, Feuerwerkskörper und Fans, die an den Sicherheitszäunen hingen, waren an der Tagesordnung. Deshalb beschloss der Verband, dass die Mannschaften in der zweiten Halbzeit grundsätzlich mit ihren eigenen Fans im Rücken spielen müssen. So unumgänglich und sinnvoll diese Regeländerung erscheint, so deutlich ist sie auch als ein Zeichen der Kapitulation gegenüber der Gewalt im Stadion zu lesen.

Eine weitere Reaktion auf die sich häufenden Ausschreitungen besteht darin, dass die jeweiligen Fangruppen nur in zeitlichem Abstand voneinander das Stadion nach dem Spiel verlassen dürfen. In der *Primera División* gehen die Fans der Gastmannschaft als Erstes, während alle Anhänger der Heimmannschaft mindestens 20 Minuten vor verschlossenen Ausgangstoren stehen. Diese öffnen sich erst, wenn die Polizei festgestellt hat, dass sich die Gästefans so weit vom Stadion entfernt haben, dass es zu keinem Kontakt mit den Gastgebern mehr kommen kann. Wer dies nur mit ungläubigem Kopschütteln vernimmt, in den unteren Ligen ist es weitaus schlimmer. Dort sind erst gar keine auswärtigen Fans mehr zugelassen. Und gelegentlich müssen Spiele in der Folge gewalttätiger Auseinandersetzungen zwischen rivalisierenden Anhängern des gleichen Vereins unter Ausschluss der Öffentlichkeit stattfinden. Nur Journalisten und Vereinsoffizielle haben Zutritt zum Stadion (S.128/129).

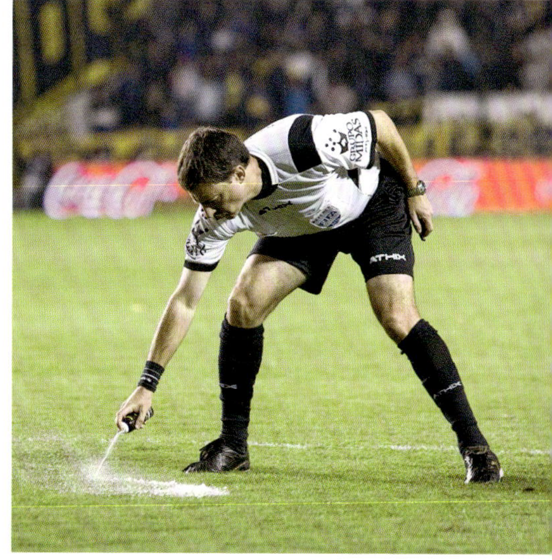

In den großen Ligen der Welt tragen die Mannschaften bei Heimspielen auch immer die Heimtrikots. So spielt der FC Barcelona im *Camp Nou* in blau und rot, Manchester United trägt rot in *Old Trafford* und Inter schwarz-blau im *Stadio Giuseppe Meazza*. Boca Juniors hingegen läuft in der *Bombonera* nicht immer in blau und gelb auf, und auch River Plate trägt nicht immer rot und weiß im *Monumental*. Einer alten Anordnung des argentinischen Fußballverbandes zufolge, hat die Heimmannschaft die Plicht, die Trikots zu wechseln, wenn es zu Verwechslungen kommen könnte. Die Begründung war damals, dass im heimischen Stadion die notwendigen Mittel zur Hand sind und das Problem von der Heimmanschaft schneller gelöst werden kann, als durch die Gäste.

Am 18. September 2008, während eines Spiels zwischen Los Andes und Chacarita Juniors in der *B Nacional*, brandete nach acht Minuten Spielzeit spontaner Applaus auf den Zuschauertribünen auf. Was war geschehen? Hatte es einen fabelhaften Spielzug gegeben? Wurde gerade ein Spieler verabschiedet, der seine Laufbahn beendete? Nein. In diesem Augenblick markierte der Schiedsrichter, Luis Álvarez, mit weißem Schaum die Stelle, an der sich die Mauer vor einem Freistoß postieren durfte (Foto). Zum ersten Mal kam das Spray zum Einsatz, das der argentinische Journalist Pablo Silva erfundenen hatte. Die 110 Gramm fassende Flasche ist mit einer weißen, schäumenden und unschädlichen Flüssigkeit gefüllt, die sich nach drei Minuten auflöst. Sie markiert die Position des Freistoßes und die Stelle, an der sich die gegnerische Mauer zu positionieren hat. Dies war die bislang einzige Möglichkeit, die Spieler dazu zu bringen, die Anweisungen des Schiedsrichters in Freistoß-Situationen zu respektieren.

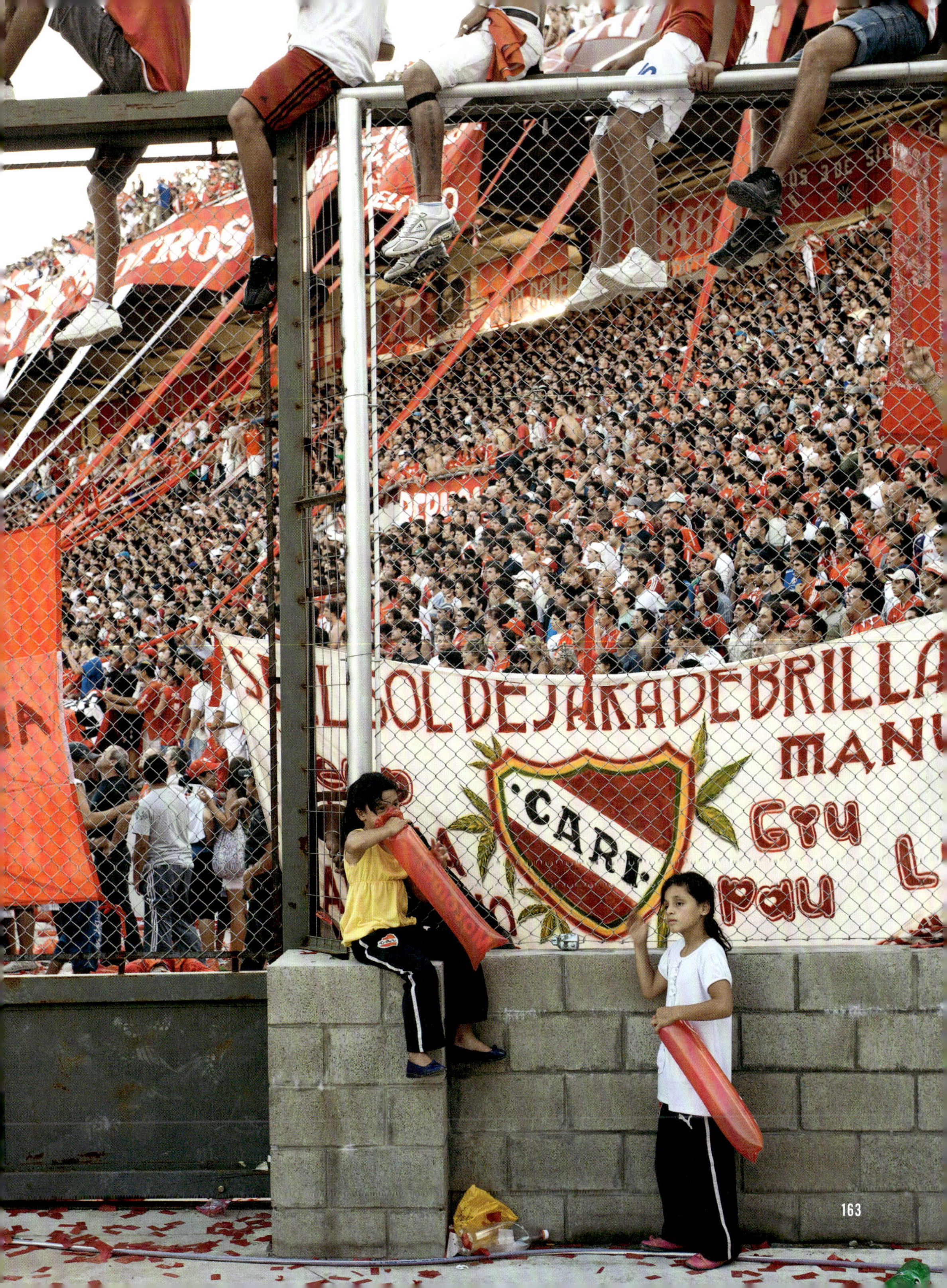
SOL DEJARA DE BRILLA
CARI

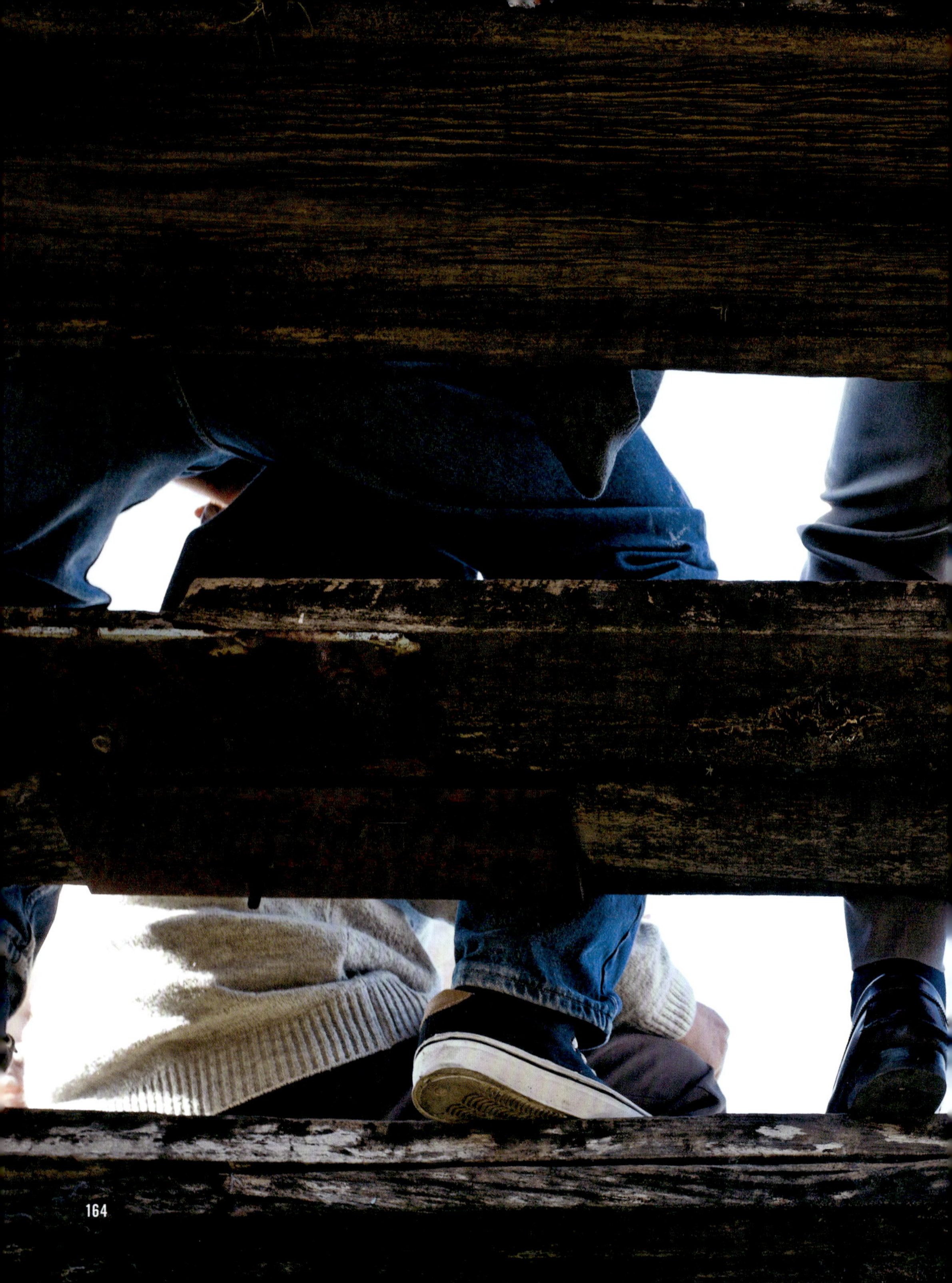

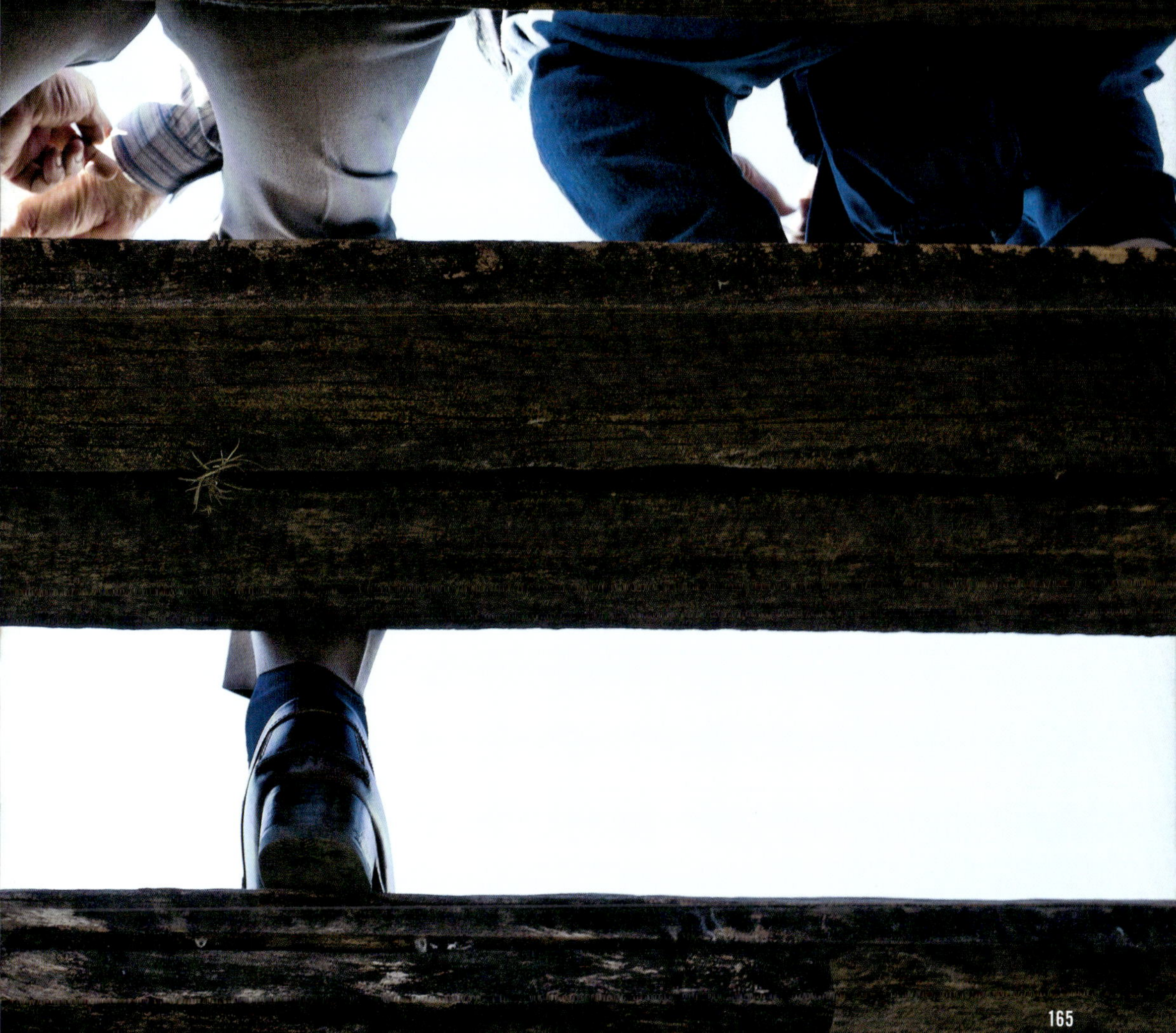

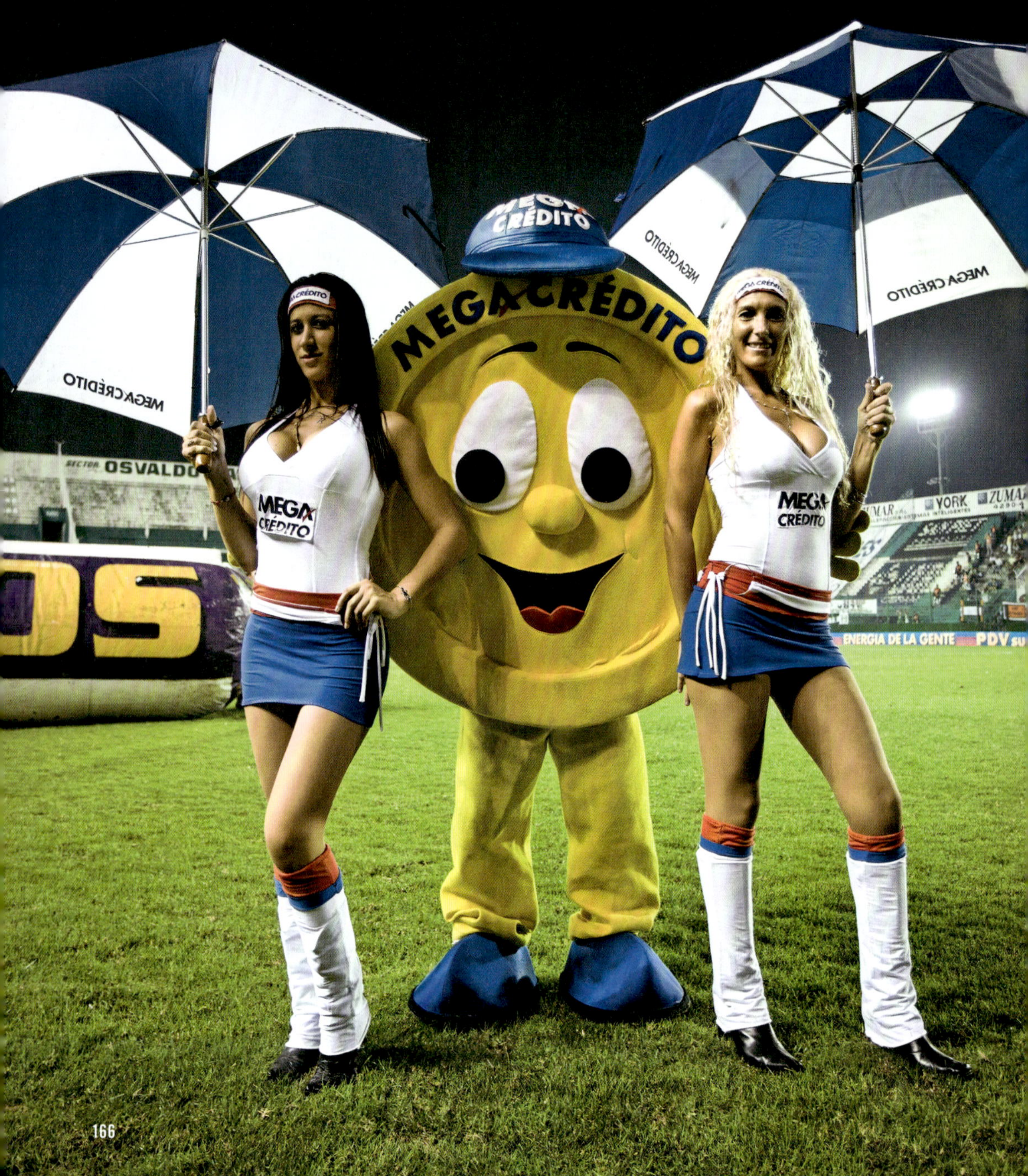
MEGA CRÉDITO
MEGACRÉDITO
SECTOR OSVALDO
YORK
ENERGIA DE LA GENTE
PDV

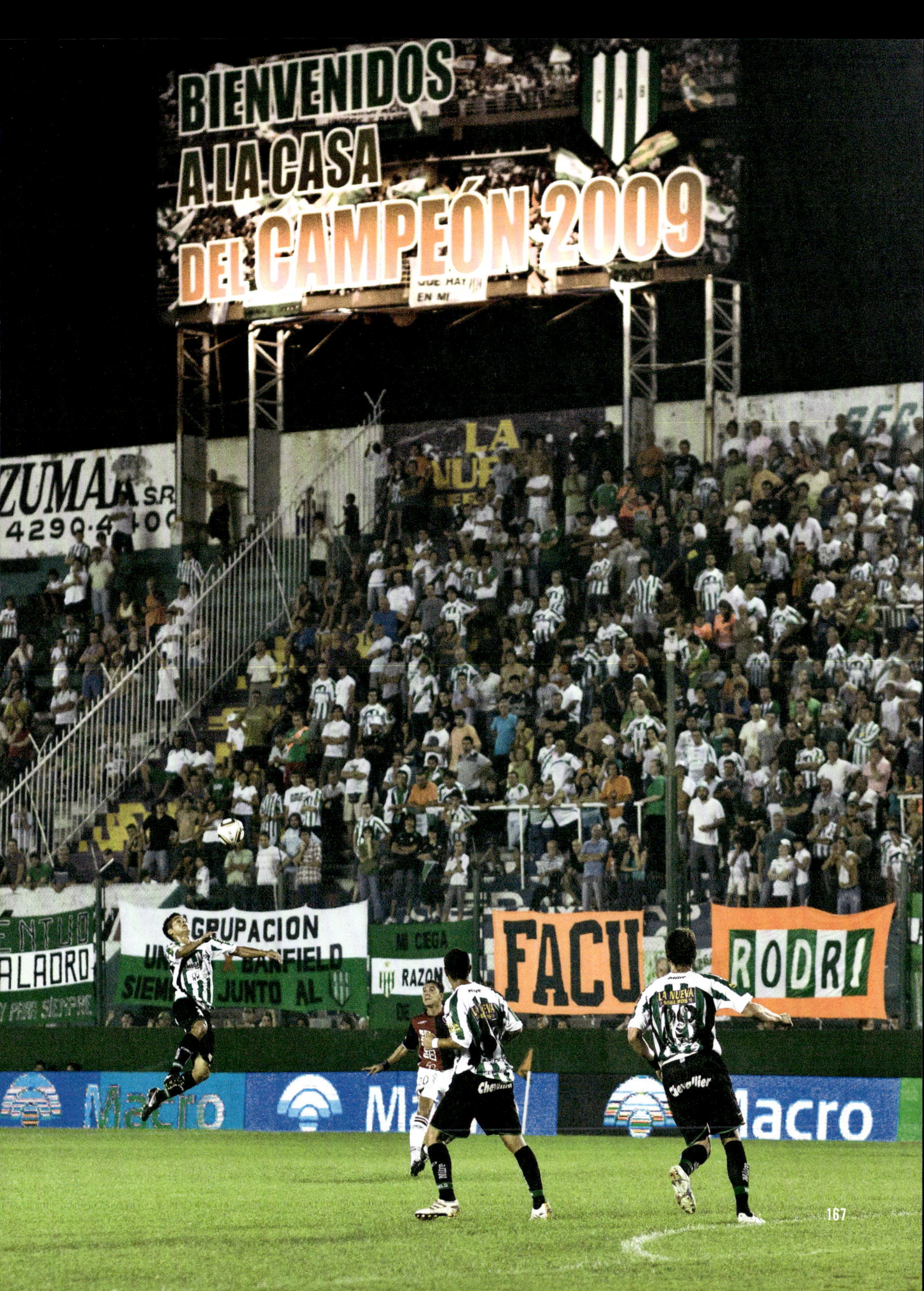
BIENVENIDOS
A LA CASA
DEL CAMPEÓN 2009
FACU
RODRI
Macro

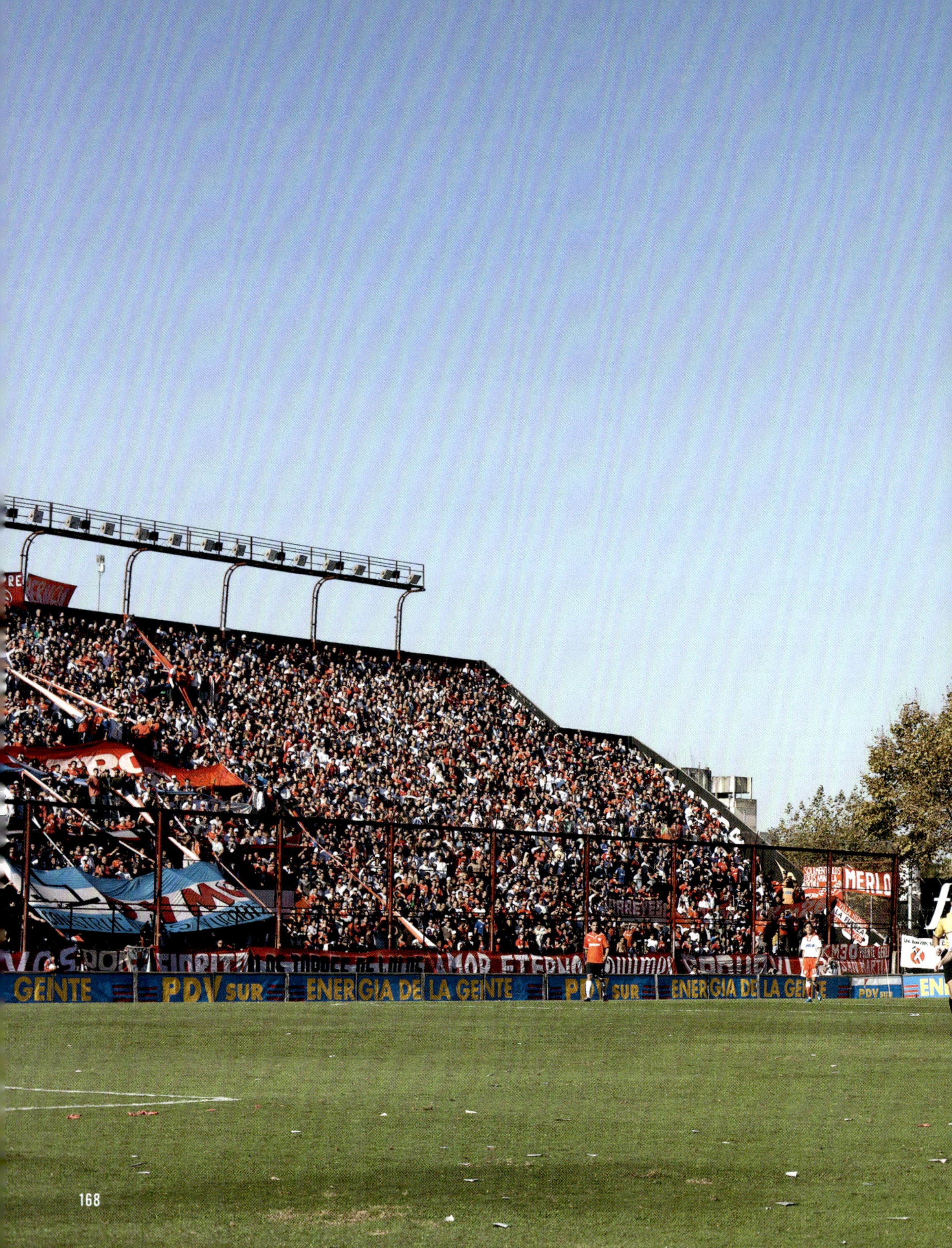
GENTE
PDV SUR
ENERGIA DE LA GENTE
AMOR ETERNO
MERLO

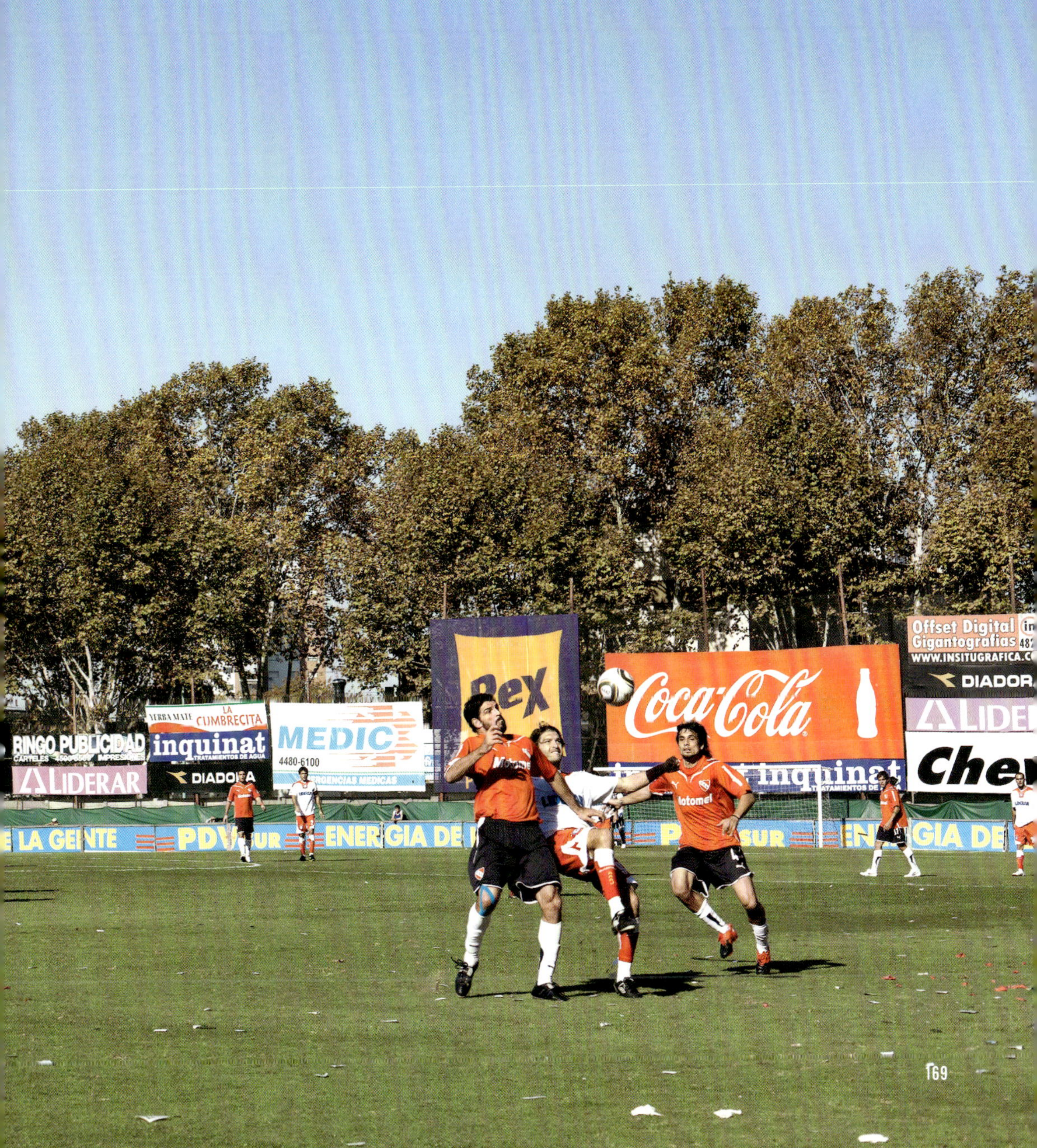
Offset Digital
Gigantografías
Rex
Coca-Cola
LA CUMBRECITA
BINGO PUBLICIDAD
inquinat
TRATAMIENTOS DE AGUA
LIDERAR
DIADORA
MEDIC
4480-6100
LA GENTE
ENERGIA DE

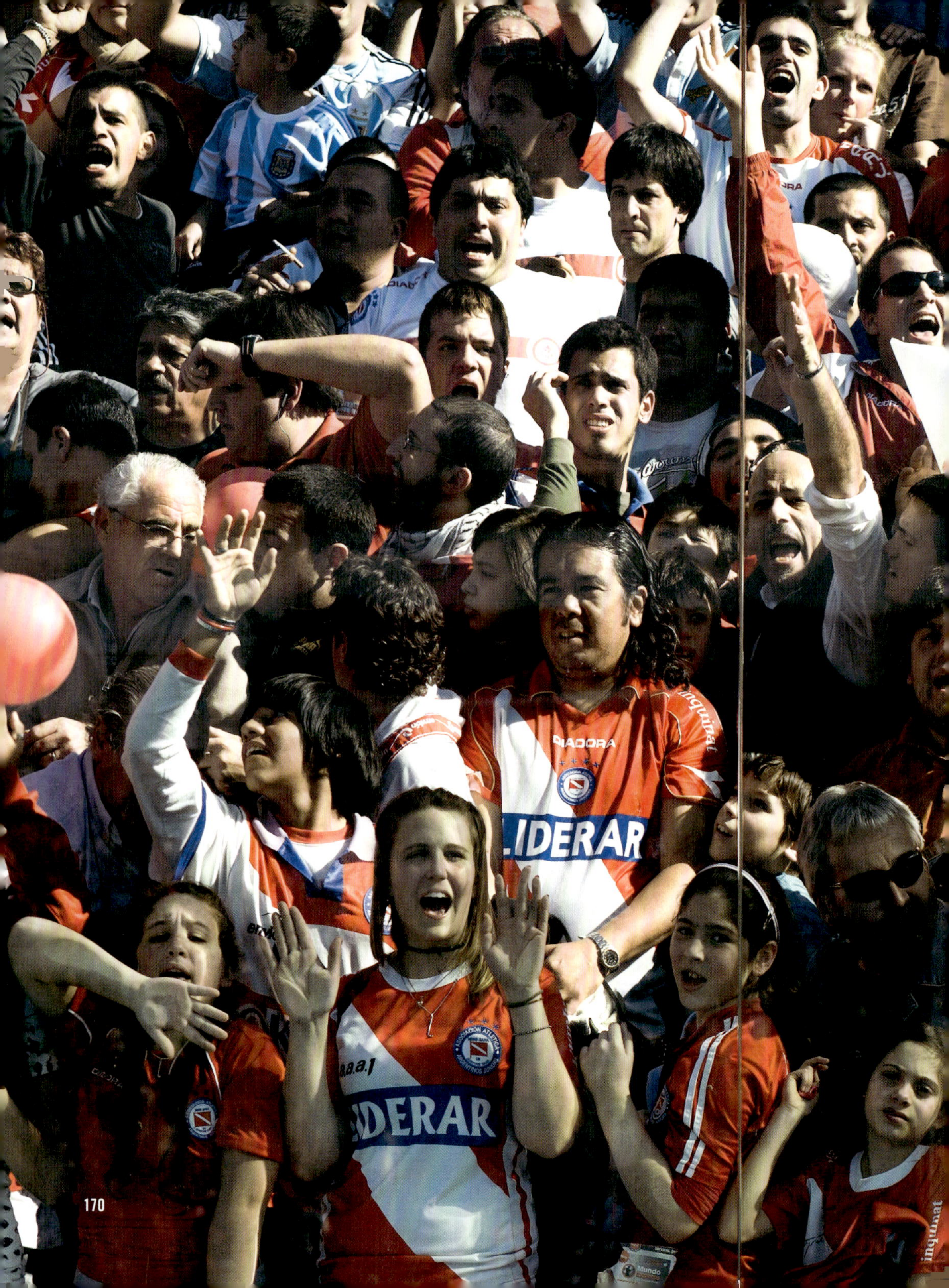
DIADORA
LIDERAR
inquinat
LIDERAR

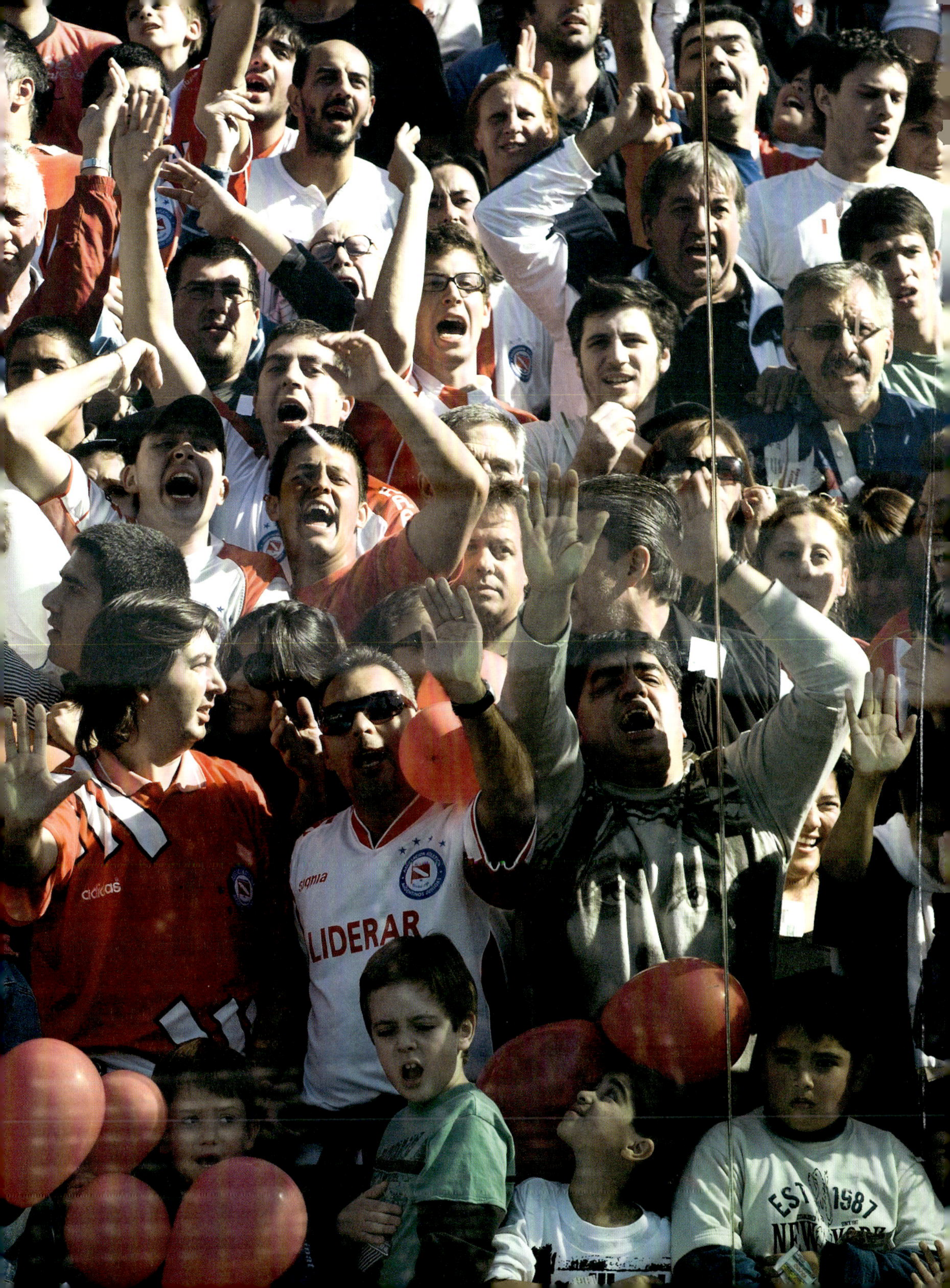
adidas
signia
LIDERAR

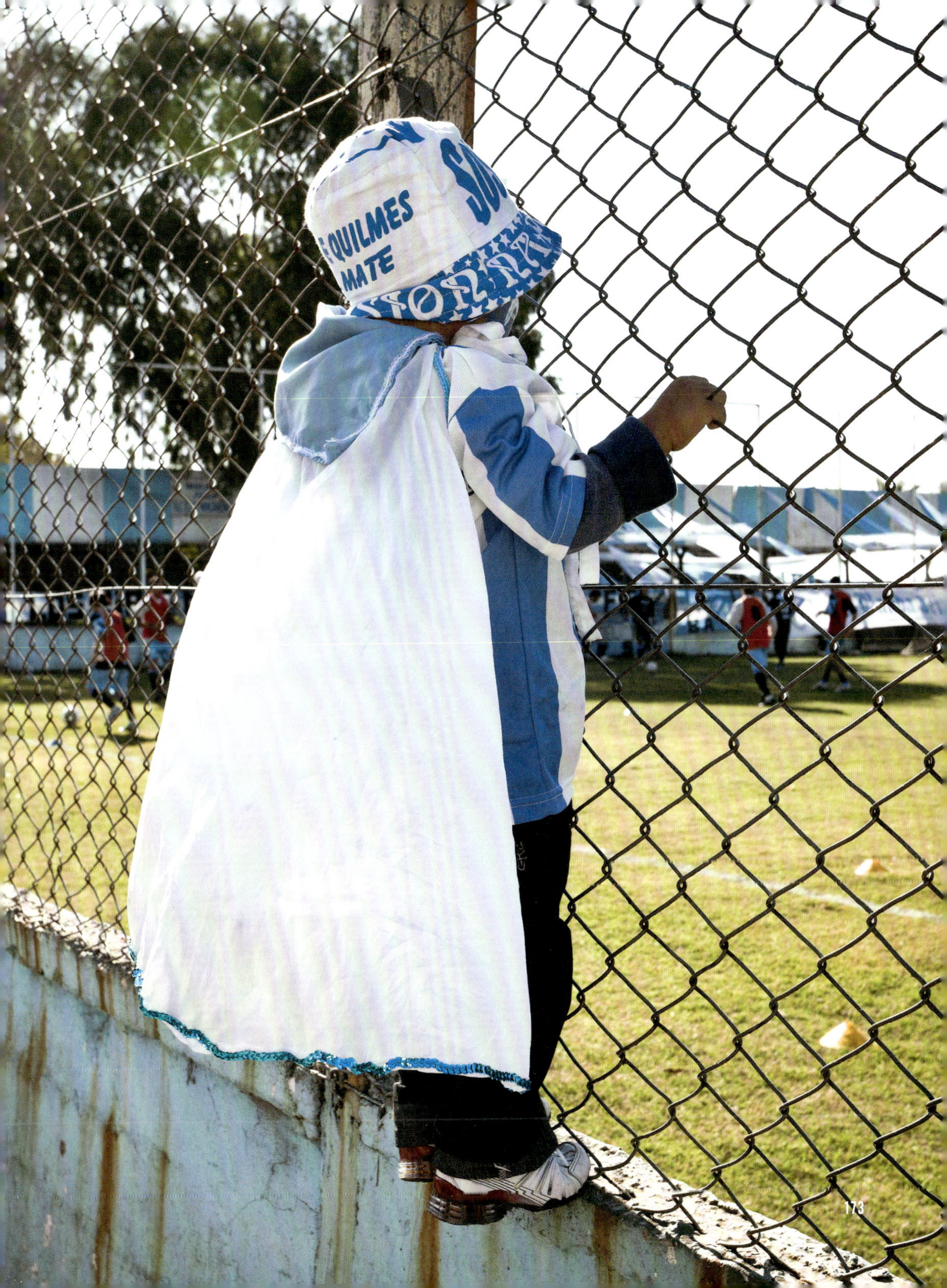
QUILMES
MATE

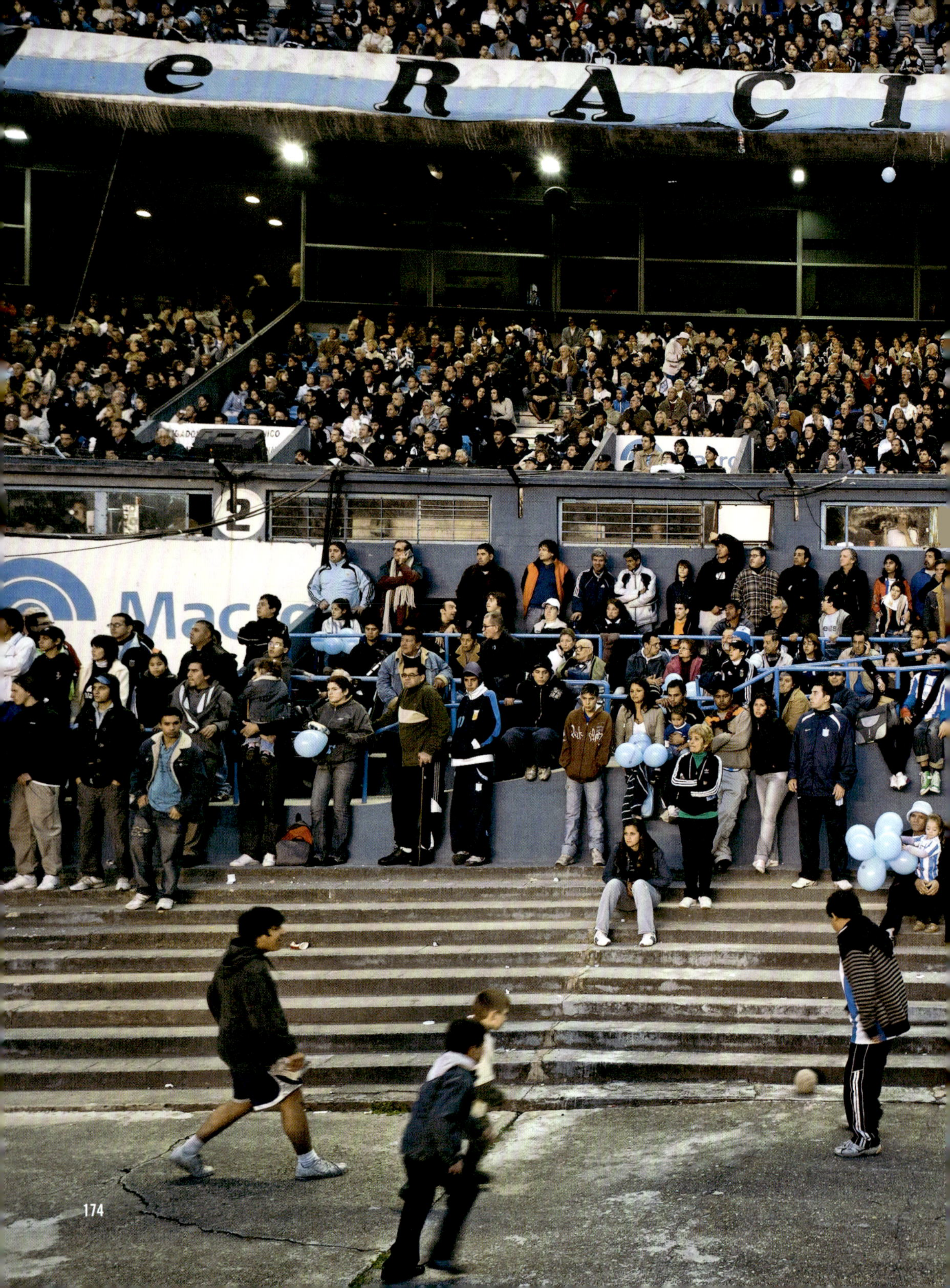

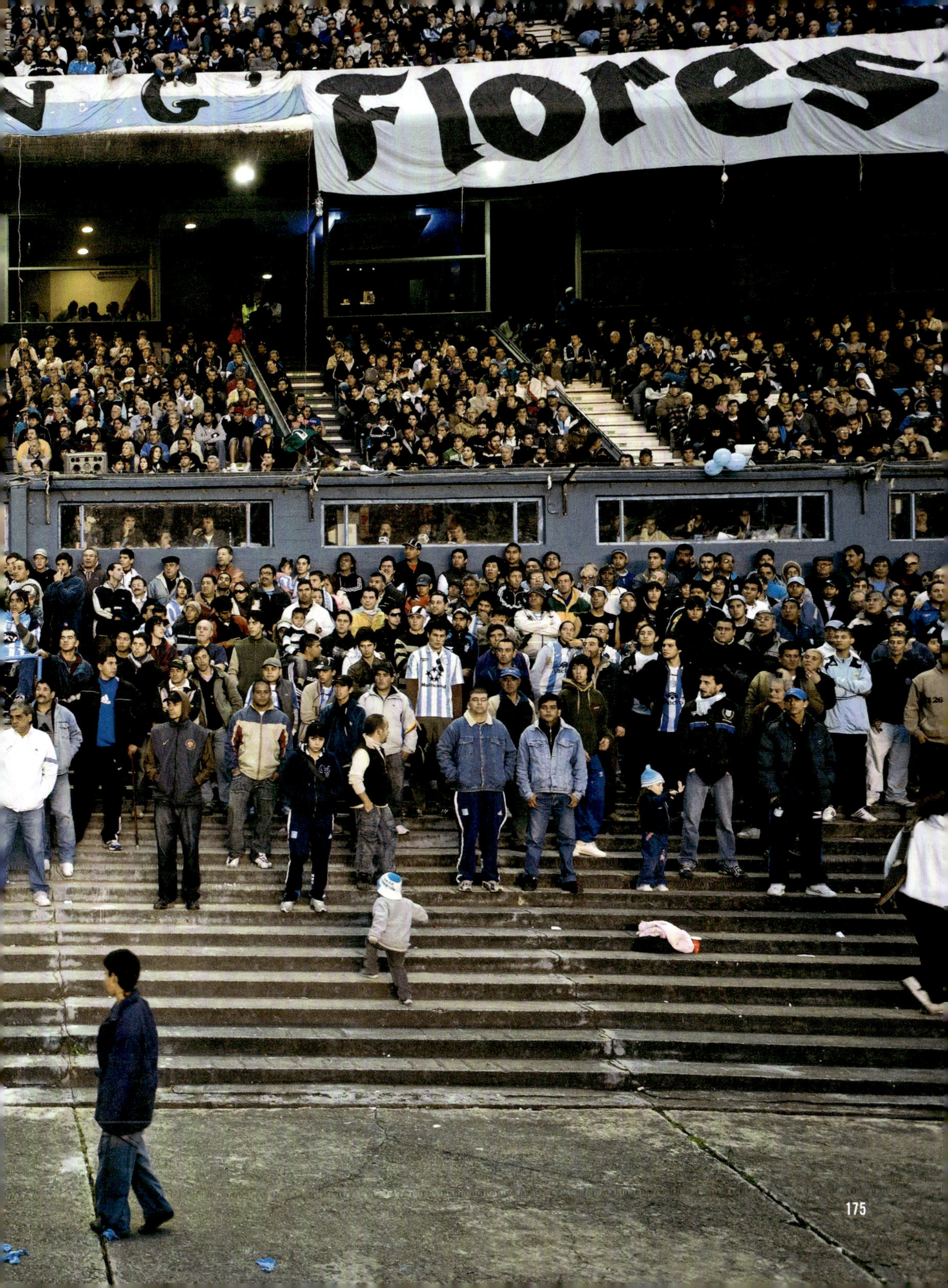
Flores

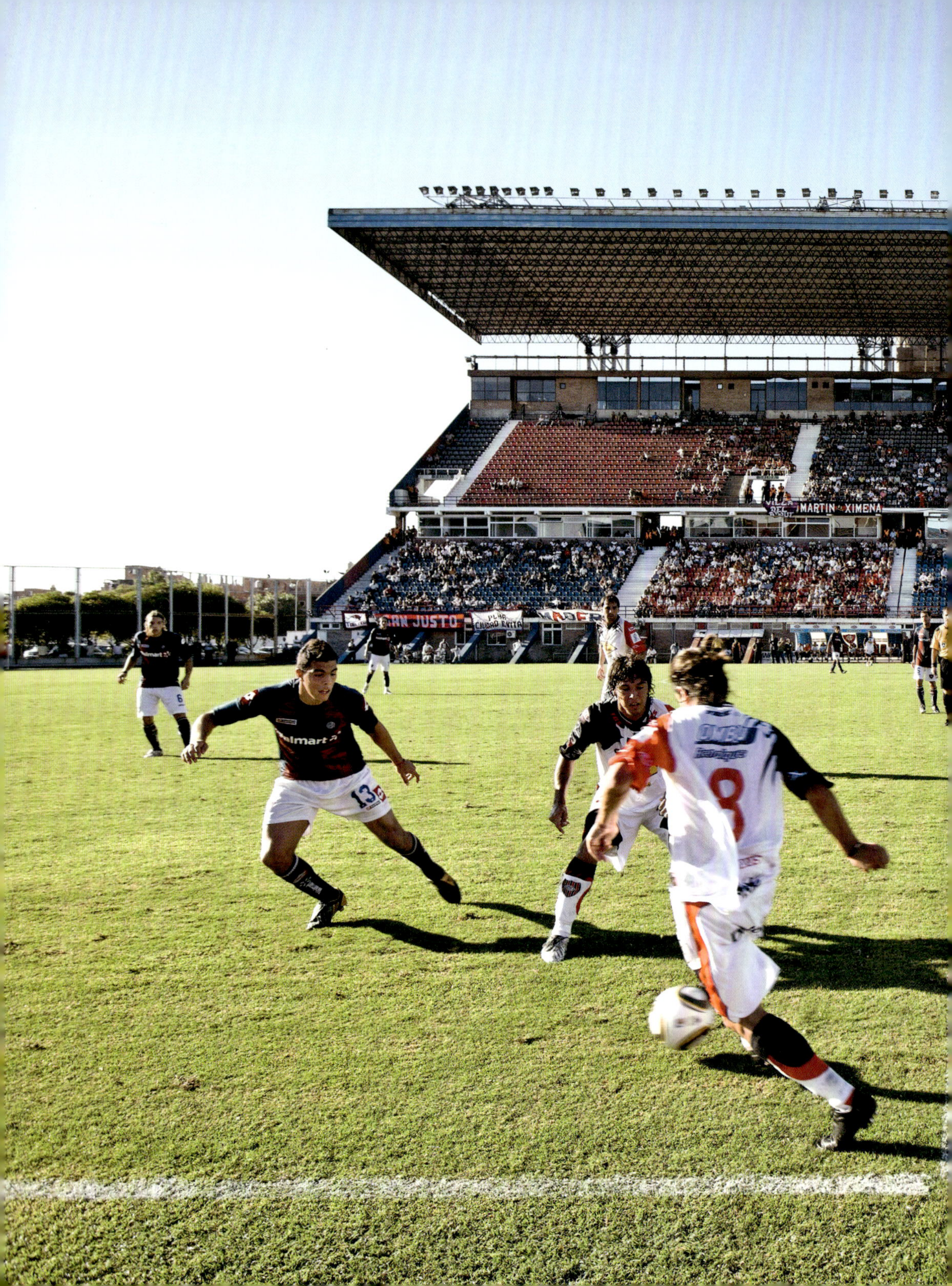
MARTIN XIMENA
CIUDAD EVITA

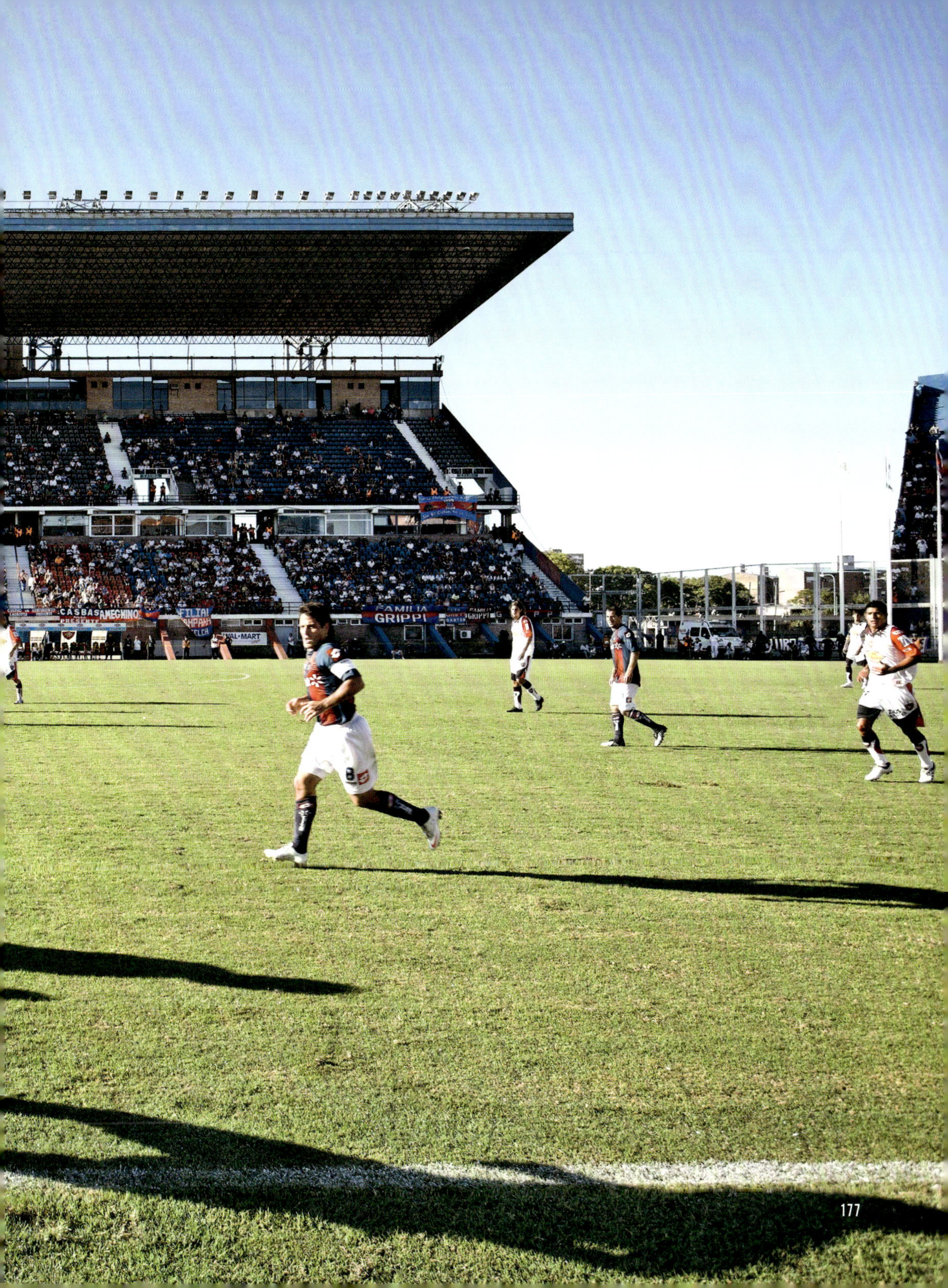
CASBAS
AMEGHINO
FILIAL
FAMILIA
GRIPPI
WAL-MART

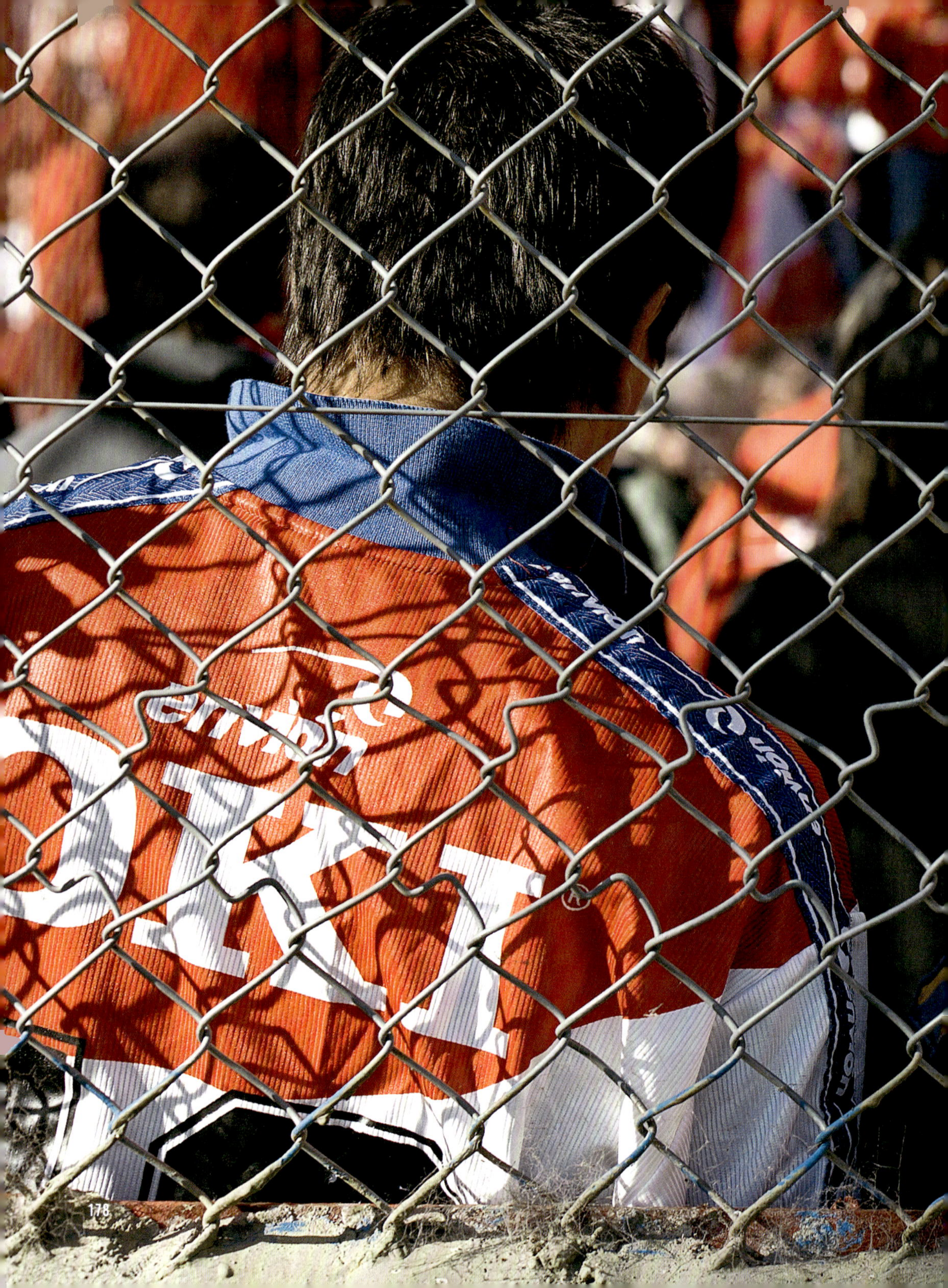

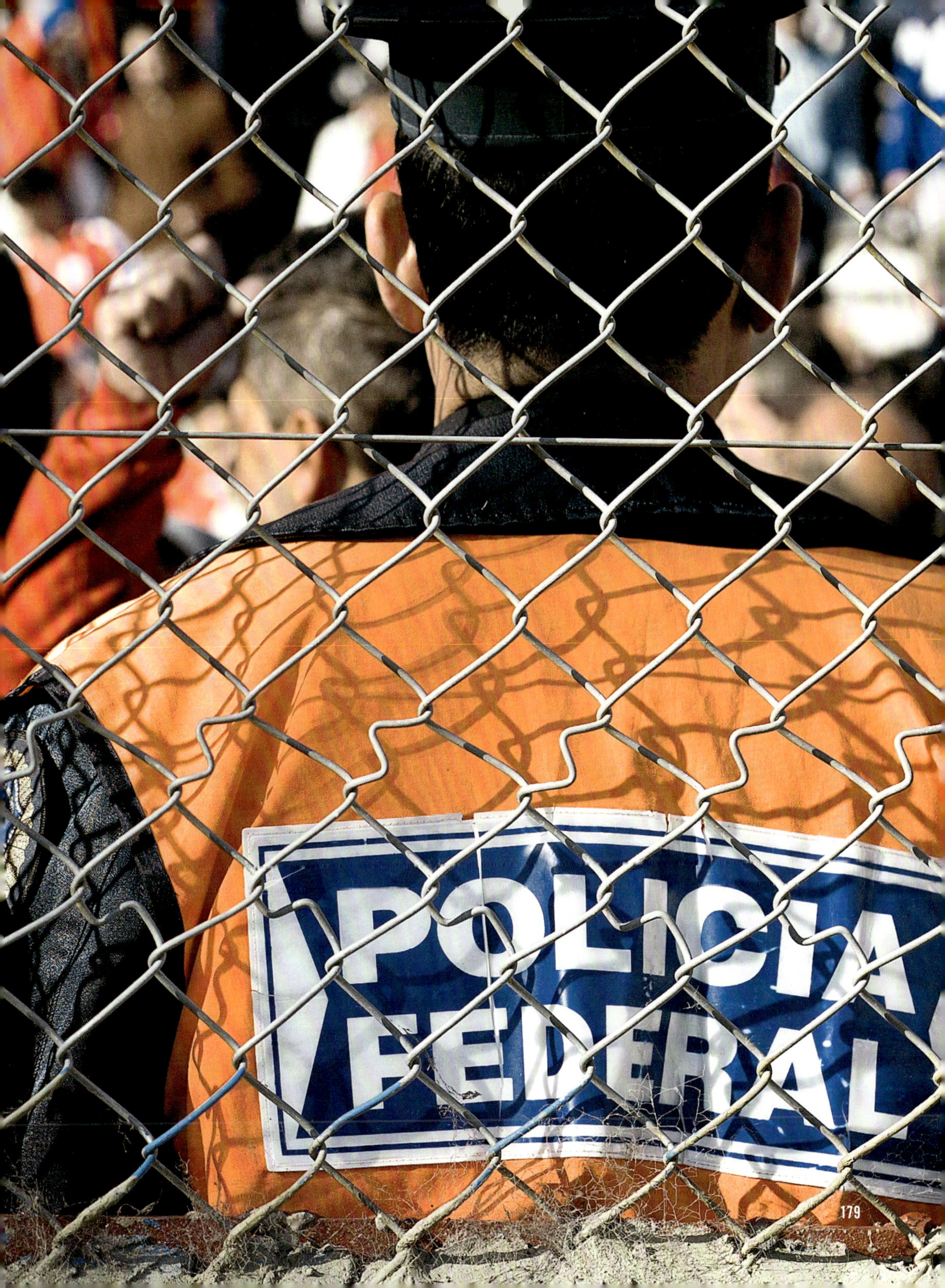
POLICIA
FEDERAL

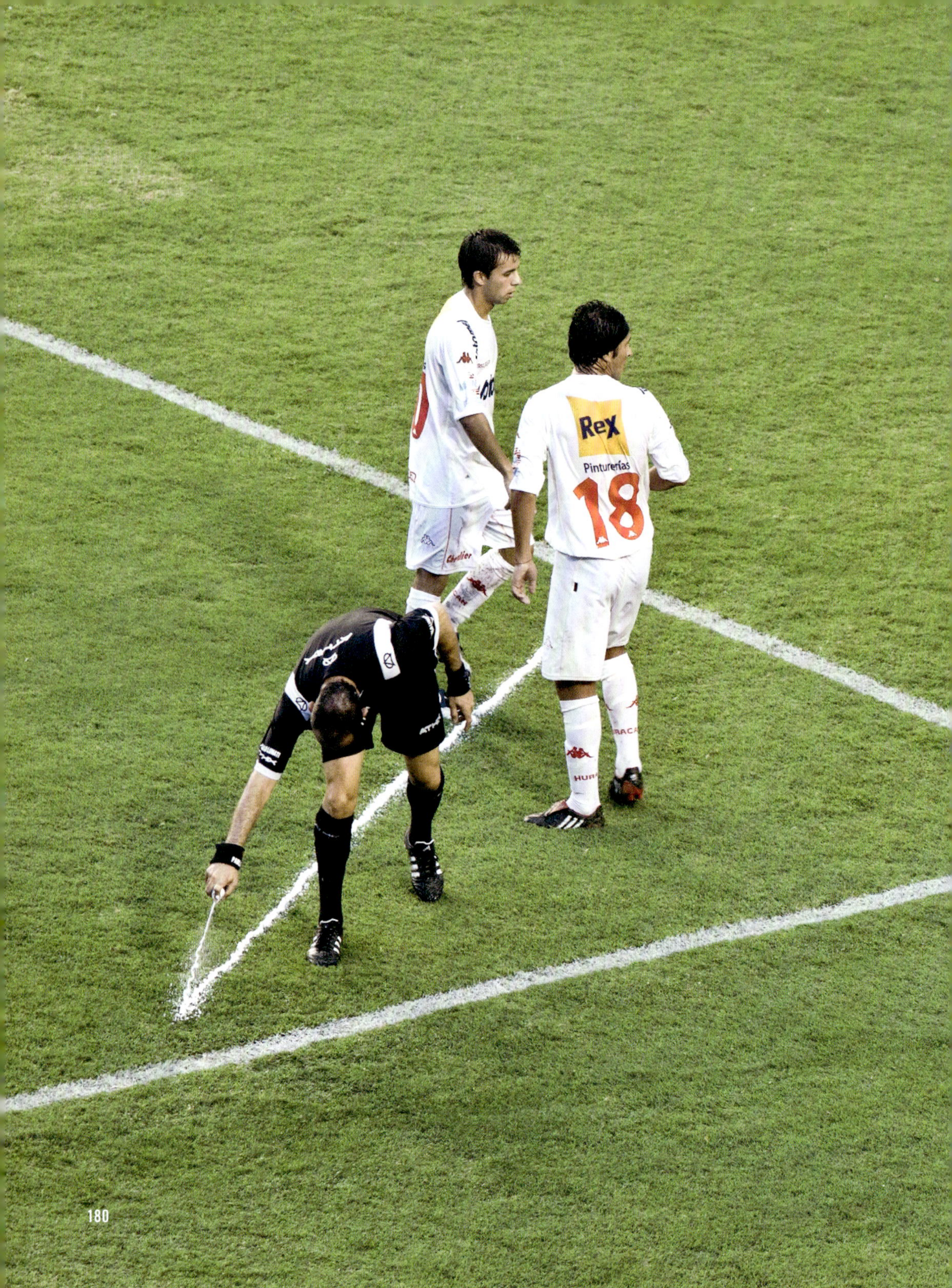
Rex
Pinturerías
18

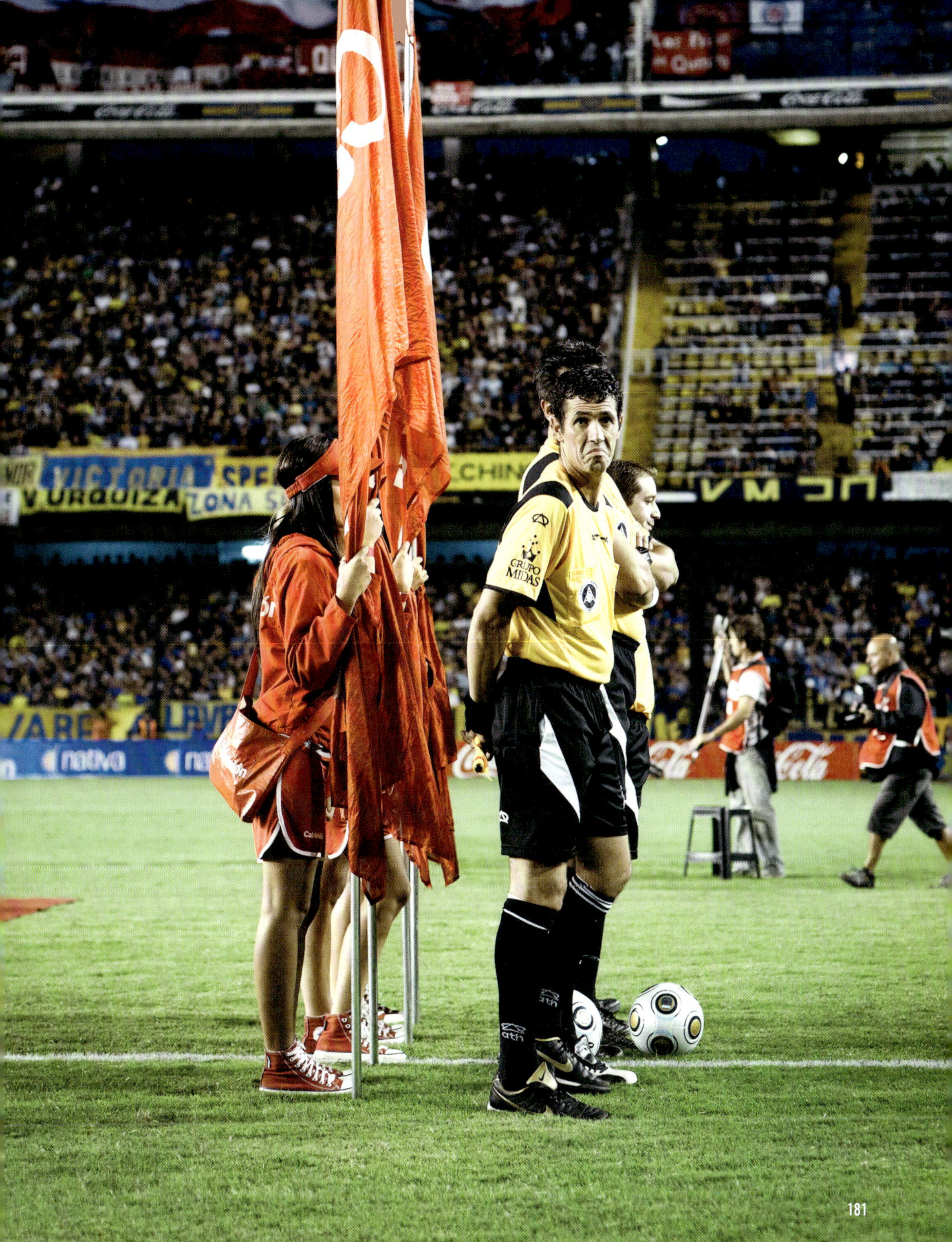
VICTORIA
URQUIZA
ZONA S
GRUPO MIDAS
nativa
Coca-Cola

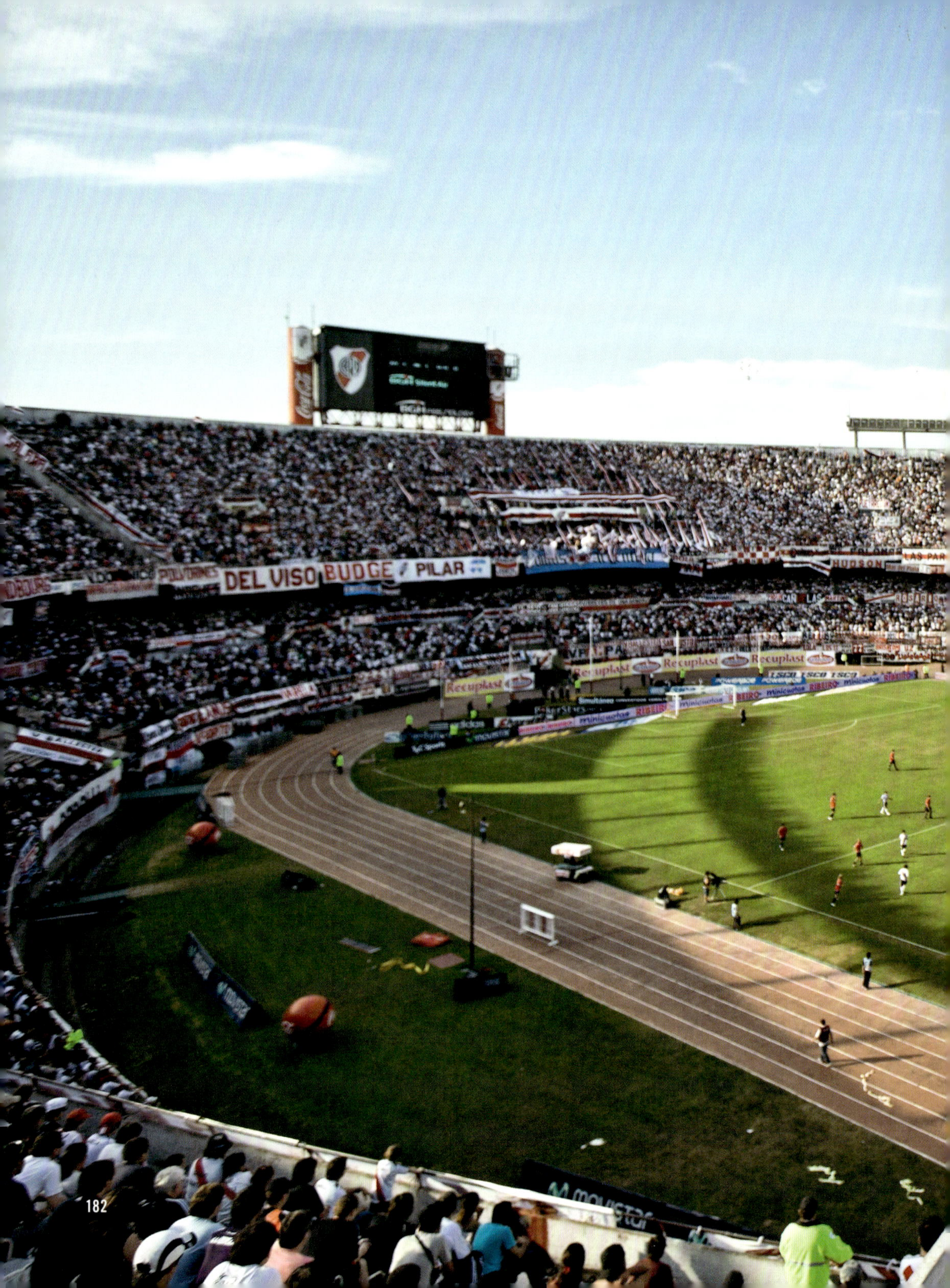
DEL VISO
BUDGE
PILAR
HUDSON
Recuplast
movistar

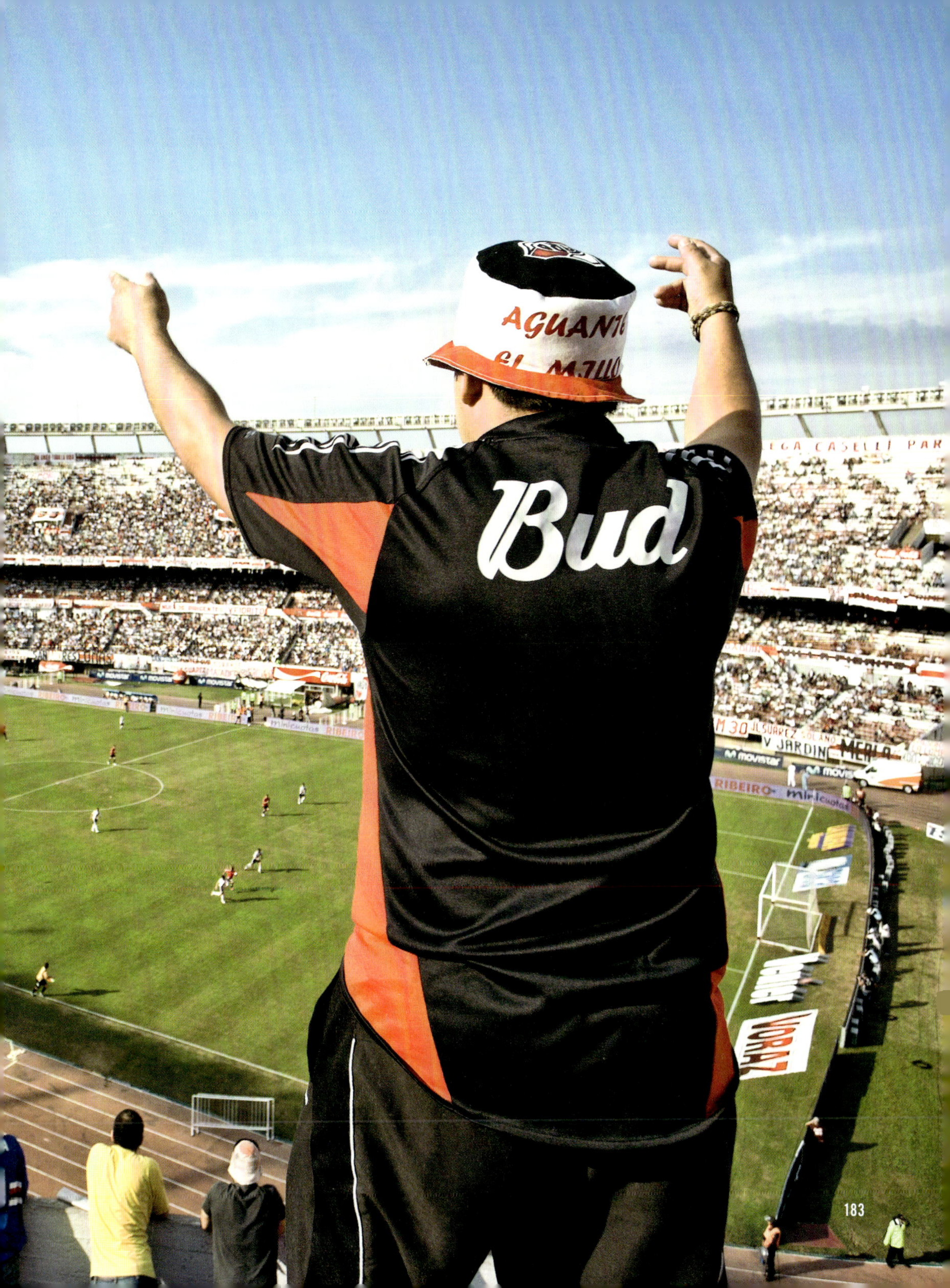
Bud
movistar

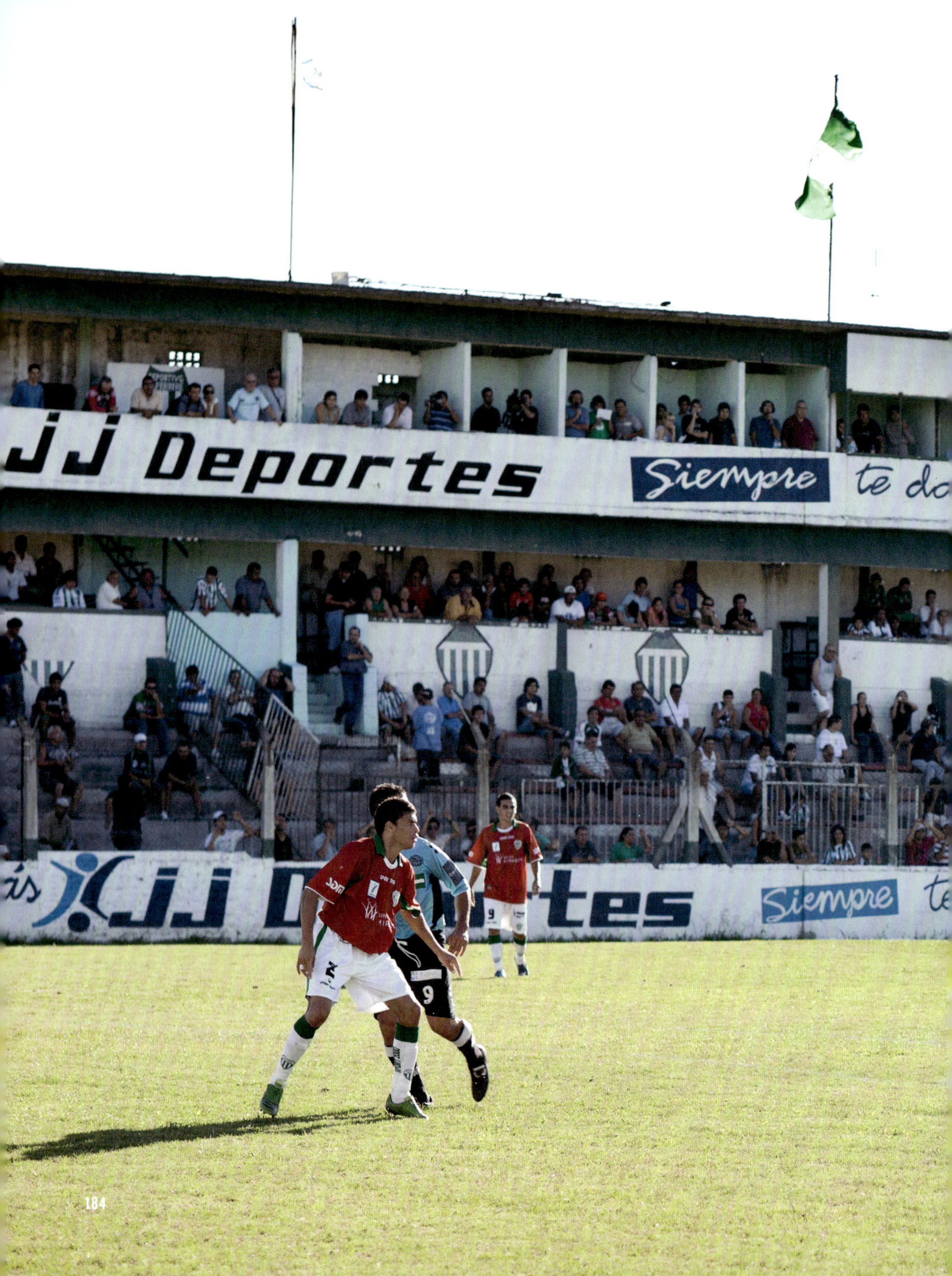
JJ Deportes
Siempre
te do
JJ D rtes
Siempre

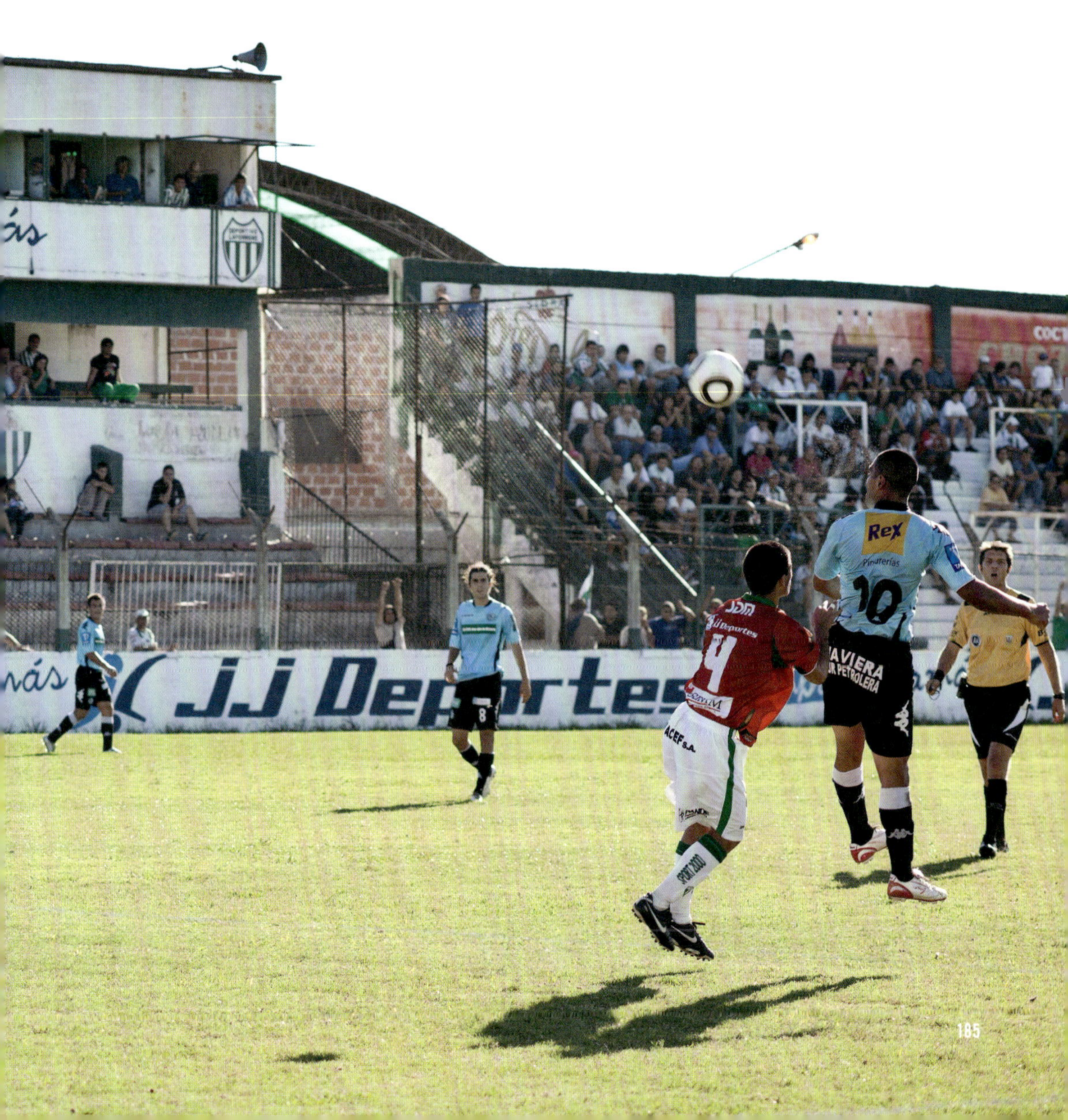
JJ Deportes
Rex

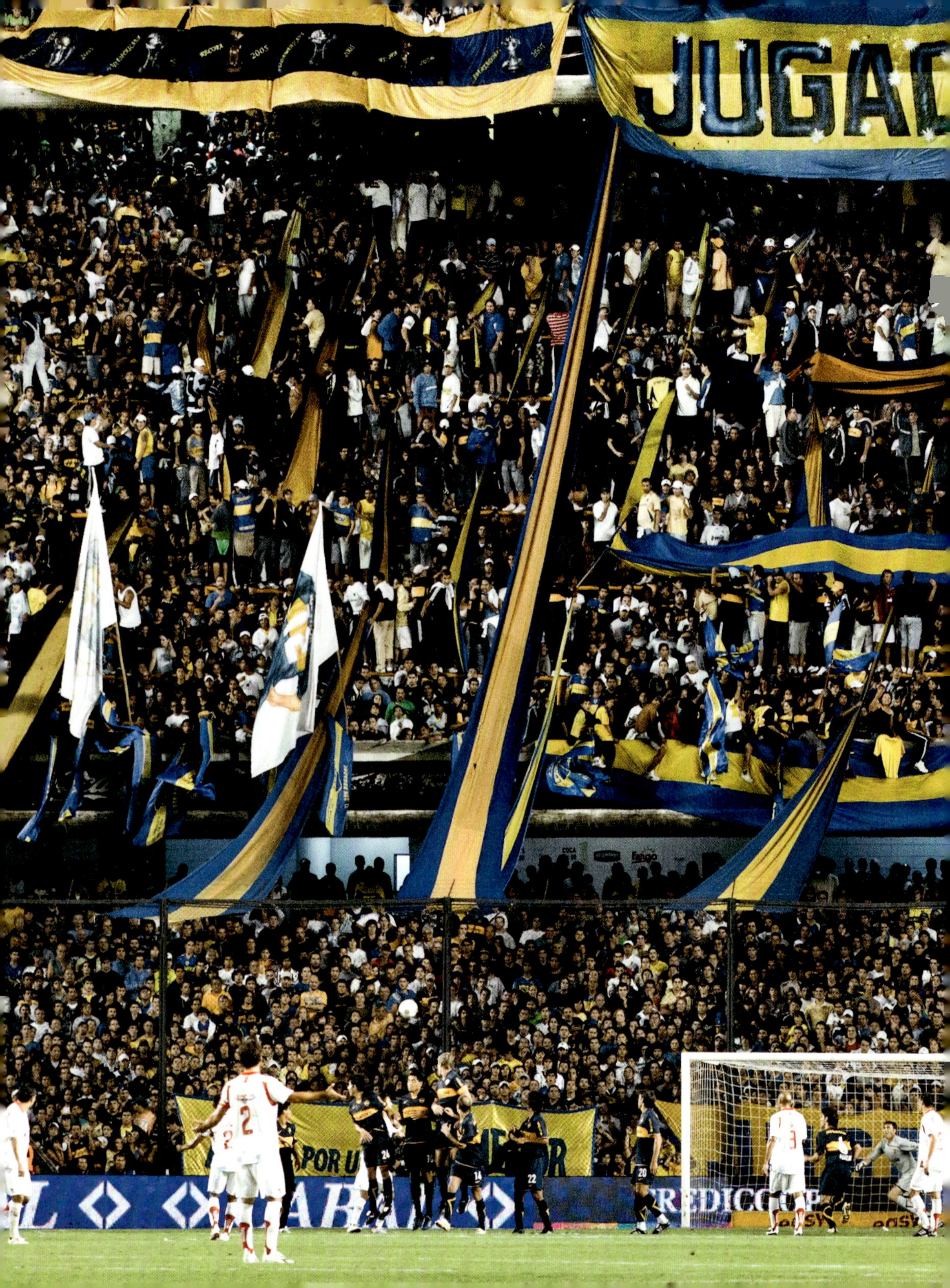
JUGAD

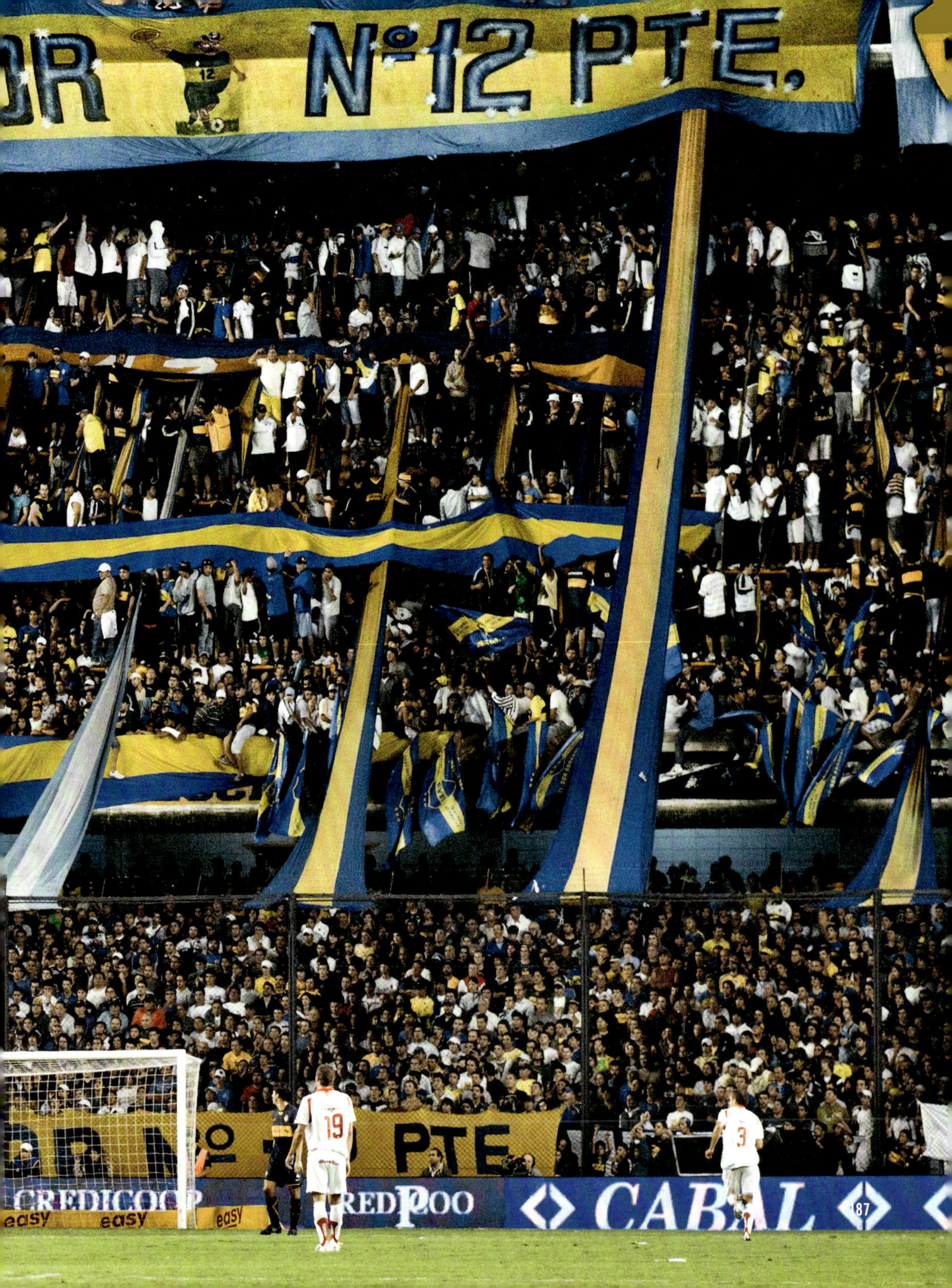
N°12 PTE.
PTE
CREDICOOP
easy
CABAL

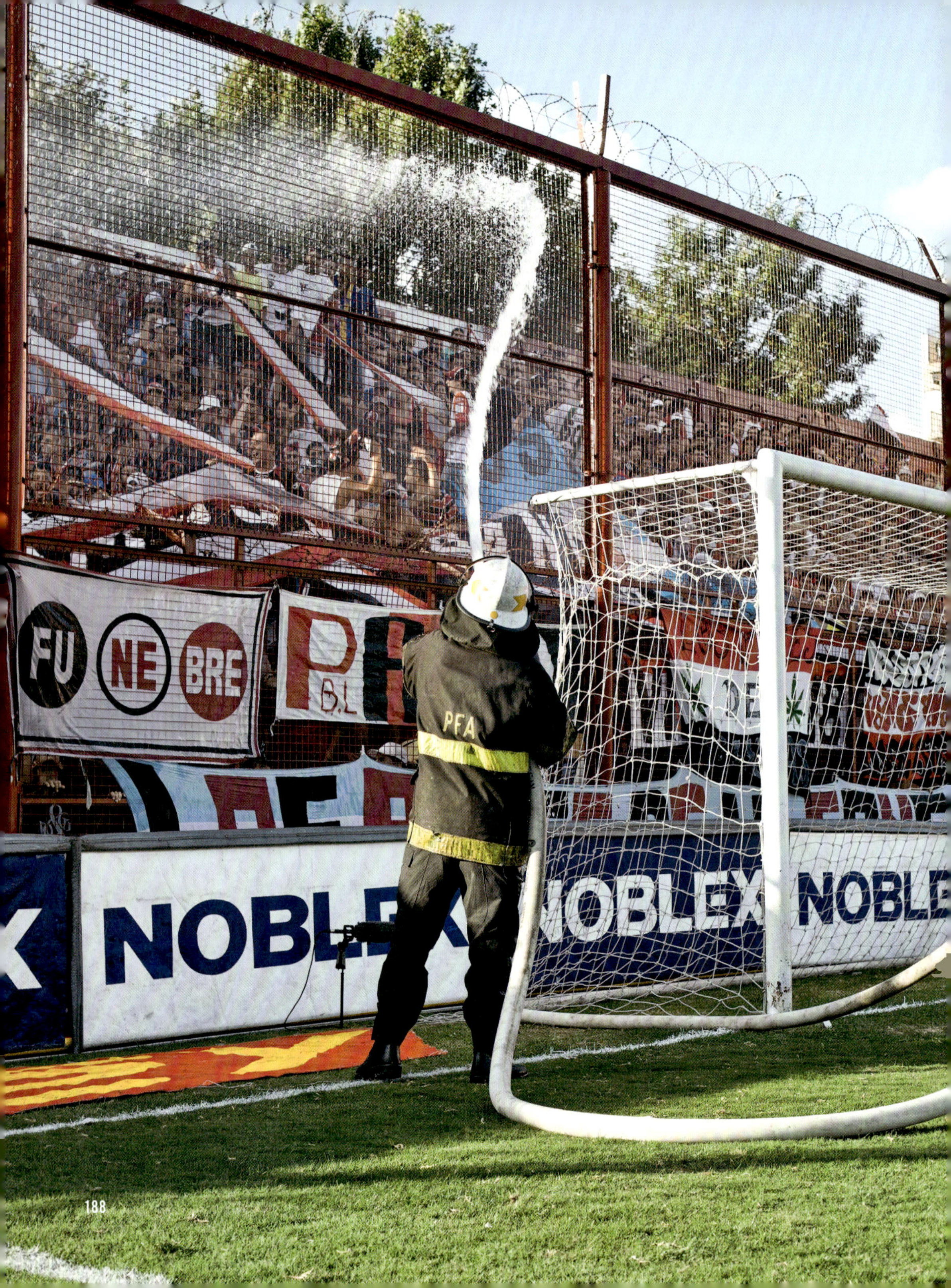
FU
NE
BRE
PFA
NOBLEX

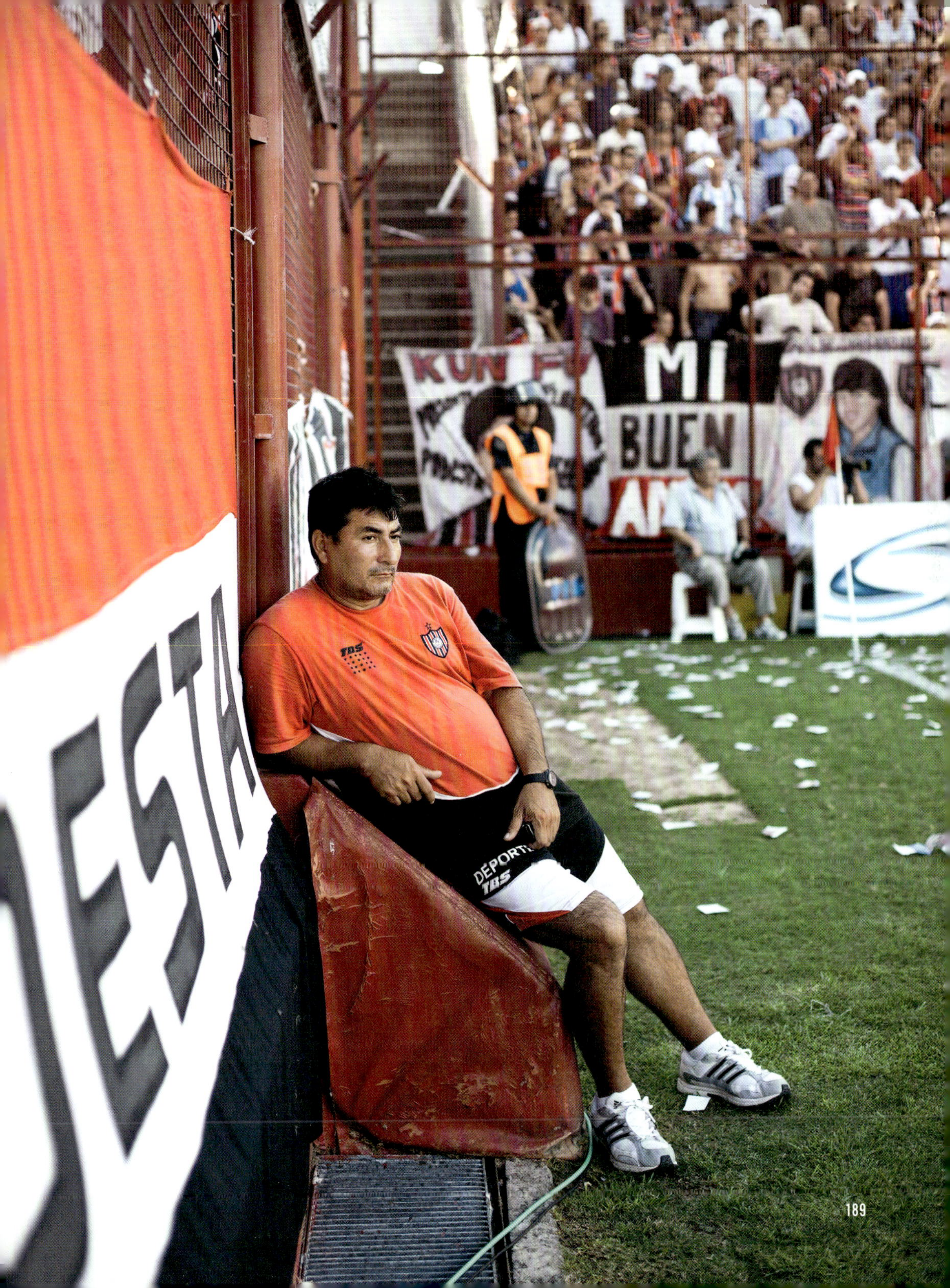
KUN FU
MI
BUEN
DESTA
TBS
DEPORTE
TBS

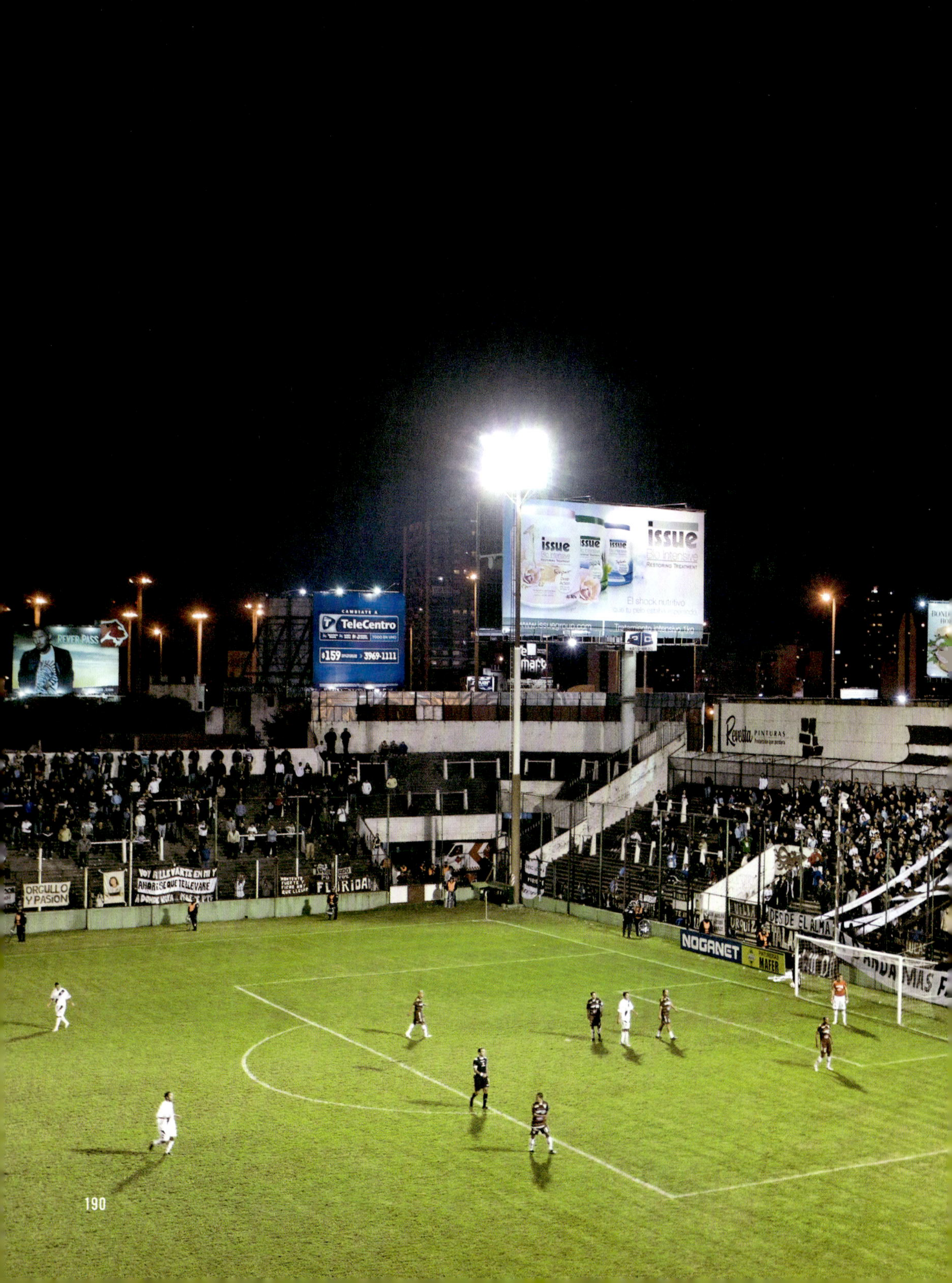

issue
Bio Intensive
Restoring Treatment
El shock nutritivo
TeleCentro
3969-1111
Revesta PINTURAS
NOGANET
MAFER
ORGULLO Y PASION

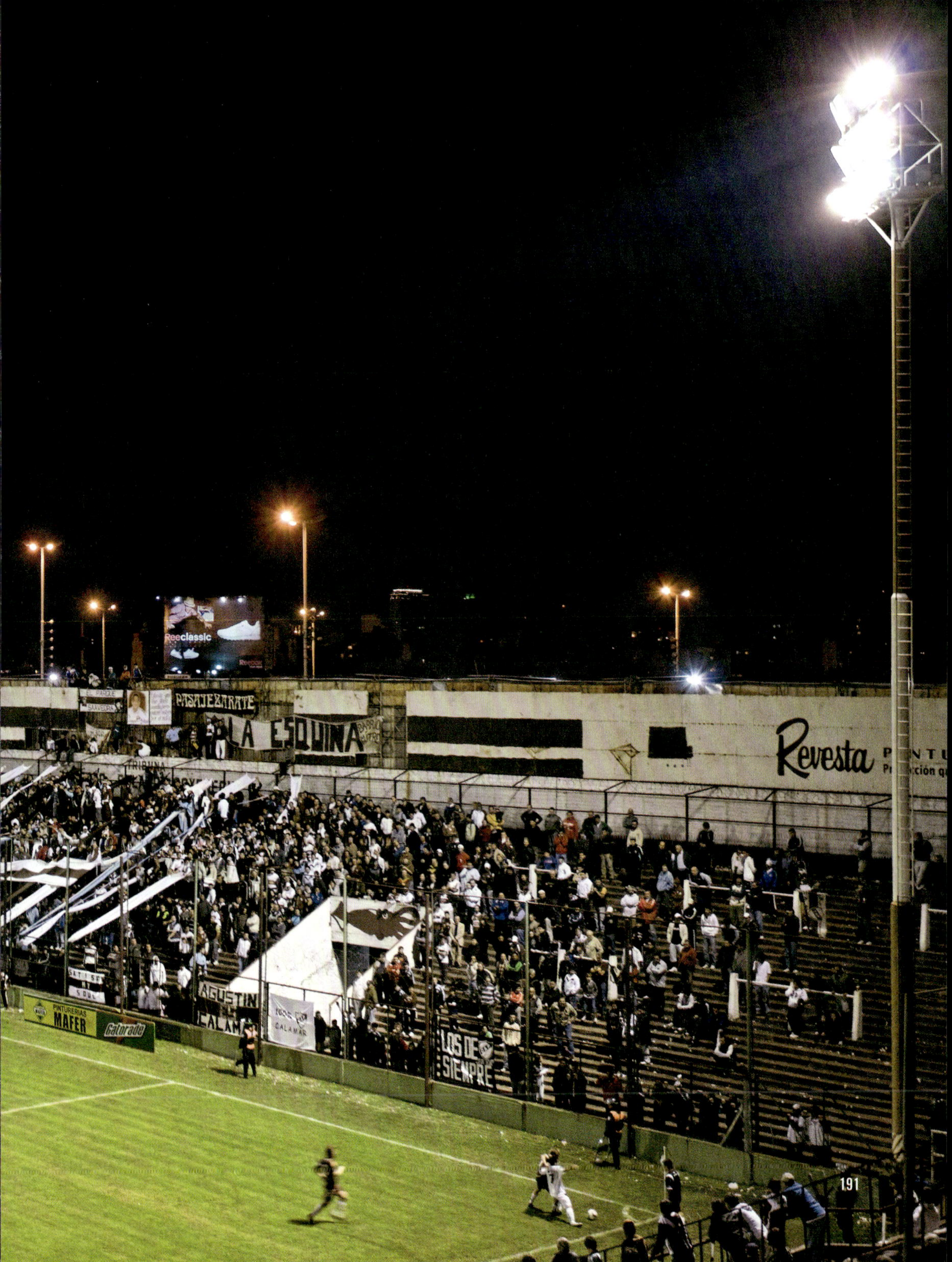
Reeclassic
PASAJE ZARATE
LA ESQUINA
Revesta
PINTURERIAS
MAFER
Gatorade
AGUSTIN
CALAMAR
LOS DE
SIEMPRE

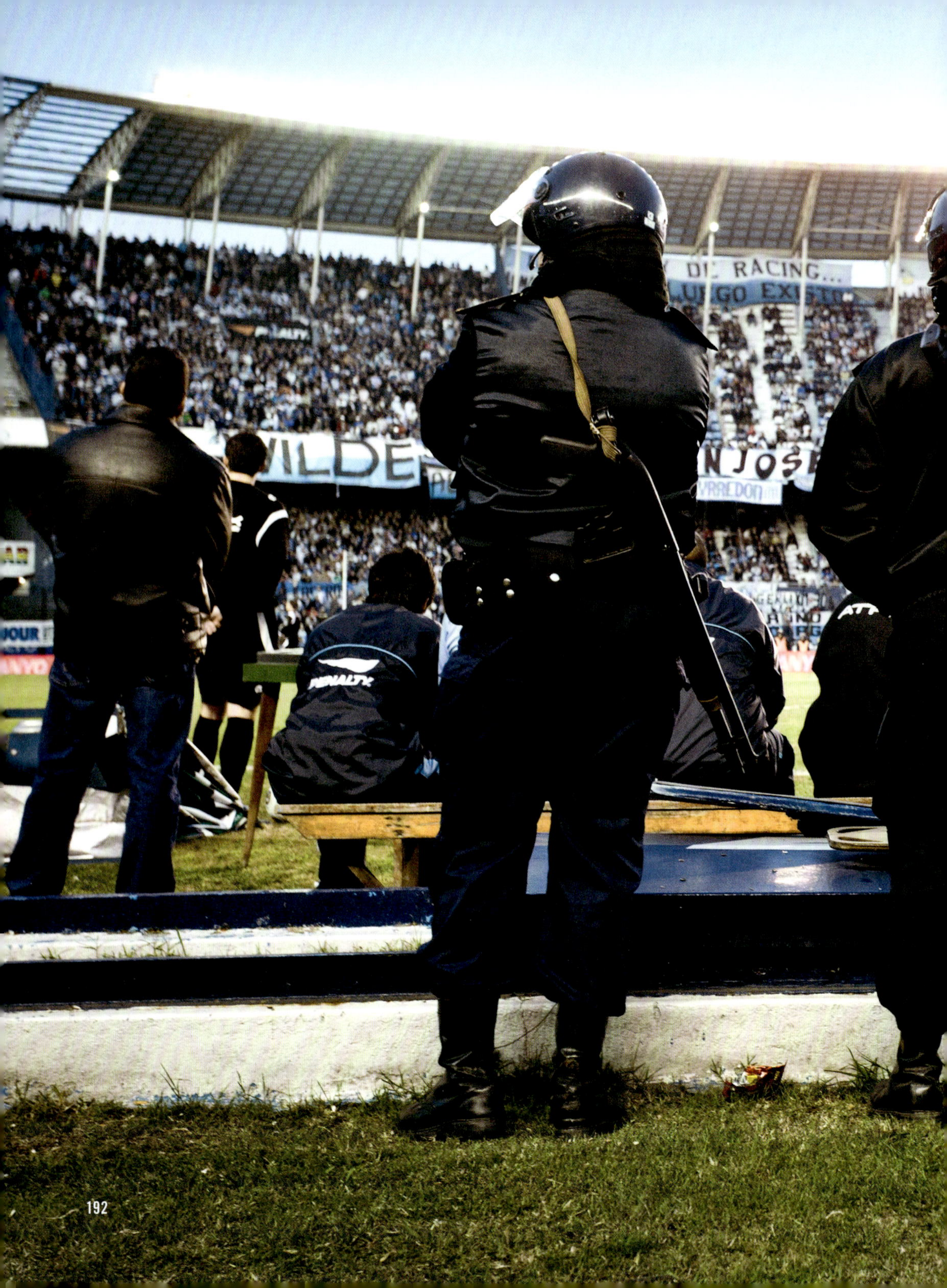
DE RACING...
PENALTY

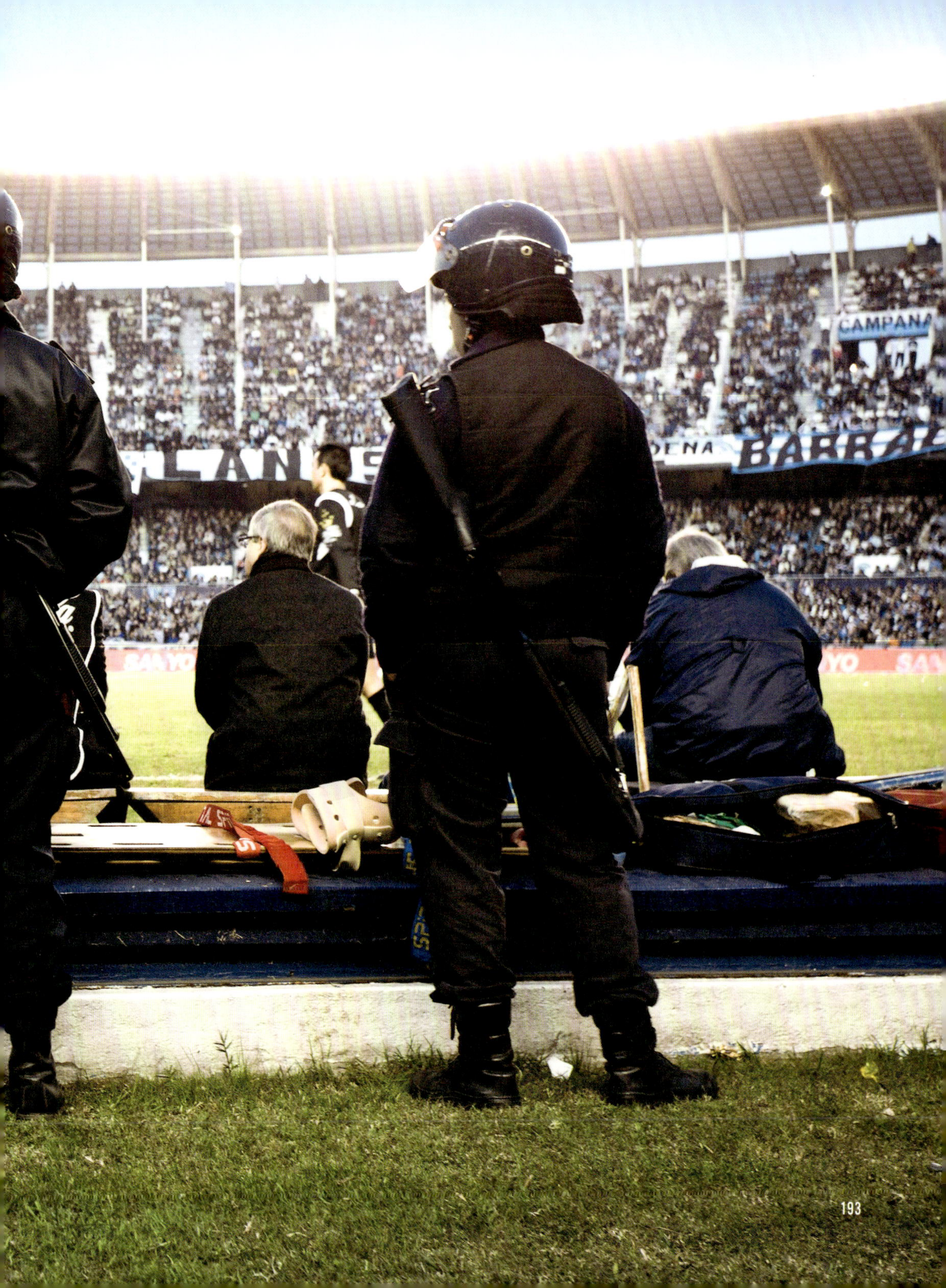
CAMPANA

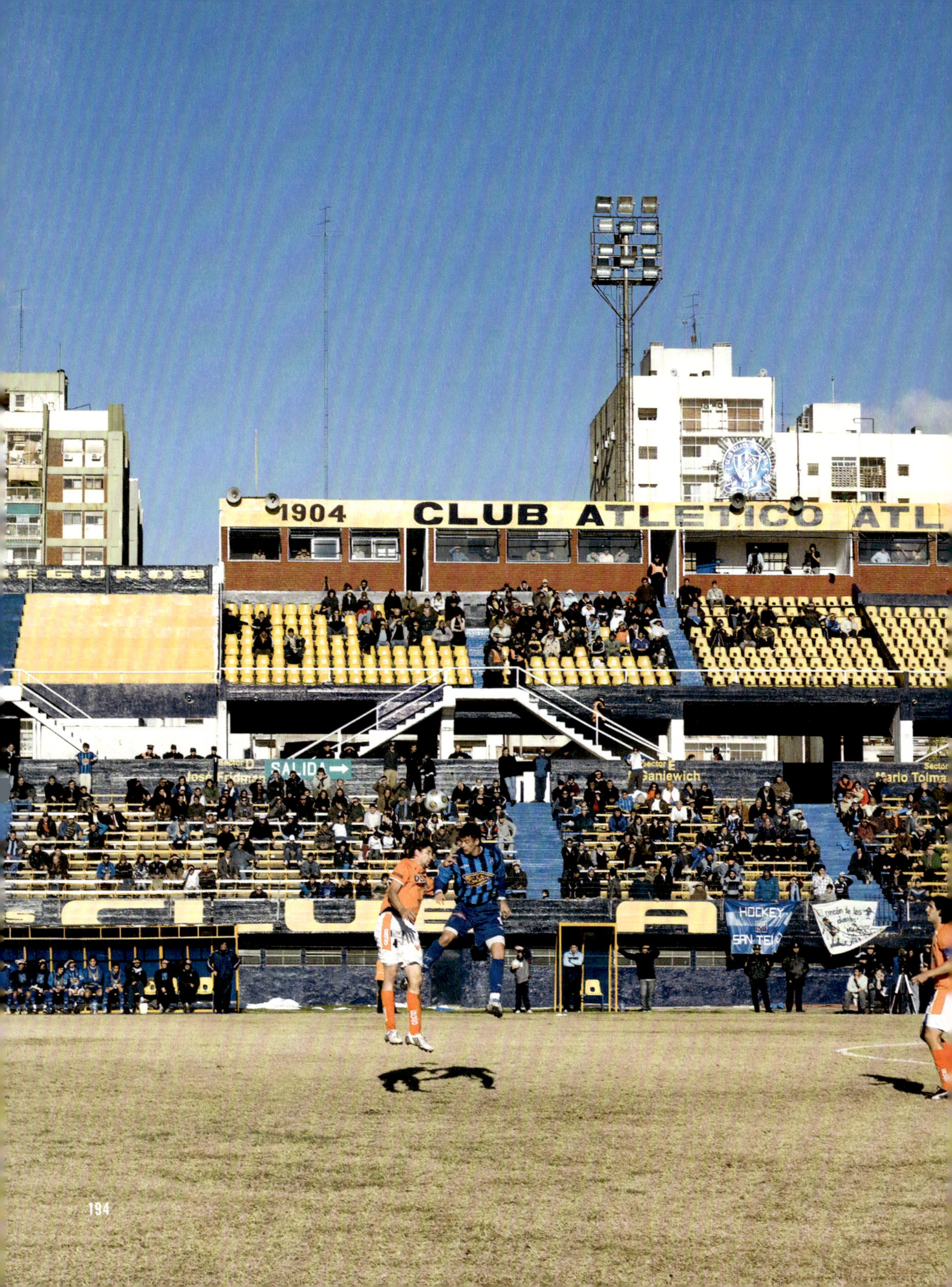
1904
CLUB ATLETICO ATL
SALIDA
HOCKEY

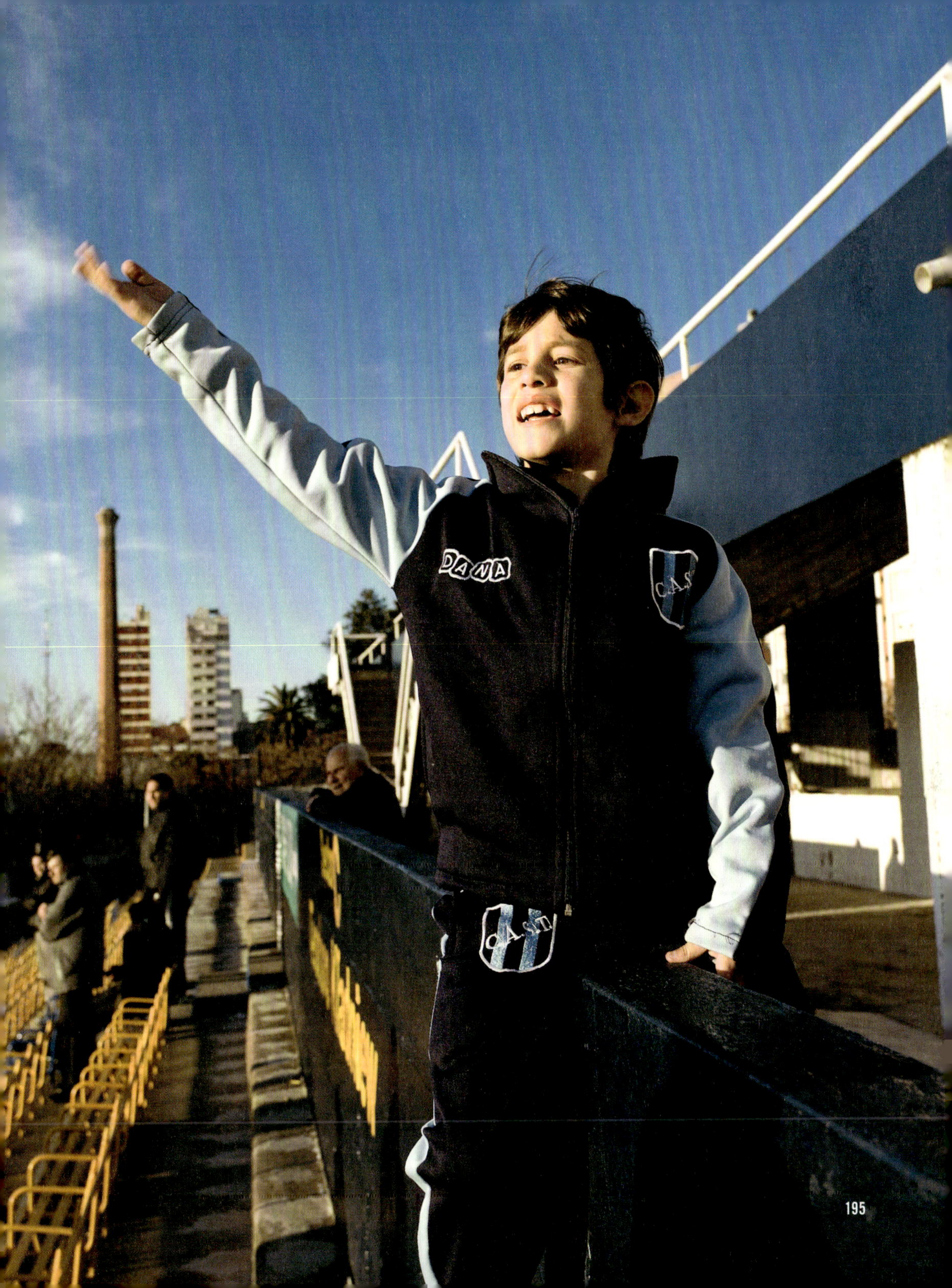
DANA
C.A.S.T.
C.A.S.T.

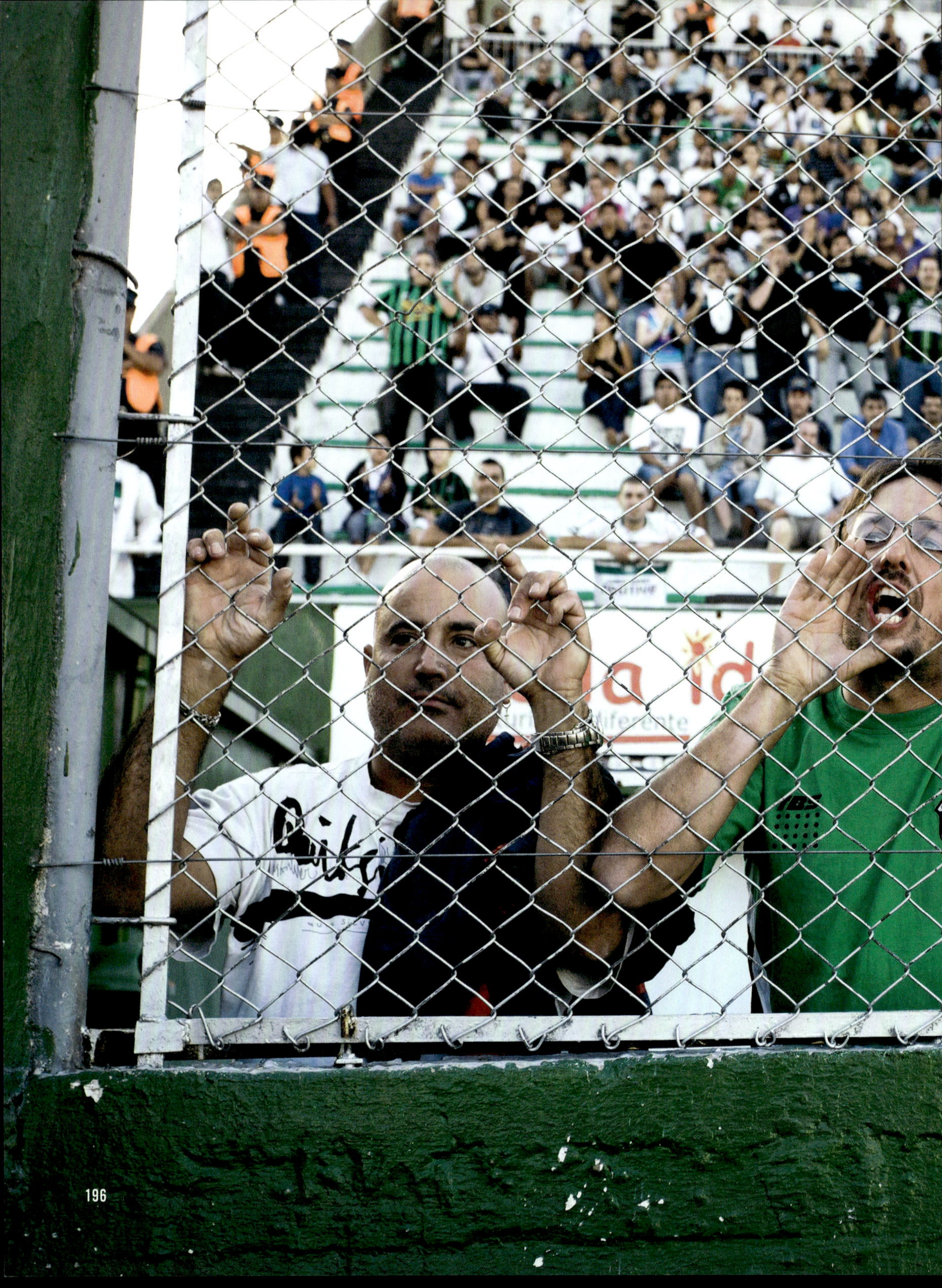

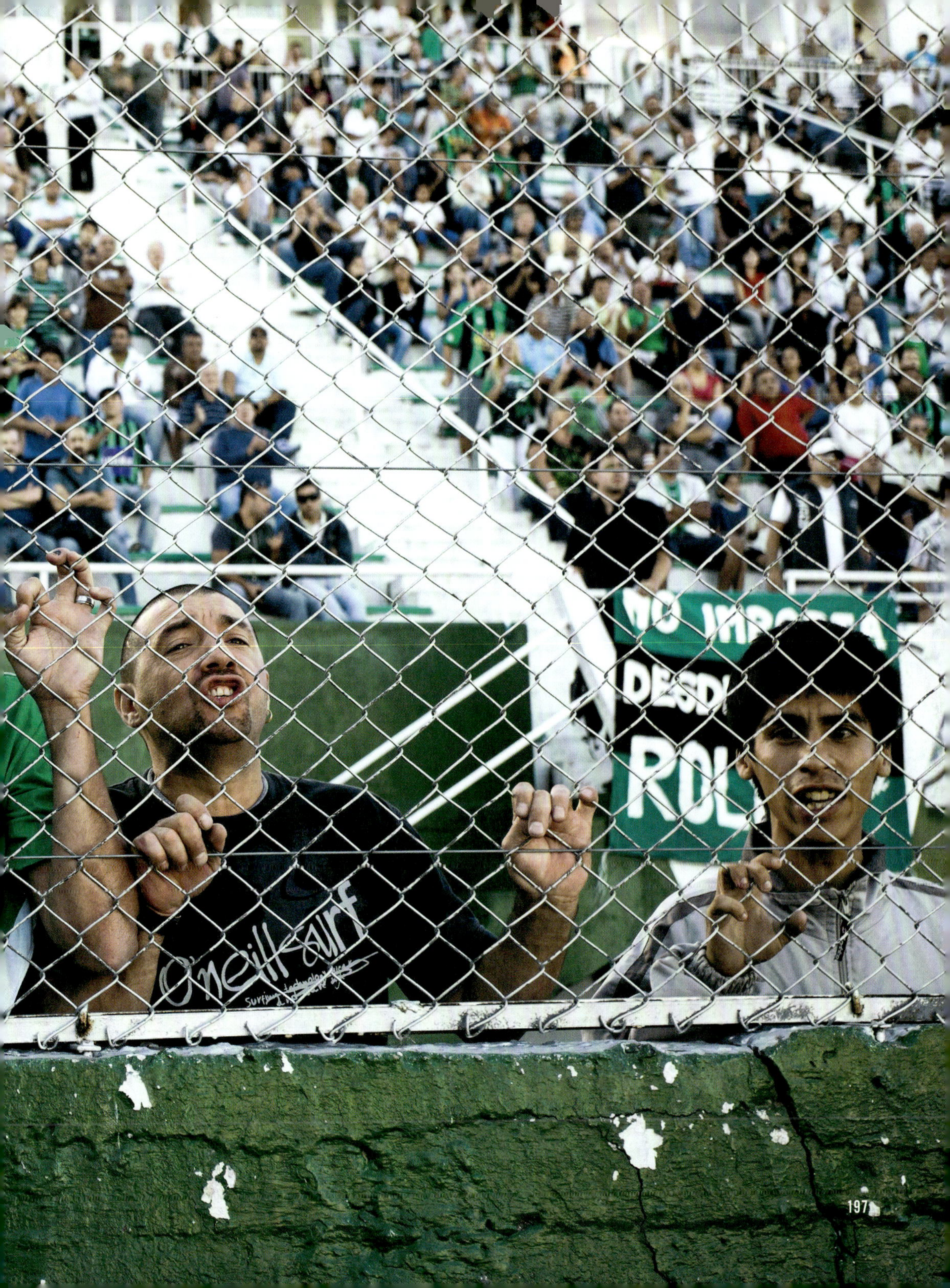
O'neill surf

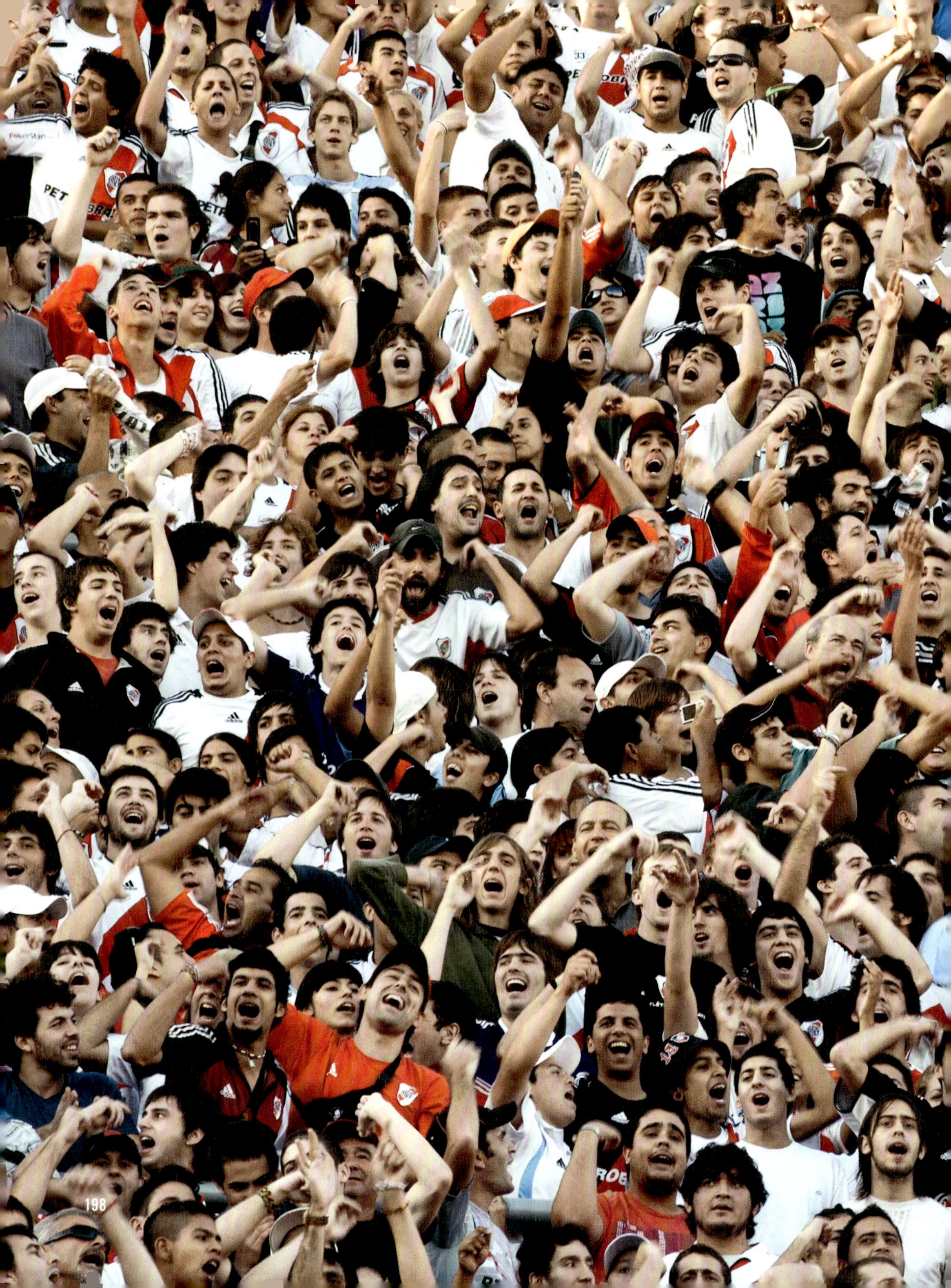

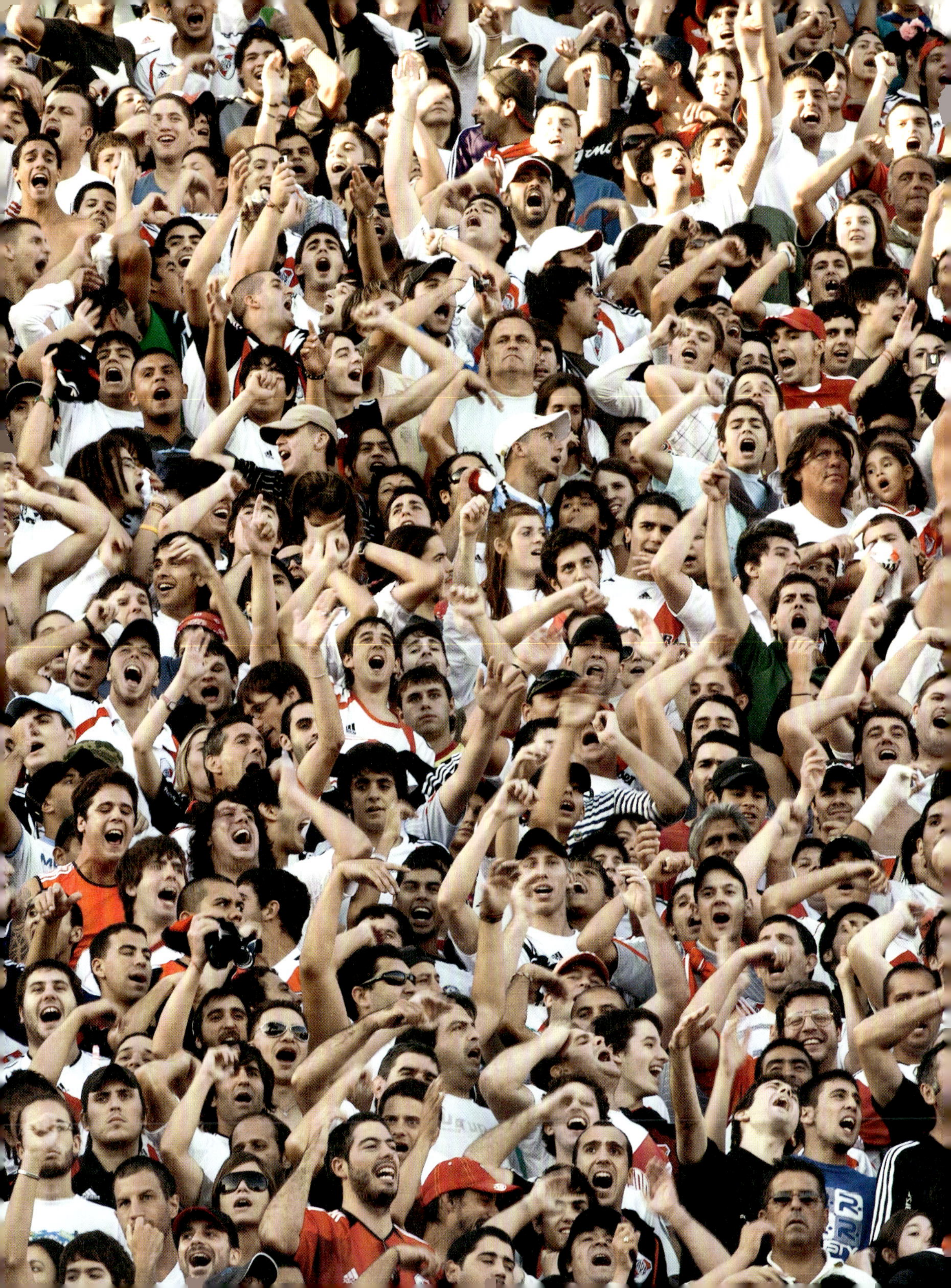

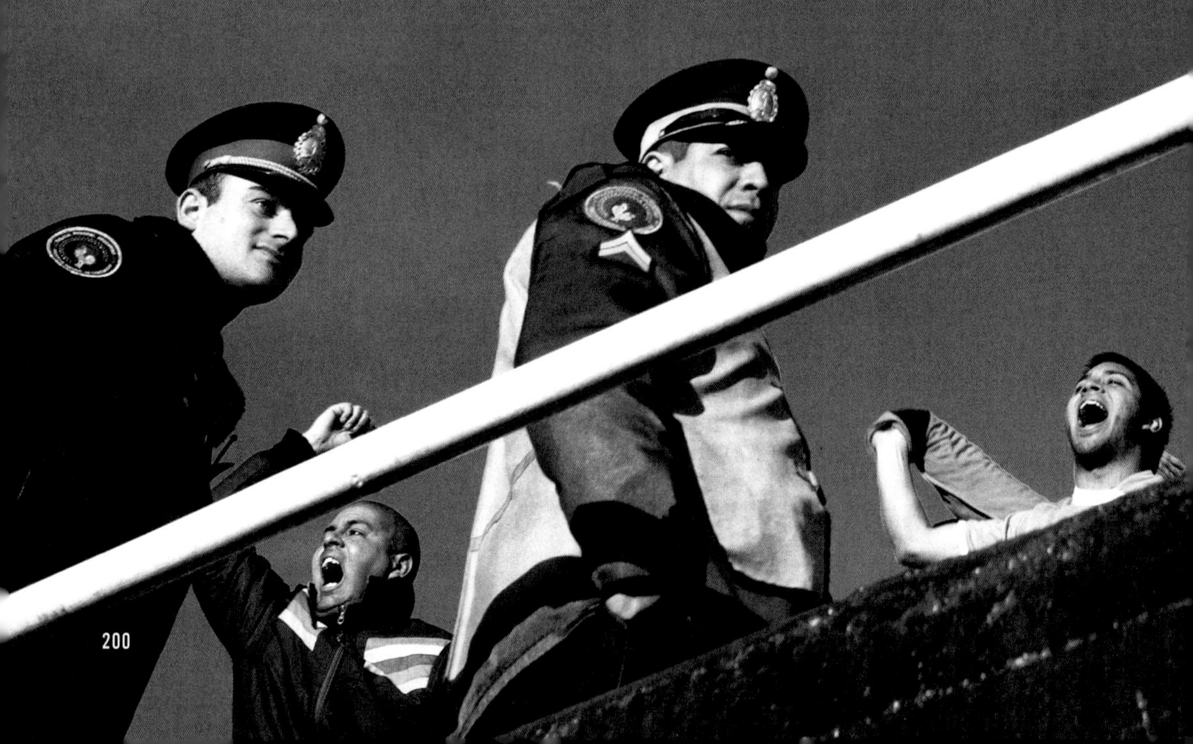

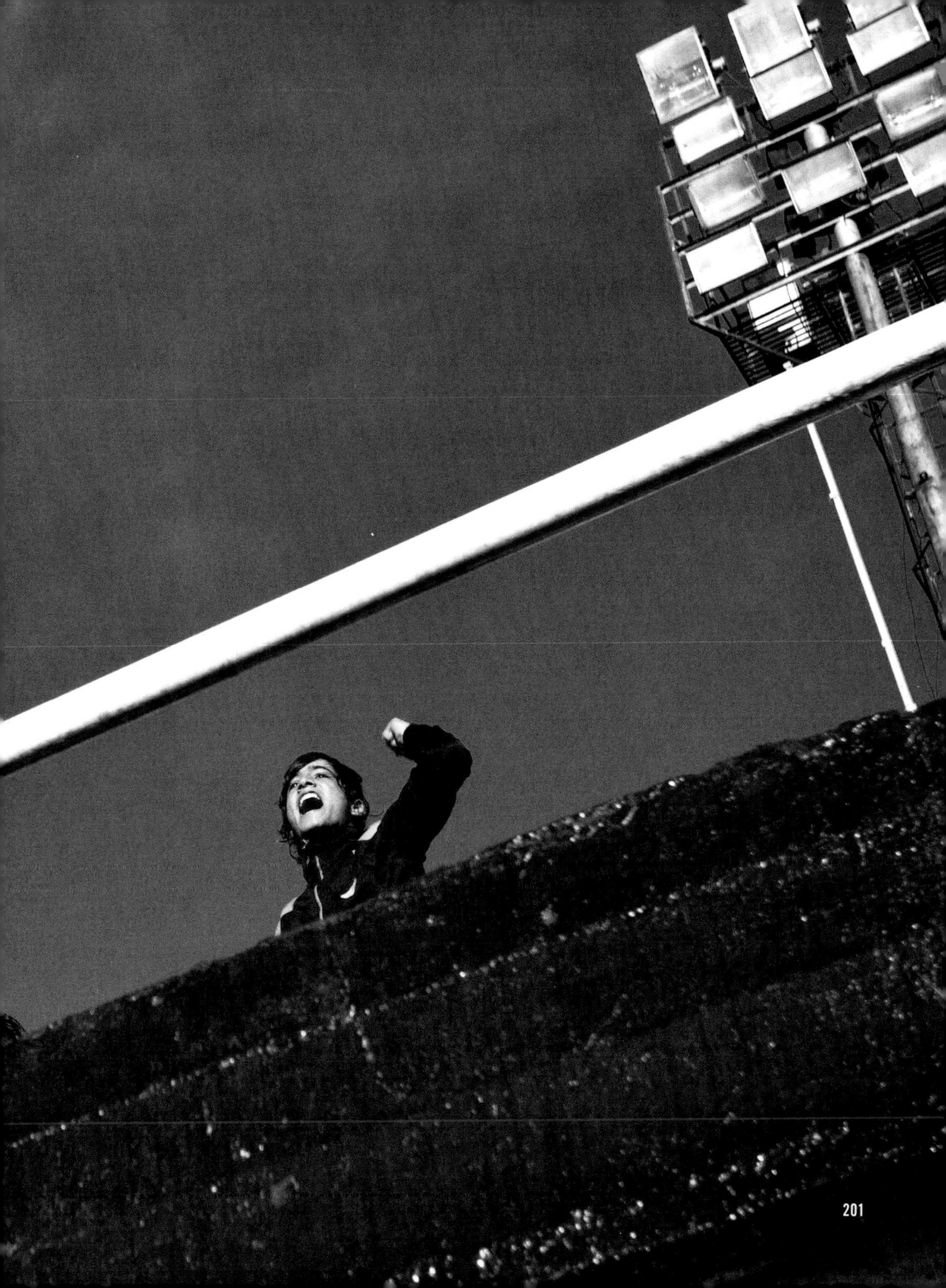

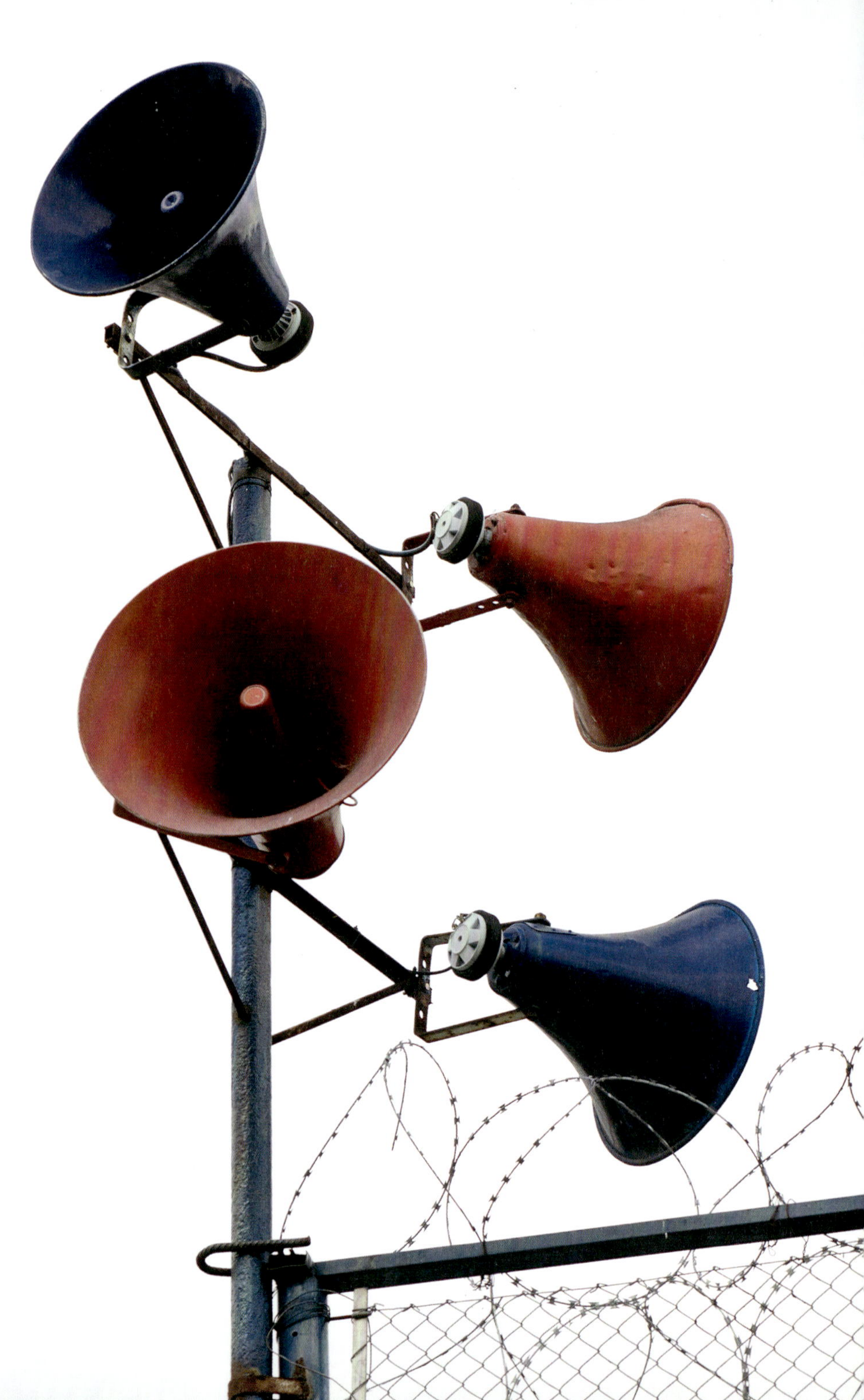

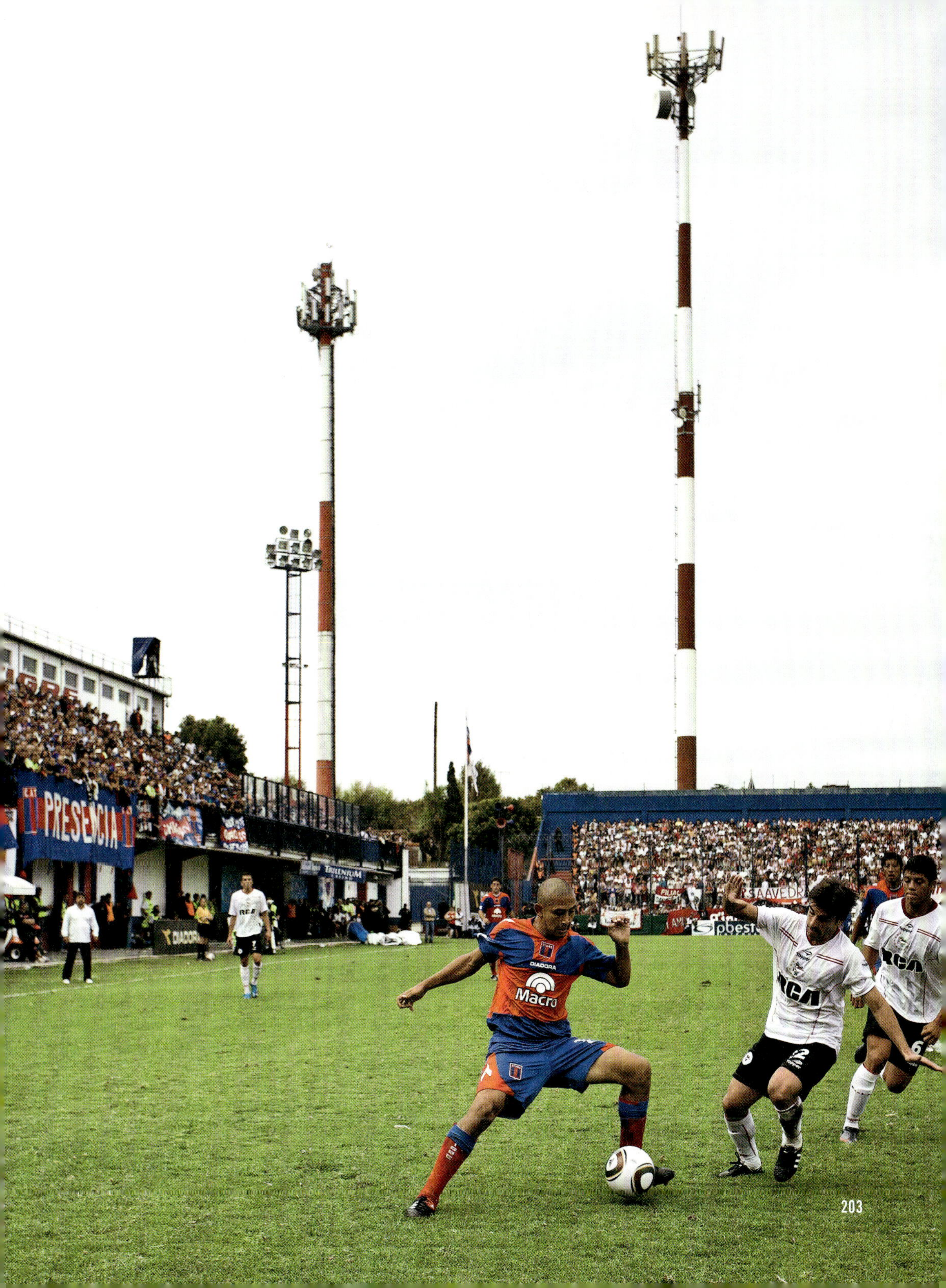
PRESENCIA
DIADORA
Macro
RCA

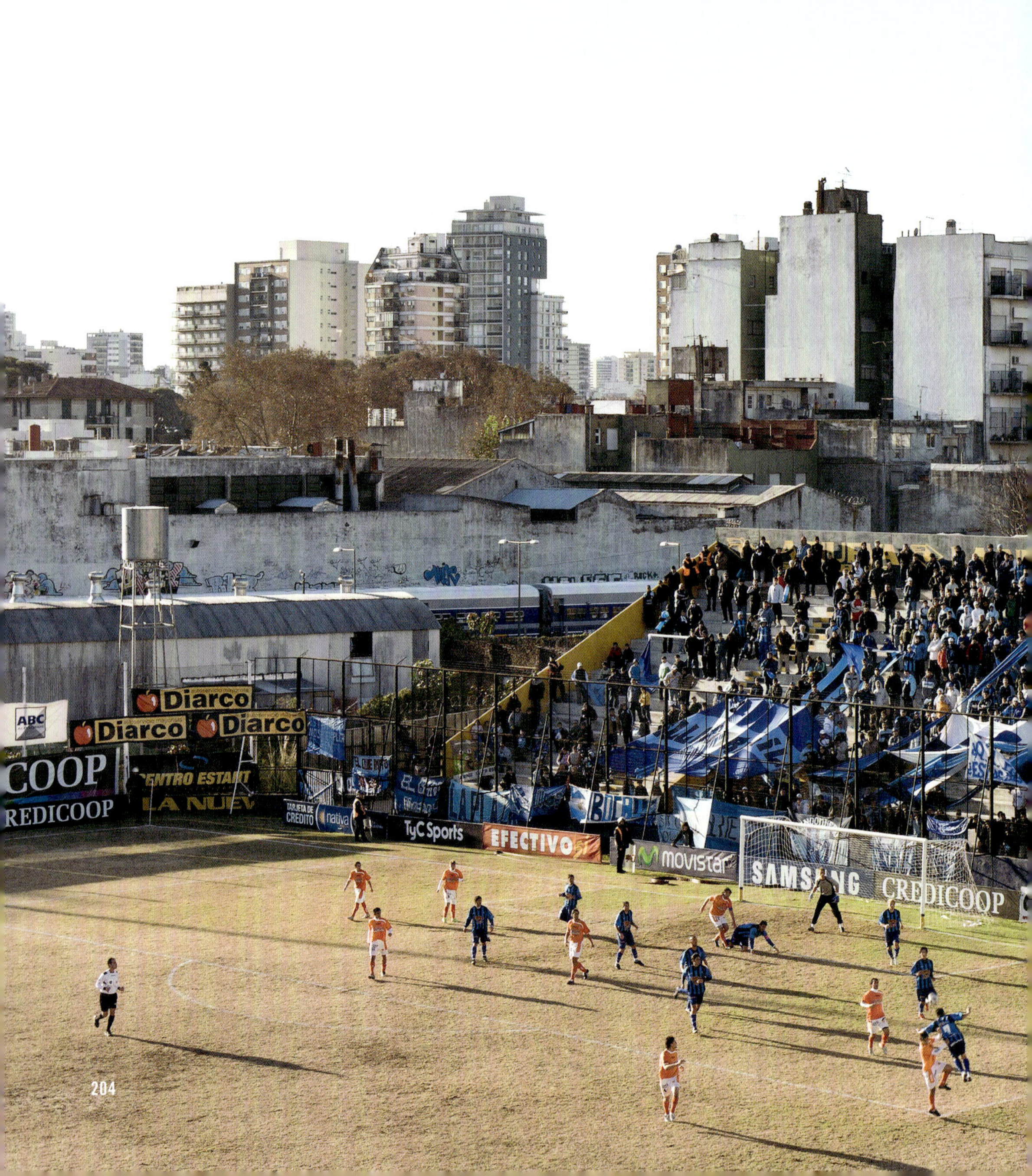
Diarco
Diarco
Diarco
ABC
COOP
REDICOOP
TyC Sports
EFECTIVO
movistar
SAMSUNG
CREDICOOP

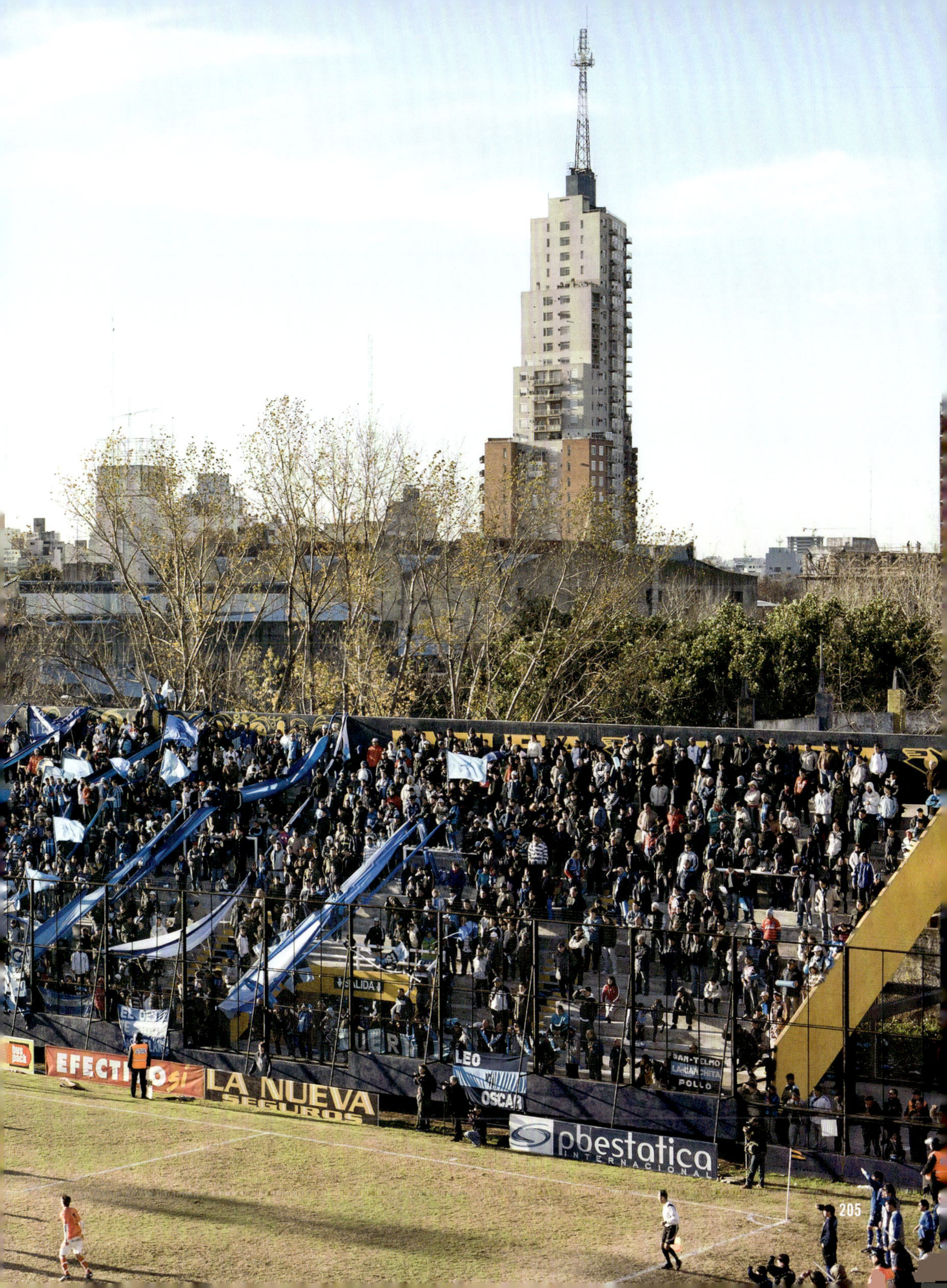
LA NUEVA
SEGUROS
SALIDA
LEO
OSCAR
SAN TELMO
POLLO
pbestatica
INTERNACIONAL

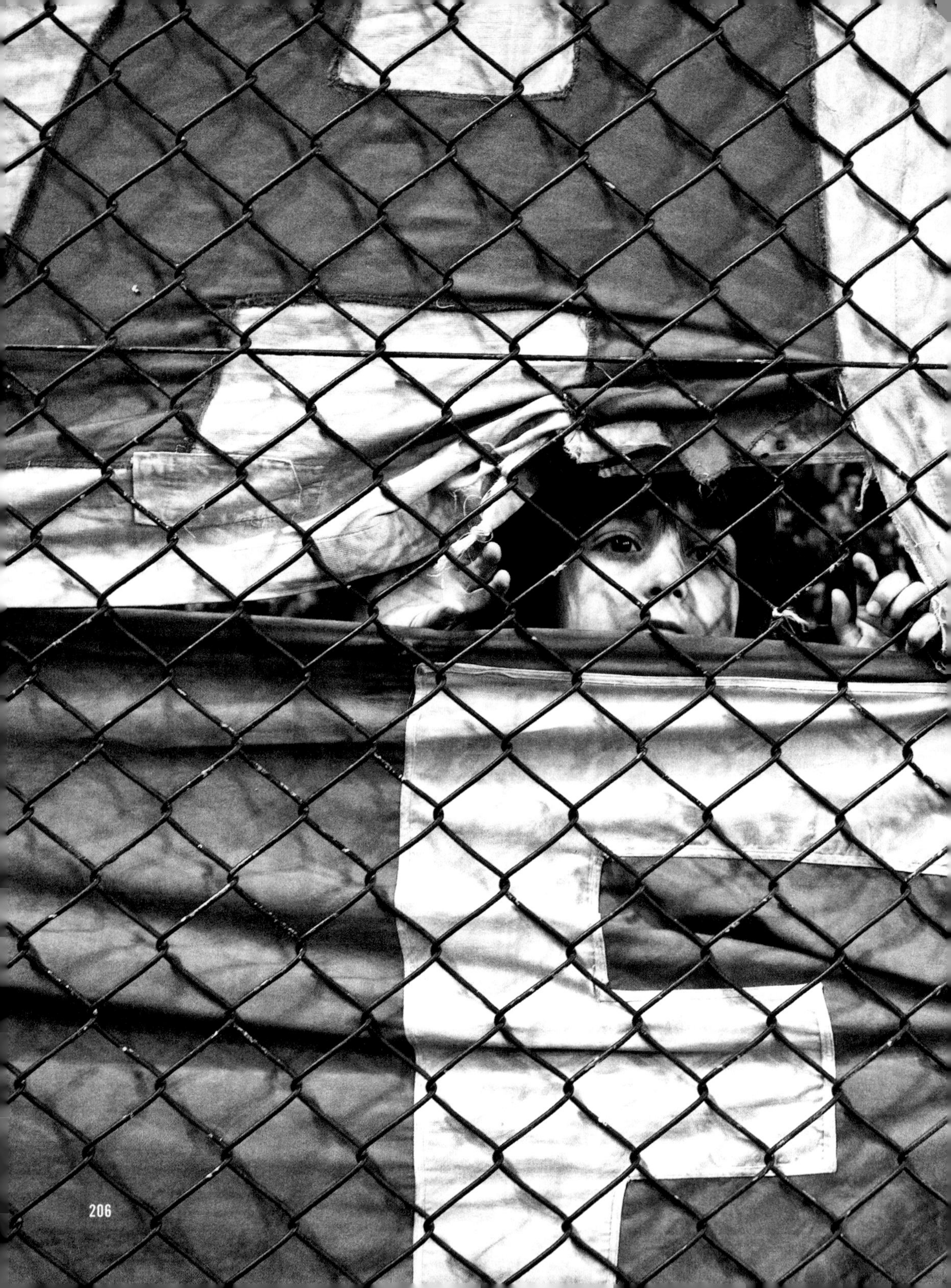

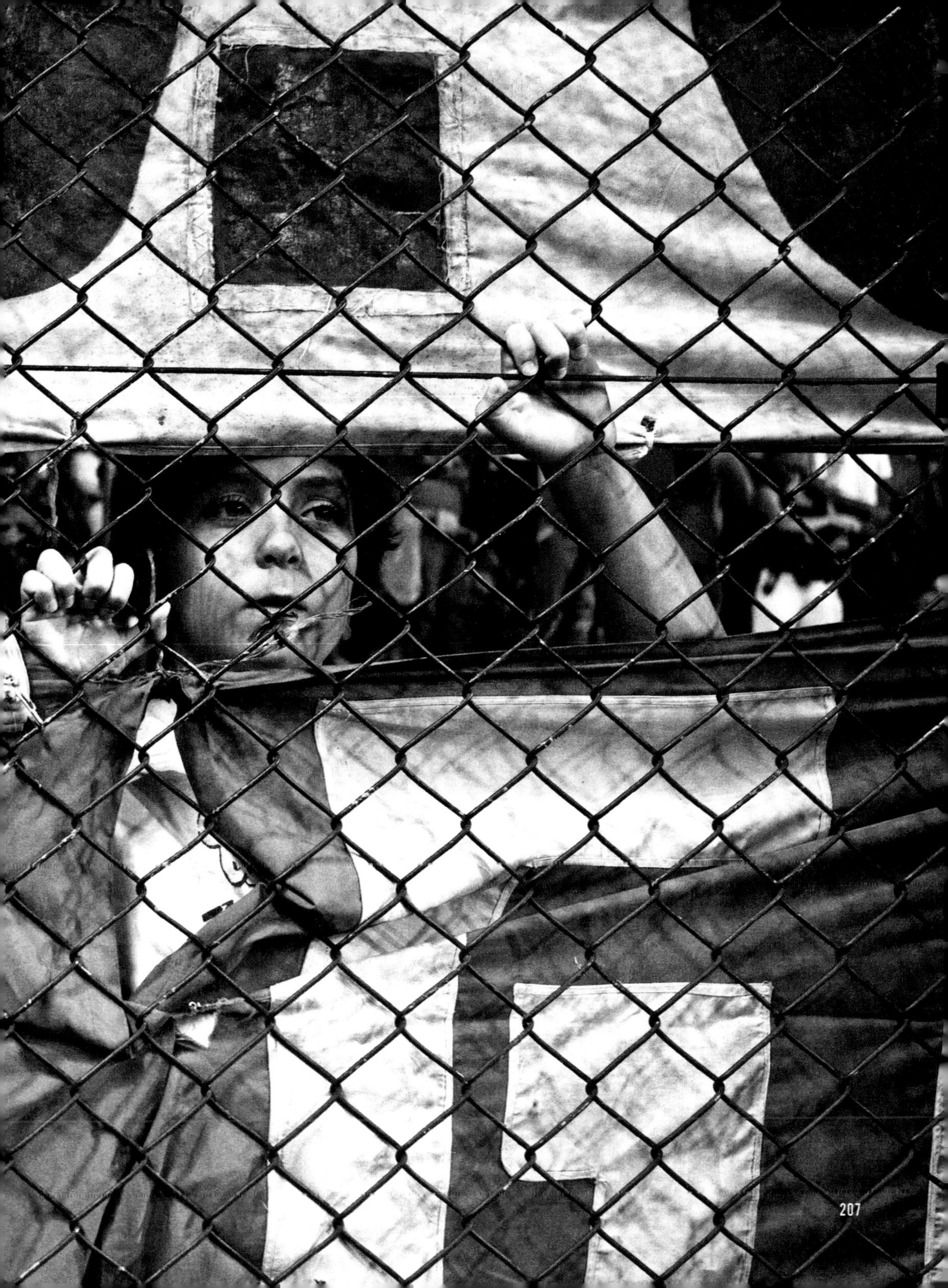

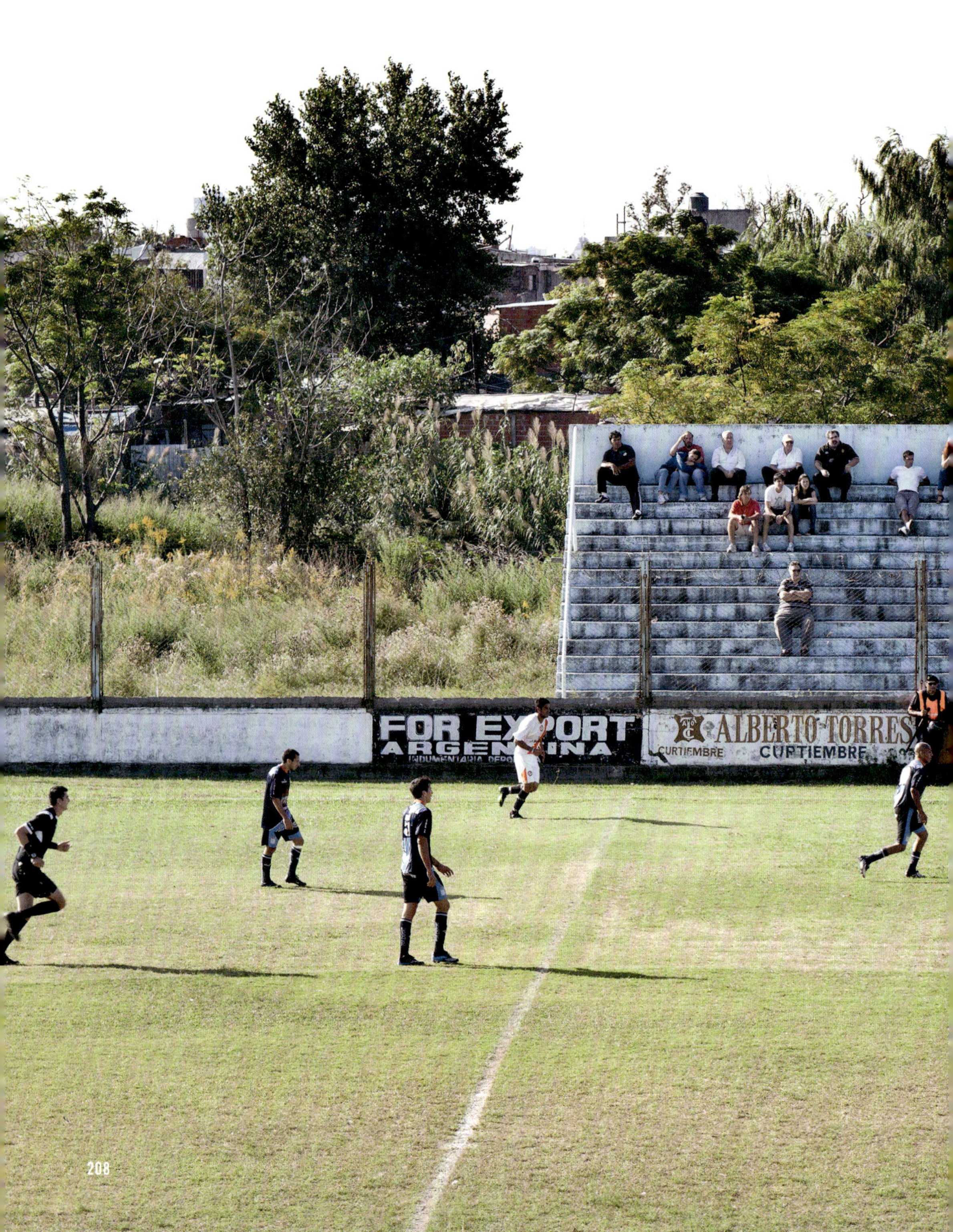
FOR EX PORT
ARGEN INA
INDUMENTARIA DEPO
ALBERTO TORRES
CURTIEMBRE
CURTIEMBRE

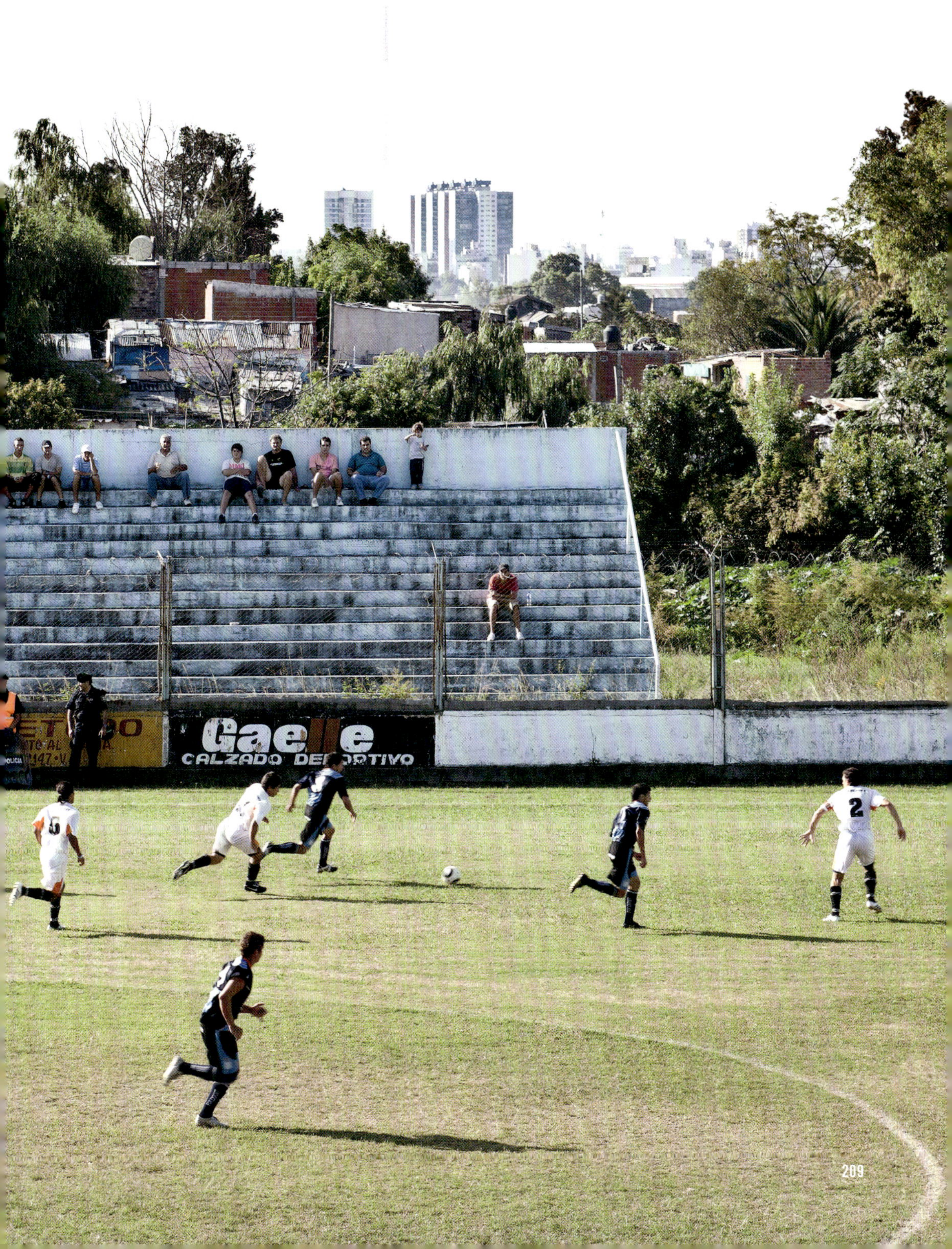
Gaelle
CALZADO DEPORTIVO

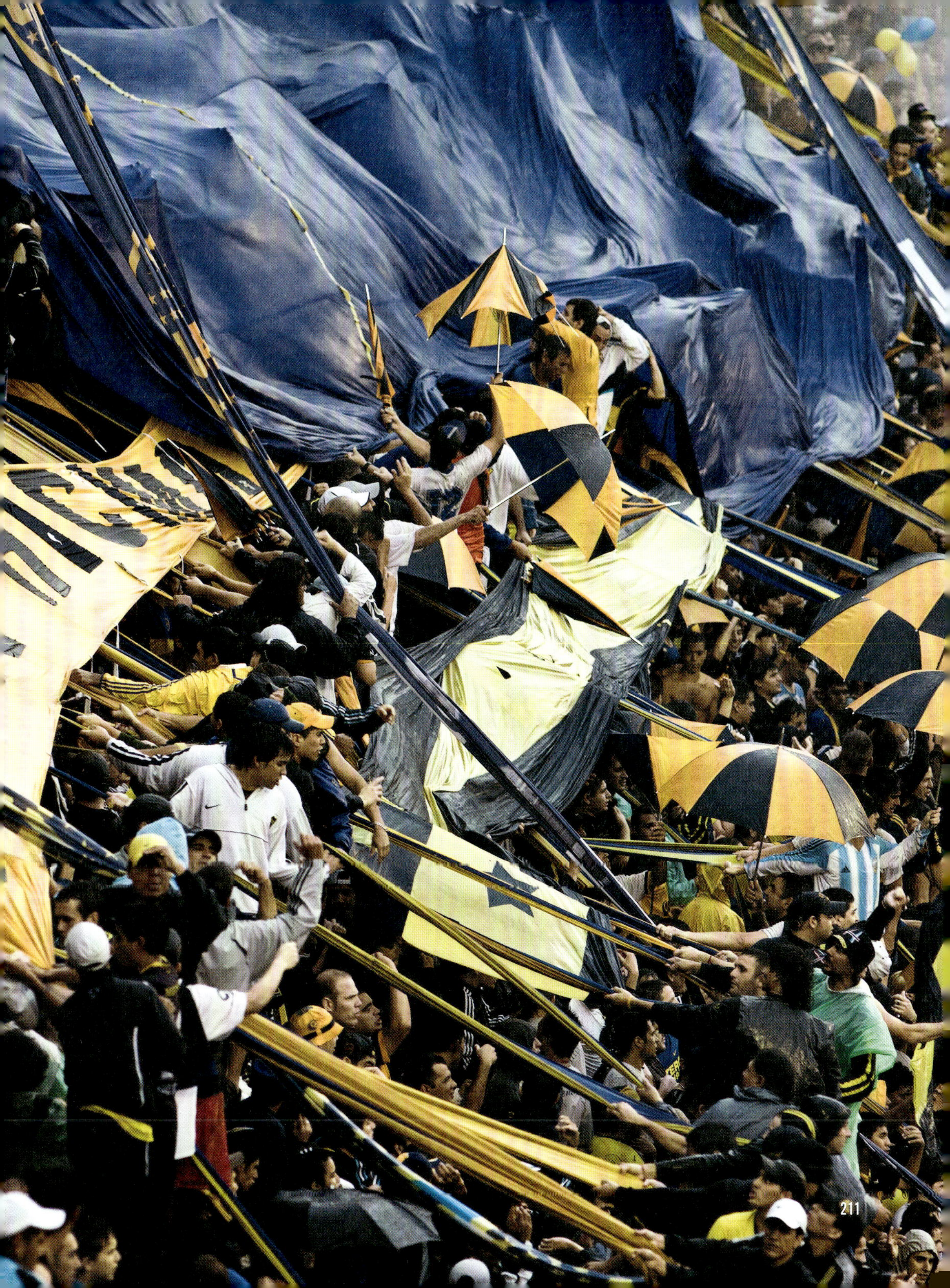

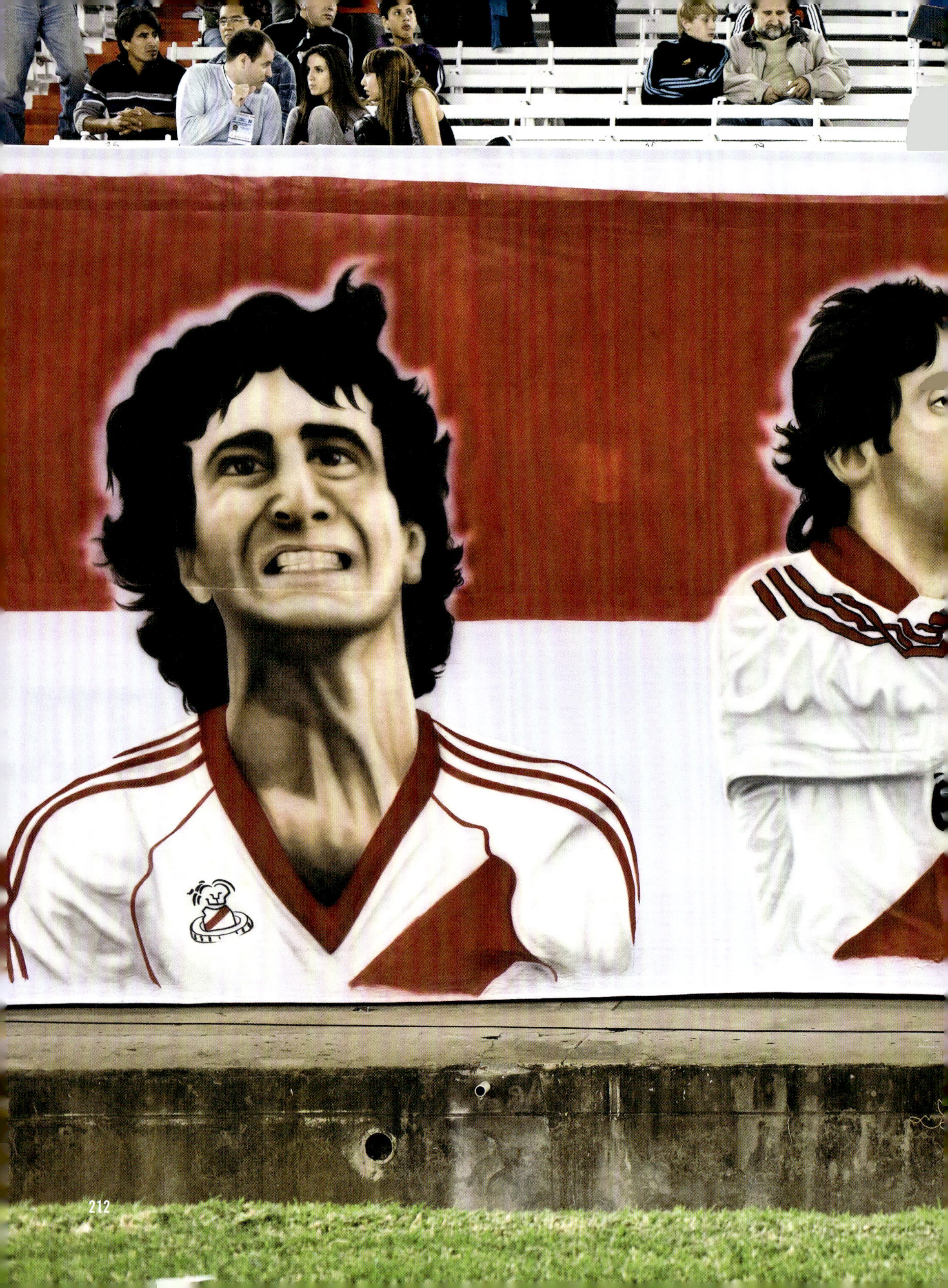

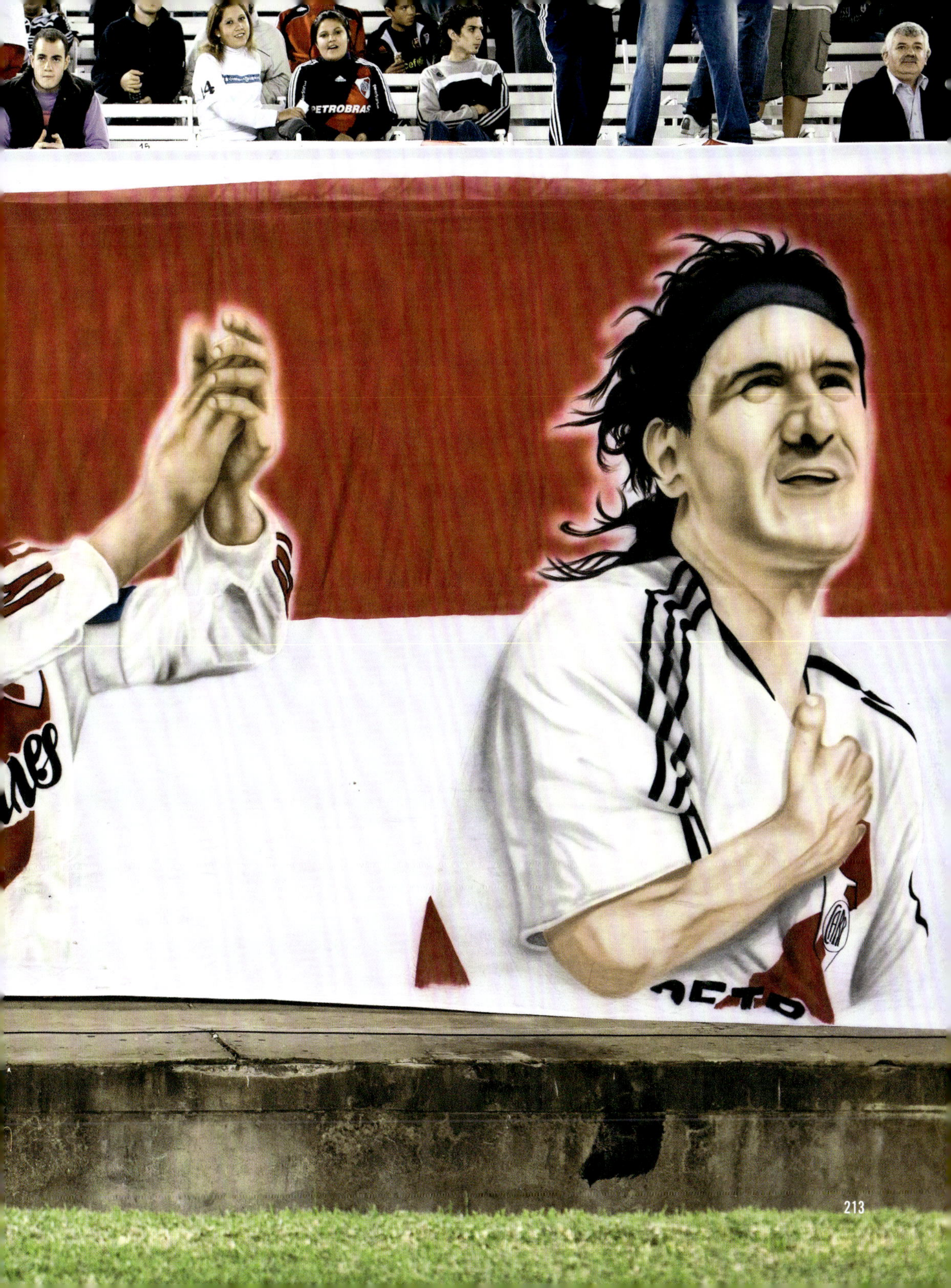
PETROBRAS

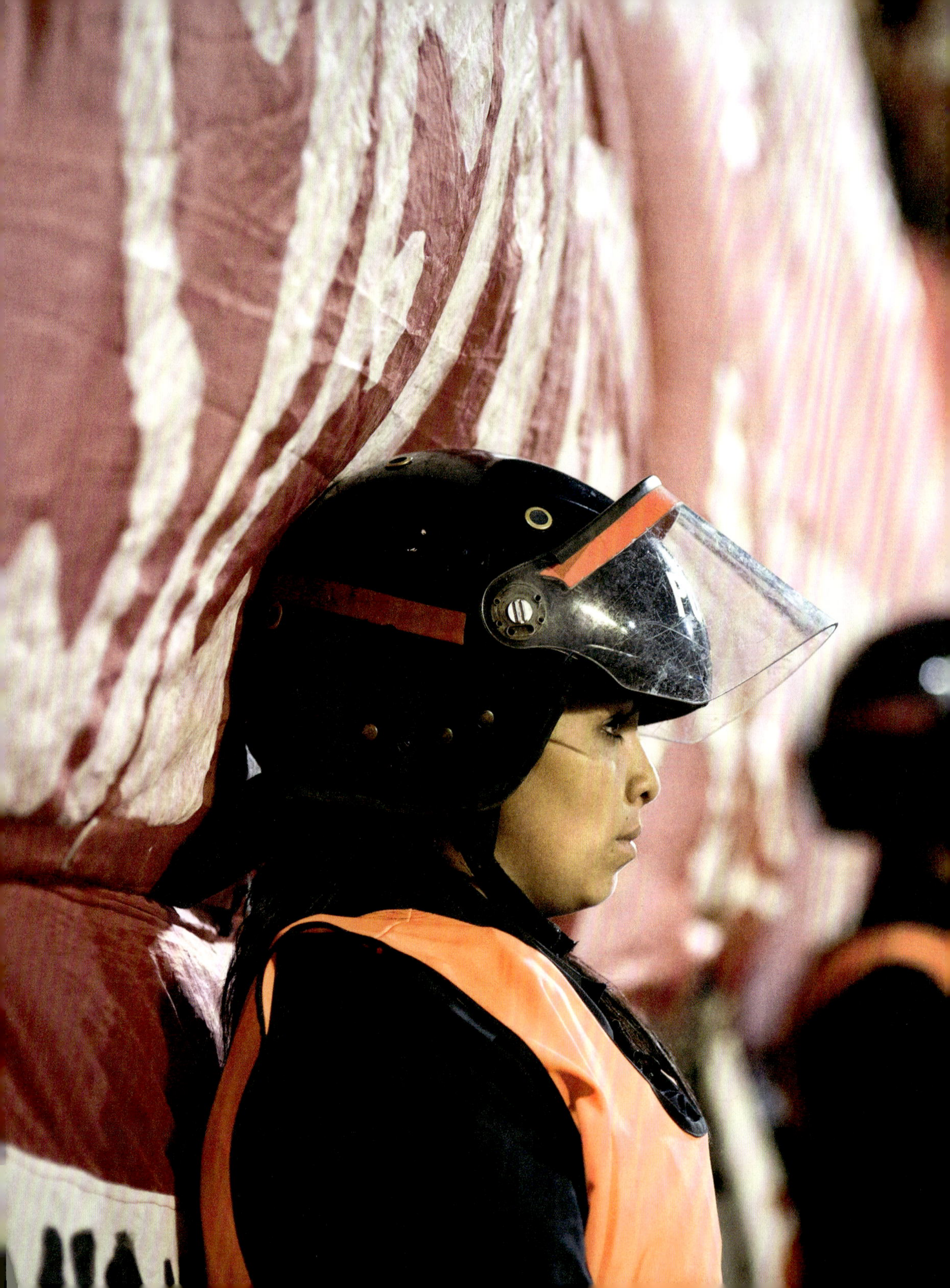

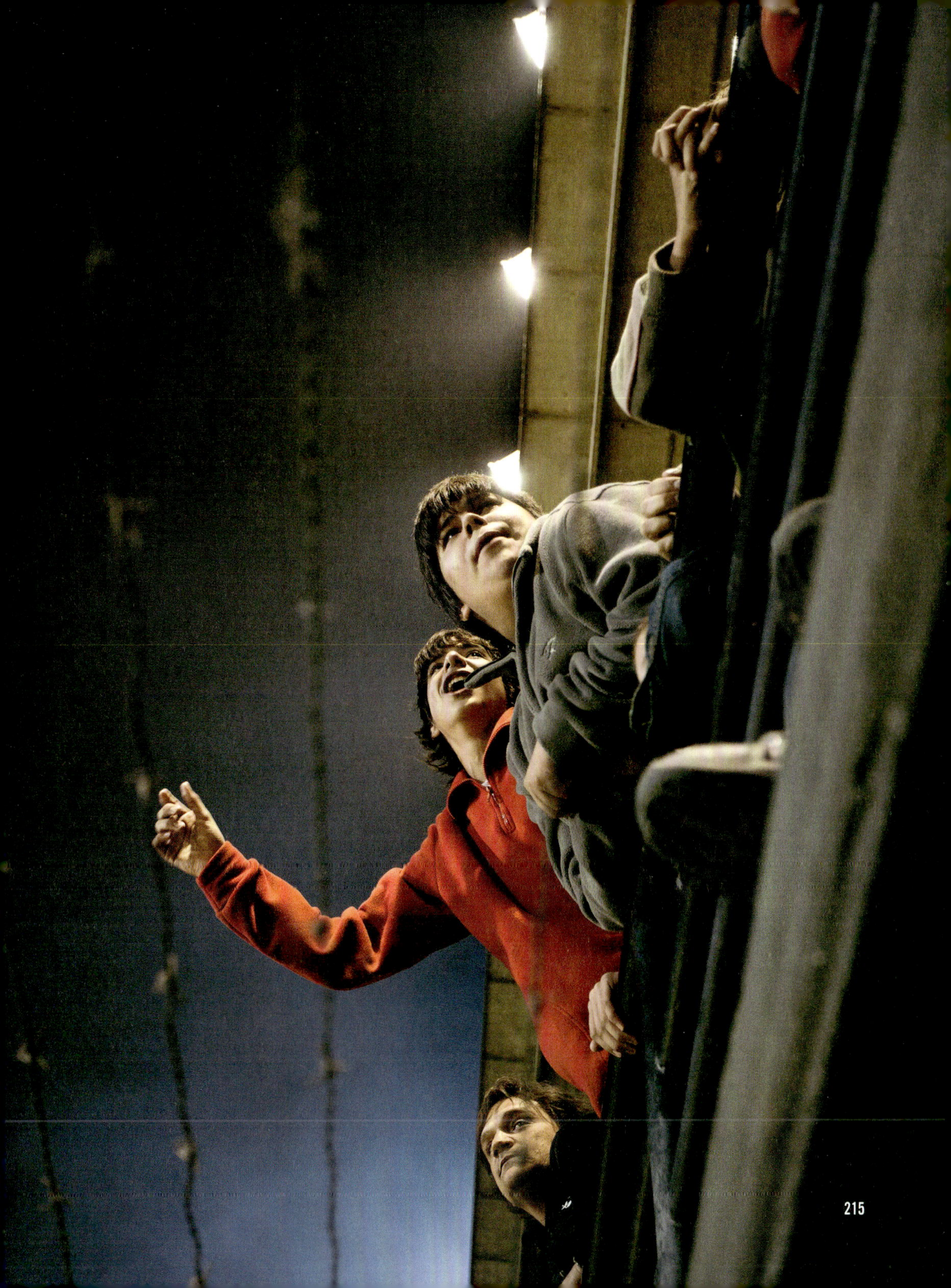

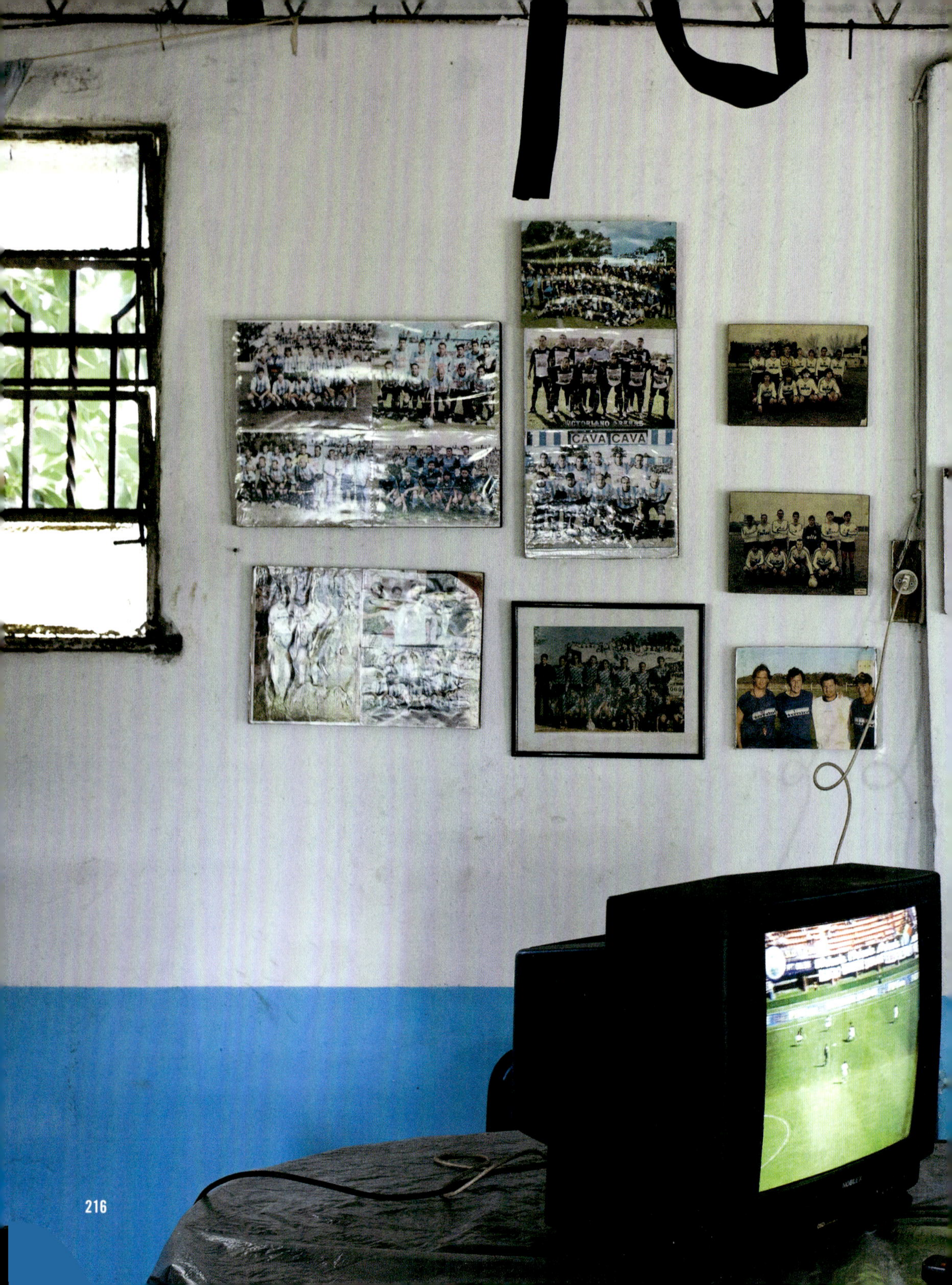
CAVA CAVA

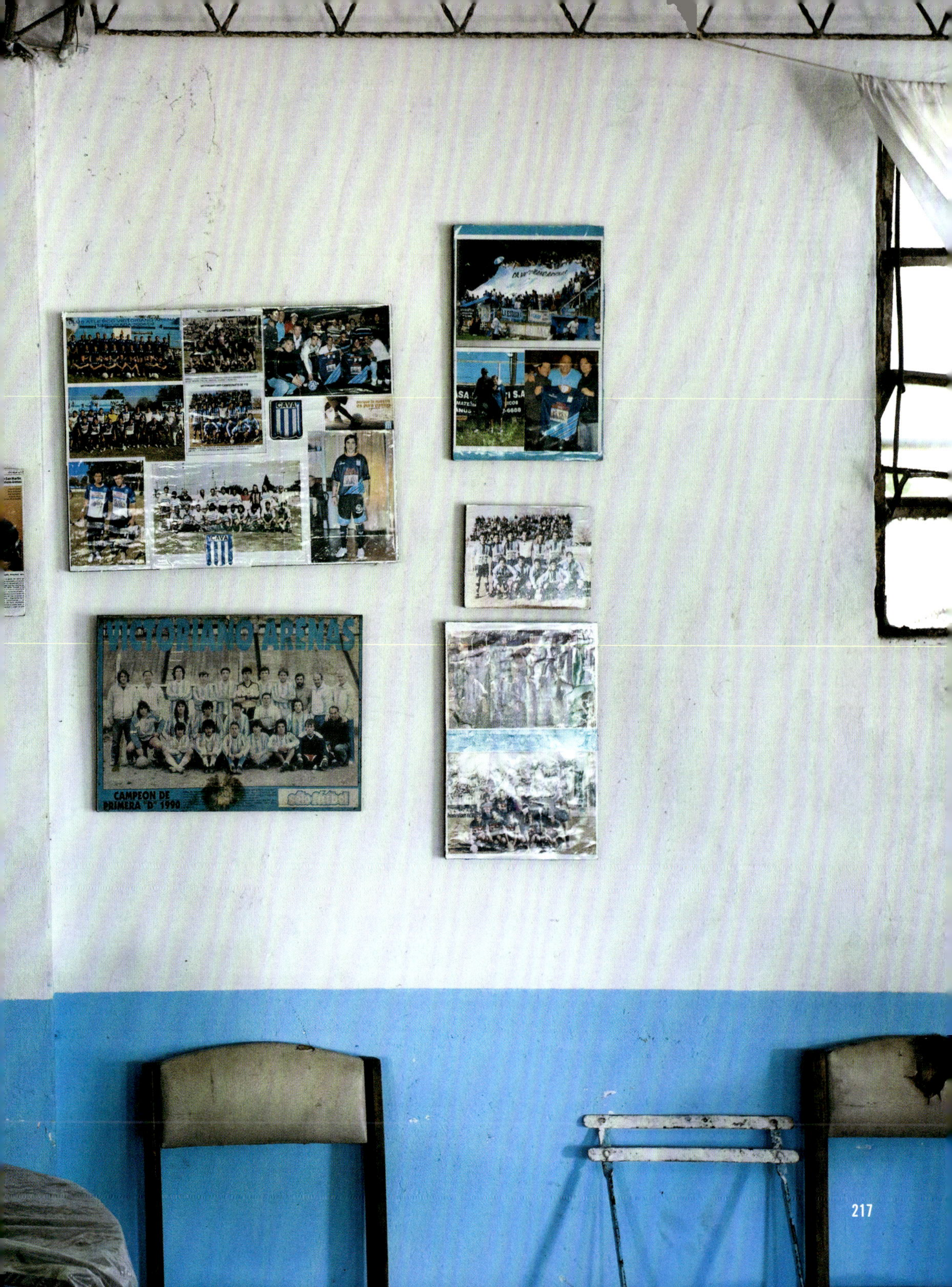
VICTORIANO ARENAS
CAMPEON DE PRIMERA "D" 1990
CAVA
CAVA

„DER GRÖSSTE UNTERSCHIED IST DER FANATISMUS"

Reinaldo Coddou H. im Gespräch

Fußball ist ein zentrales Thema Ihrer fotografischen Arbeit. Wie kam es dazu?

Privat liebe und lebe ich Fußball seit ich denken kann. Insofern war es nur eine Frage der Zeit, bis ich mich auch beruflich damit beschäftigen würde. Gegen Ende meines Fotografie-Studiums habe ich mit der Serie *Fußballtempel* damit begonnen.

Sie leben in Berlin und Buenos Aires. Welche Unterschiede haben Sie in der Atmosphäre dieser beiden Städte und der Mentalität ihrer Bewohnner festgestellt?

Zunächst einmal ist Buenos Aires nicht so *exotisch* wie es sich vielleicht anhört. Im Gegenteil, es unterscheidet sich nicht großartig von spanischen oder italienischen Großstädten. Sicherlich sind Argentinier, und besonders die *Porteños,* wie die Bewohner von Buenos Aires genannt werden, weit emotionaler als Berliner, sowohl im Positiven als auch im Negativen. Nicht ganz zu Unrecht sagt man den *Porteños* oft Egoismus und Arroganz nach, aber ich erfahre sie auch als herzlich, hilfsbereit und vor allem solidarisch. Ein wesentlicher Unterscheid ist sicherlich die deutlich sichtbare Armut vieler Menschen, die man in Deutschland so nicht kennt.

Wie würden Sie die Unterschiede in den Fußballkulturen Lateinamerikas und Westeuropas beschreiben?

Vor allem beim Stadionpublikum sind die Unterschiede sehr deutlich. In Argentinien ist Fußball nach wie vor der Sport der Unterschicht, auch wenn viele Fans sich die steigenden Eintrittspreise immer seltener leisten können bzw. wollen, zumal seit 2010 die Erstligaspiele erstmals wieder komplett im Free-TV zu sehen sind. Der größte Unterschied ist aber sicherlich der Fanatismus in Südamerika, der in Argentinien besonders stark ausgeprägt ist. Die Fans neigen zu extremen Gefühlsausbrüchen: Solange die eigene Mannschaft gewinnt, gibt es kein stimmungsvolleres Stadion als ein argentinisches. Aber leider ist auch die Schwelle zur Gewalt sehr niedrig. Bis hinunter in die 5. Liga kommt es – besonders gegen Ende einer Saison – mitunter zu schweren Ausschreitungen bei den Spielen, und zwar nicht nur unter den Fangruppen verschiedener Vereine. Sehr oft gibt es auch bewaffnete Auseinandersetzungen zwischen verfeindeten Fans desselben Vereins, ebenso häufig gibt es – besonders in unteren Ligen – auch Übergriffe gegen den Schiedsrichter oder die Spieler des eigenen Teams.

Wie erklären Sie sich diese starke emotionale Verbundenheit zum Fußball?

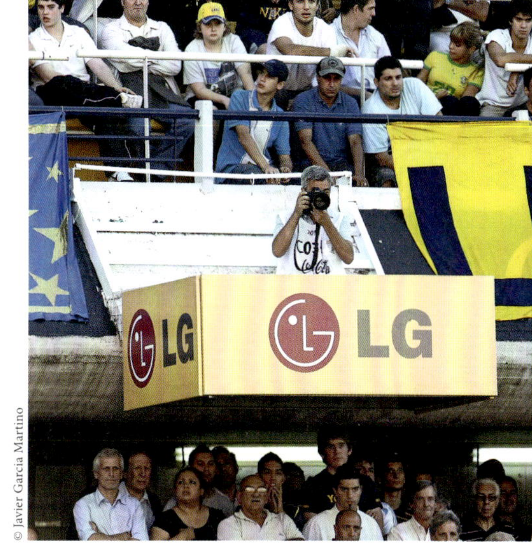

© Javier Garcia Martino

Da gibt es eine ganze Reihe von Gründen. Ich glaube, dass die tiefe Verwurzelung der einzelnen Klubs in ihrem jeweiligen Stadtteil eine große Rolle spielt. Dadurch haben diese Vereine eine starke repräsentative Funktion und jedes Spiel ist so etwas wie ein „kleiner Krieg" mit dem benachbarten Stadtteil, wenn auch auf sportlicher Basis. Umso größer ist die gefühlte Schmach nach einem verlorenen Duell, die man frühestens in einem halben Jahr revidieren kann. Diese Verbundenheit wird im Laufe der Generationen vom Großvater auf den Vater auf den Sohn vererbt, auch wenn man möglicherweise längst nicht mehr im ursprünglichen Stadtteil wohnt. Man kann sich als Kind seinen Klub nicht wirklich aussuchen, er wird einem quasi in die Wiege gelegt. Ich habe in vielen Stadien beobachtet, dass junge Mütter und Väter ihre noch sehr kleinen Kinder – bis hin zu Babys – mit ins Stadion nehmen. So etwas prägt natürlich ungemein und lässt später wenig Spielraum, um sich für einen anderen Verein zu entscheiden. Ein weiterer Grund ist sicherlich auch, dass der Lieblingsverein und das Spiel am Wochenende für viele Menschen eine – wenn auch kurzzeitige – Flucht aus dem oft von Armut und Leid geprägten Alltag bieten.

Können Sie uns beschreiben, wie sich diese tiefe Verwurzelung äußert?

Das treibt mitunter schon ausgesprochen merkwürdige Blüten: Nicht nur Journalisten, sondern auch die meisten Trainer und Fußballprofis sind öffentlich bekennende Fans eines bestimmen Vereins. Und so ist es beispielsweise richtiggehend verpönt, Tore zu bejubeln, die man gegen „seinen" Klub erzielt hat. Im

Gegenteil, zumeist entschuldigen sich die Torschützen in so einem Fall gestenreich beim gegnerischen Anhang. Ein extremes Beispiel ist jenes von Antonio *El Turco* Mohamed – immerhin mehrfacher argentinischer Nationalspieler, der sich im Dienst von Boca Juniors freistehend vor dem leeren Tor von Huracán geradezu geweigert hat, den Ball einzuschieben, weil er gegen den Verein seines Herzens ein Tor hätte erzielen müssen. Er vergab die Torchance und musste wenig später den Verein wechseln.

Gibt es jenseits der Lieblingsvereine der Journalisten noch andere erwähnenswerte Eigenheiten der argentinischen Medienlandschaft?

Besonders aufgefallen ist mir die große Nähe zwischen manchen Journalisten und den Fußballpofis und Funktionären. Viele Interviews und Gespräche laufen fast schon auf kumpelhafter Ebene ab, kritische Fragen gibt es kaum zu hören. Auch neu für mich waren die Machtkämpfe, die fast immer offen über die Medien ausgetragen werden. Da setzt ein Spieler ein Gerücht in die Welt, auf die der Mitspieler oder Trainer zwei Stunden später live über einen der vielen Radio- oder Fernsehkanäle reagiert. Ein gutes Beispiel hierfür war die Posse um den Rauswurf von Nationaltrainer und Volksheld Diego Maradona. Für die Medien sind solche Gewohnheiten natürlich dankbar angenommene Quoten- und Auflagengeschenke. Und eine weitere argentinische Besonderheit sind die sogenannten *medios partidarios* (parteiische Medien). Das sind vor allem Radiosender, die bis hinunter in die tiefsten Ligen alle Spiele ihres Klubs live übertragen und dabei aus ihrer Parteilichkeit keinen Hehl machen.

Haben Sie während Ihrer Arbeit in den Stadien auch mal negative Erfahrungen mit Fans gemacht?

Ja, durchaus. Im Stadion von Nueva Chicago wurde ich einmal von den Fans so heftig bedroht, dass ich mich in der Halbzeit entschlossen habe, lieber das Weite zu suchen. Angeblich hatte ich ein Tor des Gegners bejubelt, was natürlich totaler Unsinn war. Aber auch das ist eine Besonderheit, die ich in dieser Form noch nicht kannte: Als Fotograf hinter der Torauslinie bekommt man es immer wieder damit zu tun, dass die Fans der Heimmannschaft einen sehr deutlich dazu auffordern, nicht die Tore des Gegners zu fotografieren, sondern auf der gegenüberliegenden Seite die Tore ihres Team ins Visier zu nehmen. Meist bleibt es dann bei Verbalattacken, manchmal wird man aber auch bespuckt, aber da muss man einfach versuchen, Ruhe zu bewahren. In den allermeisten Fällen jedoch hatte ich einen ausgesprochen freundlichen Umgang mit den Fans und konnte viele nette Gespräche führen. Die meisten konnten es gar nicht glauben, dass da jemand extra aus dem fernen Europa angereist kommt, um die Fankultur in Argentinien zu dokumentieren.

Sie haben mit dem Buch Fußballtempel *ein umfangreiches Porträt deutscher Stadien vorgelegt. Sind Ihnen bei Bauweise und Architektur wesentliche Unterschiede zu argentinischen Stadien aufgefallen?*

Auf Grund ihres Alters haben die einzelnen Stadien in Argentinien noch ihren jeweils ganz eigenen Charakter. Vor allem die Arenen der 1. Liga sehen nicht so genormt aus wie in Deutschland, jede hat ihr eigenes Gesicht und man erkennt auf den ersten Blick, wo man sich befindet. Besonders auffällig sind die zwingend notwendigen meterhohen Zäune, sowie in manchen Stadien die mit einer grünen Brühe gefüllten Wassergräben, die die Fans daran hindern sollen, auf das Spielfeld zu gelangen. Was aber auch nicht in jedem Fall gelingt. Der größte Unterschied ist jedoch sicherlich der bauliche Zustand der Stadien. Während in Deutschland nahezu alle Stadien bis hinunter in die 3. Liga in den letzten zehn Jahren neu gebaut oder zumindest modernisiert wurden, ist kaum ein Stadion in Argentinien jünger als 30 Jahre. Viele Stadien sind – selbst für argentinische Verhältnisse – in so marodem Zustand, dass diese vom Verband nur teilweise für das Publikum freigegeben werden oder gar komplett gesperrt werden, so dass die jeweiligen Vereine sich an anderen Spielstätten der Stadt einmieten müssen. Zwar wurden in den letzten Jahren einige wenige Neubauten angegangen, aber manche davon wurden nur soweit getrieben, bis ein einigermaßen geregelter Spielbetrieb möglich war. Dem Stadion in La Plata beispielweise wird nach mehreren Jahren Baupause erst jetzt das Dach aufgesetzt, weil die Bauteile dafür jahrelang beim Zoll festgehalten worden waren und vor sich hin rosteten. Die Stadt als Bauträger konnte schlichtweg die fälligen Einfuhrzölle nicht begleichen. Dem nagelneuen Stadion von Independiente wiederum fehlt noch eine komplette Tribüne sowie zwei Ecktürme und das Dach. Viele Mitglieder von Independiente vermuten, dass Klub-Präsident Julio Comparada erst im Rahmen des nächsten Wahlkampfes, wenn seine Wiederwahl als Vereinsboss ansteht, die Bagger abermals anrollen lassen wird.

Was könnte sich der europäische Fußball von den Argentiniern abschauen?

Es wäre toll, wenn man die Stimmung aus den argentinischen Stadien einfach so mit nach Deutschland nehmen könnte, aber das ist eine Frage des Publikums und seiner Traditionen und nicht zuletzt auch der Mentalität. Eine Kleinigkeit gäbe es aber doch: In Argentinien wird der Schiedsrichter seit 2009 mit einer Sprühdose ausgestattet, mit der er bei Freistößen den Abstand der Mauer auf dem Rasen markieren kann. Das ist eine sehr schlichte, aber gleichzeitig sehr nützliche Erfindung, die man meines Erachtens sehr schnell einführen könnte. Aber stattdessen diskutieren wir hier in Europa über so komplizierte Dinge wie den Chip-Ball oder den Videobeweis.

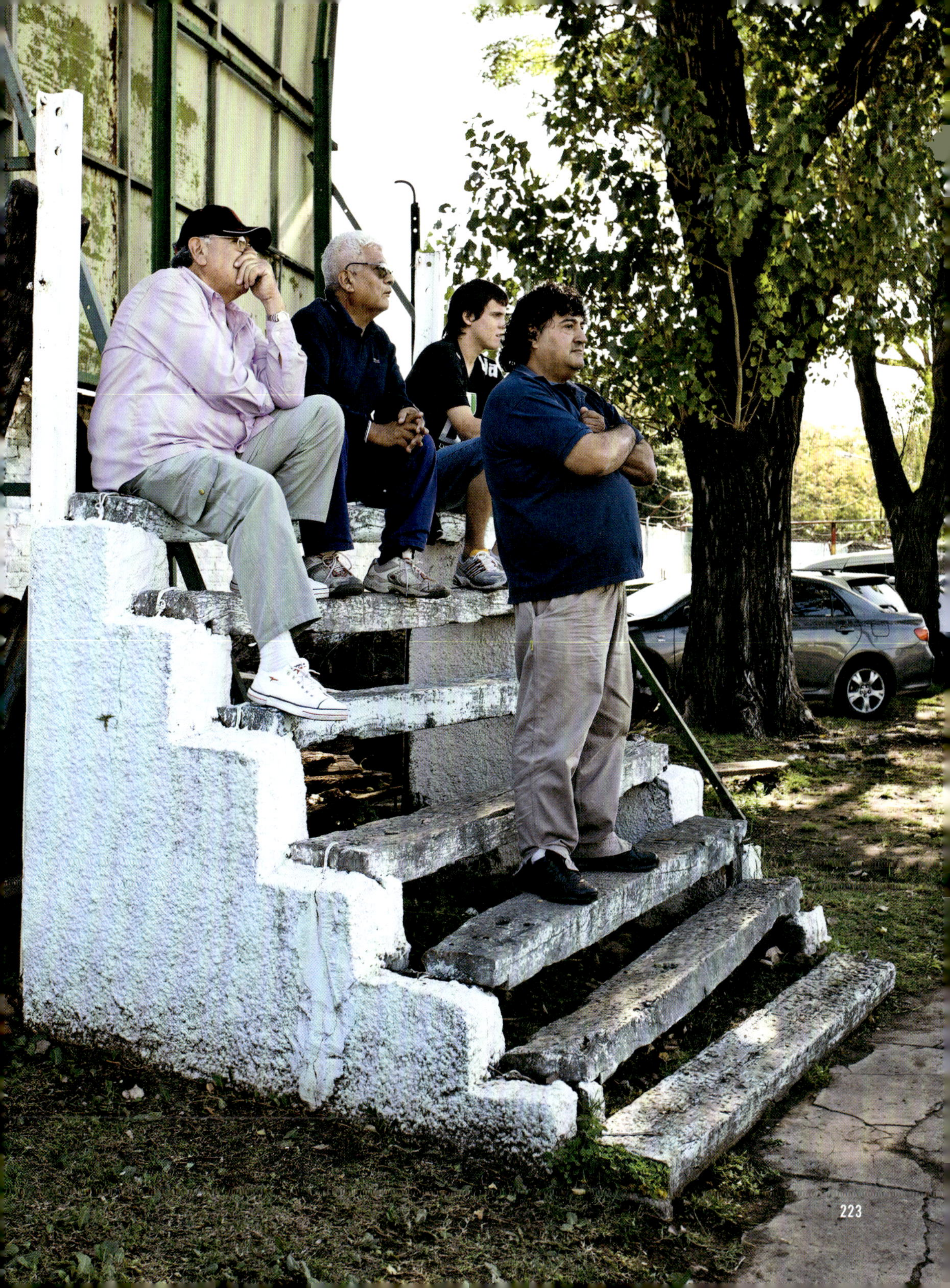

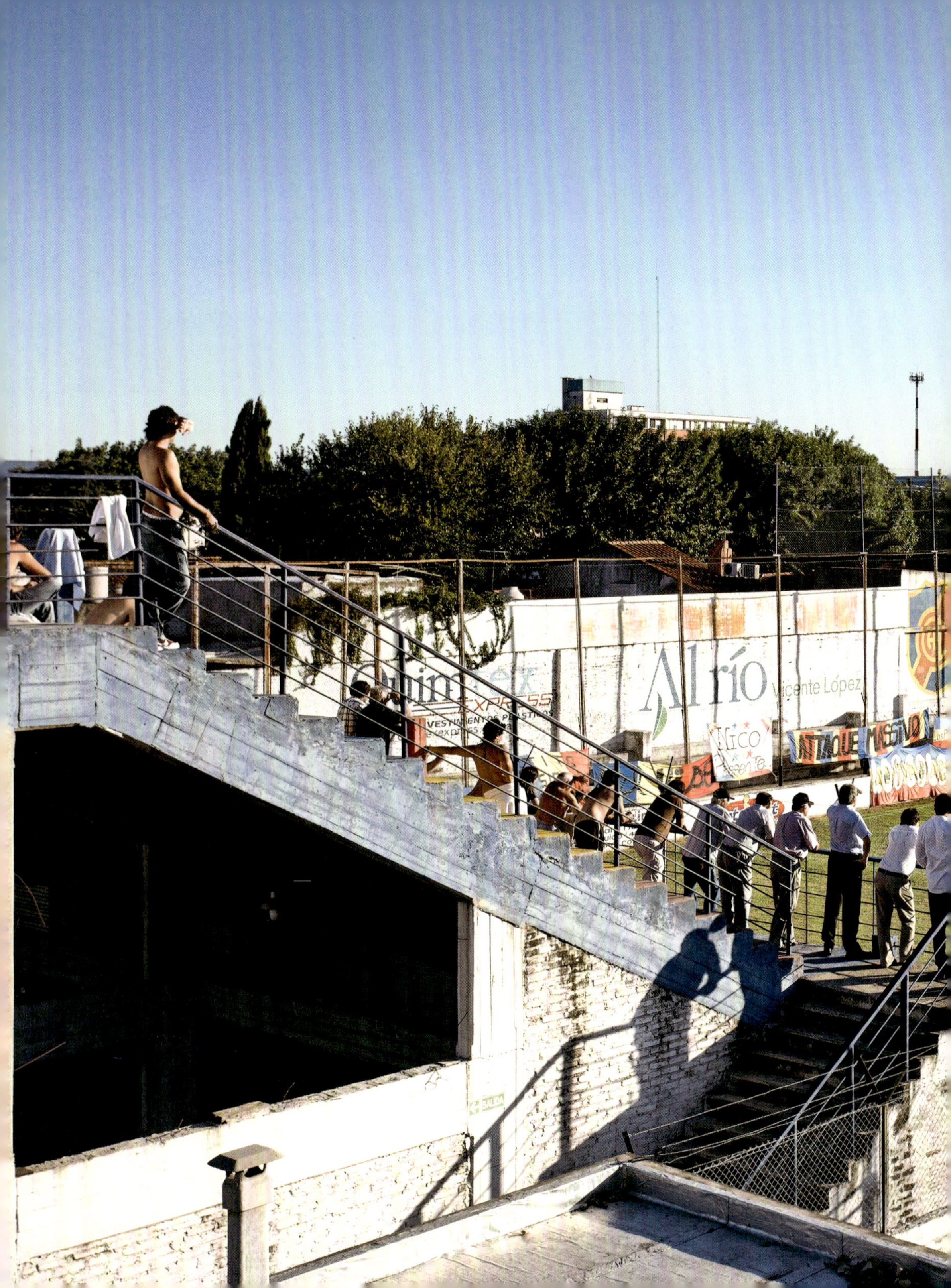
Al río
Vicente López

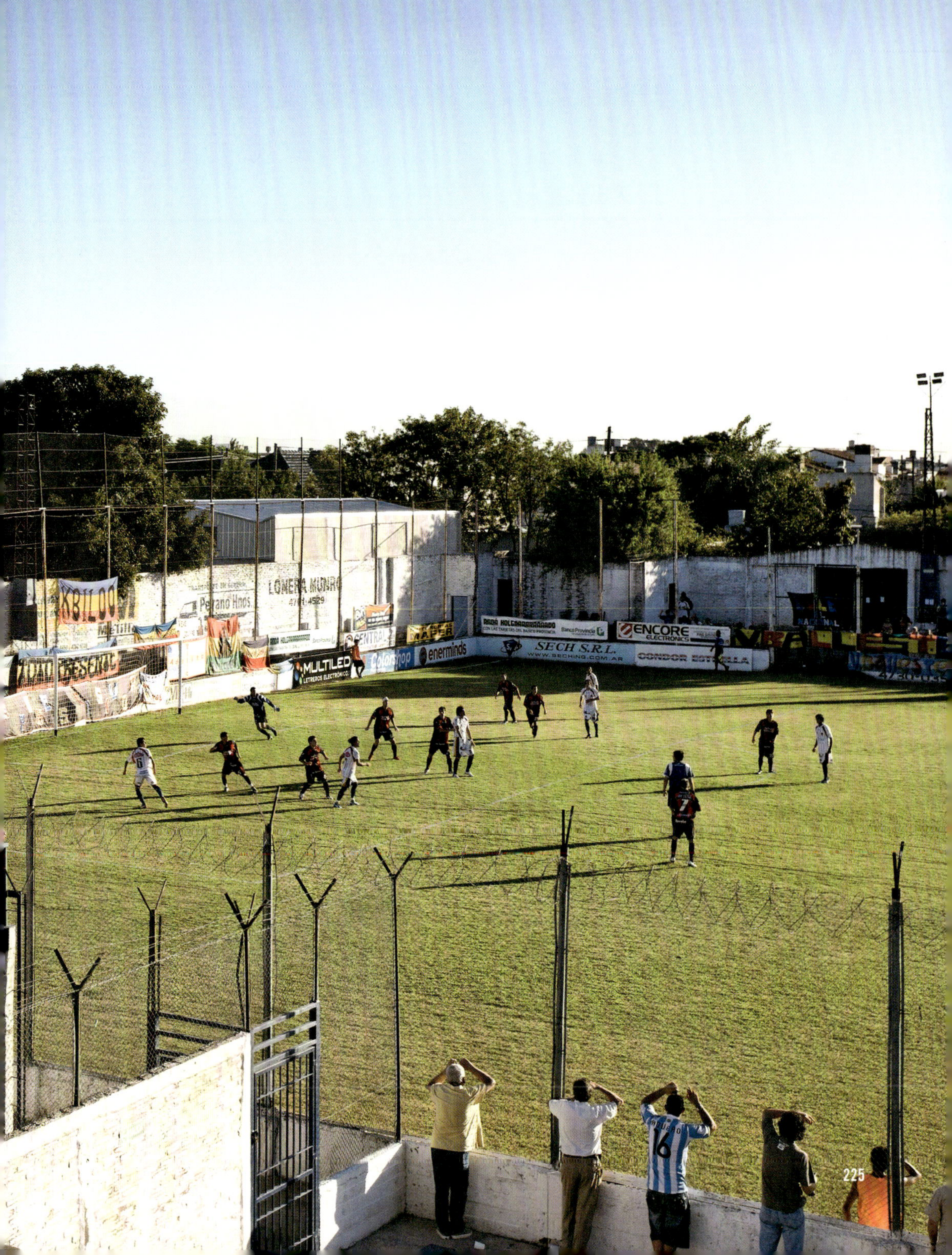

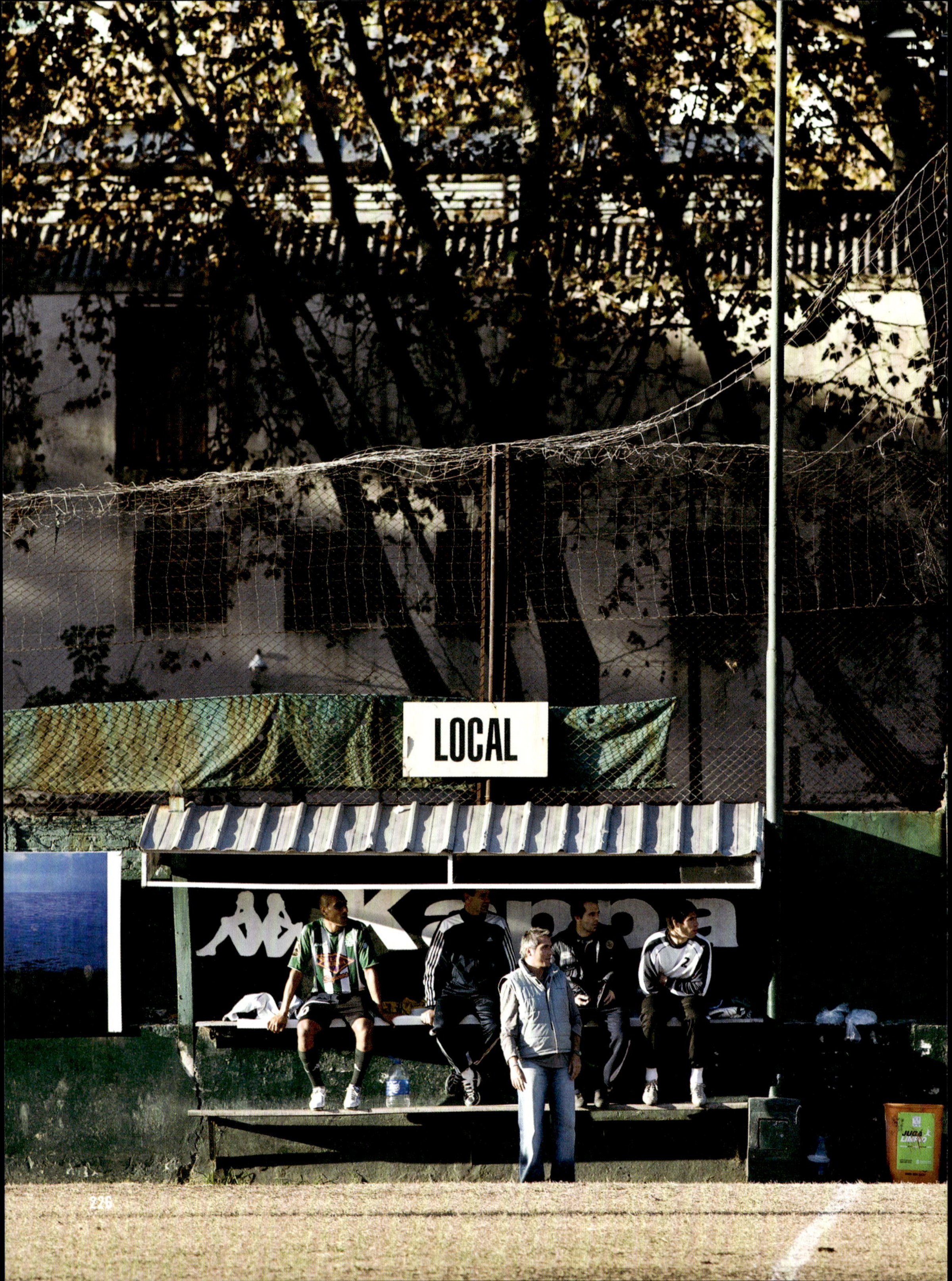
LOCAL

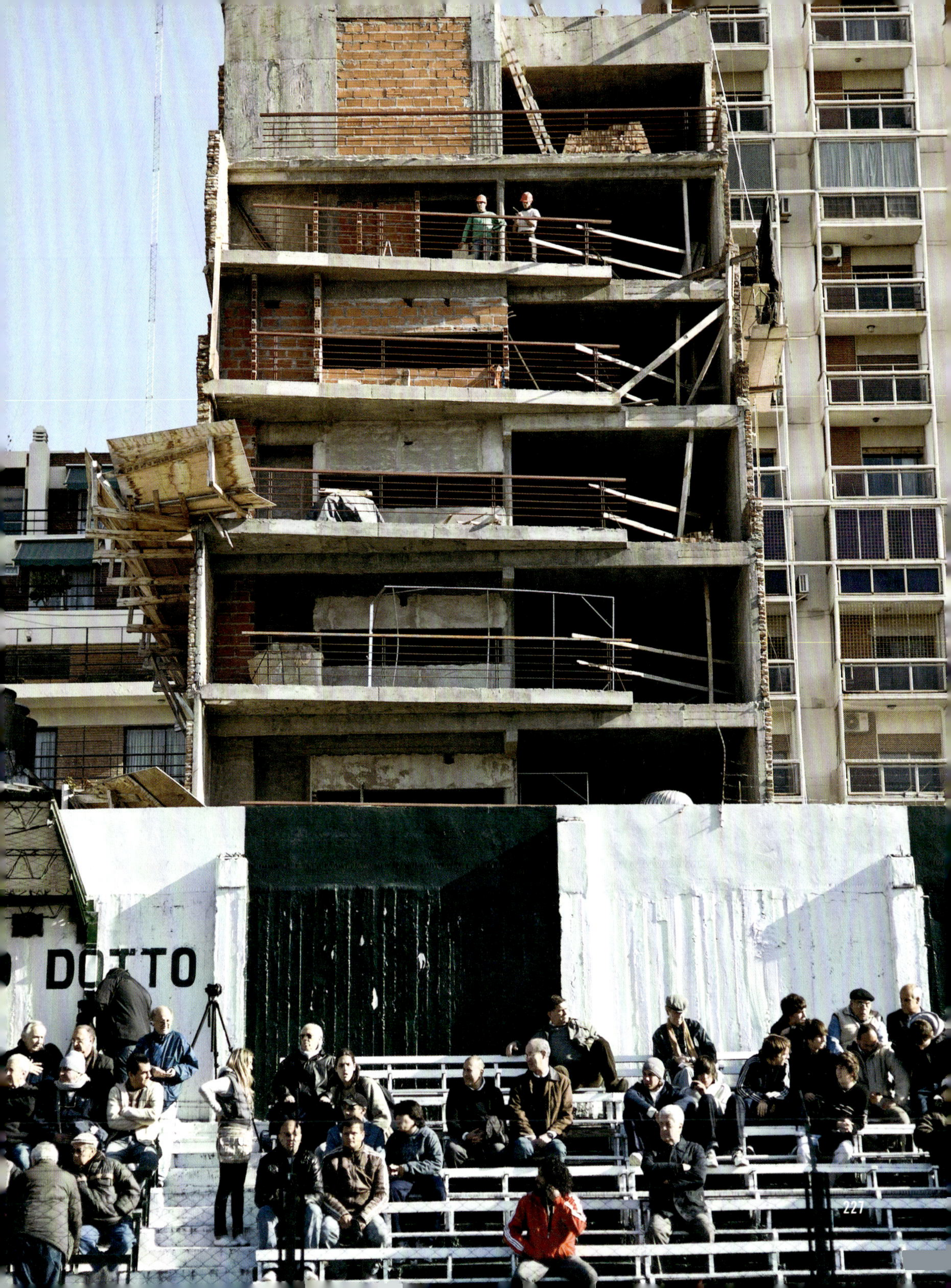
DOTTO

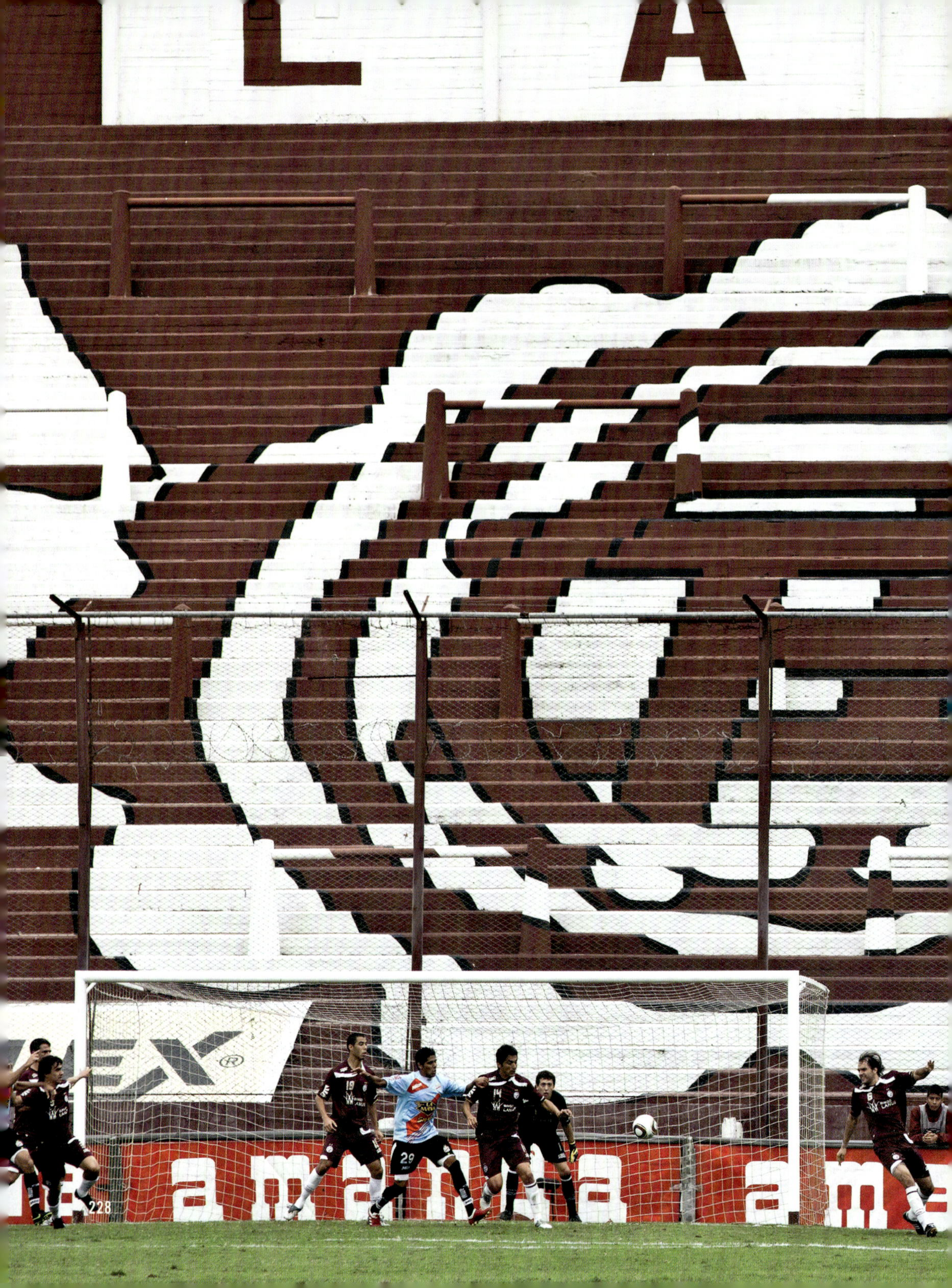
LA

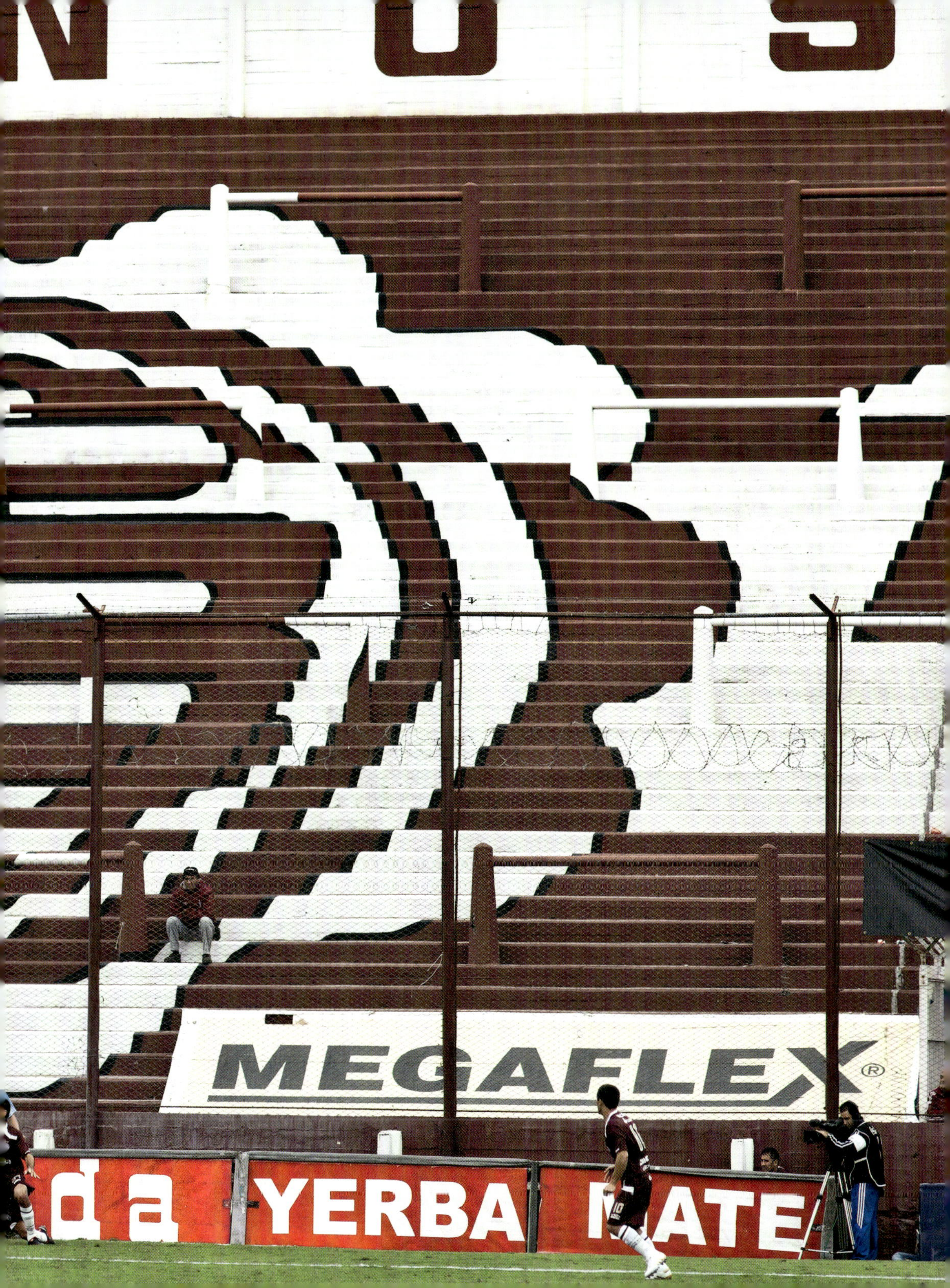
MEGAFLEX
YERBA

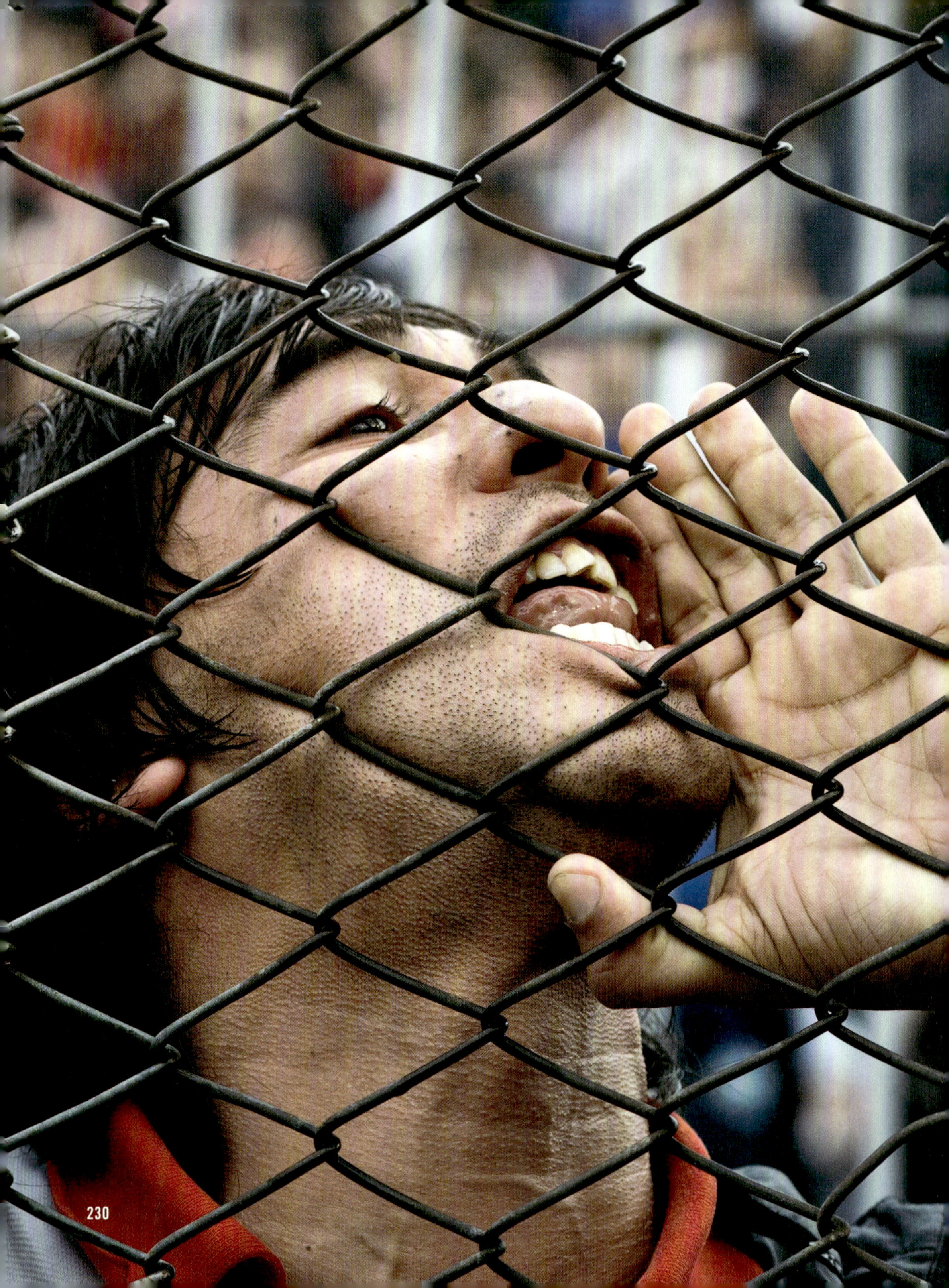

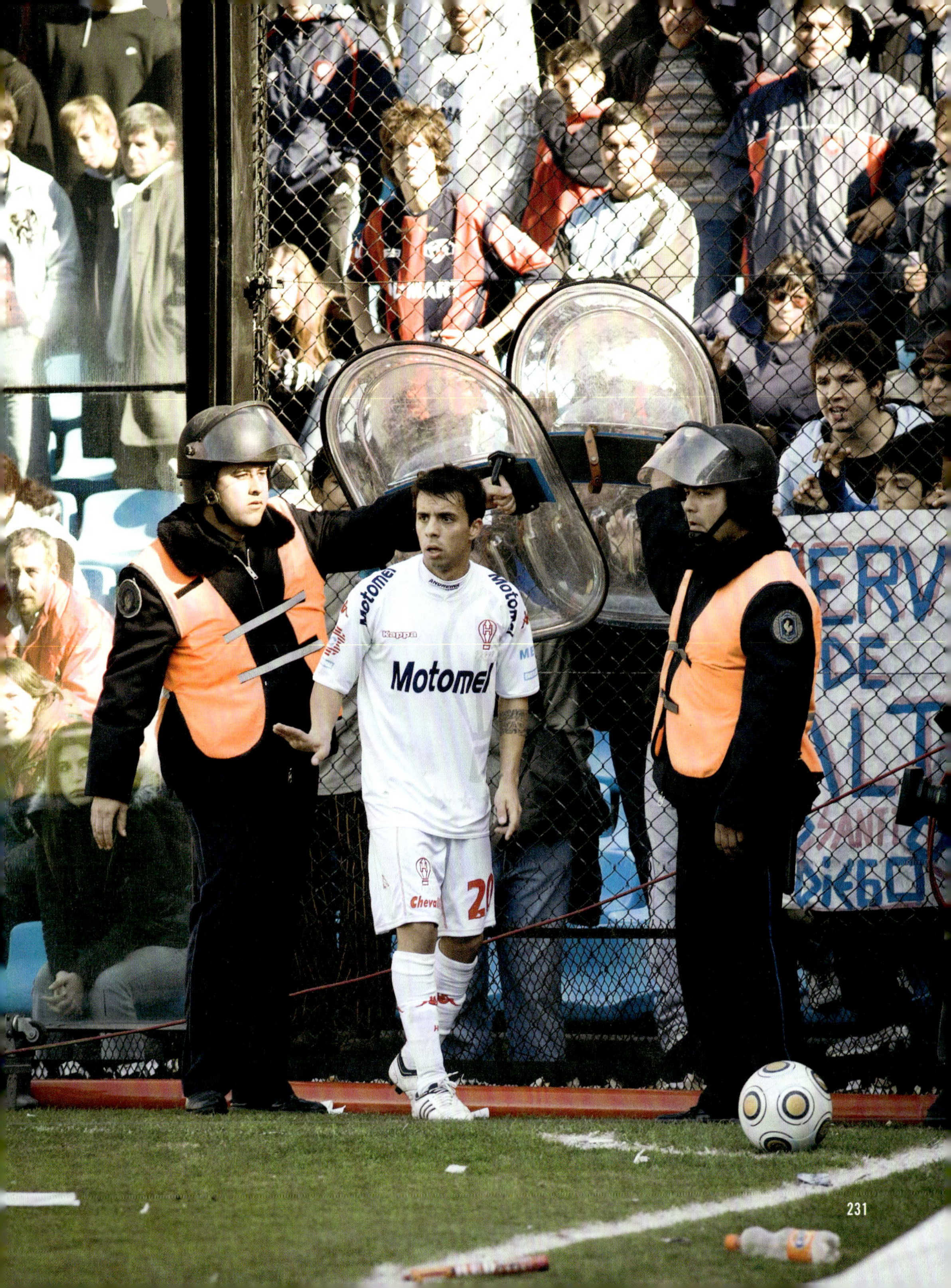
Motomel

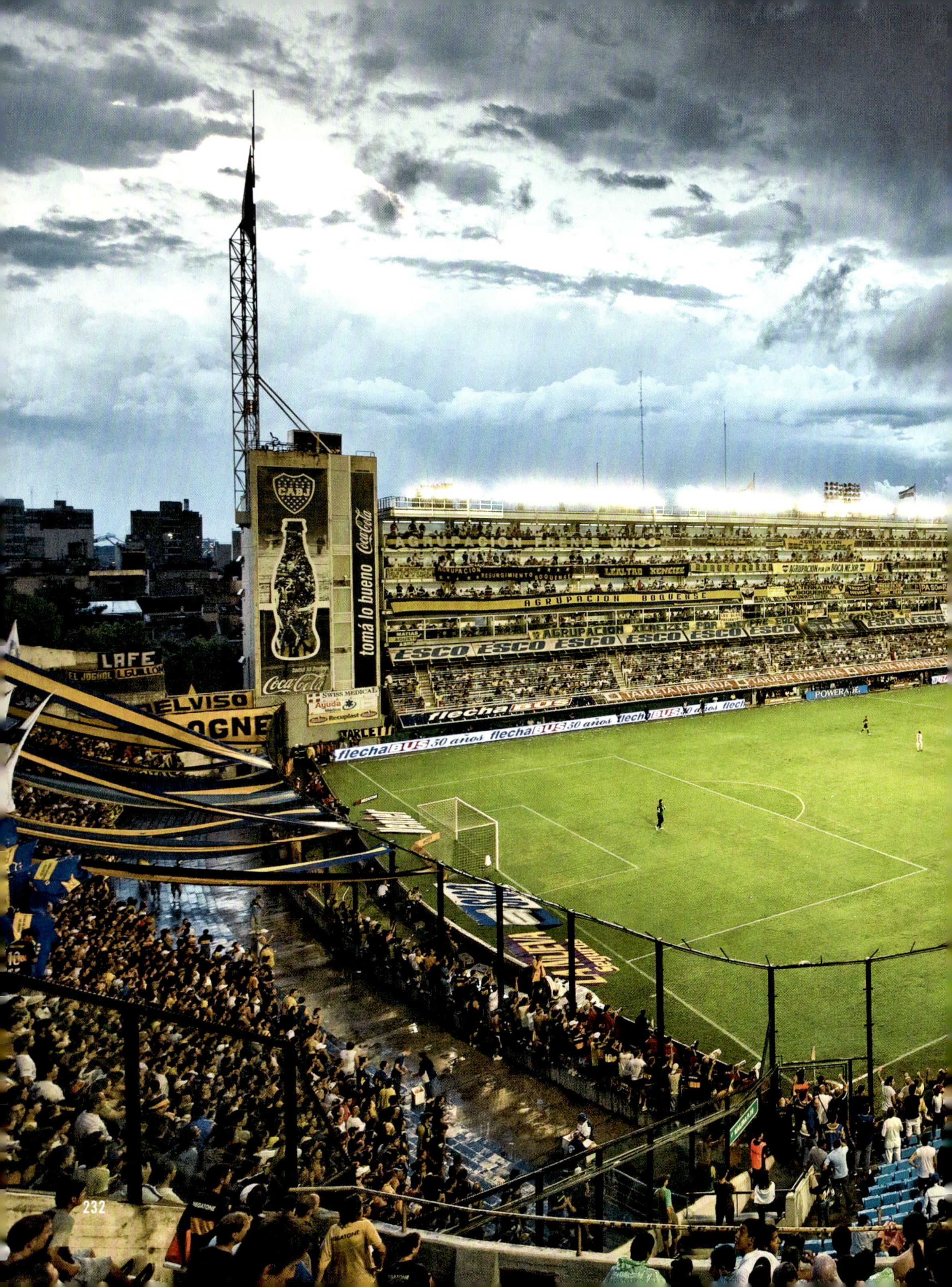
CABJ
Coca-Cola
tomá lo bueno
AGRUPACION FRENTE UNICO
AGRUPACION BOQUENSE
ESCO ESCO ESCO
TARJETA NARANJA
POWERADE
flechaBUS 50 años
LAFE

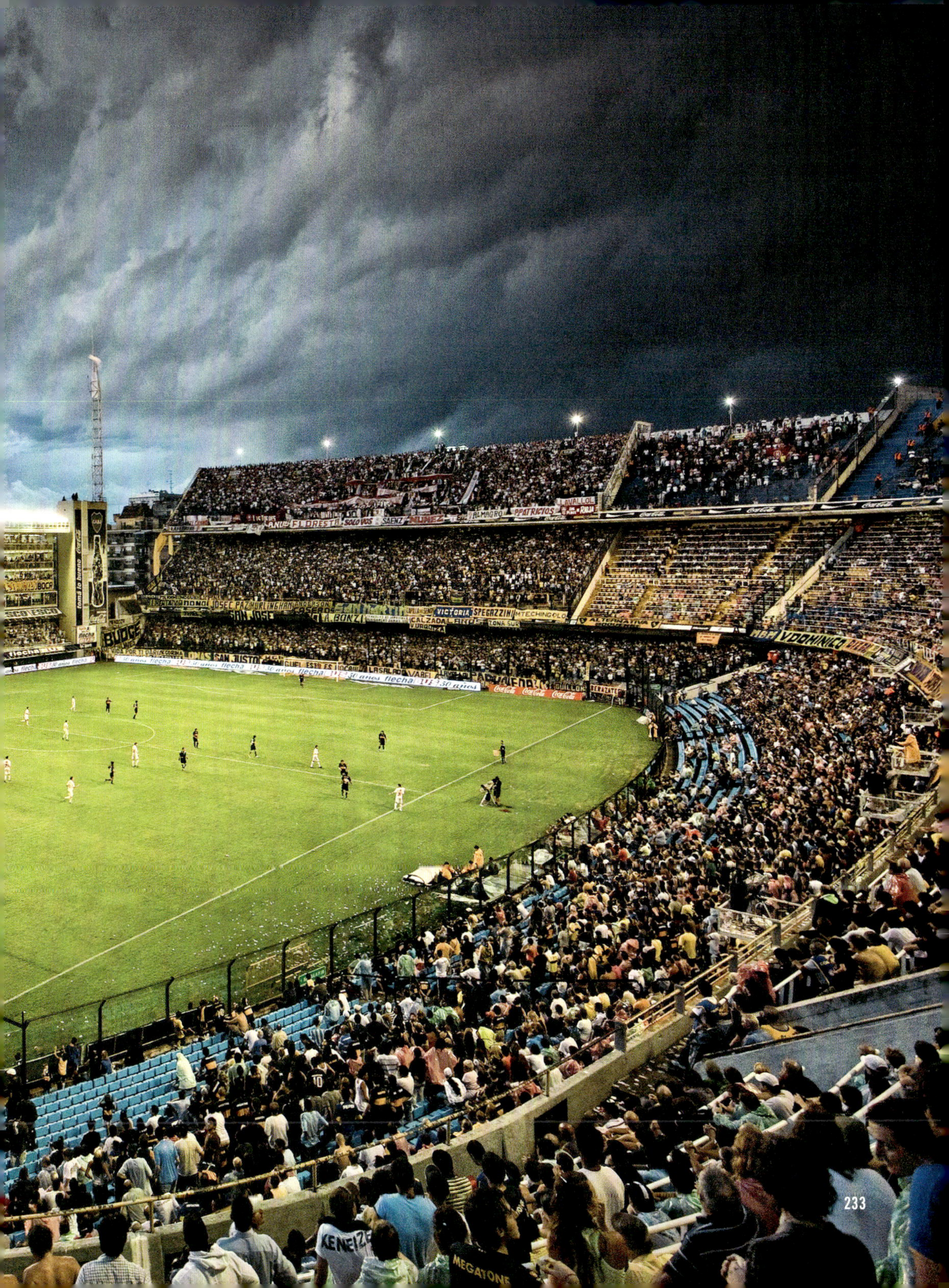
VICTORIA
SPEGAZZINI
SAN JOSE
BUDGE
flecha
KENEIZE
MEGATONE

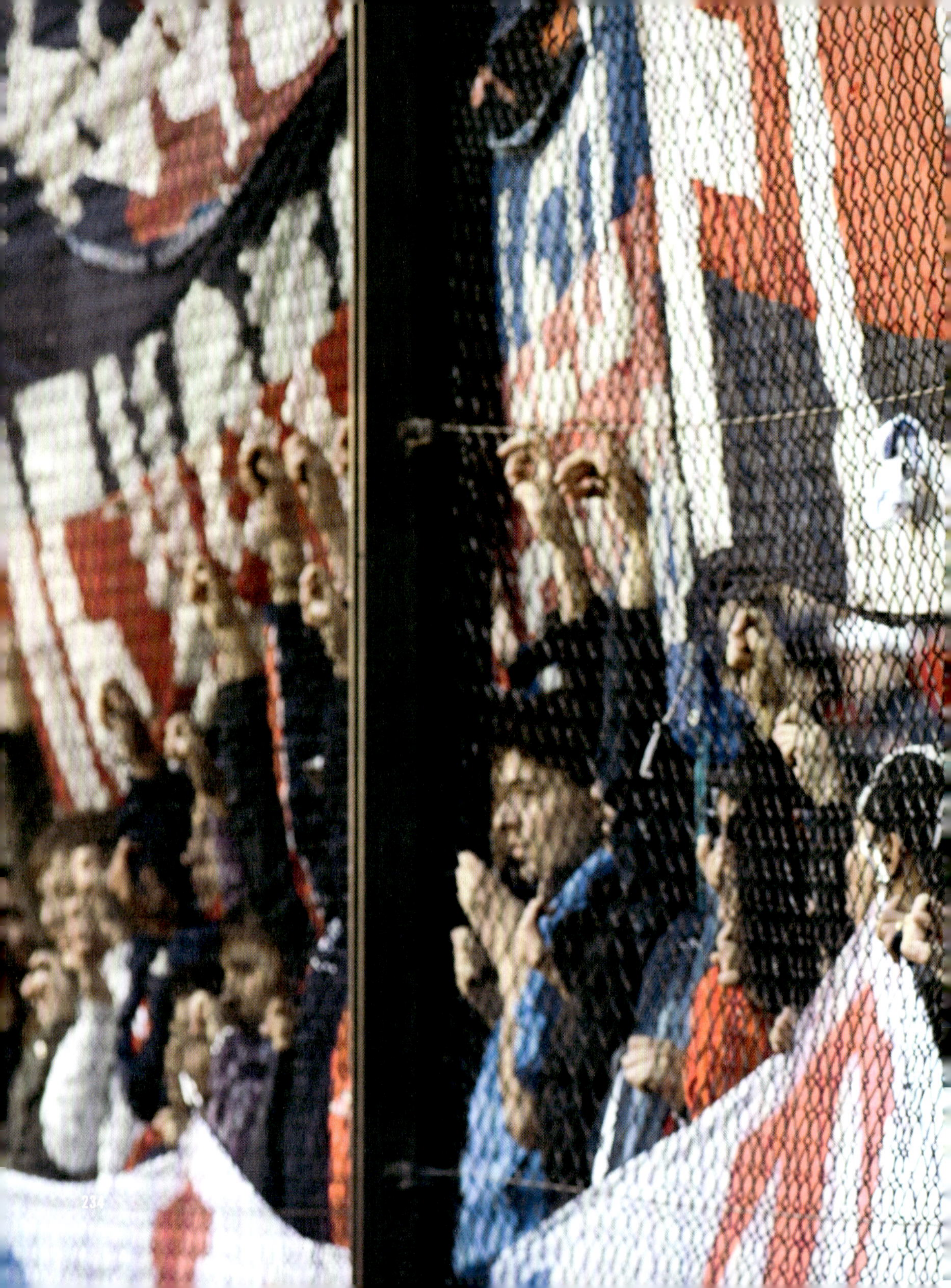

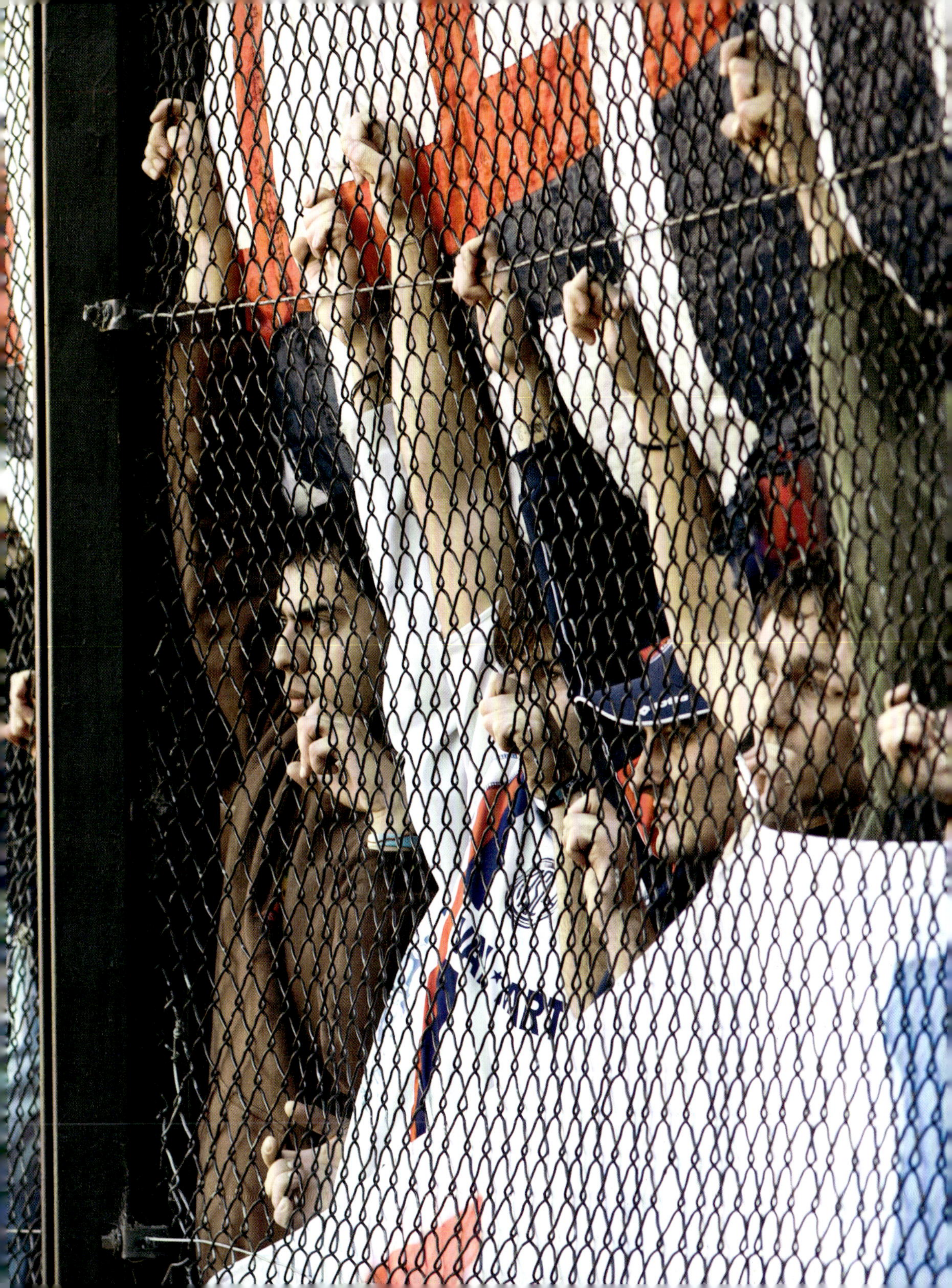

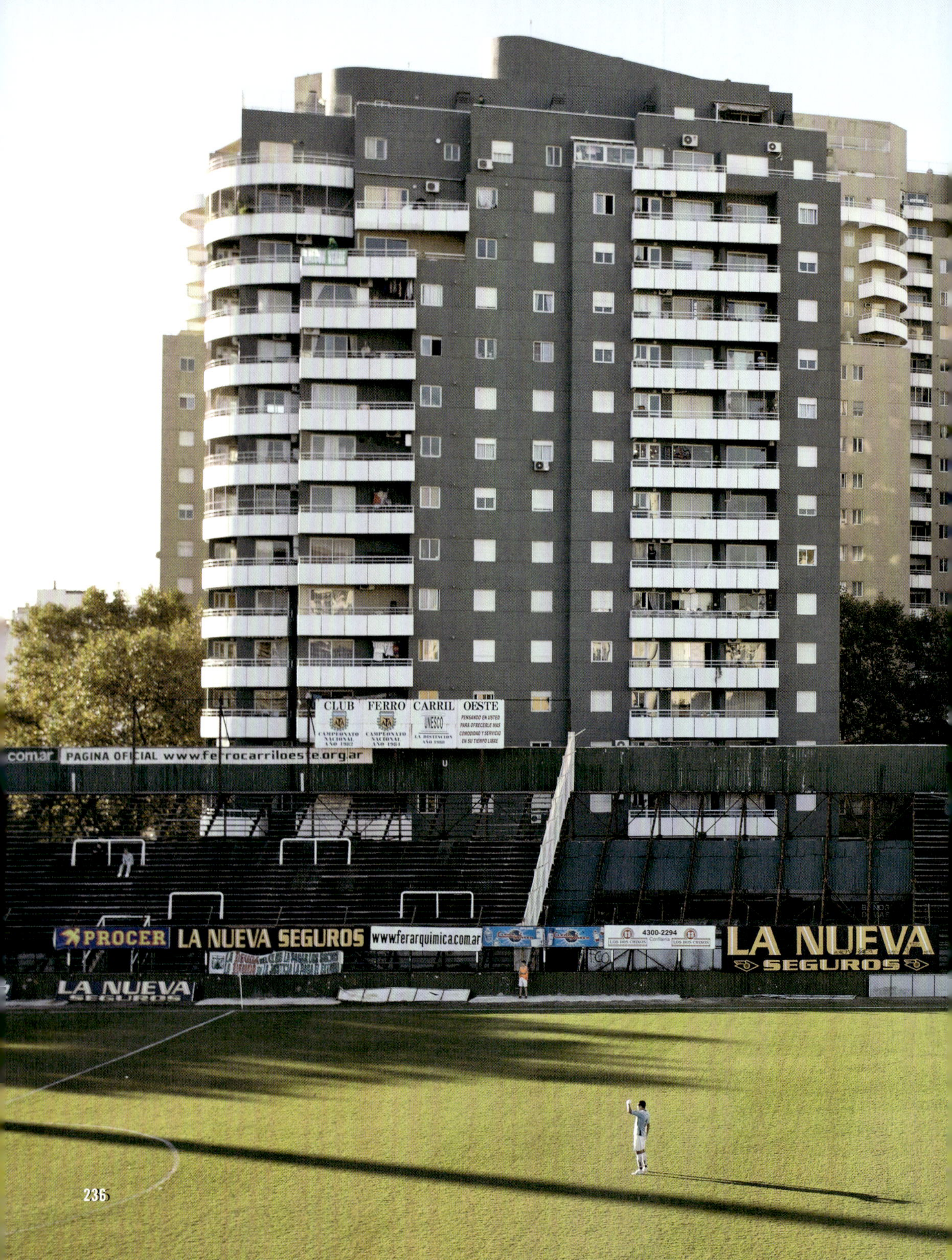
CLUB FERRO CARRIL OESTE
UNESCO
comar
PAGINA OFICIAL www.ferrocarriloeste.org.ar
PROCER
LA NUEVA SEGUROS
www.ferarquimica.com.ar
4300-2294
LA NUEVA
SEGUROS
LA NUEVA

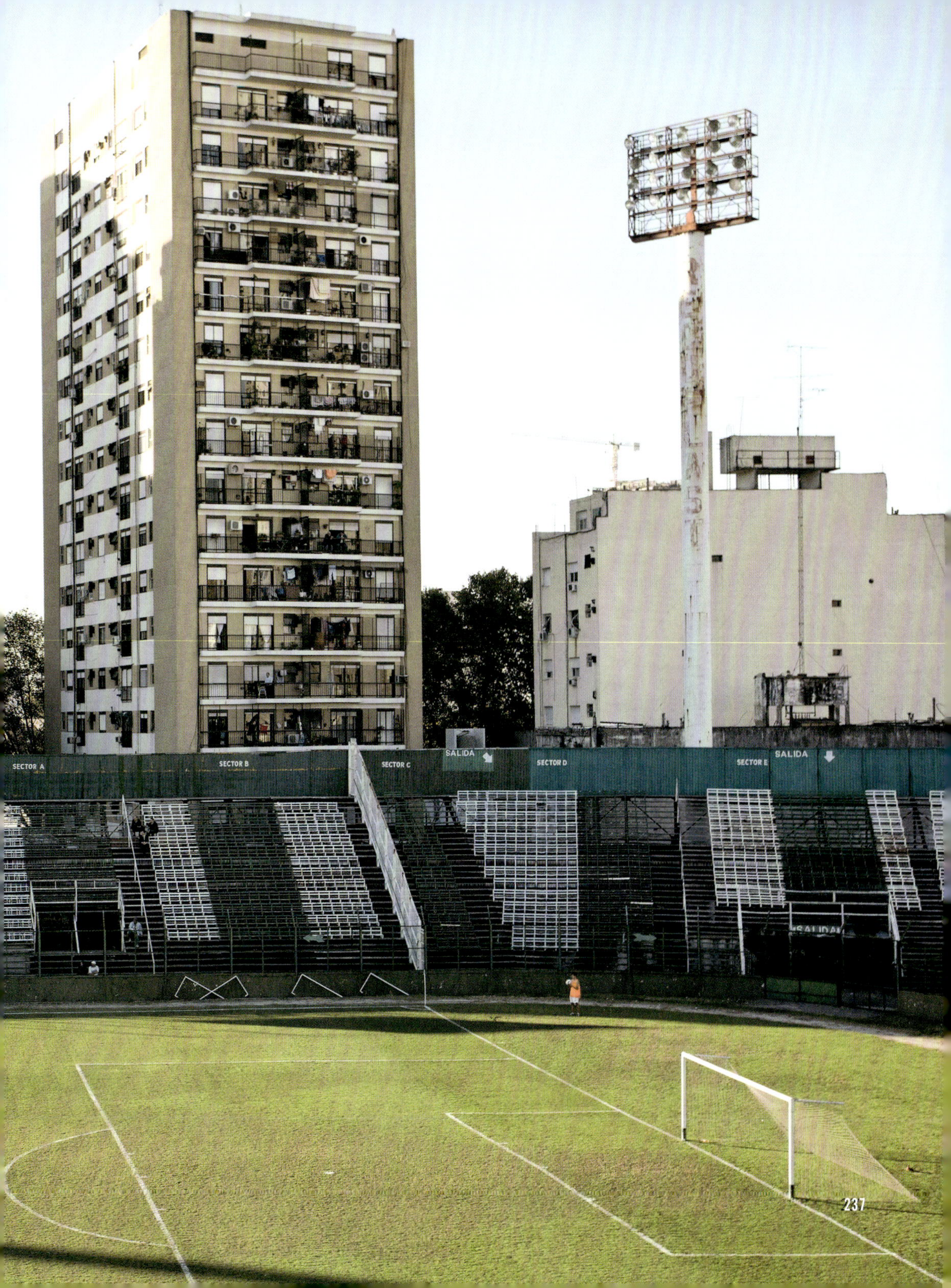
SECTOR A
SECTOR B
SECTOR C
SALIDA
SECTOR D
SECTOR E
SALIDA

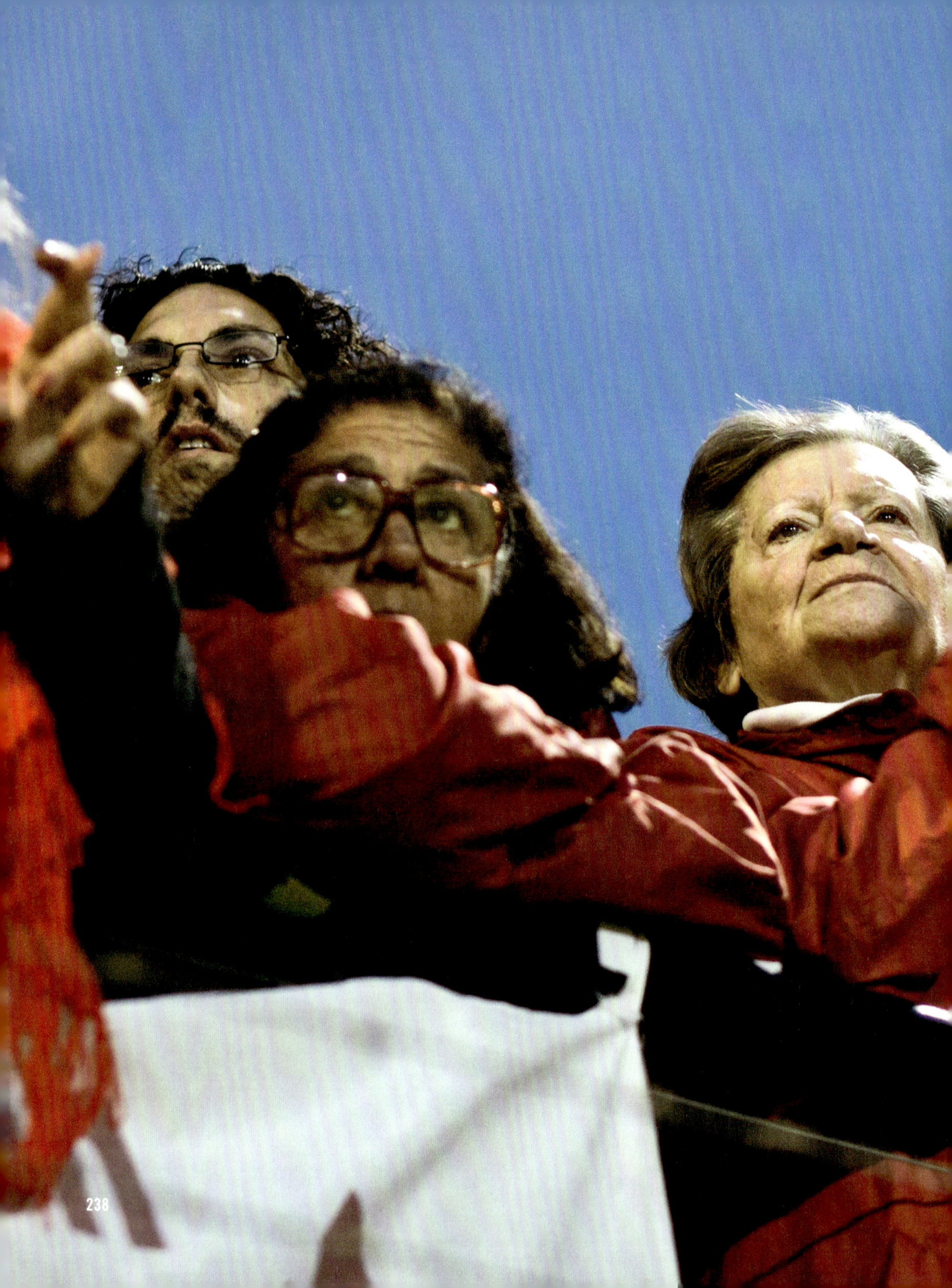

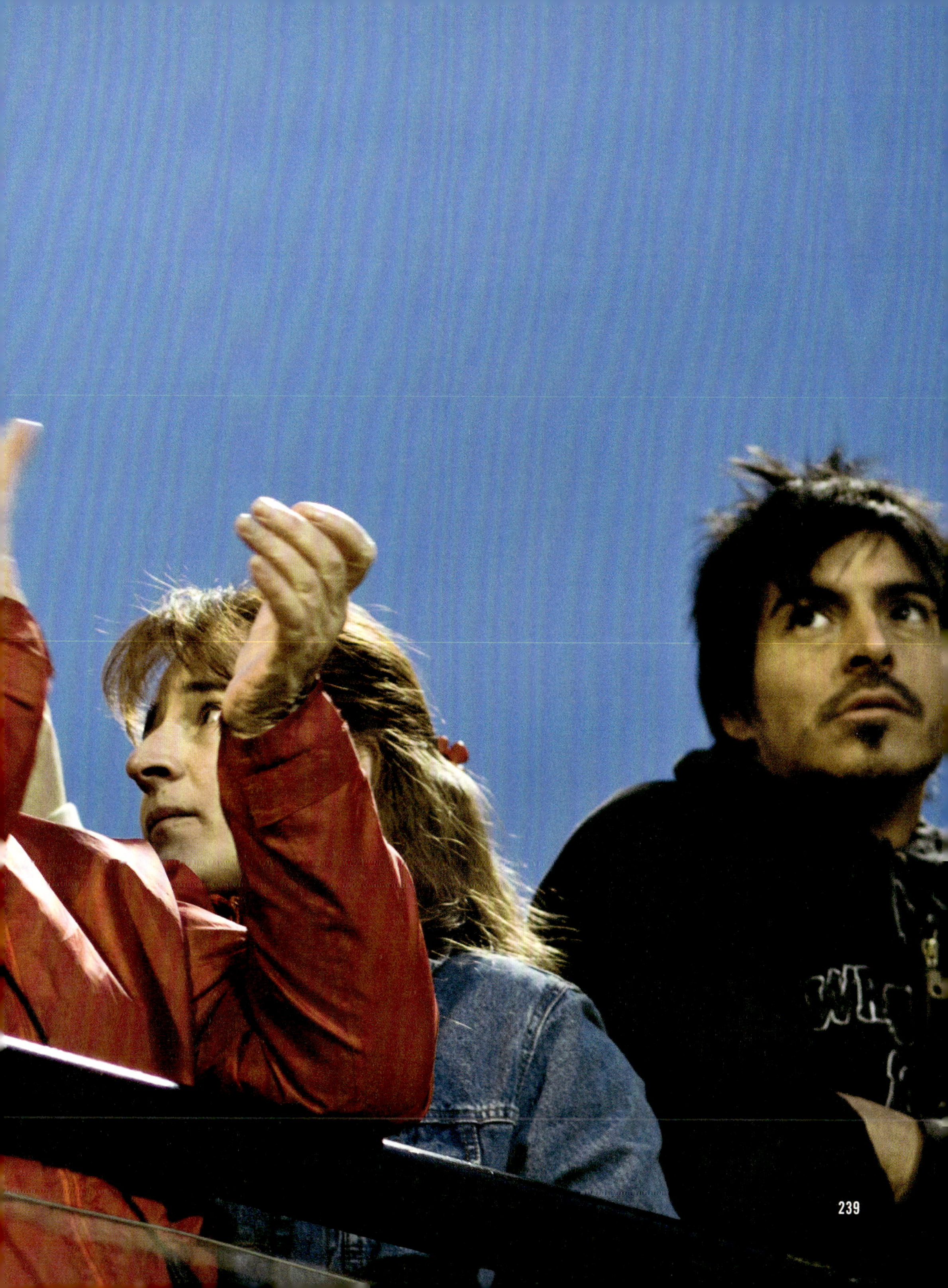

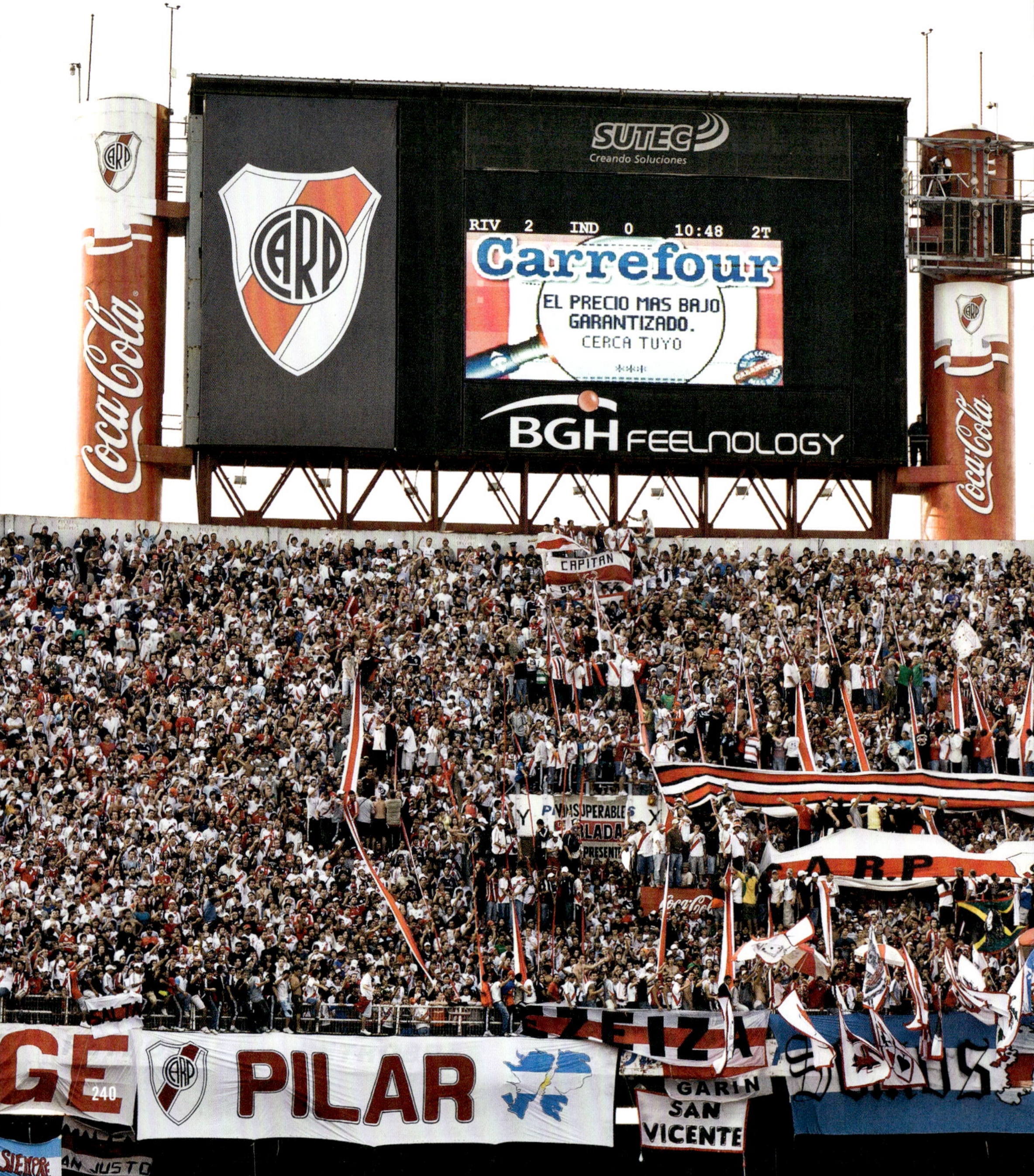
SUTEC
Creando Soluciones
RIV 2 IND 0 10:48 2T
Carrefour
EL PRECIO MAS BAJO
GARANTIZADO.
CERCA TUYO
BGH FEELNOLOGY
Coca-Cola
Coca-Cola
CAPITAN
PILAR
GARIN
SAN
VICENTE

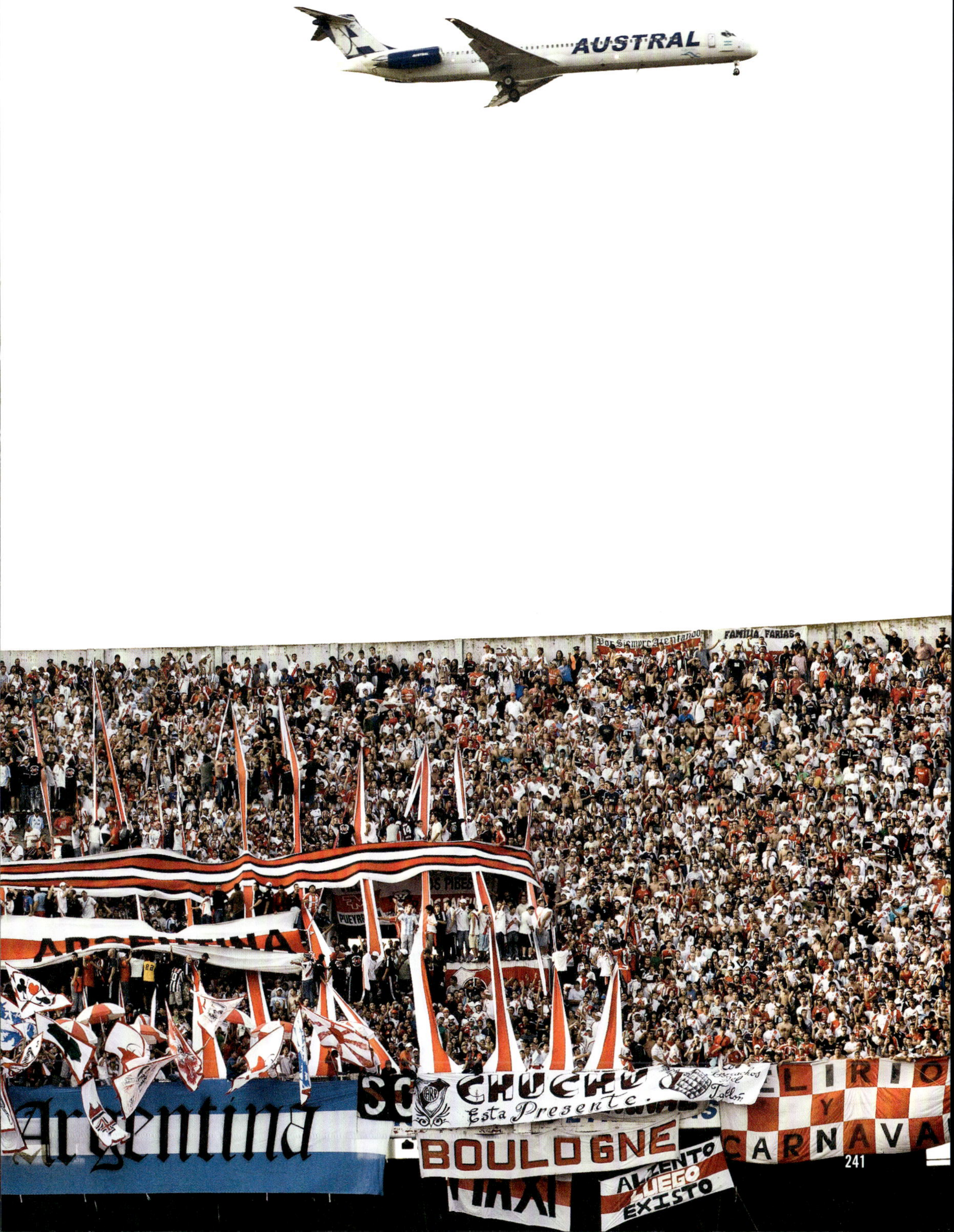

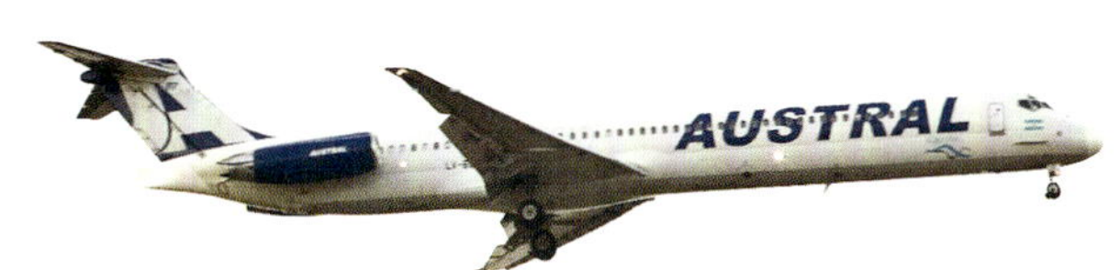
AUSTRAL

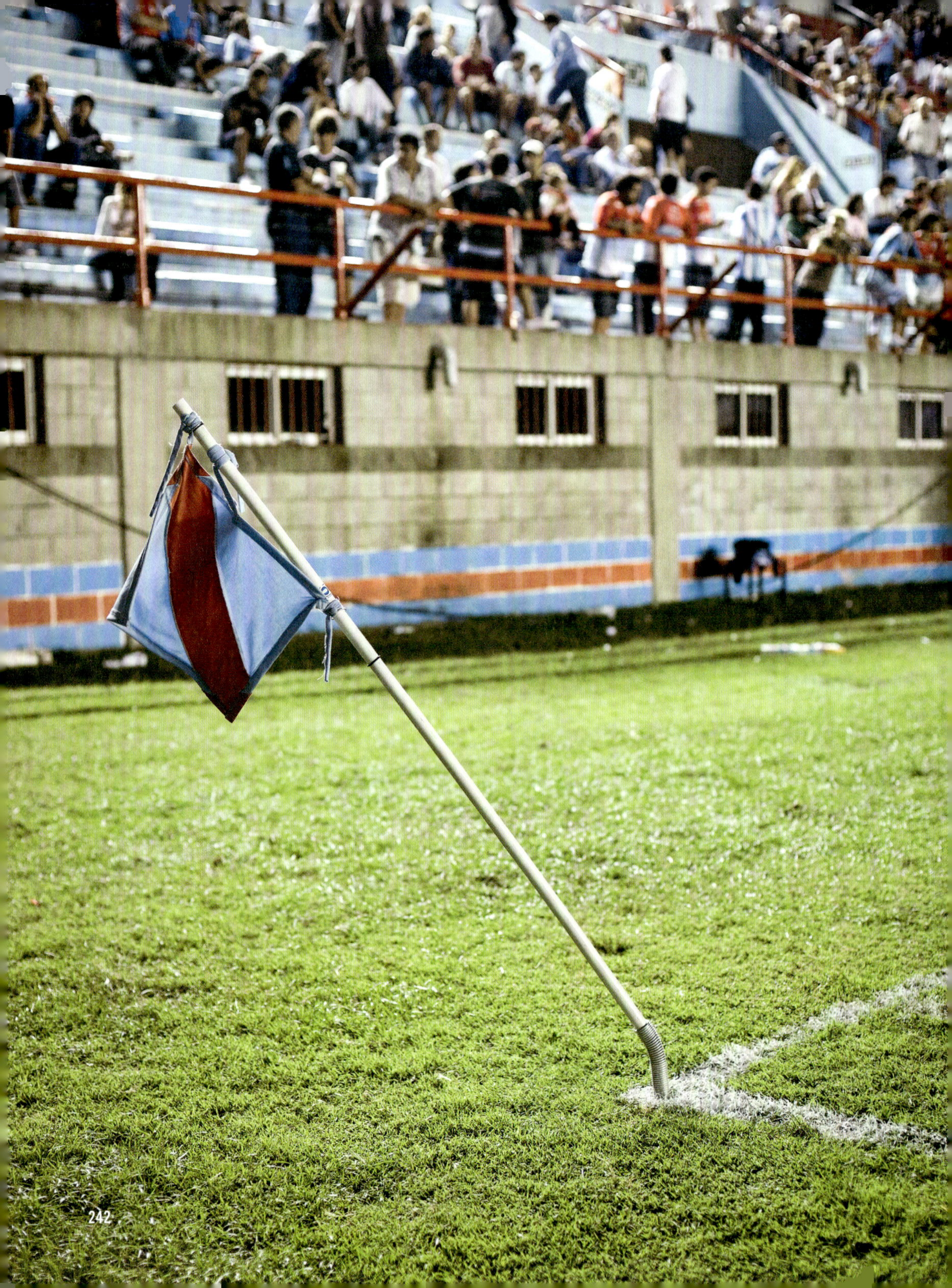

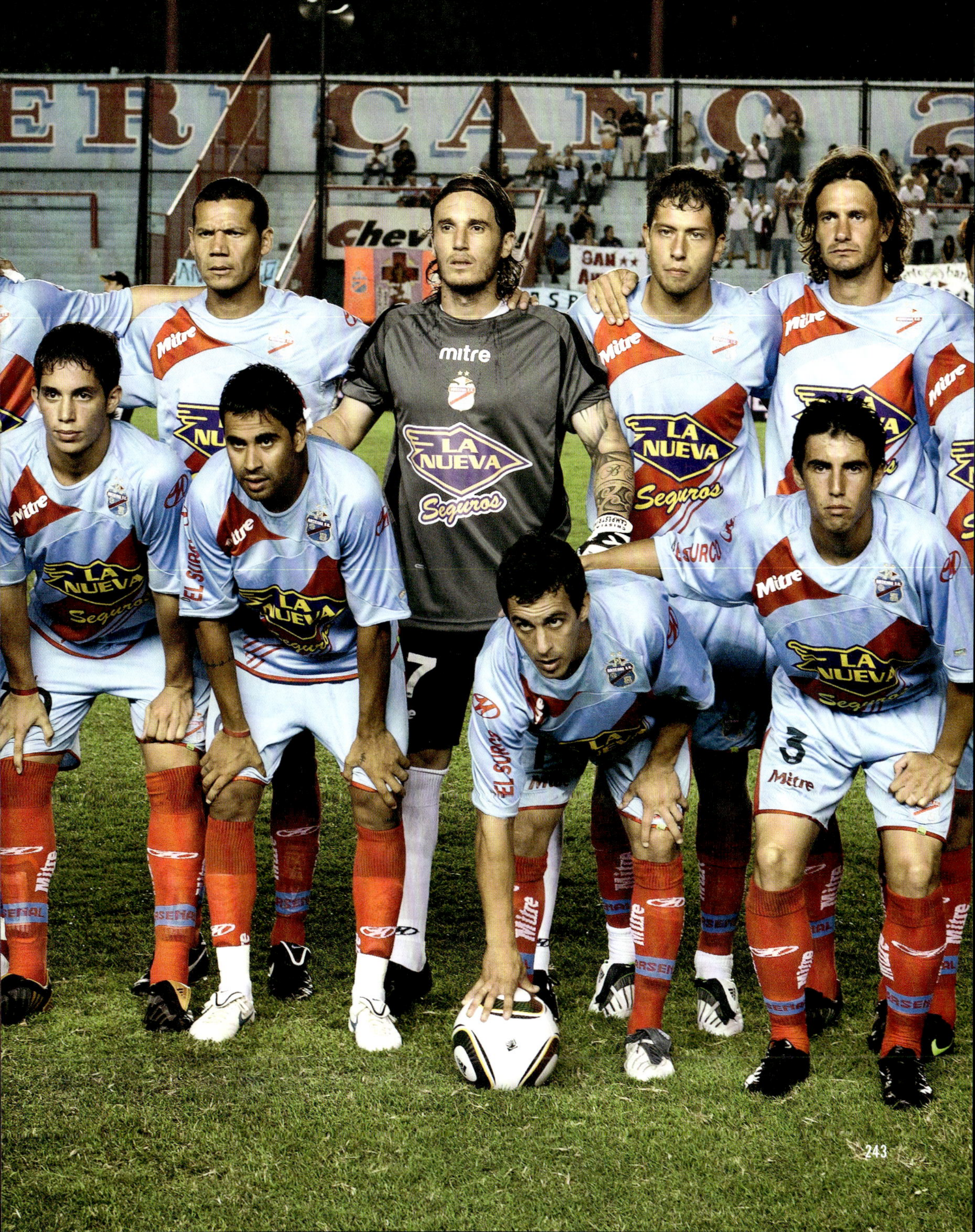
mitre
LA NUEVA
Seguros

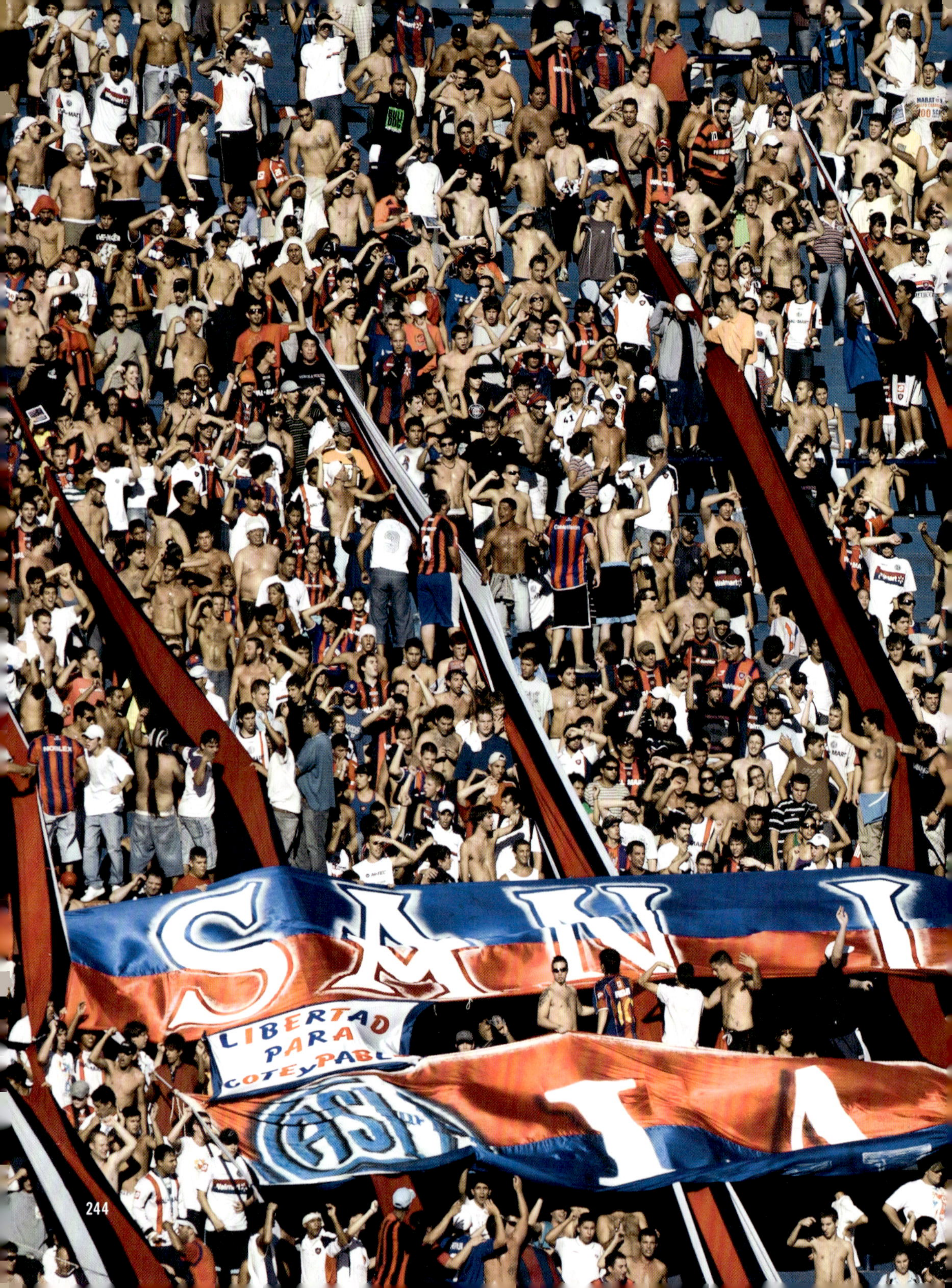
LIBERTAD
PARA

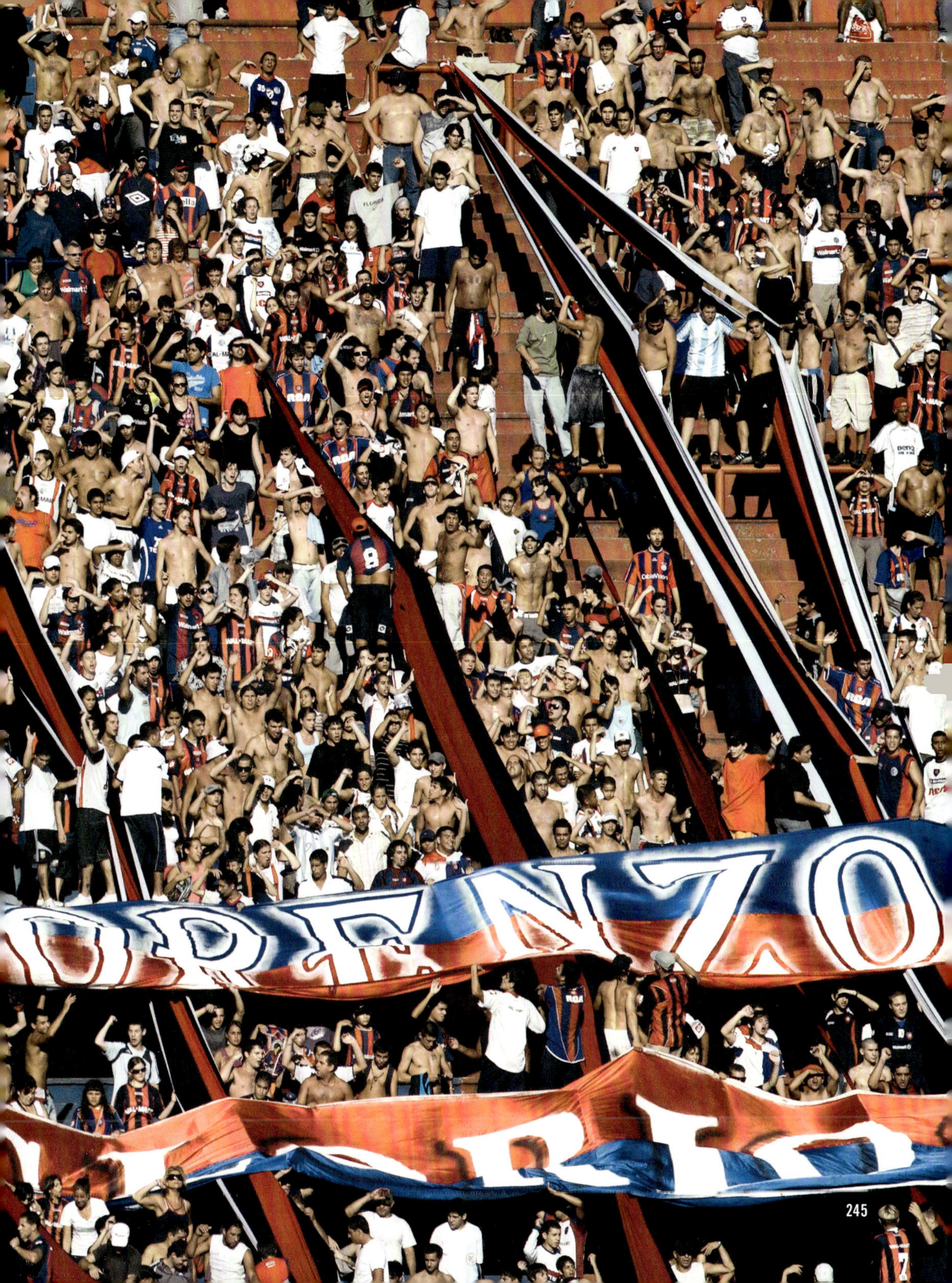

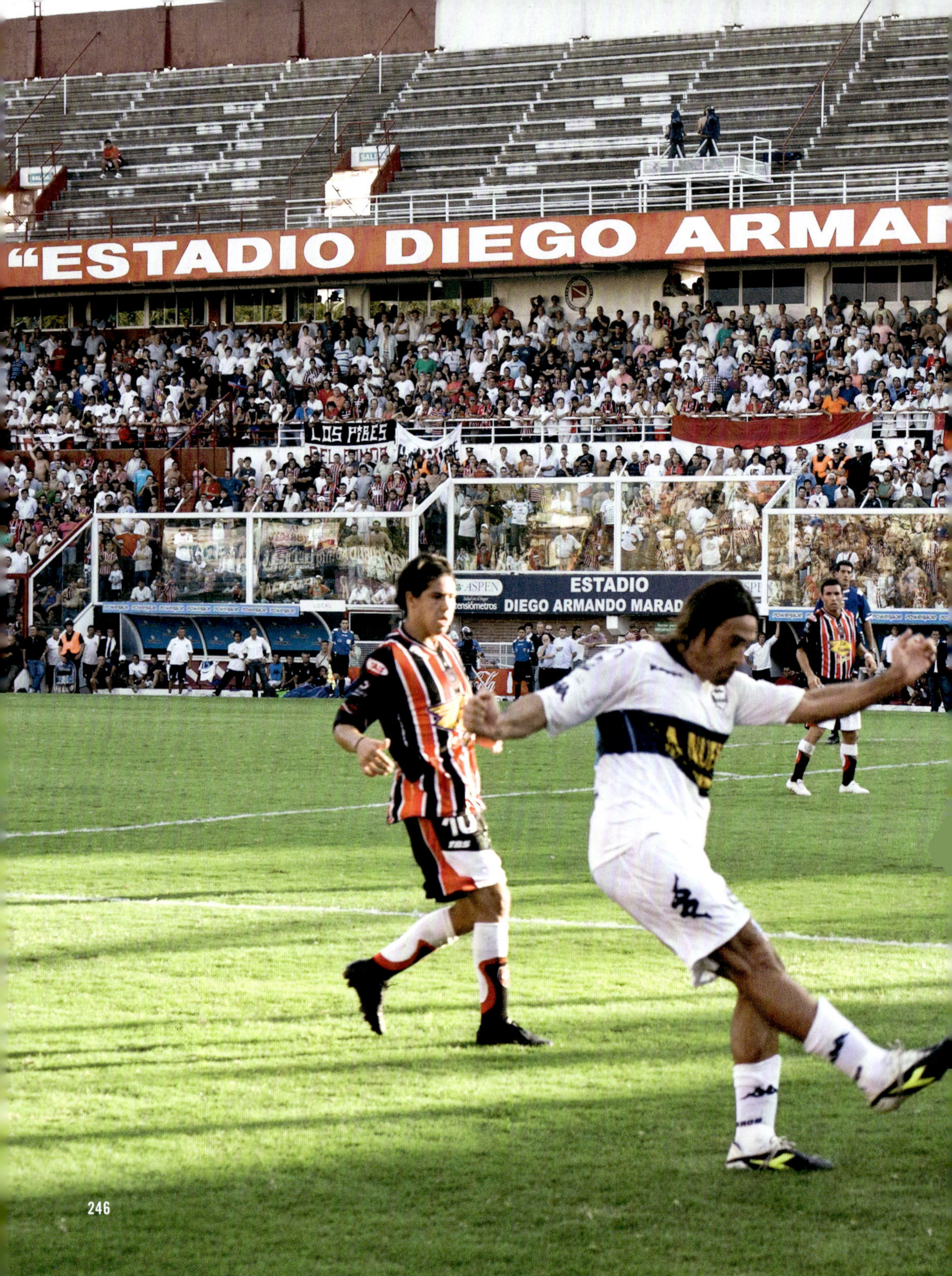
"ESTADIO DIEGO ARMAN
LOS PIBES
ESTADIO
DIEGO ARMANDO MARAD
ASPEN

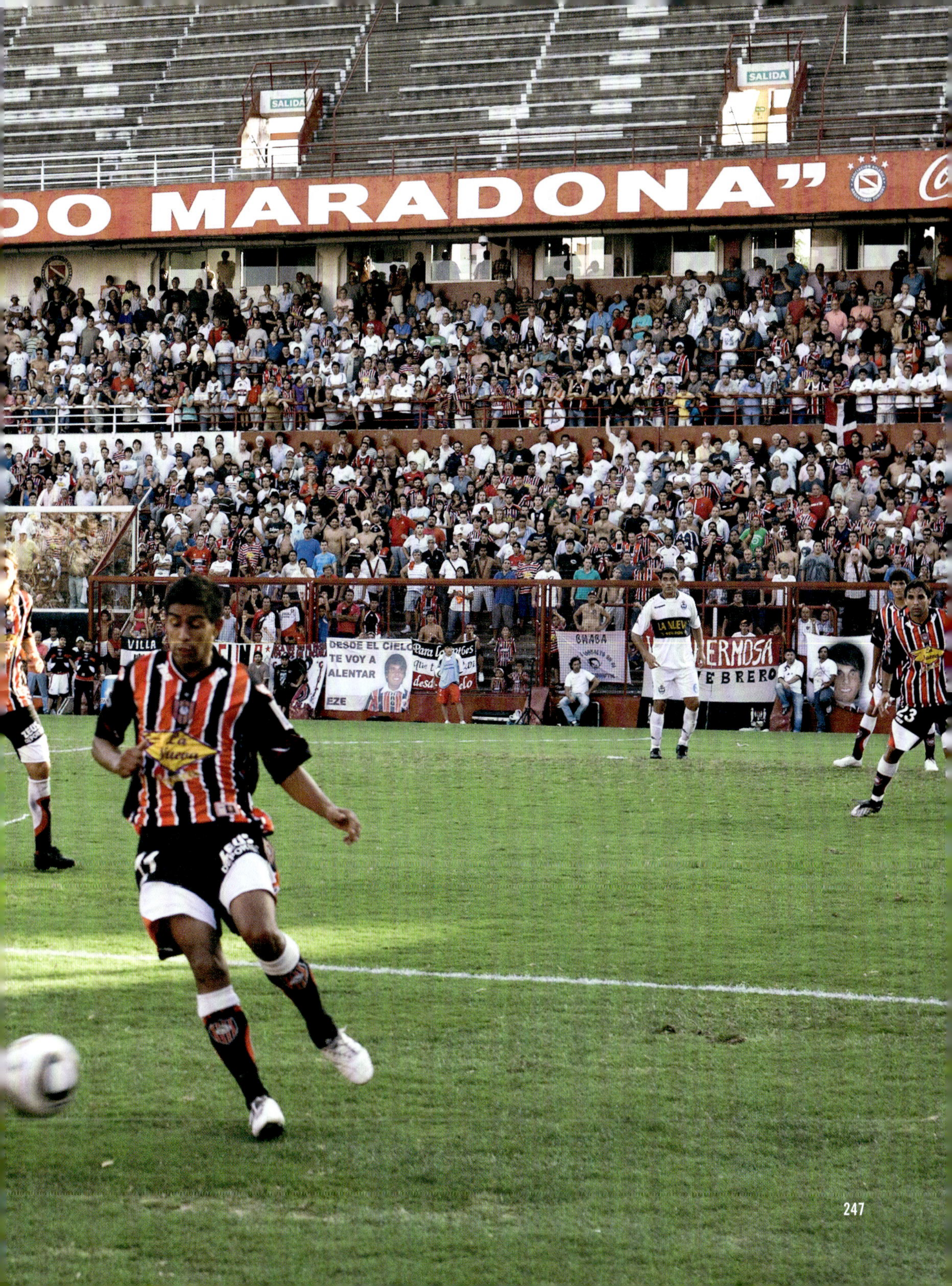
SALIDA
SALIDA
MARADONA"
VILLA
DESDE EL CIELO
TE VOY A
ALENTAR
EZE
ERMOSA
EBRERO

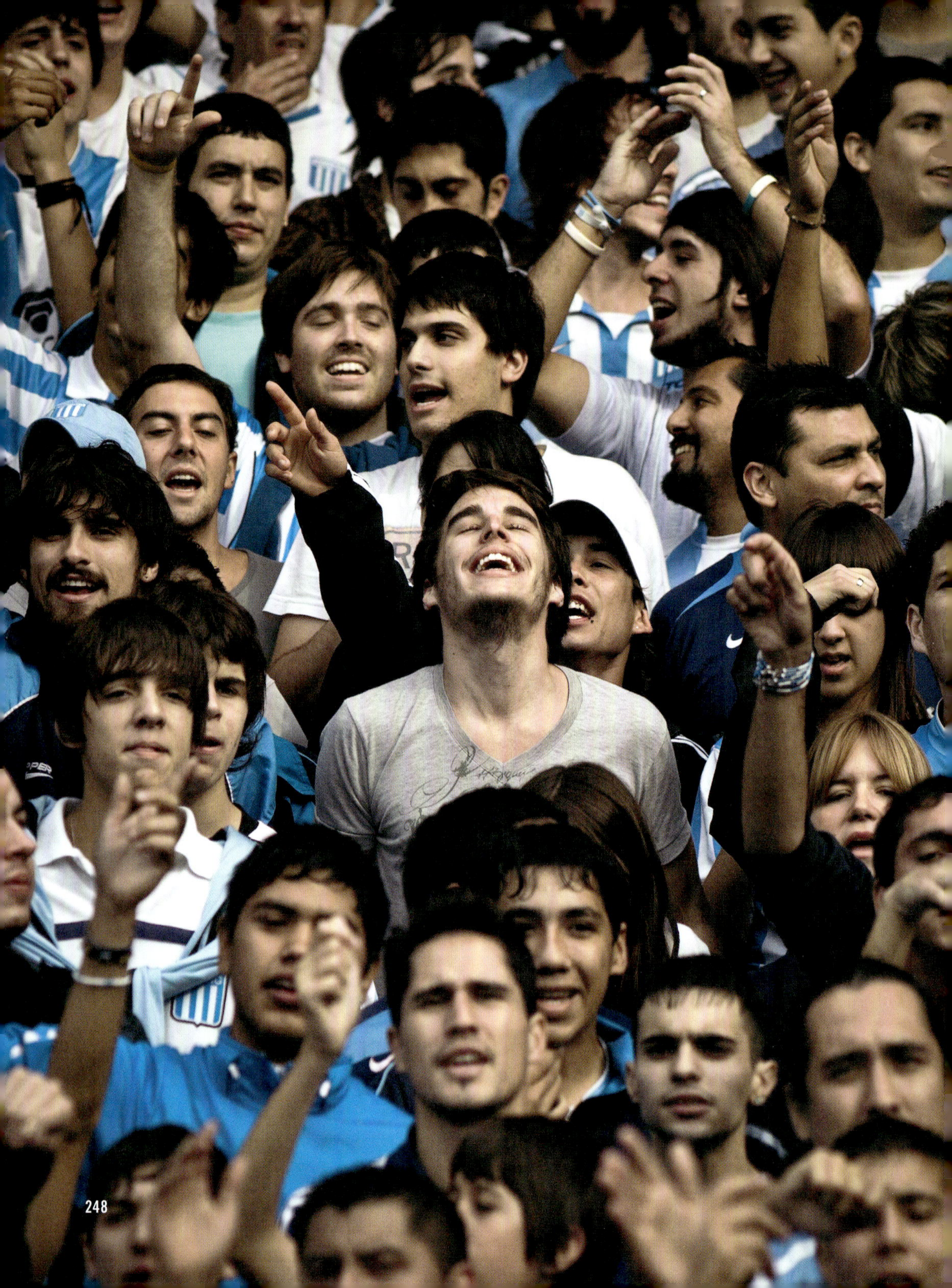

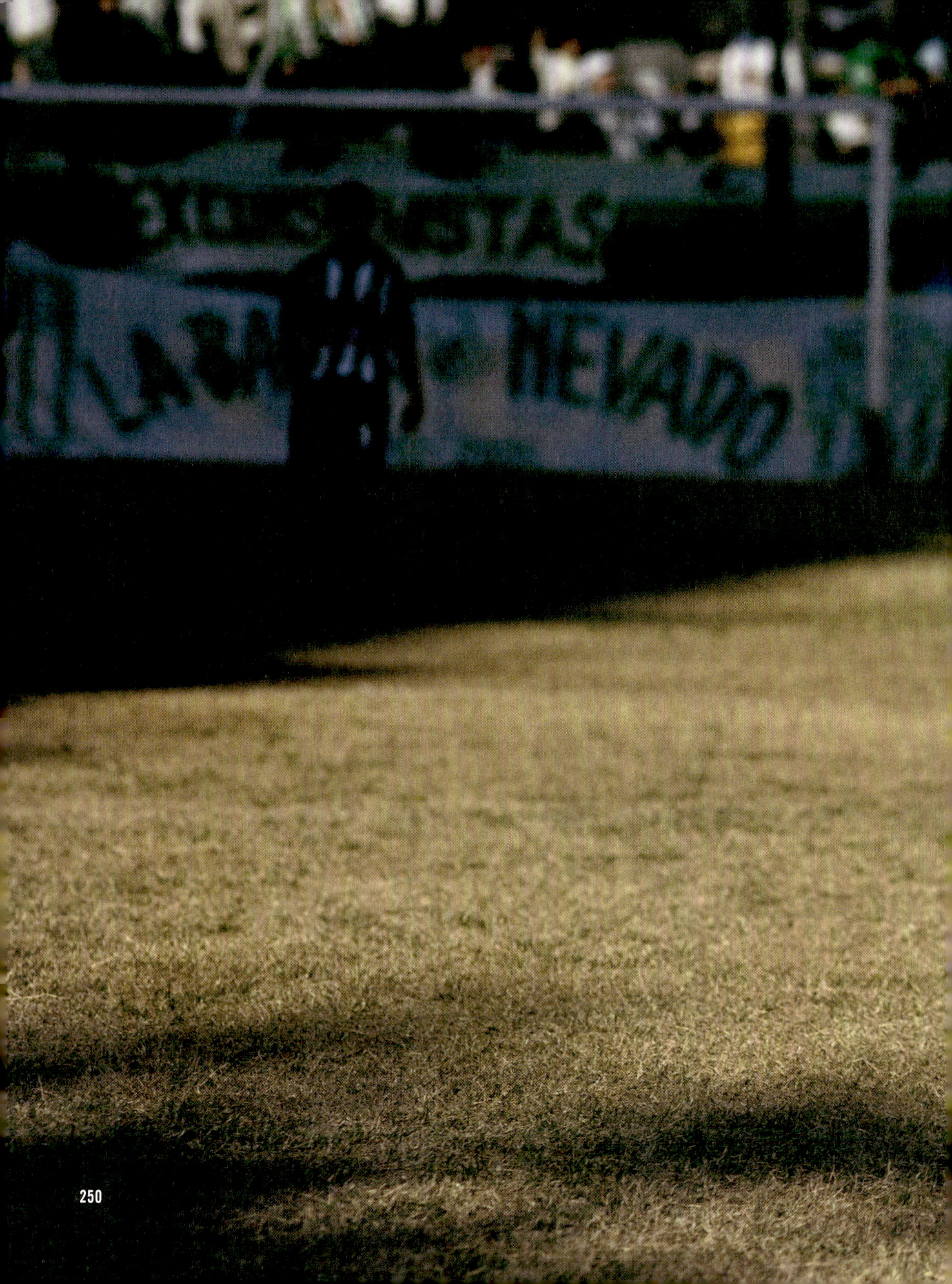
NEVADO

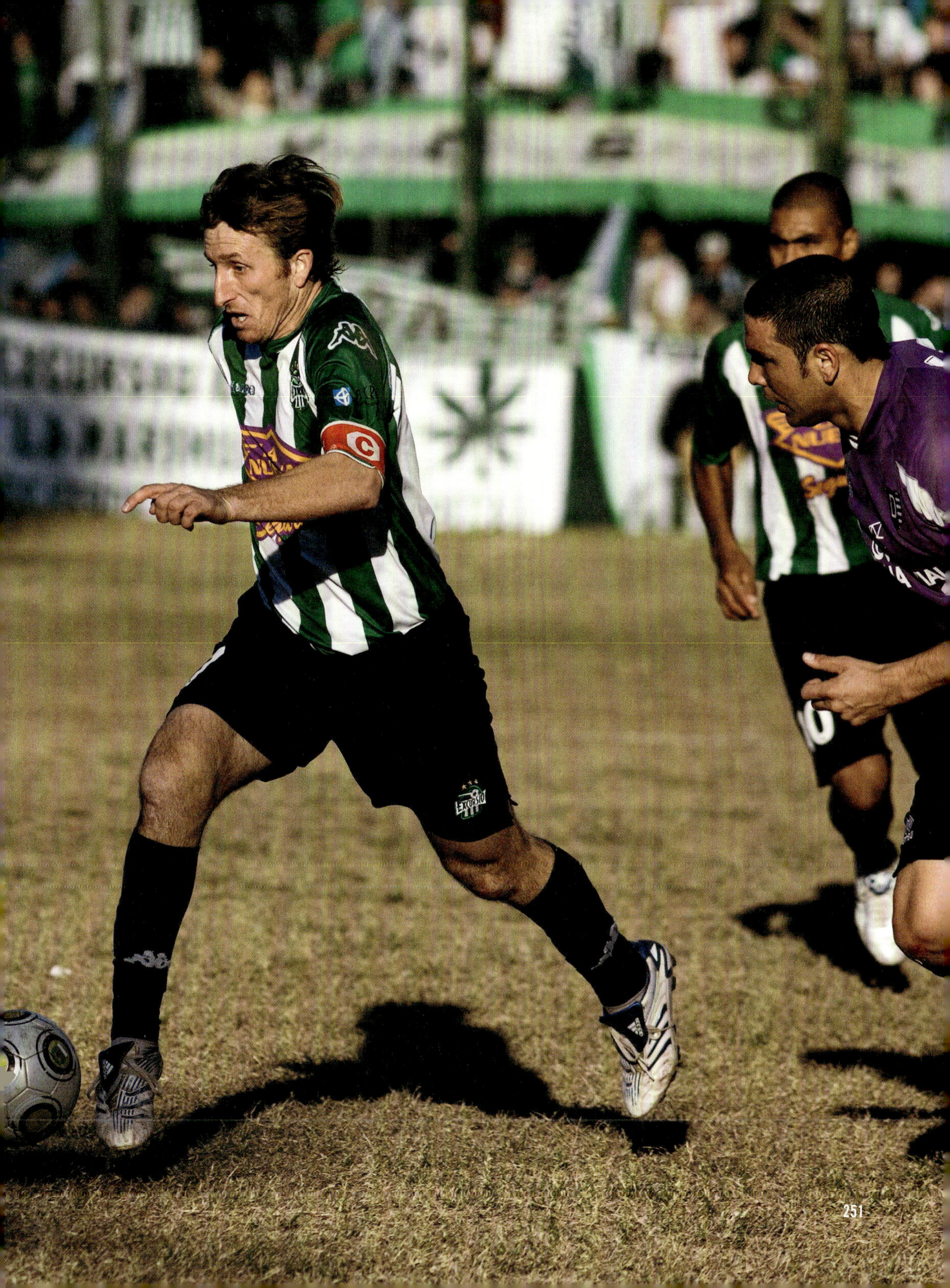

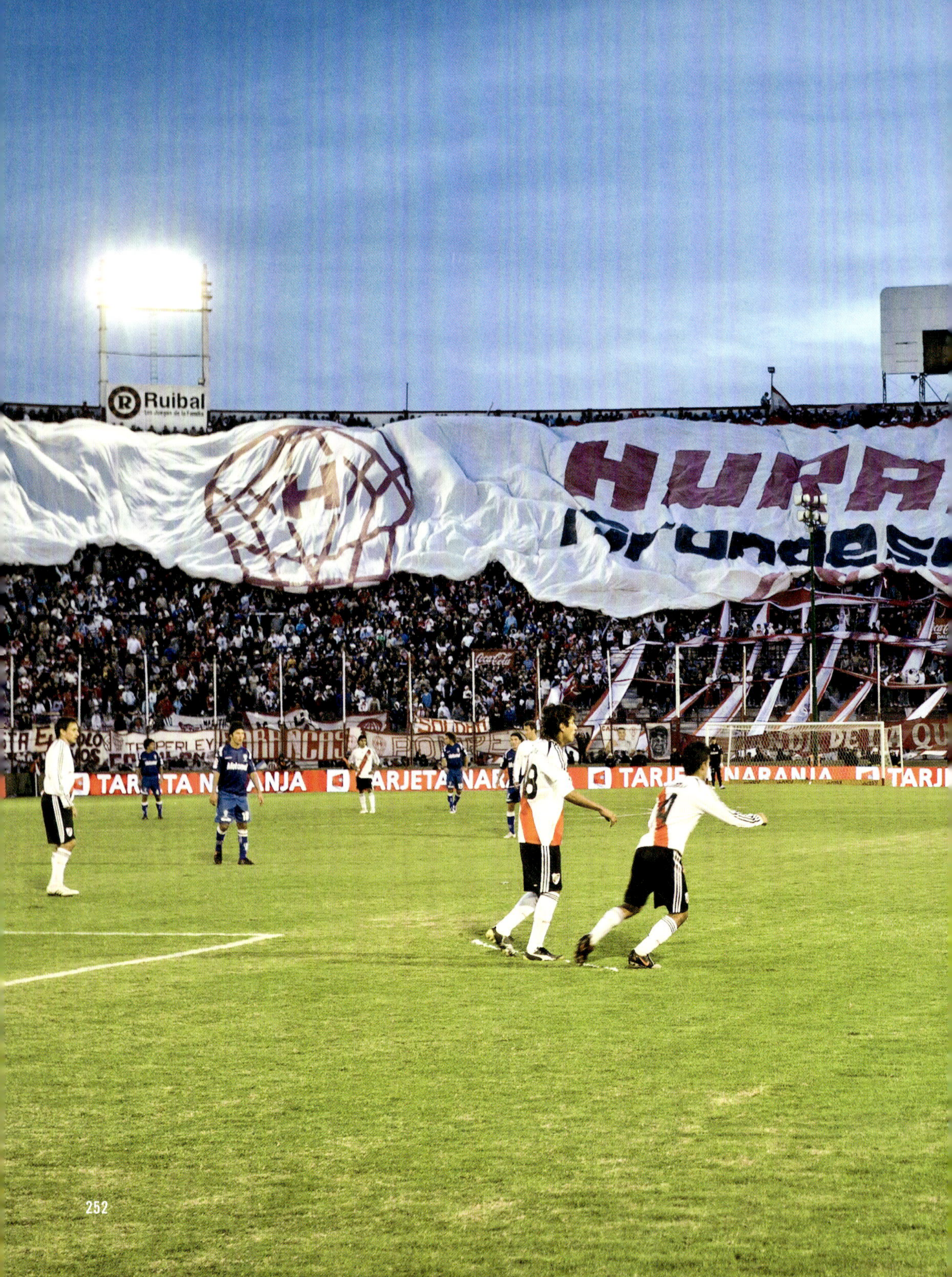
Ruibal
TARJETA NARANJA

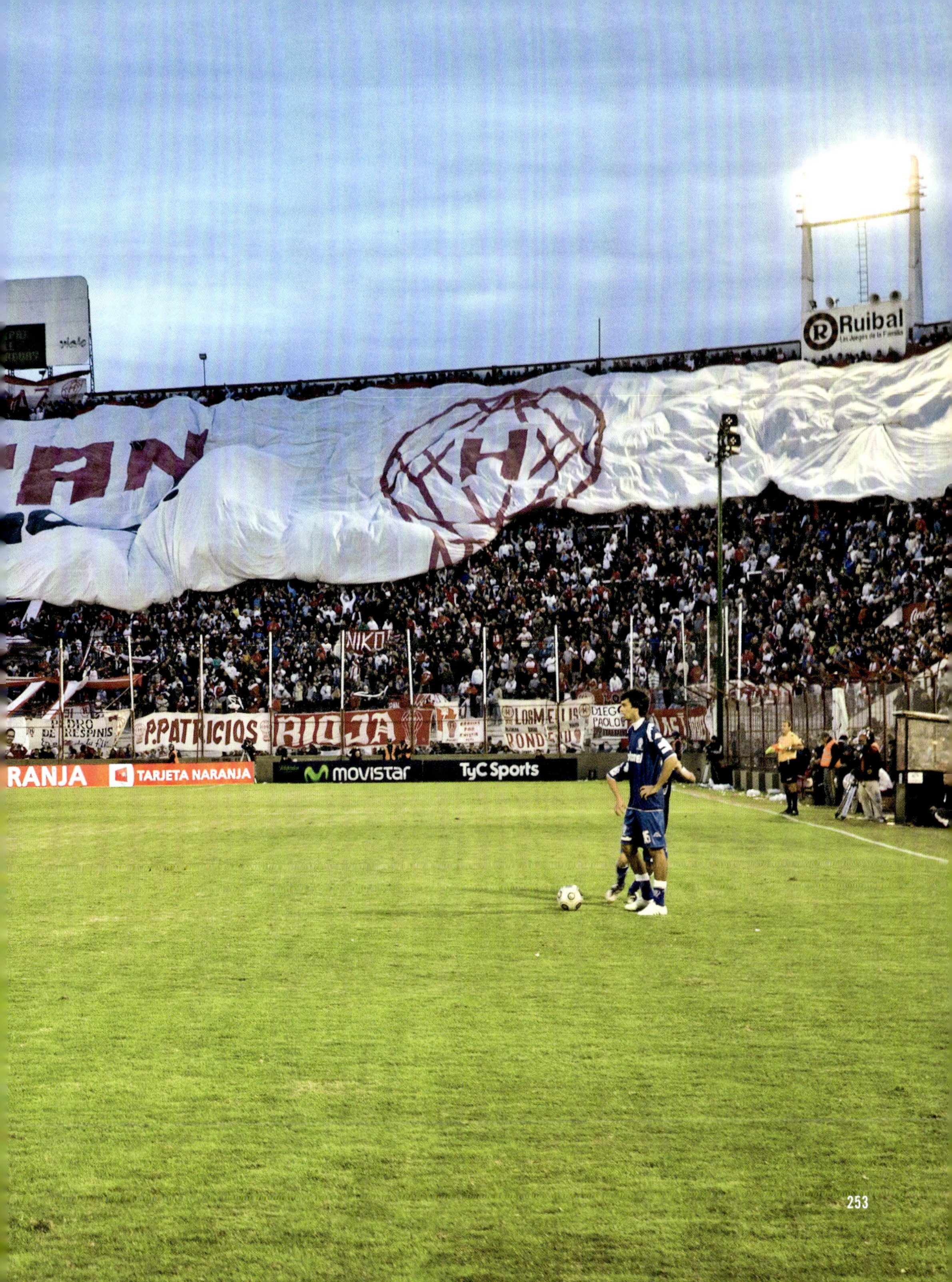
Ruibal
P.PATRICIOS
RIOJA
NIKO
TARJETA NARANJA
movistar
TyC Sports

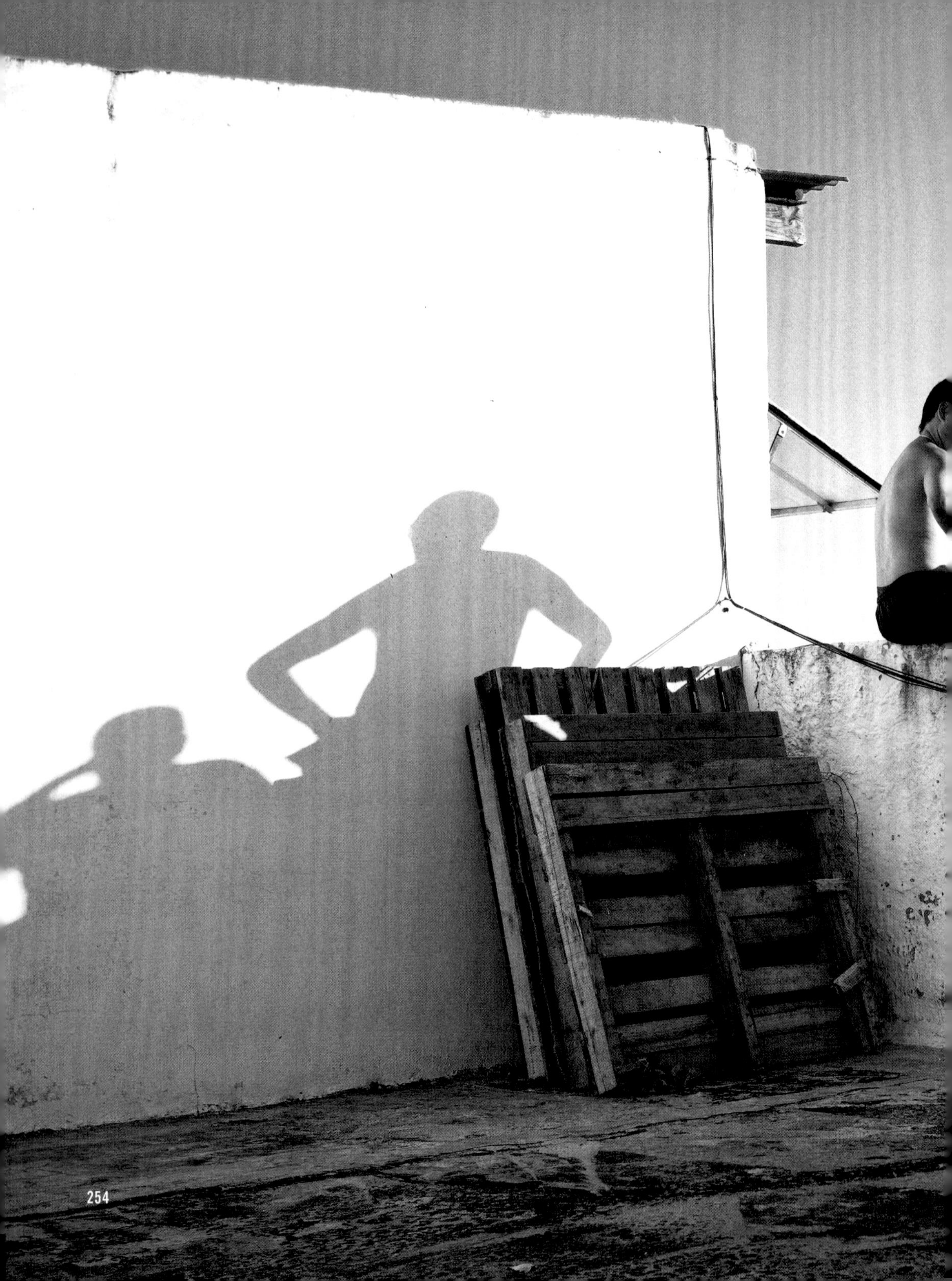

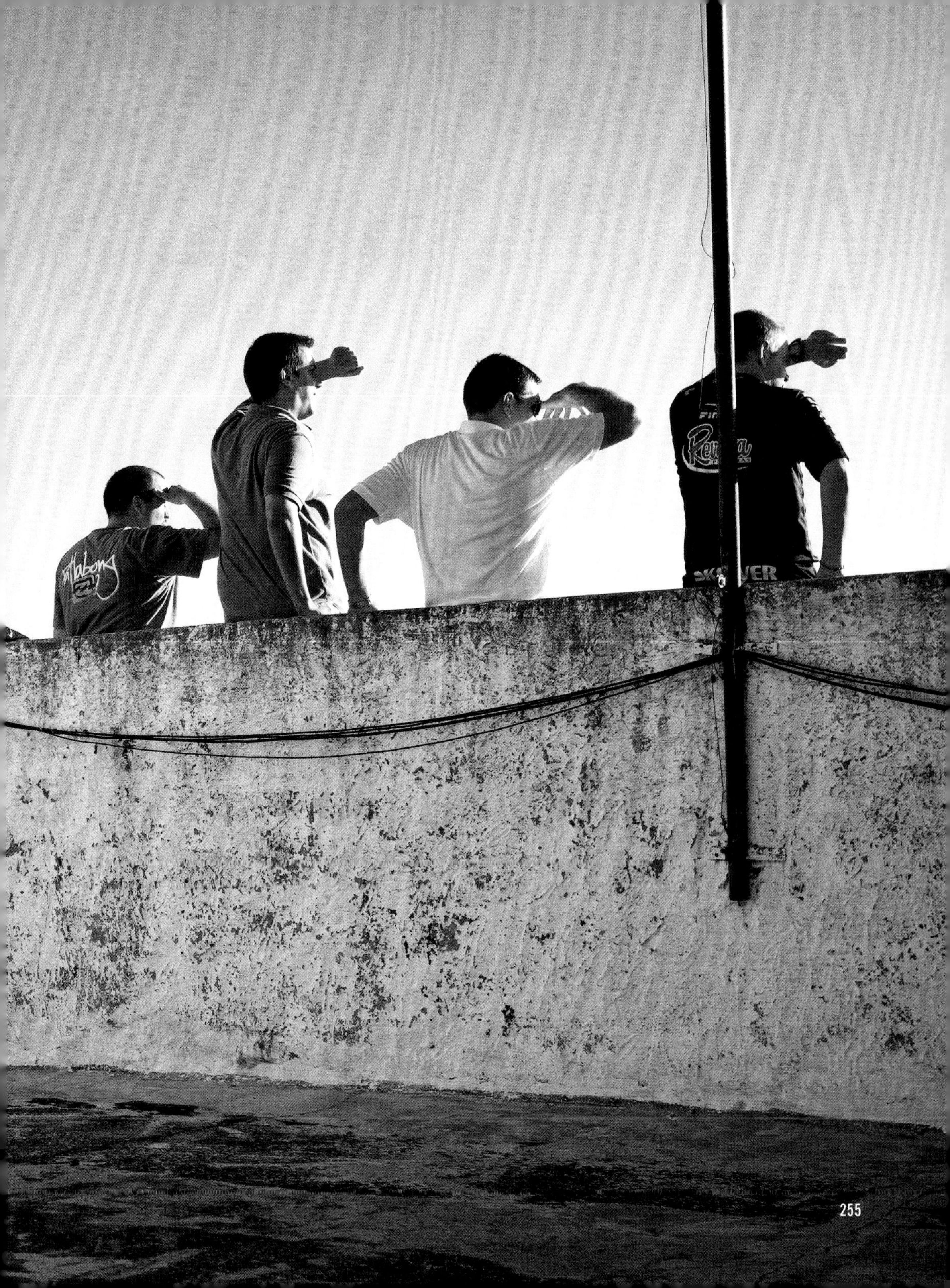

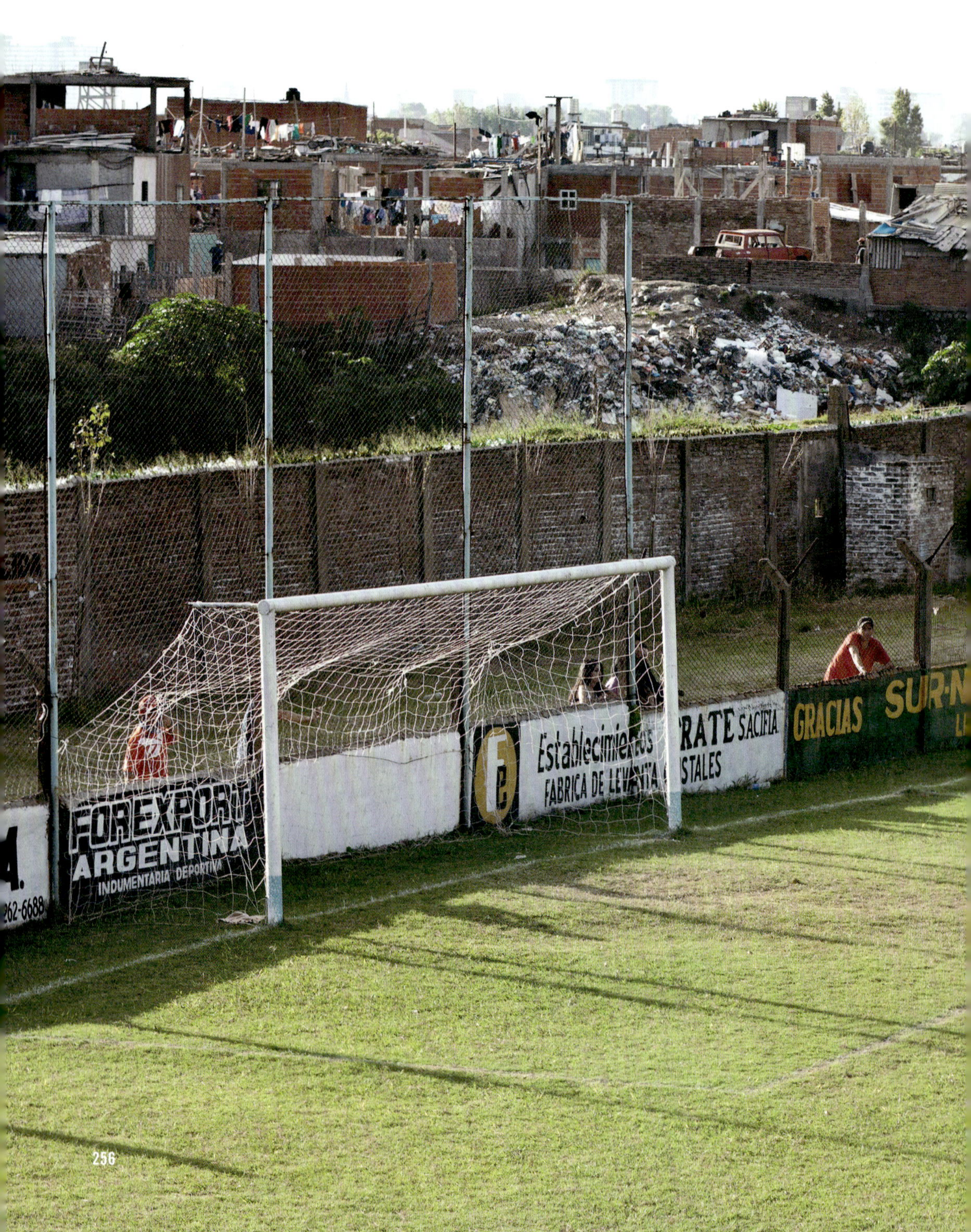
FOREXPORT
ARGENTINA
INDUMENTARIA DEPORTIVA
GRACIAS

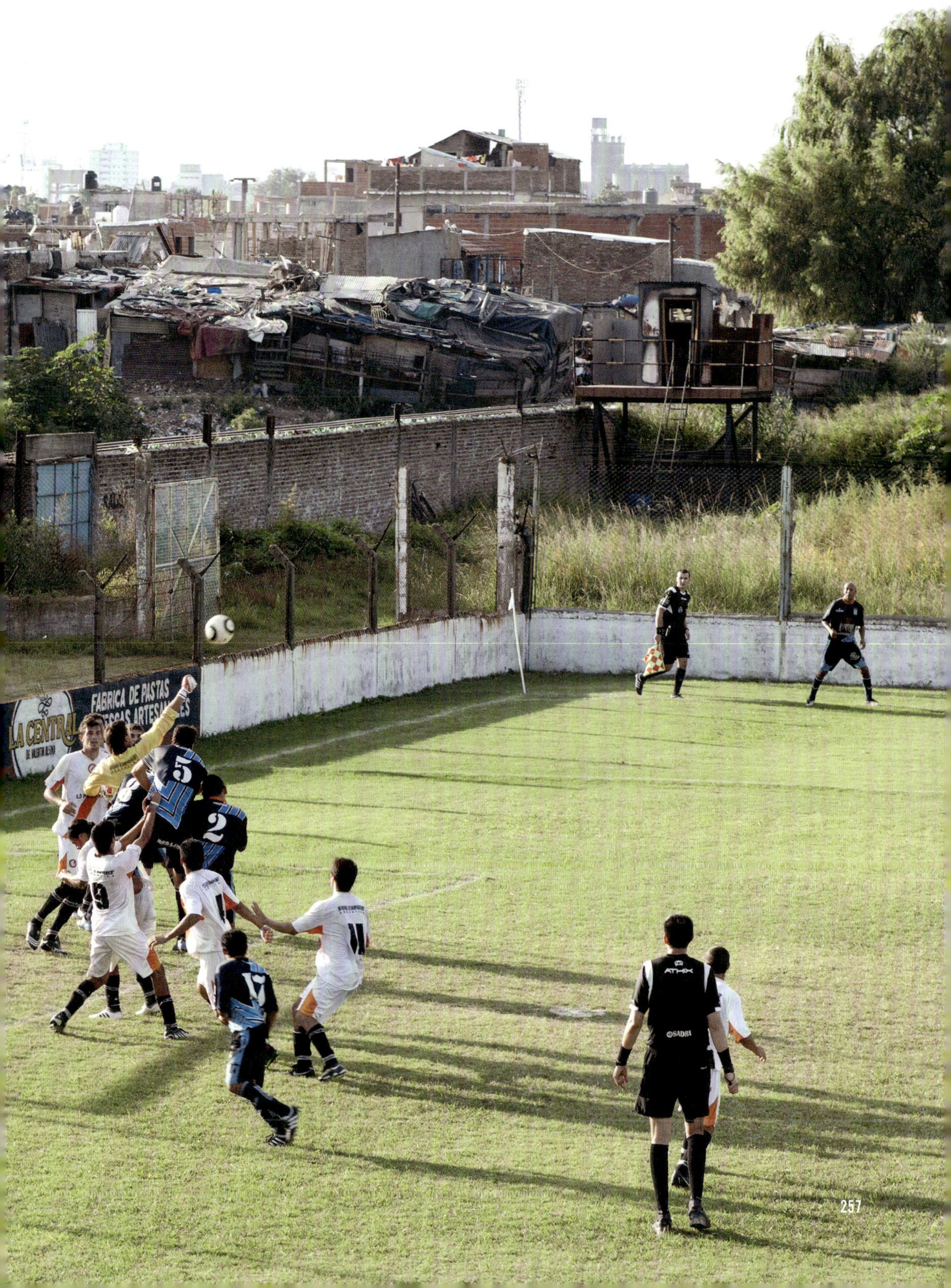
LA CENTRAL
FABRICA DE PASTAS

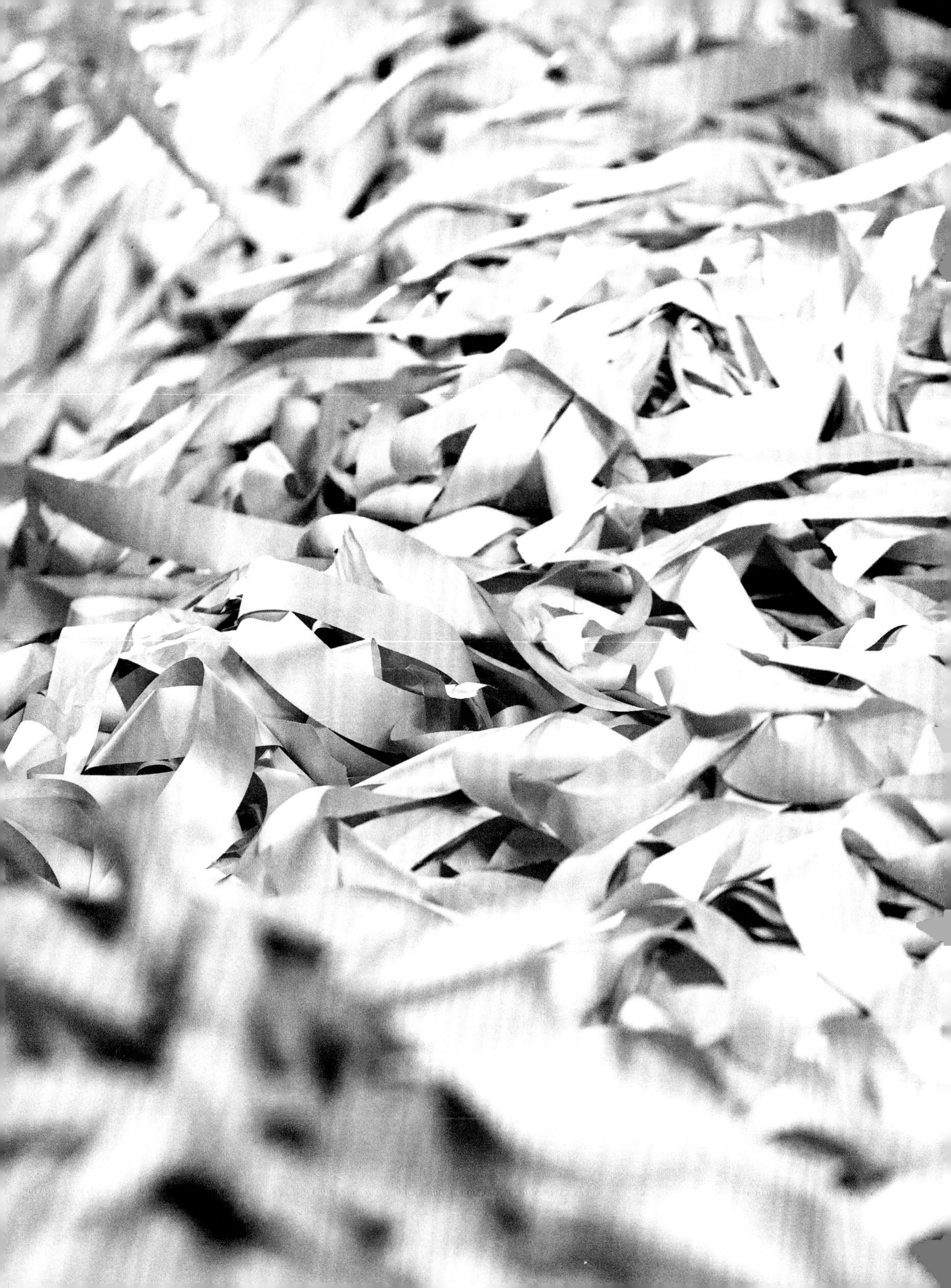

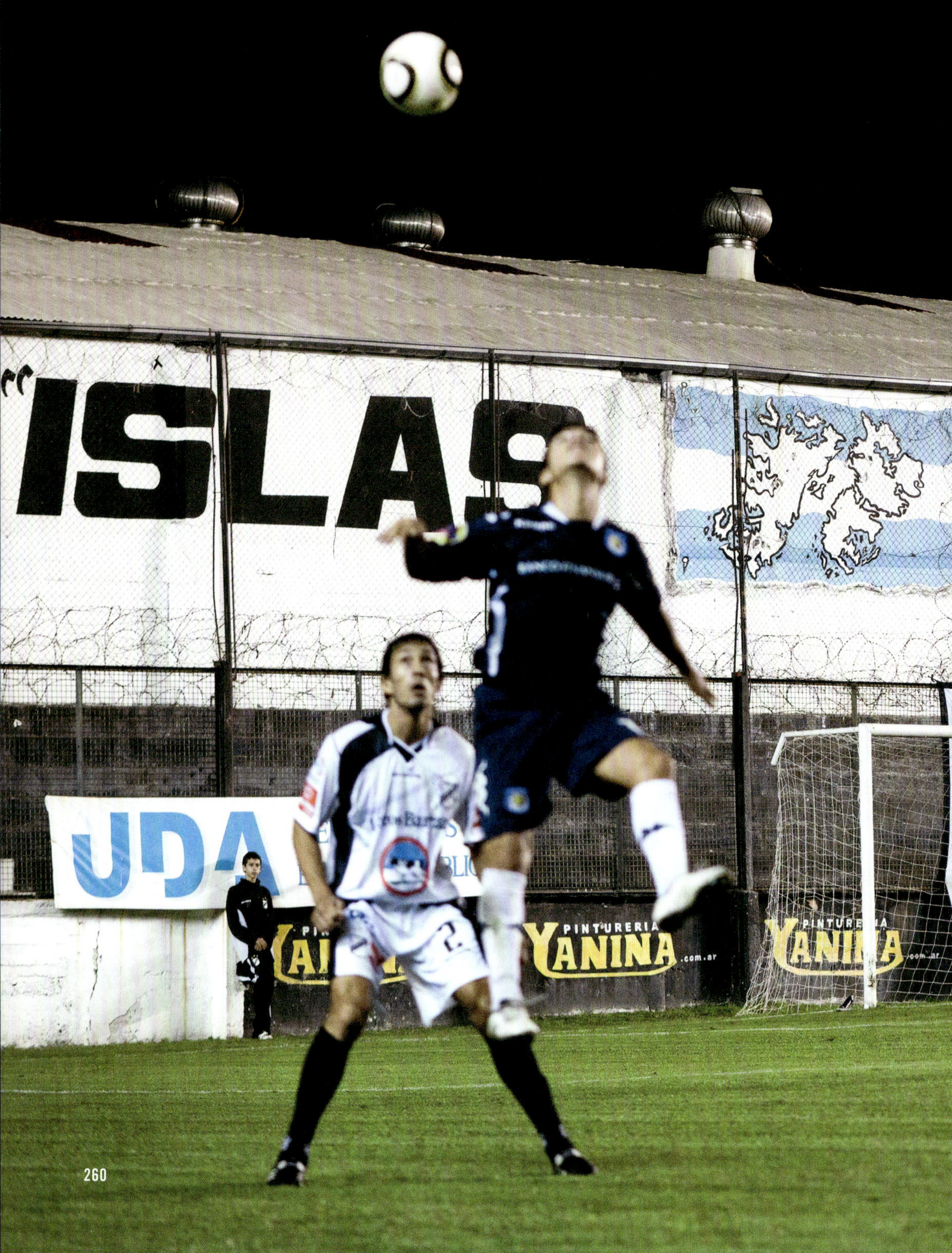
ISLAS
UDA
PINTURERIA
YANINA
.com.ar

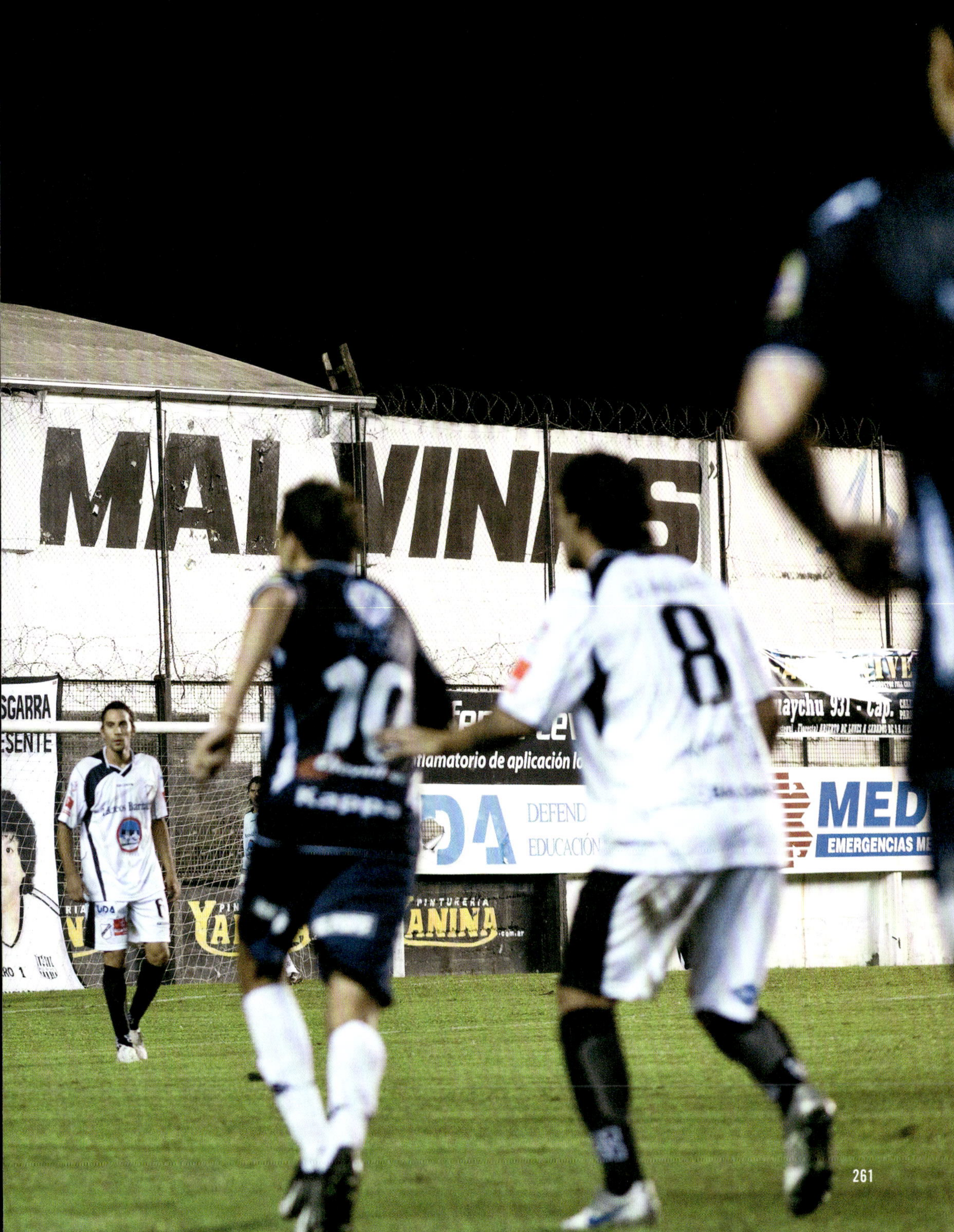
MALVINAS
amatorio de aplicación lo
DEFEND
EDUCACIÓN
EMERGENCIAS ME
PINTURERIA
ANINA

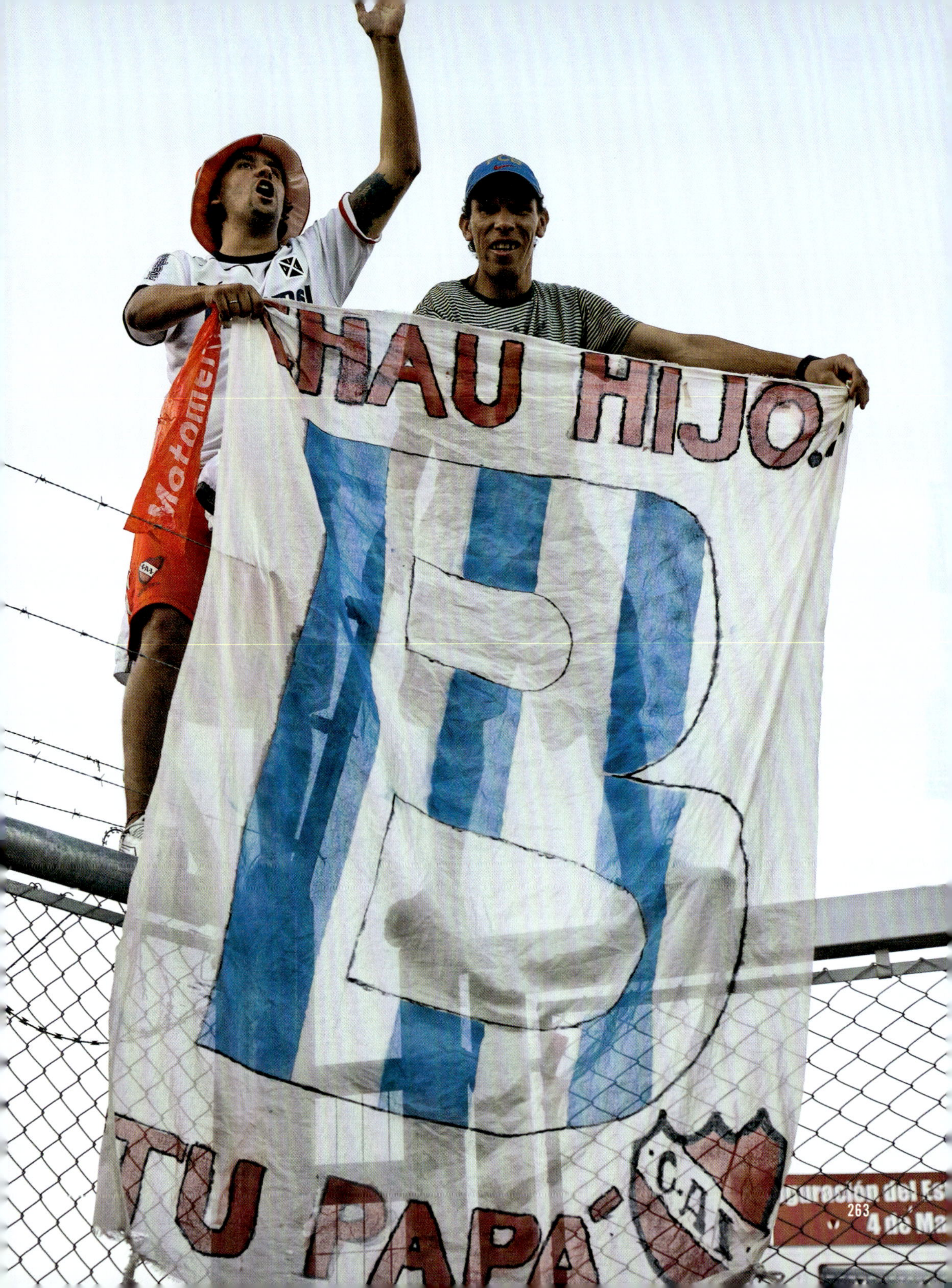
HAU HIJO..
TU PAPÁ
C.A.I.

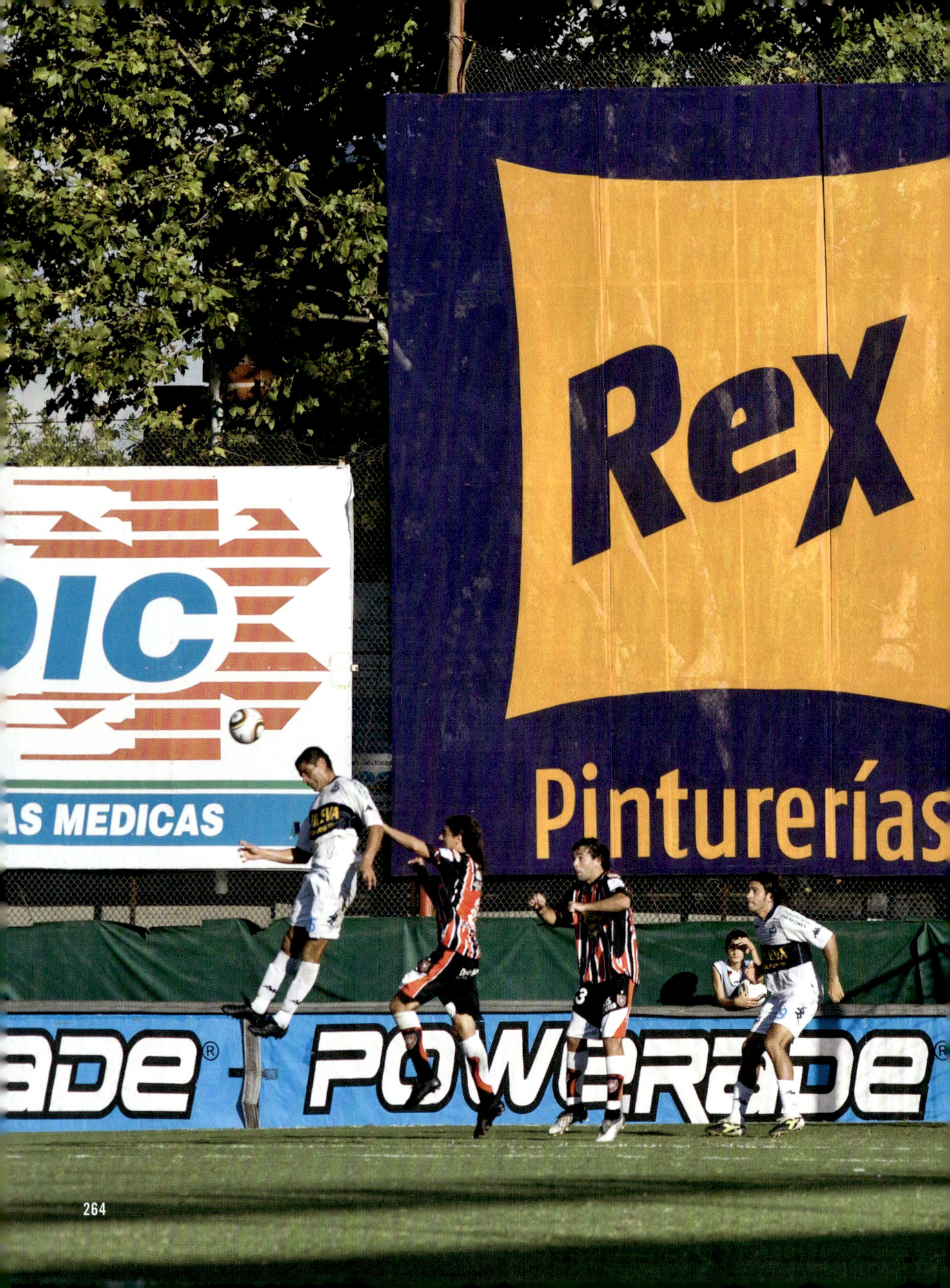
Rex
Pinturerías
AS MEDICAS
POWERADE

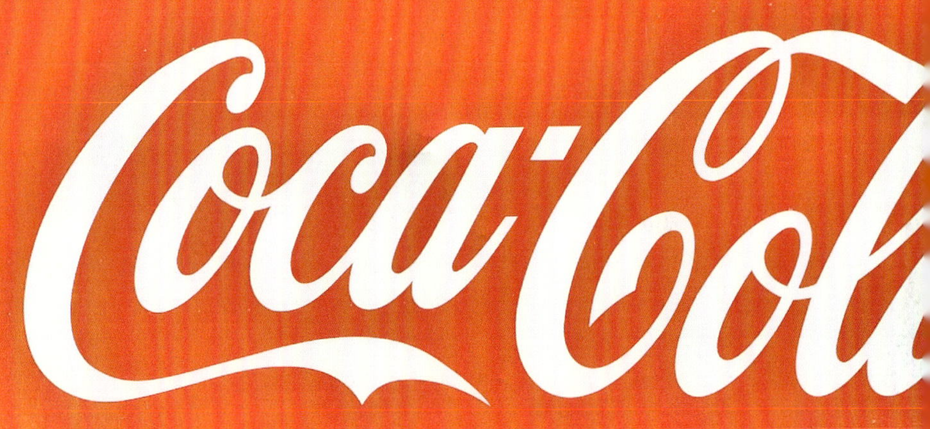
Coca-Col
inquinat in
TRATAMIENTOS DE AGUA
flecha BUS
Kappa

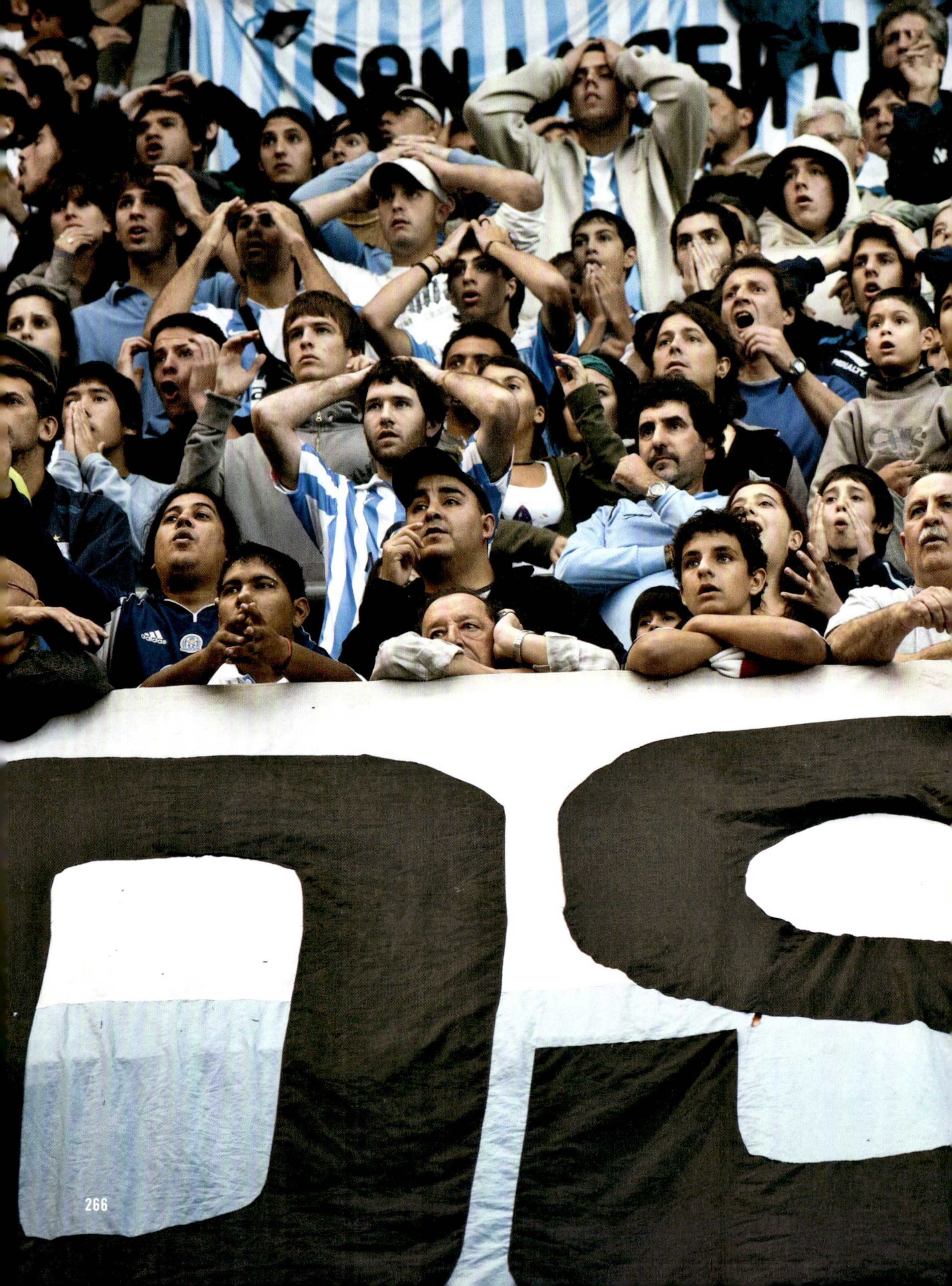
SON

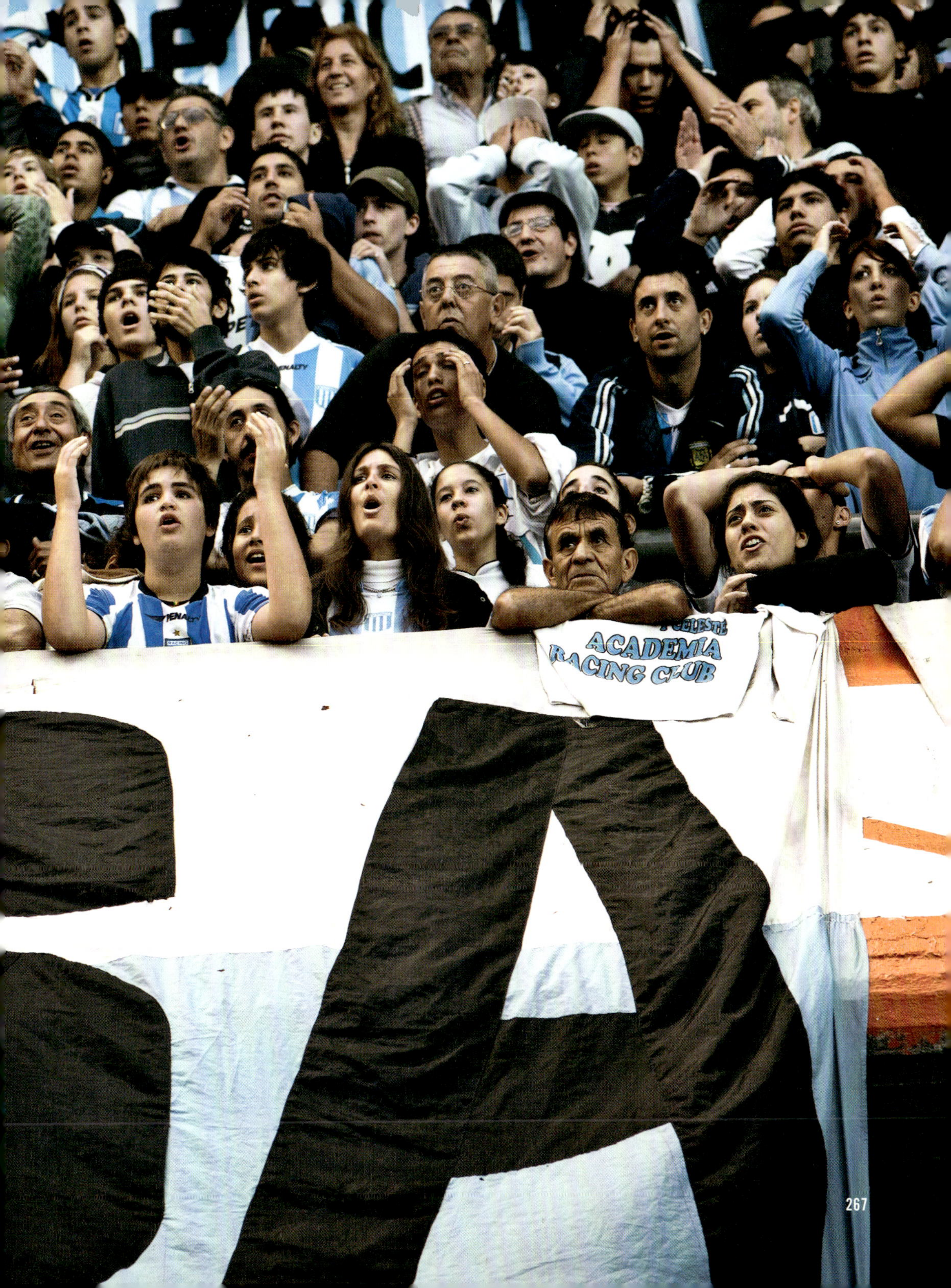
ACADEMIA

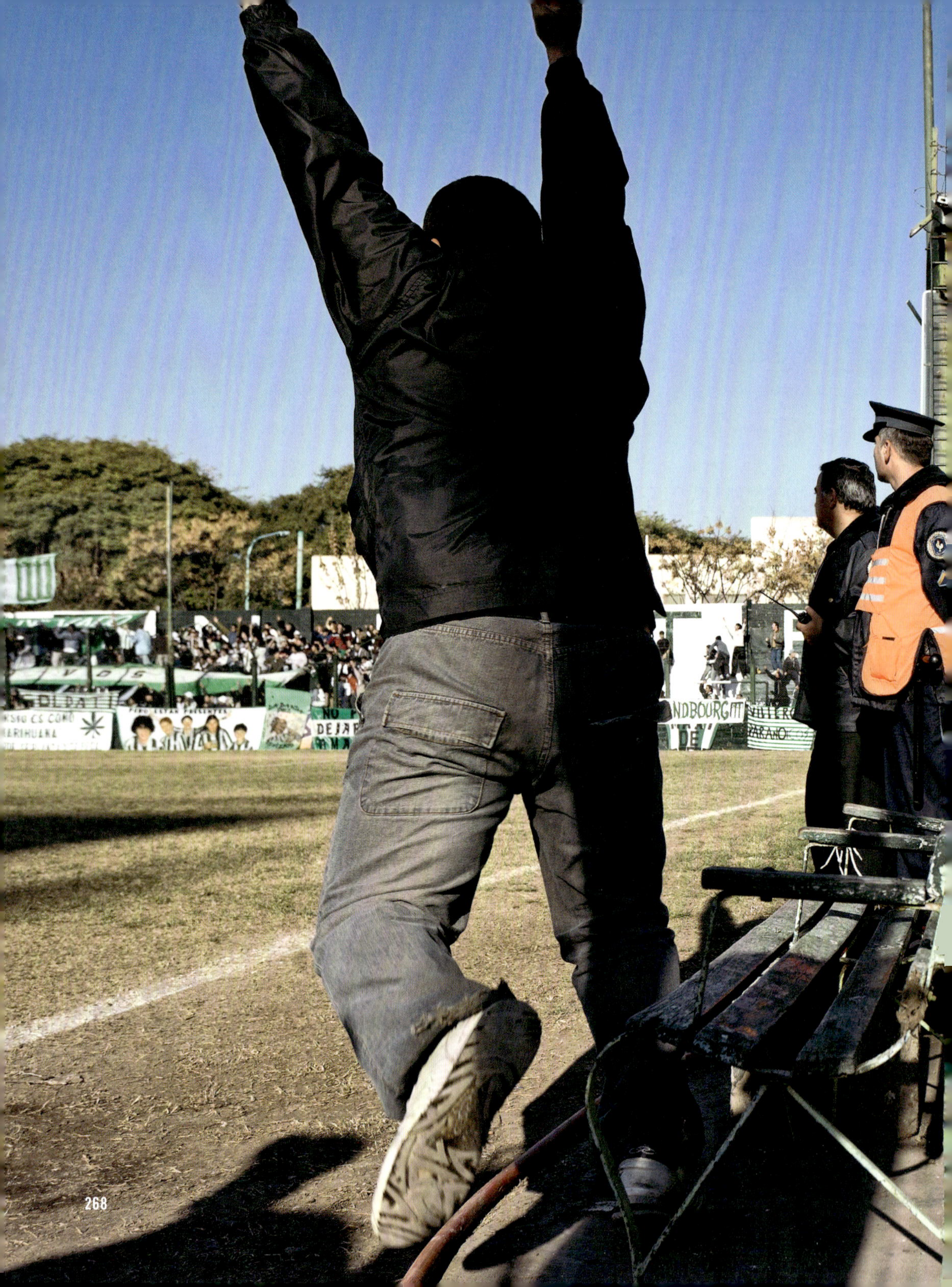

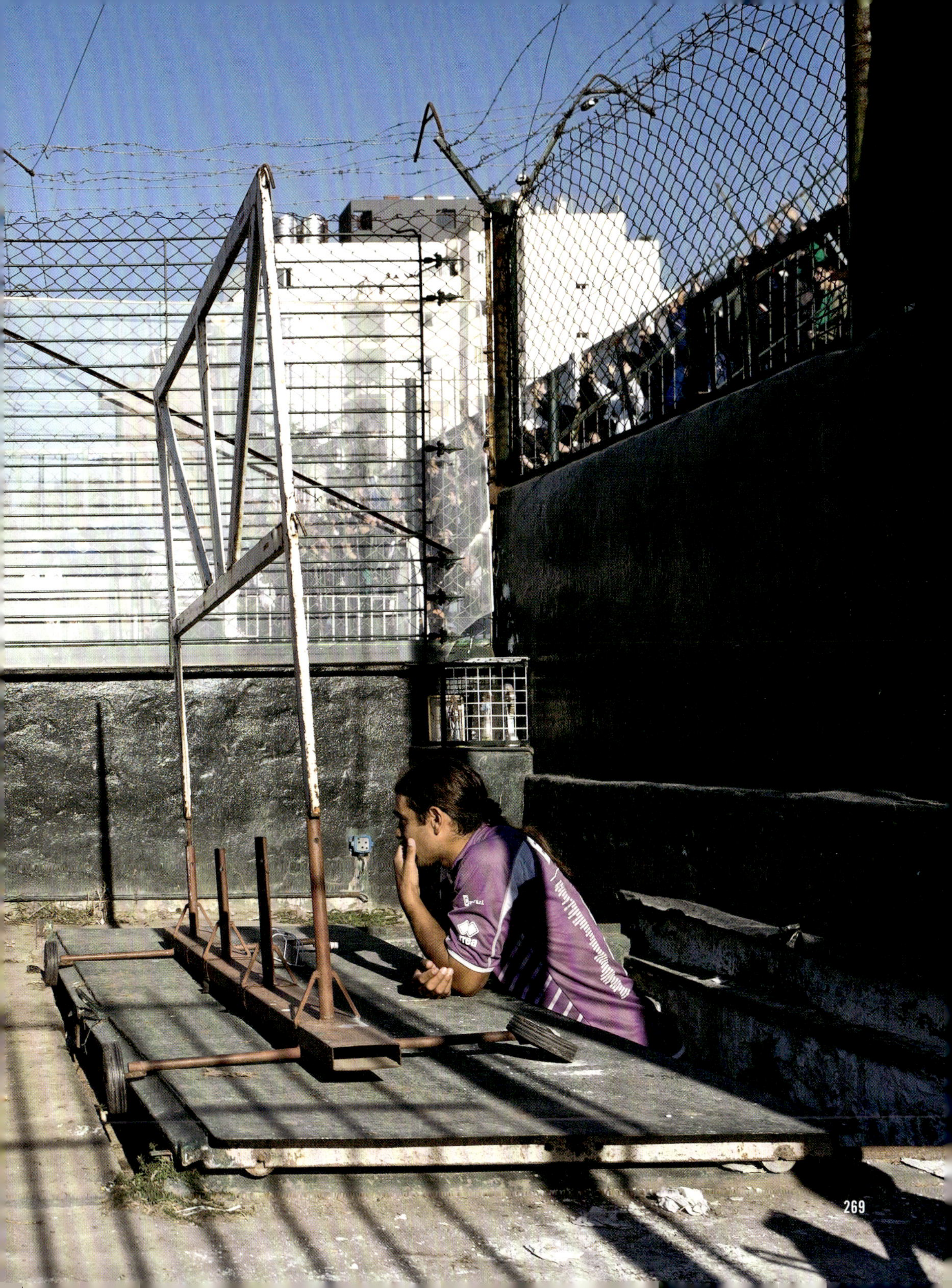

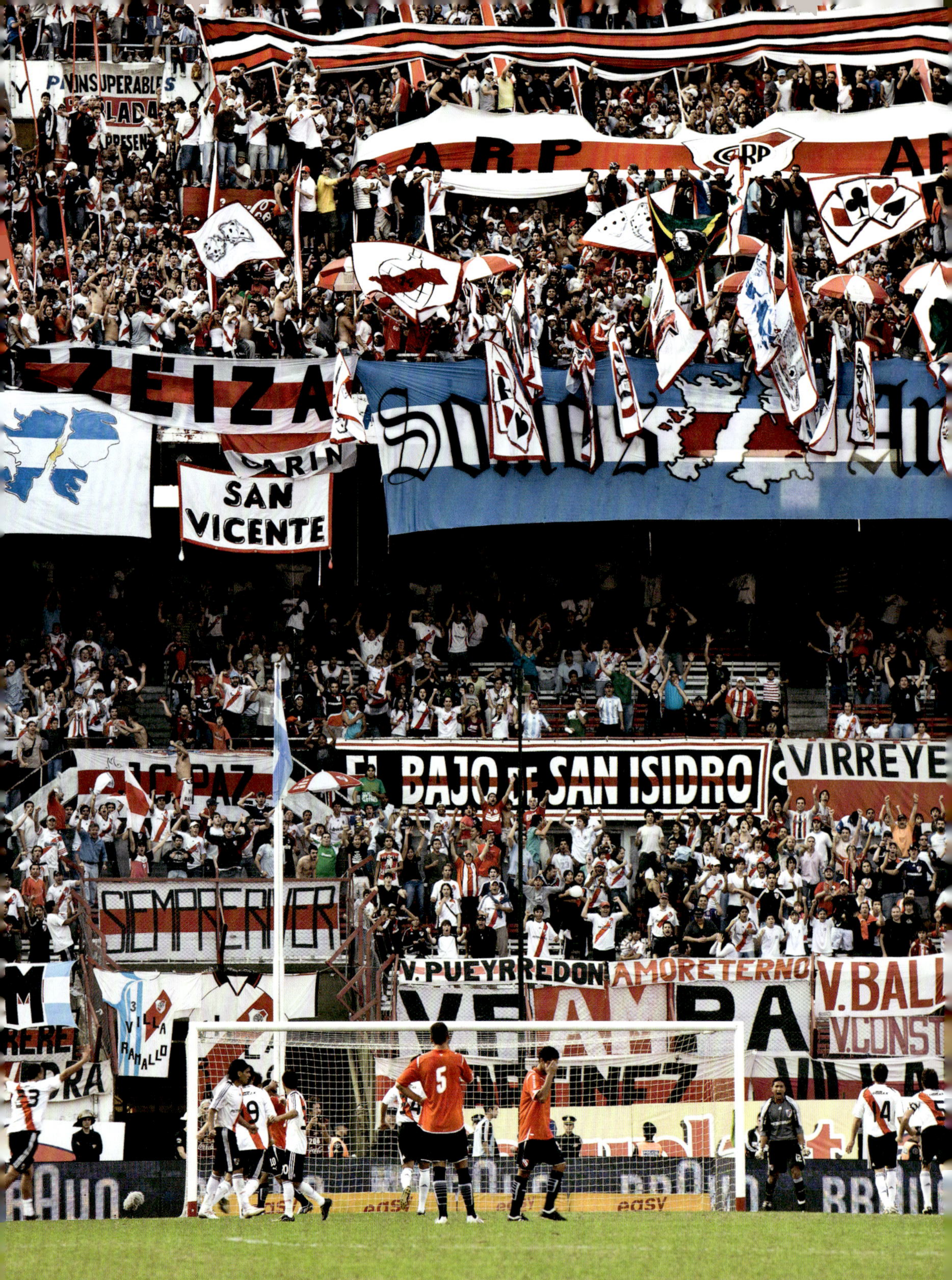

INSUPERABLES
C.A.R.P.
ZEIZA
SAN VICENTE
EL BAJO DE SAN ISIDRO
VIRREYE
SIEMPRERIVER
V. PUEYRREDON
AMORETERNO
V.BAL
VILLA RAMALLO
easy

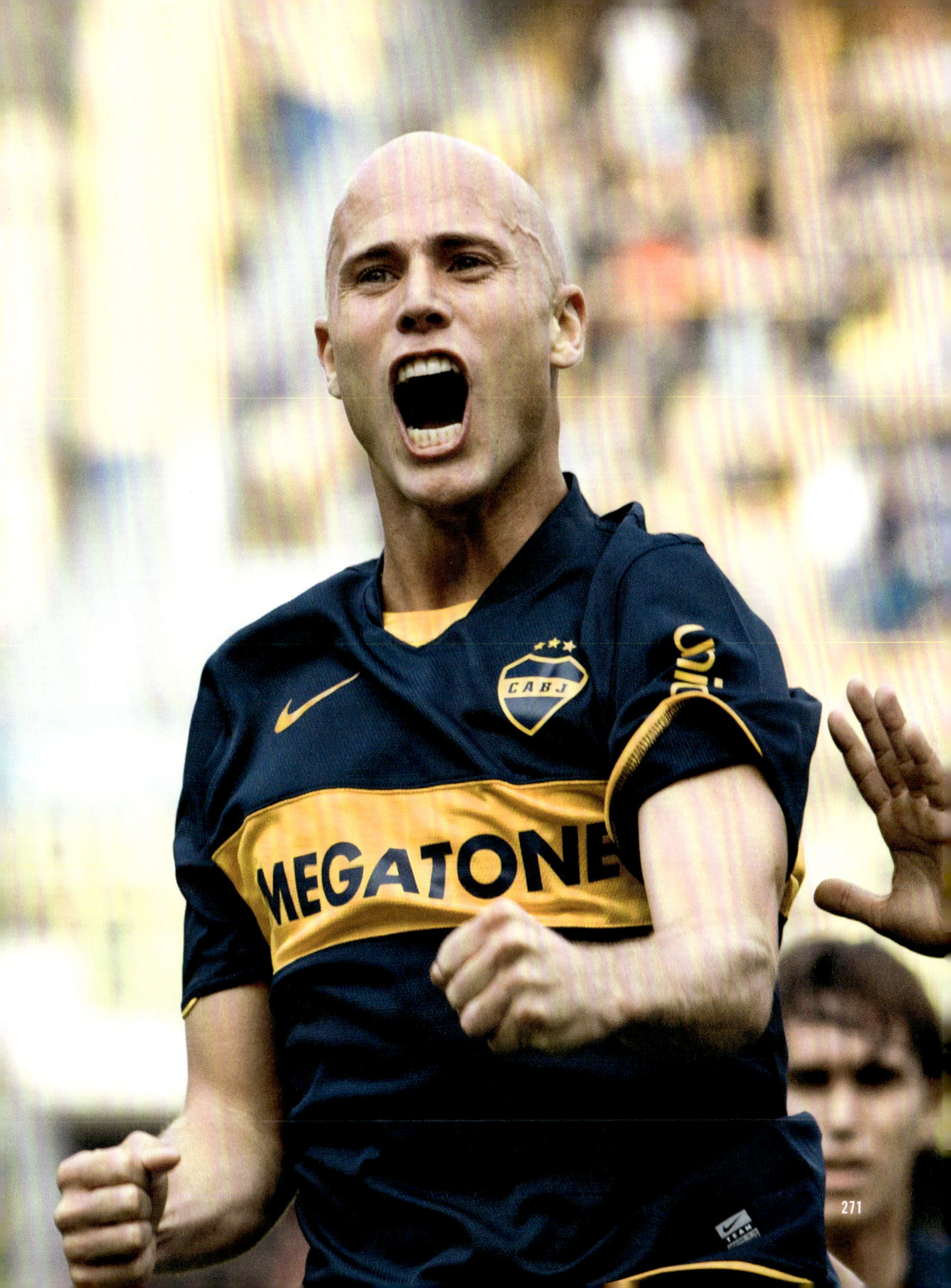
MEGATONE

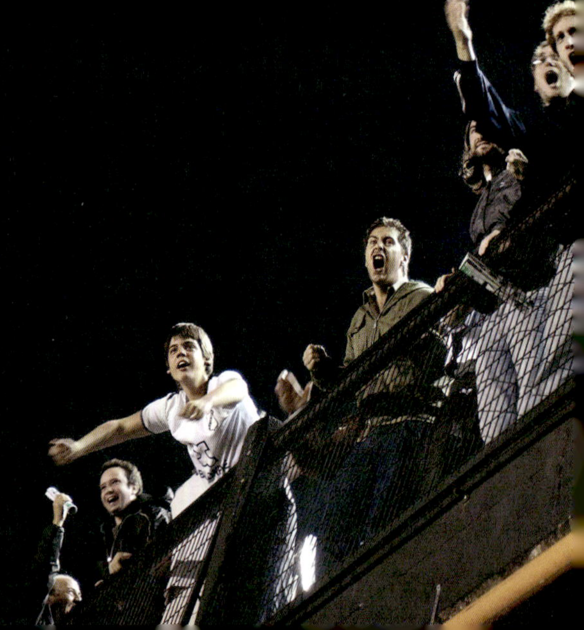

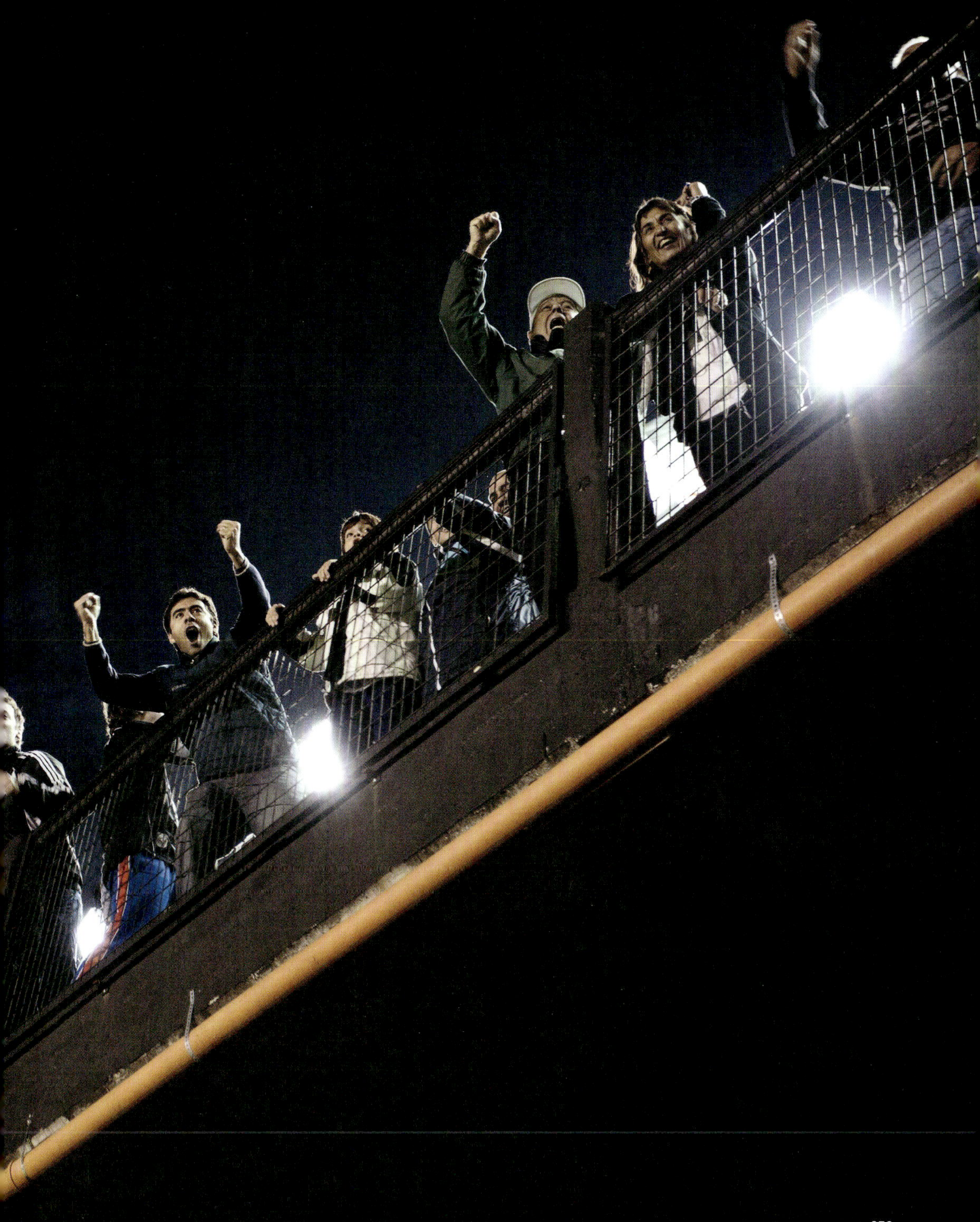

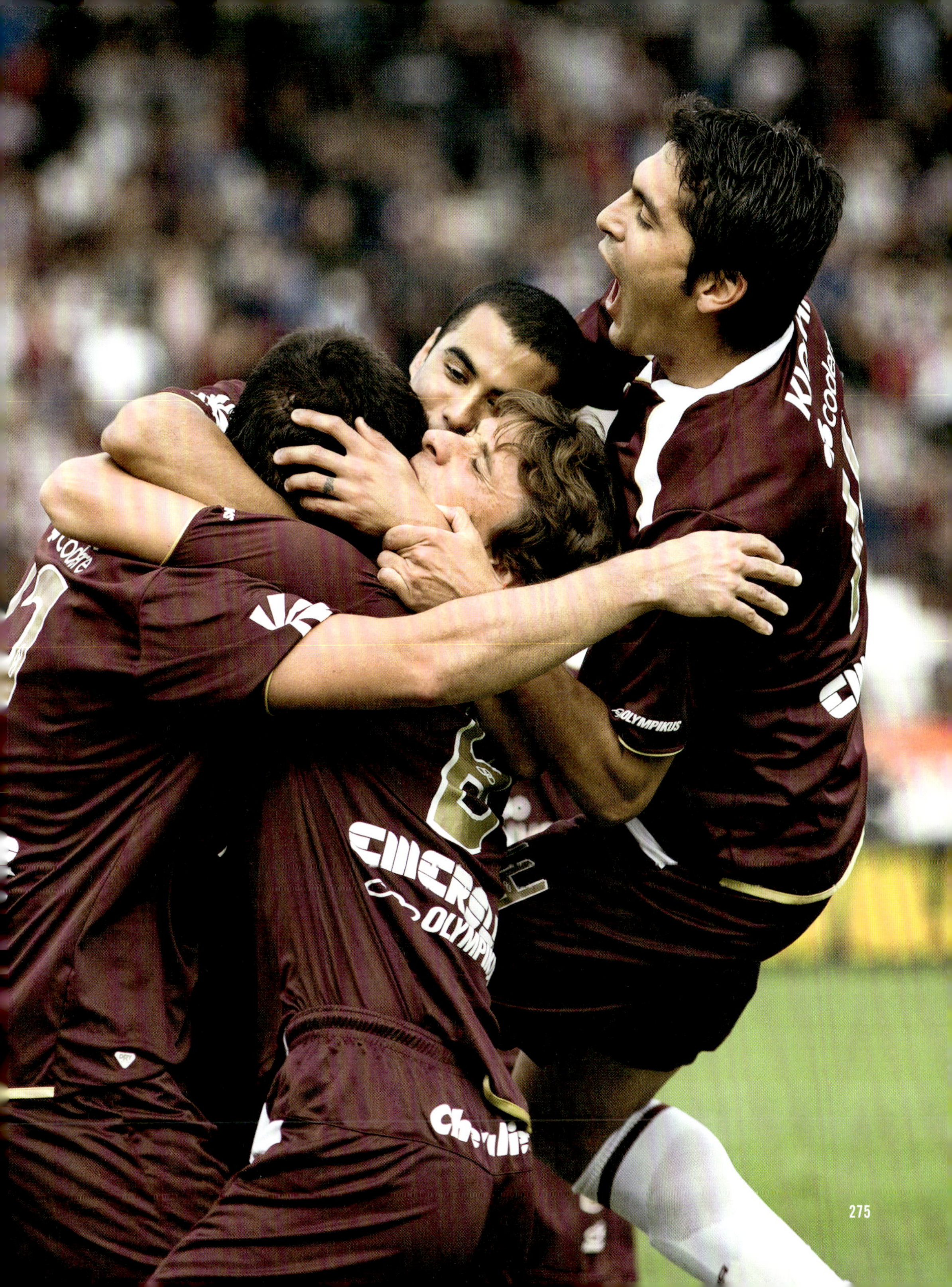
OLYMPIKUS

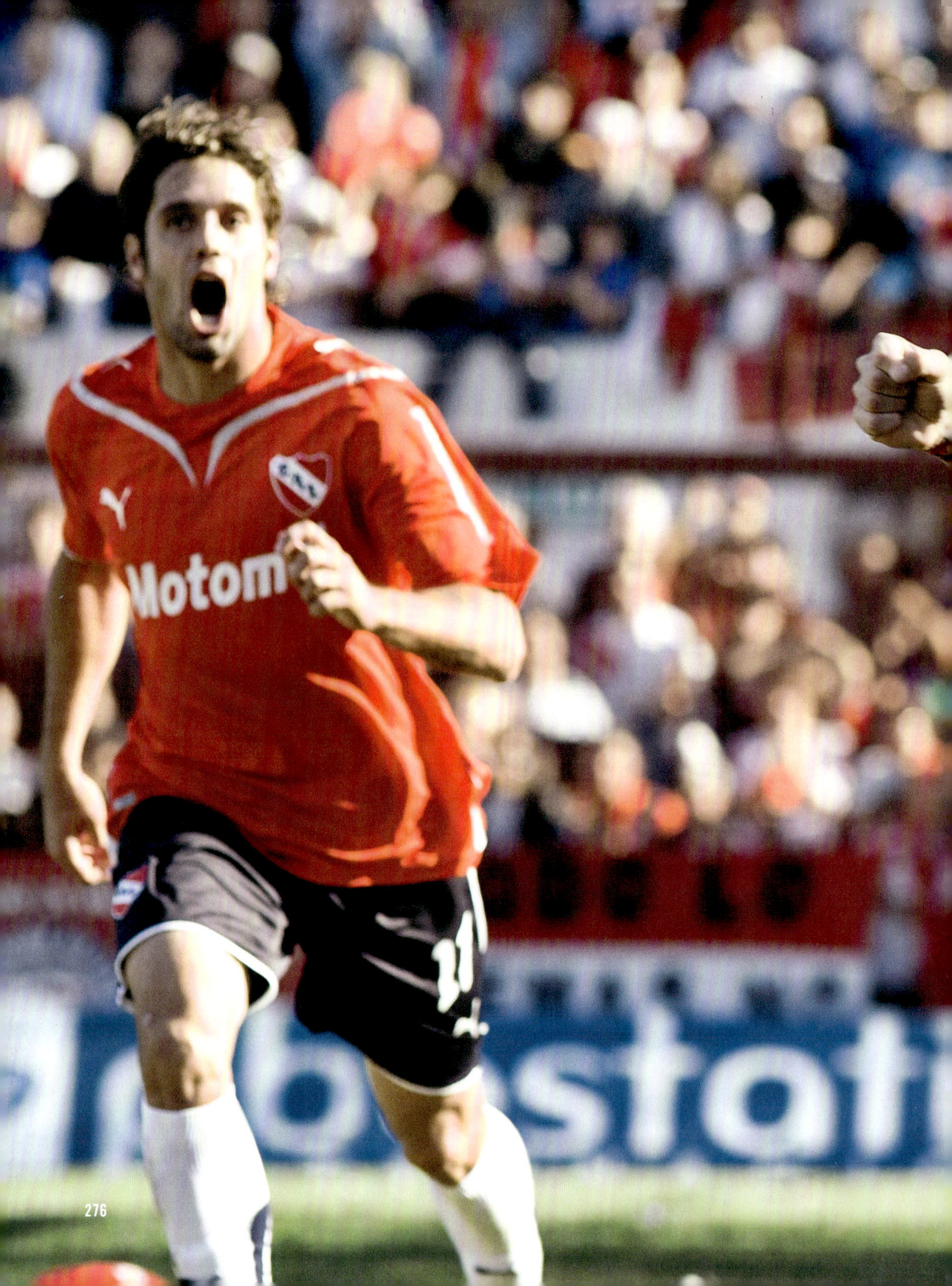

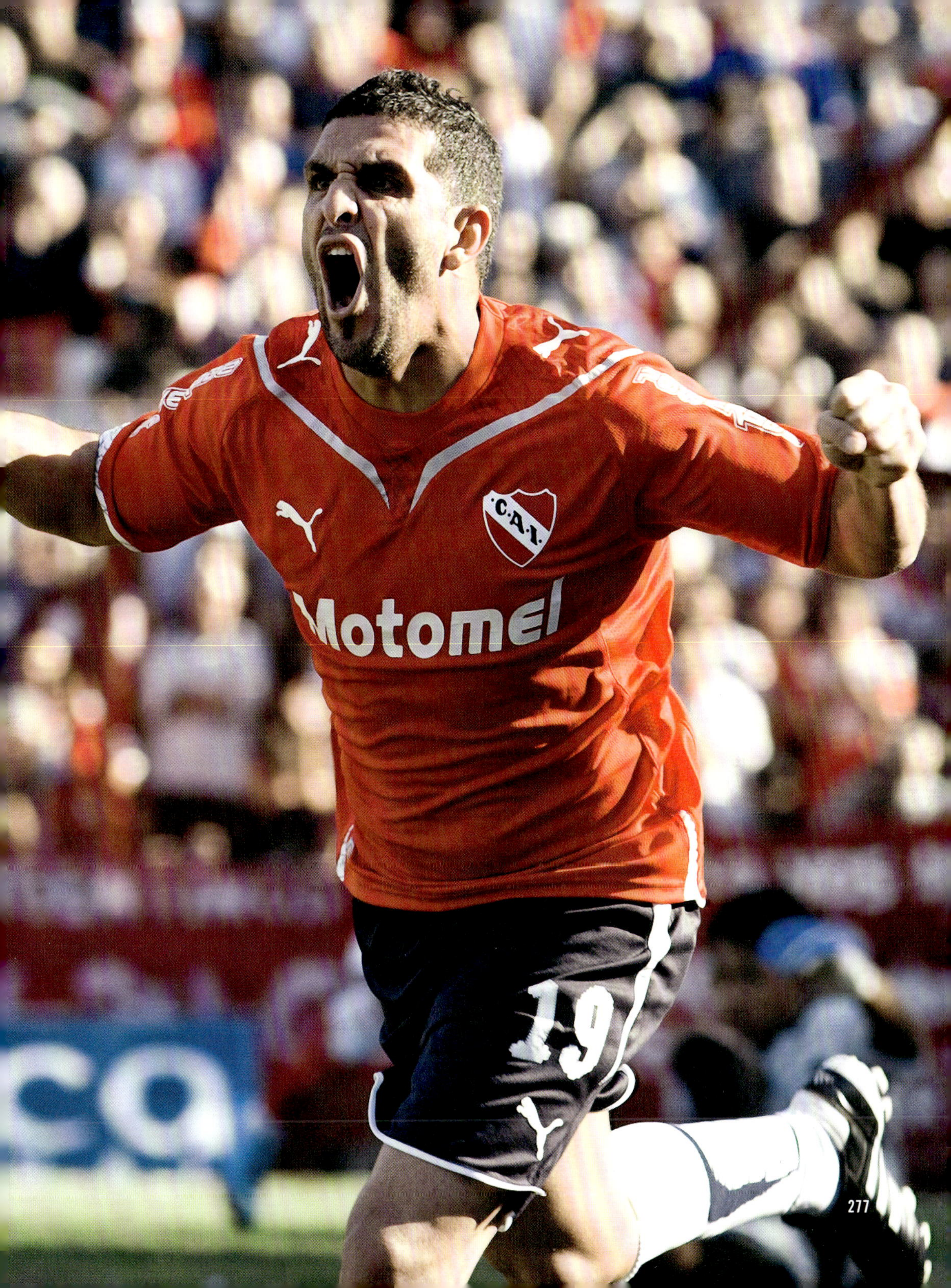
C.A.I.
Motomel
19

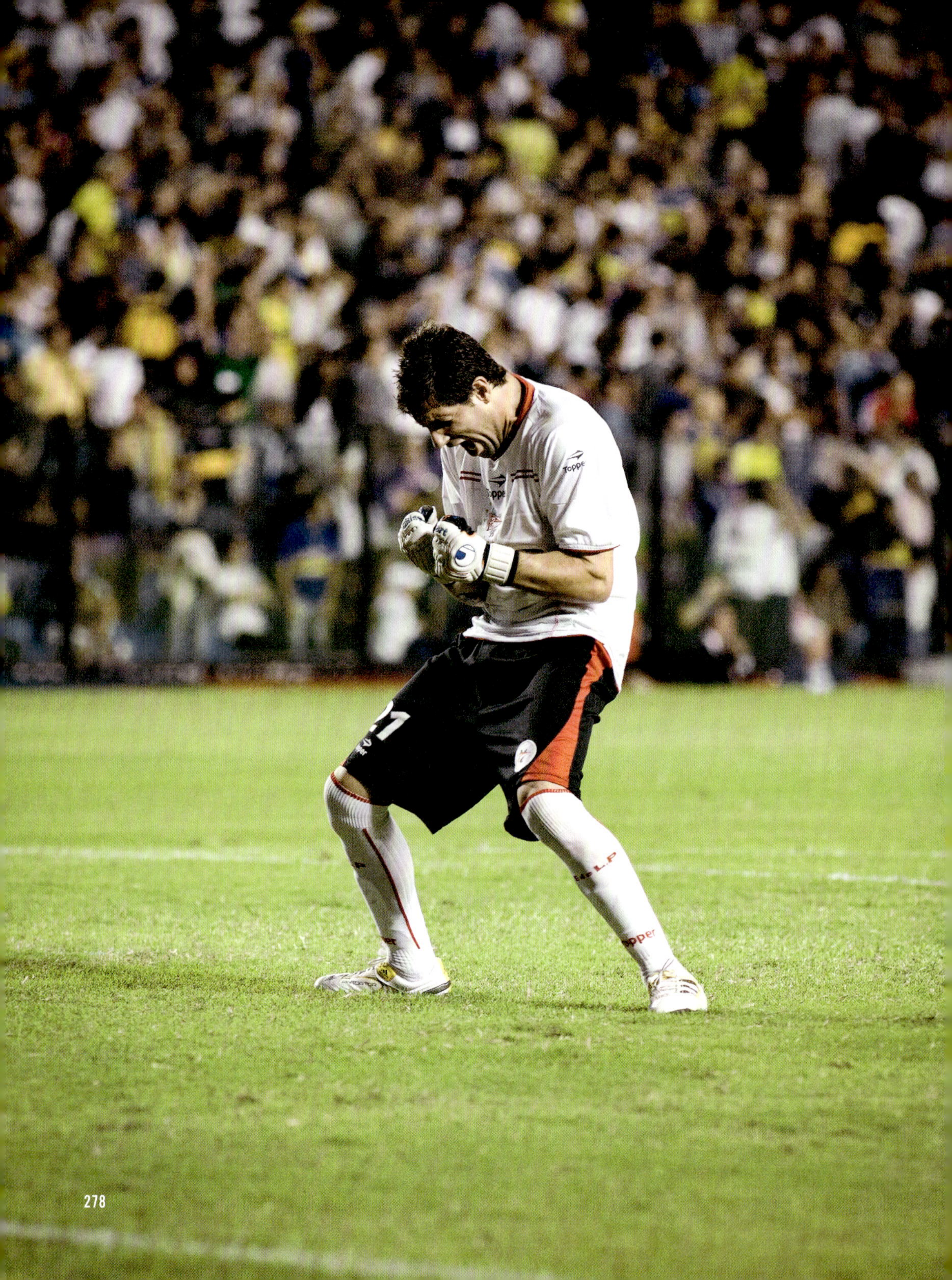
Topper

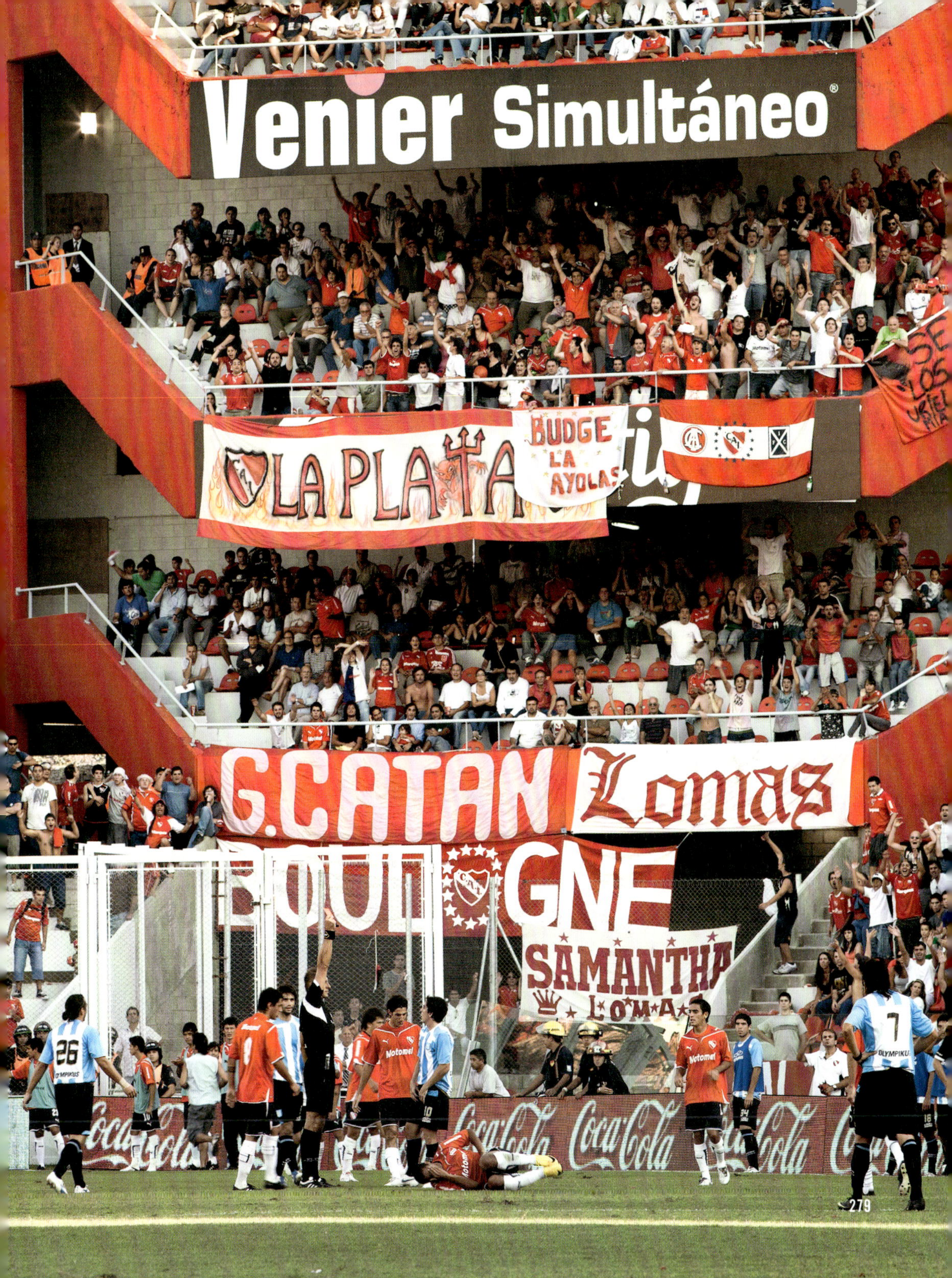
Venier Simultáneo
LA PLATA
BUDGE
LA AYOLAS
G.CATAN
Lomas
SAMANTHA
Coca-Cola
Motomel

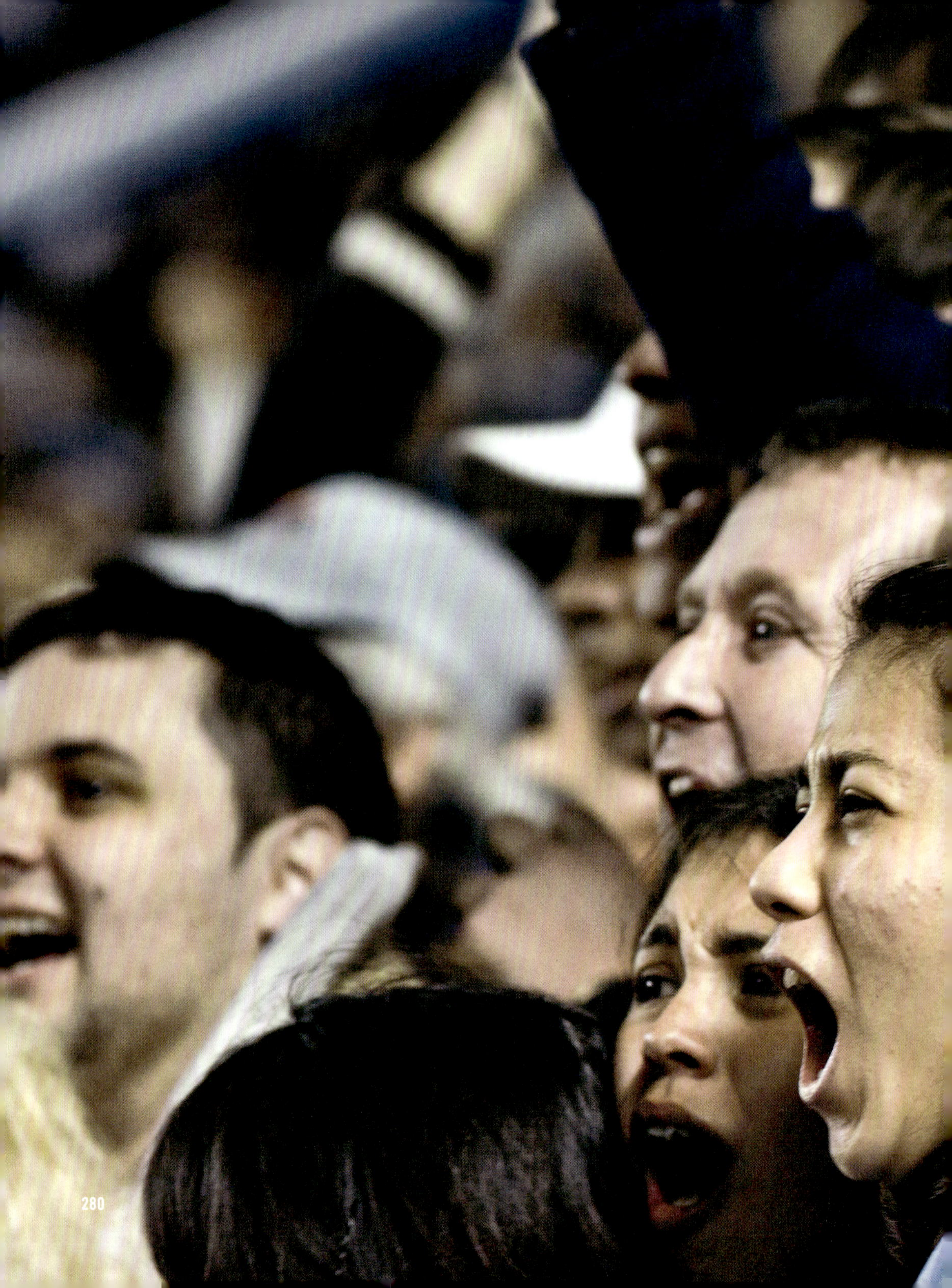

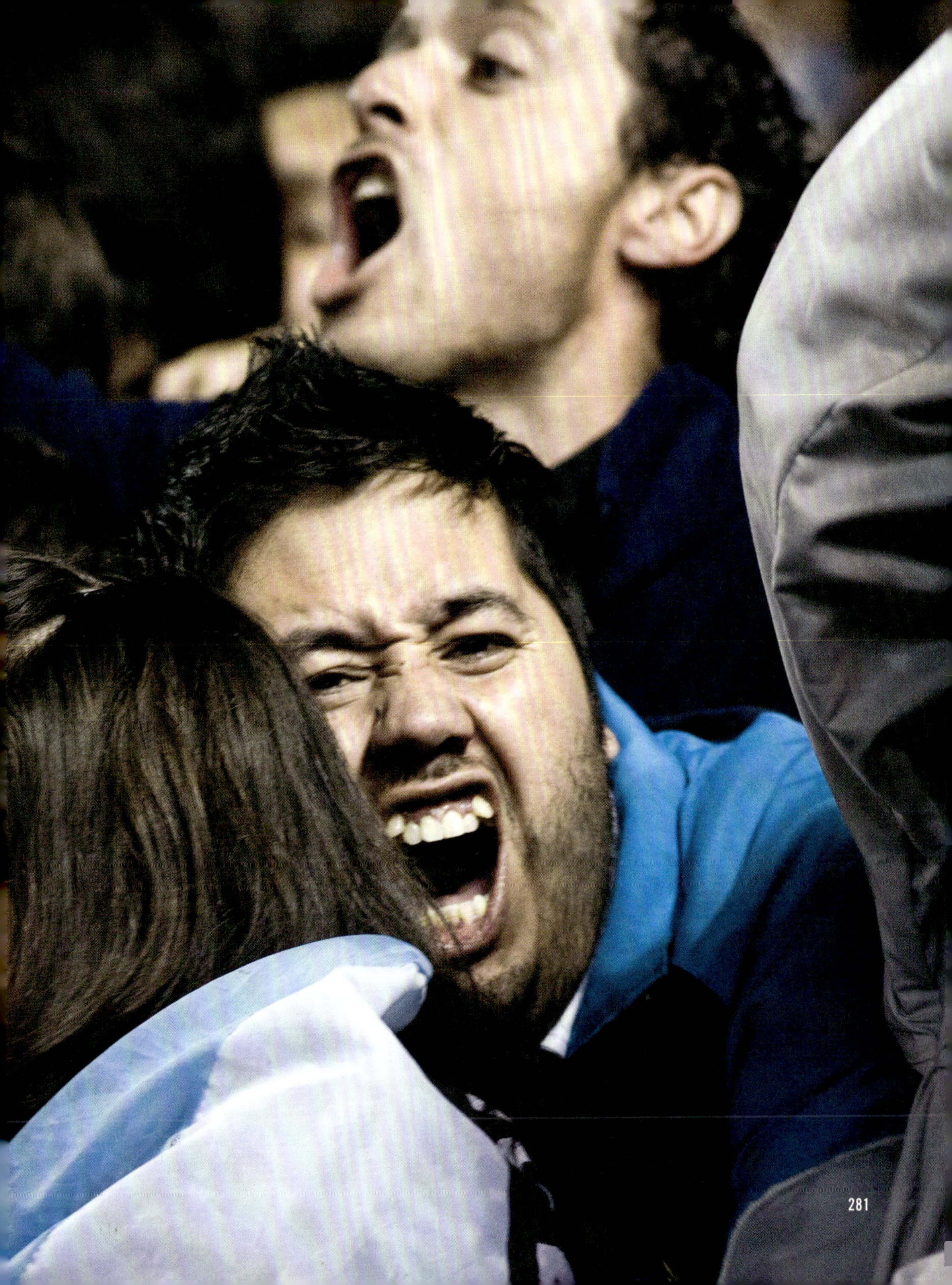

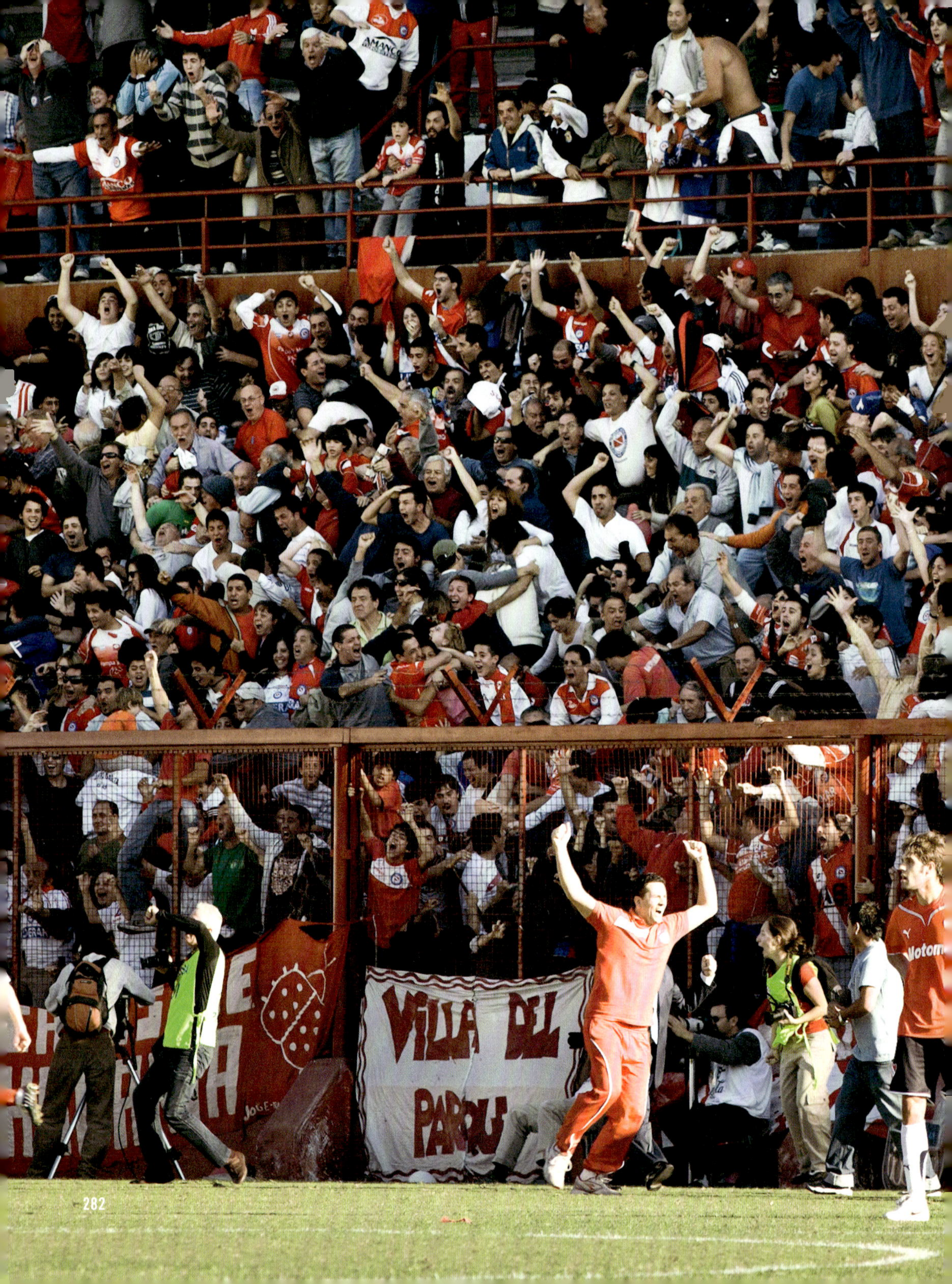
VILLA DEL

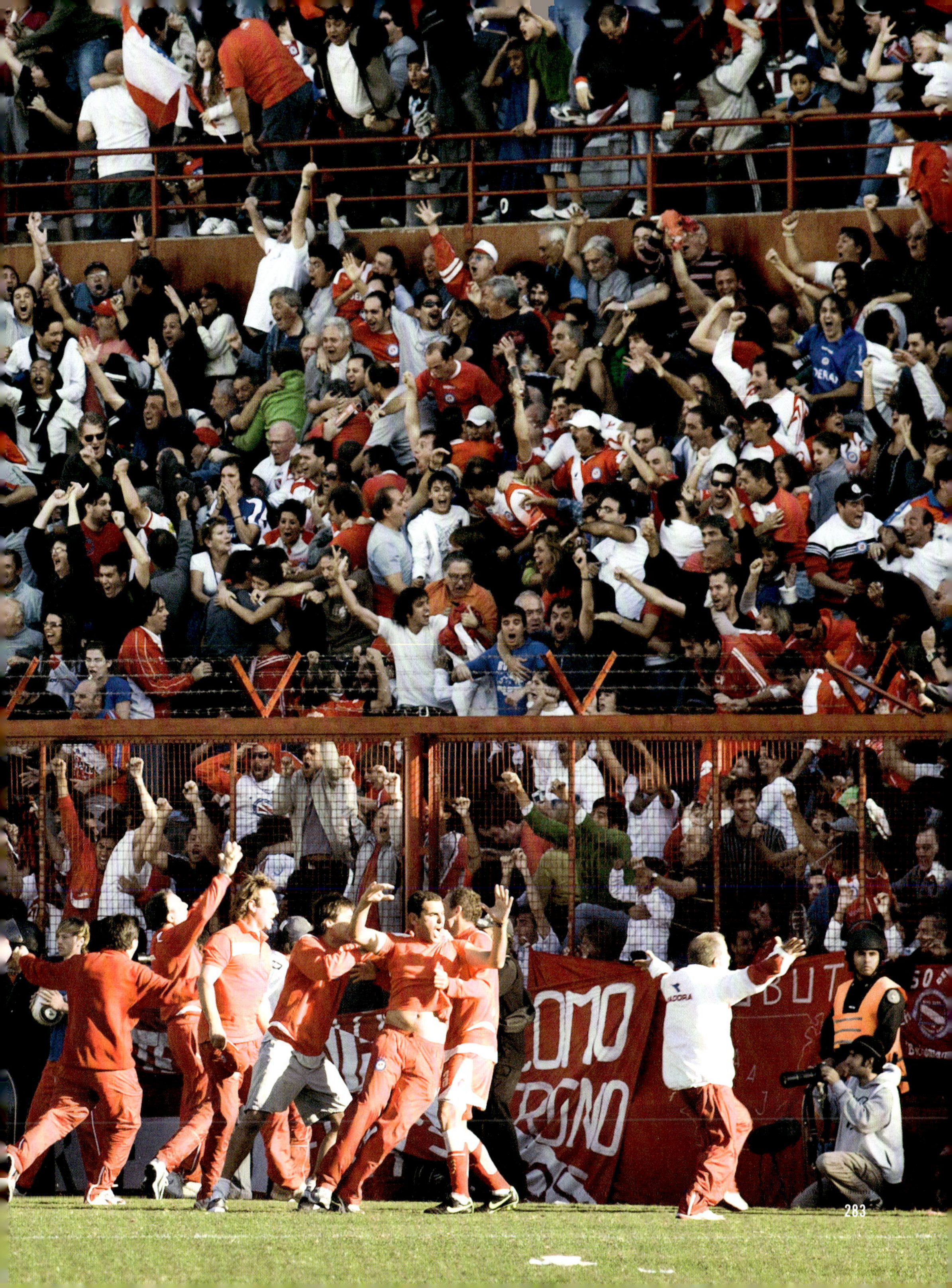
COMO

GEWALT, DER STÄNDIGE BEGLEITER

Der argentinische Fußball wird seit seinen Anfängen immer wieder von Gewalt begleitet. Schon 1924 gab es bei der Südamerika-Meisterschaft beim Spiel zwischen Uruguay und Argentinien in Montevideo den ersten Toten. Über 250 Menschen mussten seitdem ihre Leidenschaft für den Fußball mit dem Leben bezahlen. Es waren ganz unterschiedliche Umstände, die zu diesen Todesopfern führten. Dazu zählen Konflikte zwischen gegnerischen Fans bei Ausschreitungen, offene Rechnungen innerhalb der eigenen Gruppe, aber auch die Polizei hat etliche Tote auf dem Gewissen. Während es jedoch auf der ganzen Welt gewalttätige Auseinandersetzungen zwischen Fußballfans gibt, verweist der Zusammenhang zwischen Fußball und Gewalt in Argentinien auf einen Bereich, der von systematischer Erpressung, Einschüchterung und allerlei dunklen Geschäften dominiert wird und dessen Mittelpunkt die gewalttätigen Fangruppen der Vereine, die sogenannten *Barrabravas* bilden. Die Liebe zu Farben und Trikot sei so stark, lautet fast schon eine Rechtfertigung für das skrupellose Vorgehen der *Barrabravas*. Aber das ist weniger als die halbe Wahrheit. Vielmehr besteht eine enge Verquickung der Fangruppierungen mit den Klubpräsidenten, hochrangigen Politikern und Angehörigen der Sicherheitskräfte, was zu einem System organisierter Kriminalität geführt hat, das nicht wenige mit der Mafia vergleichen.

So nutzen die *Barras* die Androhung von Gewalt, um die Vereine zu erpressen. Der sogenannte *apriete*, was mit „unter Druck setzen“ noch euphemistisch umschrieben wäre, ist ein gängiges Mittel, um einen Verein zur Zusammenarbeit zu zwingen. Sowohl Trainer als auch Spieler werden unmissverständlich dazu aufgefordert, sich an den Kosten für Fahnen und Auswärtsfahrten zu beteiligen. Falls dieser Beitrag, verniedlichend als *Diezmo* (der Zehnte) bezeichnet, nicht in bar ausgezahlt wird, dann soll wenigstens materielle Unterstützung in Form von Trikots und anderer Klubbekleidung herausspringen. Auf Druck der *Barras* verteilen die Verantwortlichen Freikarten, die dann auf dem Schwarzmarkt teuer verkauft werden. Mancherorts beteiligt man die Fangruppierungen an den Gewinnen aus dem Merchandising oder anderen Einnahmequellen des Vereins, indem man ihnen etwa das Monopol der Imbissverkäufe auf den Rängen zugesteht. Chef einer *Barrabrava* zu sein bringt einem in gewissen Kreisen nicht nur außerordentliche Anerkennung ein, es ist zudem ein sehr einträgliches Geschäft. Daher kann es nicht verwundern, dass sich besonders in einflussreichen *Barrabravas* oft blutige Kämpfe um die

Führungspositionen entfachen. Ein traurig-berühmter Fall ist der von Gonzalo Acro, der im Zuge von Auseinandersetzungen um die Vormachtstellung innerhalb der *Borrachos del Tablón* – der *Barrabrava* von River Plate – von Mitgliedern einer verfeindeten Splittergruppe im Mittelklasse-Stadtviertel Villa Urquiza erschossen wurde, als er abends aus einem Fitness-Studio kam. Ähnliches geschah auch beim Klub Newell's Old Boys aus Rosario, wo Roberto *Pimpi* Camino, ein Veteran der Gruppe *Los Leprosos,* in einen Hinterhalt gelockt und von einer rivalisierenden Gruppierung vor einer Bar erschossen wurde. Bei der berühmt-berüchtigten *Barrabrava La Doce* von Boca Juniors kam es erst zu Führungswechseln, als die jeweiligen *Capos* wegen Raub, Mord und anderer Gewaltverbrechen hinter Gitter wanderten.

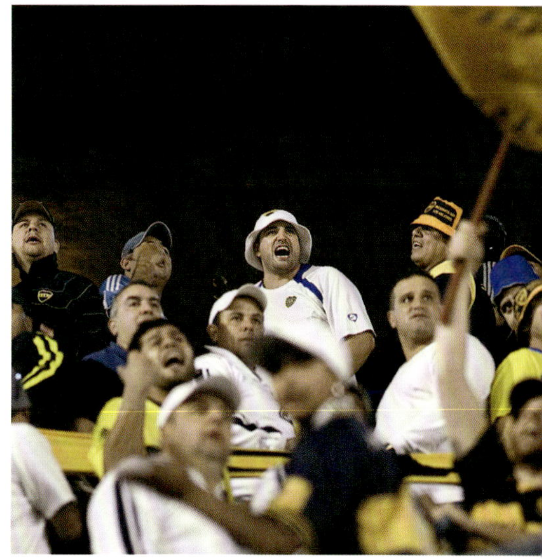

Mauro Martín, Capo *der Fans von Boca Juniors*

Trotz dieser kriminellen Hintergründe nehmen viele Vereinsstars an Fanklub-Treffen teil, bei denen unter anderem durch Tombolas neue Gelder eingenommen werden. Die Loyalität geht sogar noch darüber hinaus – so besuchte der Boca-Superstar Martín Palermo den inhaftierten Rafael di Zeo, den ehemaligen *Capo* der *Doce*, gar im Gefängnis. Jenen Di Zeo, der während seiner Herrschaft eine Stadiontour mit dem bezeichnenden Namen *Pura Adrenalina* organisiert hatte, bei der Touristen gegen ein kräftiges Entgelt eine Partie gemeinsam mit den *Barrabravas* auf der Tribüne der *Bombonera* erleben durften. Der charismatische Anführer erteilte sogar „Lehrseminare" für angereiste Fanklubs aus Spanien, Kolumbien und Mexiko.

Obwohl immer wieder Einzelheiten über die Machenschaften der *Barrabravas* an die Öffentlichkeit gelangen, werden sie nur selten zur Rechenschaft gezogen. Nicht selten schauen Polizei und Justiz einfach weg, oder halten die Hand auf, um selbst davon zu profitieren. Zudem werden die „Dienste“ der *Barrabravas* manchmal als Schlägertrupps von politischen Parteien und Gewerkschaften genutzt, wenn interne Wahlen anstehen. Beliebt ist auch die Variante, Transparente der politischen Kandidaten im Stadion zu entrollen. 2009 und 2010 machten die „Fans“ sogar Werbung für die Partei der argentinischen Präsidentin Cristina Fernández de Kirchner. Auslöser für die Sympathiebekundungen waren die *Hinchadas Unidas Argentinas (HUA)*, die Vereinigten Fans von Argentinien. Mit Hilfe dieser neu gegründeten Nicht-Regierungs-Organisation konnten auch mehrere Gruppierungen zur WM 2010 nach Südafrika reisen, um die Nationalmannschaft zu unterstützen. Dort wurden einige der 300 *Barrabravas* allerdings schon am Flughafen von den südafrikanischen Behörden abgefangen und wieder nach Hause geschickt, da in Argentinien Haftbefehle gegen sie ausstanden.

Die Methoden der *Barras* in Argentinien erinnern viele an jene der Mafia. Und mehr als einmal hat sich gezeigt, dass diese organisierten „Fans“, die angeblich so glühend für ihre Teams einstehen, gar nicht wollten, dass ihre Mannschaft auch gewinnt, so wie im Fall der Begegnung von Gimnasia y Esgrima aus La Plata gegen Boca Juniors. Das Spiel am sechsten September 2006 wurde beim Stande von 1 : 0 für Gimnasia in der Halbzeitpause wegen massiver Drohungen des Präsidenten von Gimnasia gegen den Schiedsrichter abgebrochen. Am achten November 2006 wurde das Spiel wieder aufgenommen. Im Vorfeld versuchten die Fans von Gimnasia die Spieler ihrer Mannschaft durch Morddrohungen davon zu überzeugen, gegen Boca zu verlieren, um Estudiantes, dem verhassten Stadtrivalen aus La Plata, den Weg zur Meisterschaft zu verbauen. Die meisten Spieler Gimnasias schweigen bis

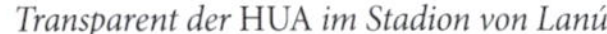
Transparent der HUA *im Stadion von Lanús*

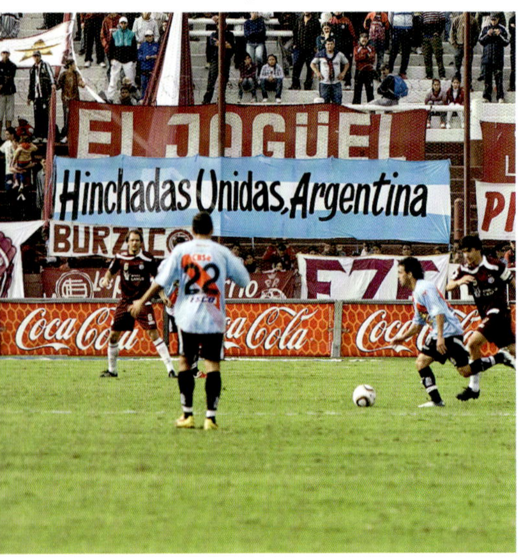

heute über den Vorfall. Nur der damalige Gimnasia-Stürmer Santiago Silva gab im November 2009 zu Protokoll: „…nun ja, wir sollten verlieren. Uns wurde eine Kugel in jedes Bein angedroht, und sollten wir gewinnen, dann müsste unser Kapitän Marcelo Goux sterben.“ Überflüssig zu erwähnen, dass Boca die Begegnung am Ende noch 4:1 gewonnen hat.

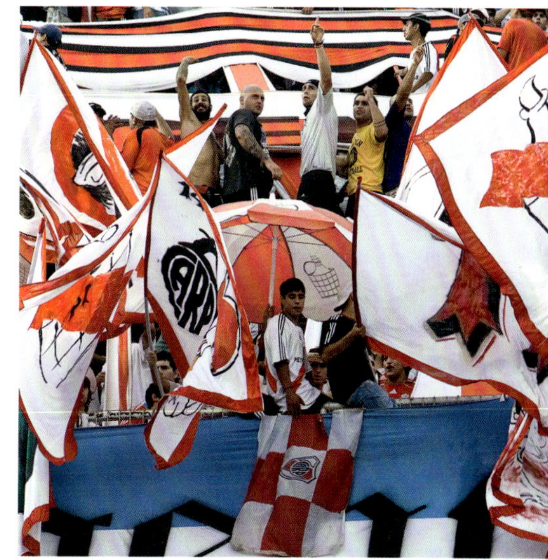

Die Borrachos del Tablón *von River Plate*

Mit jedem neuen Getöteten, der auf die Rechnung der *Barrabravas* geht, flammt die öffentliche Diskussion wieder auf. Forderungen zur Bekämpfung dieses kriminellen Geflechts werden lauter, aber zu einer entschiedenen Lösung des Problems hat man sich bis heute nicht durchringen können. Zwar gab es im Laufe der Zeit einige Gesetzesänderungen, die Strafen für Vergehen bei Sportveranstaltungen wurden heraufgesetzt und die Anzahl der Fans im Auswärtsblock beschränkt. In den unteren Ligen werden Gästefans überhaupt nicht mehr eingelassen, es gibt schärfere Kontrollen und noch mehr Sicherheitskräfte. Doch immer wieder haben sich diese Bemühungen als unzureichend erwiesen. Die Gewalt im argentinischen Fußball ähnelt der Beschreibung der Hölle in Dante Alighieris *Göttlicher Komödie*: eine endlose Spirale.

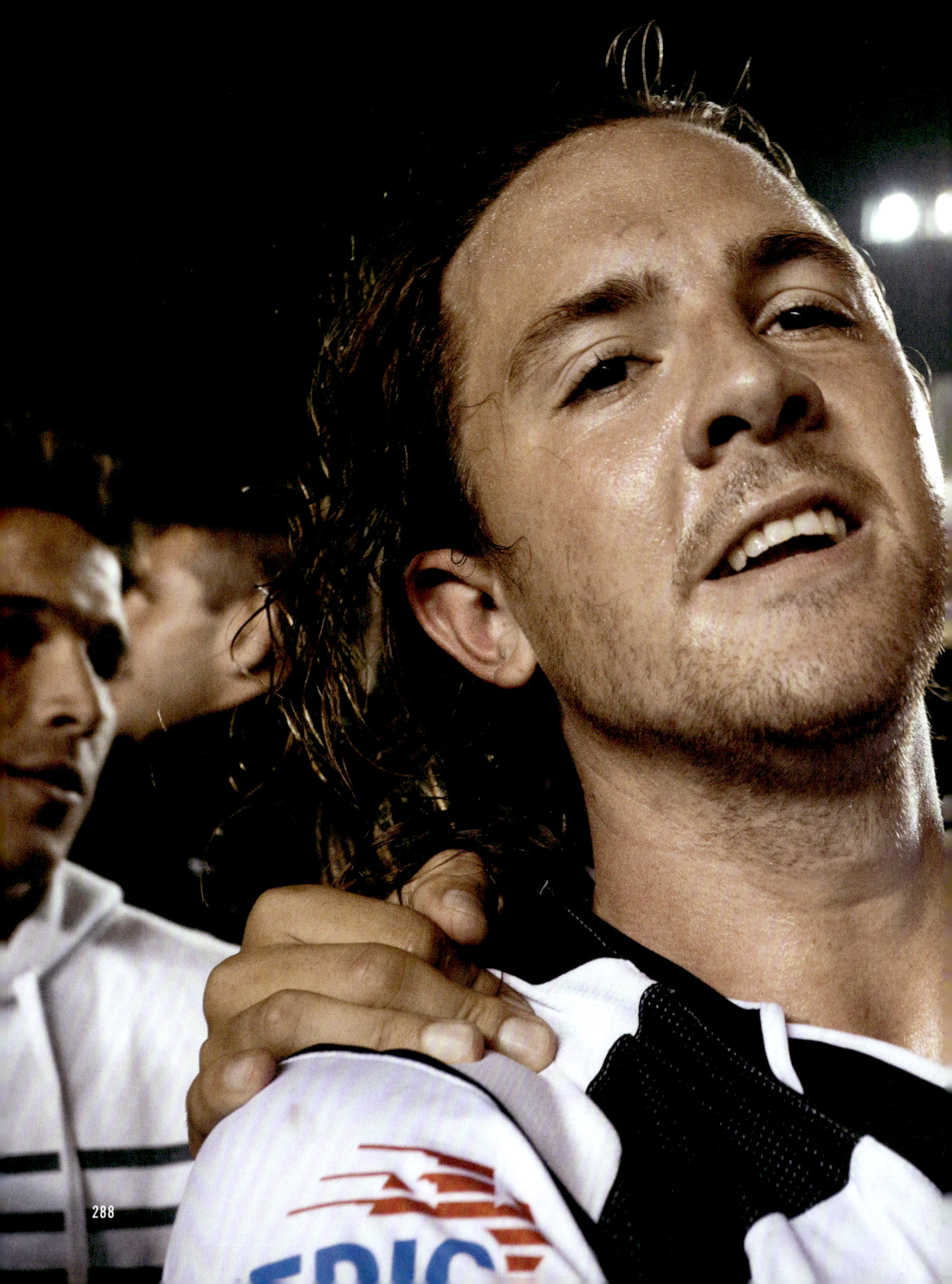

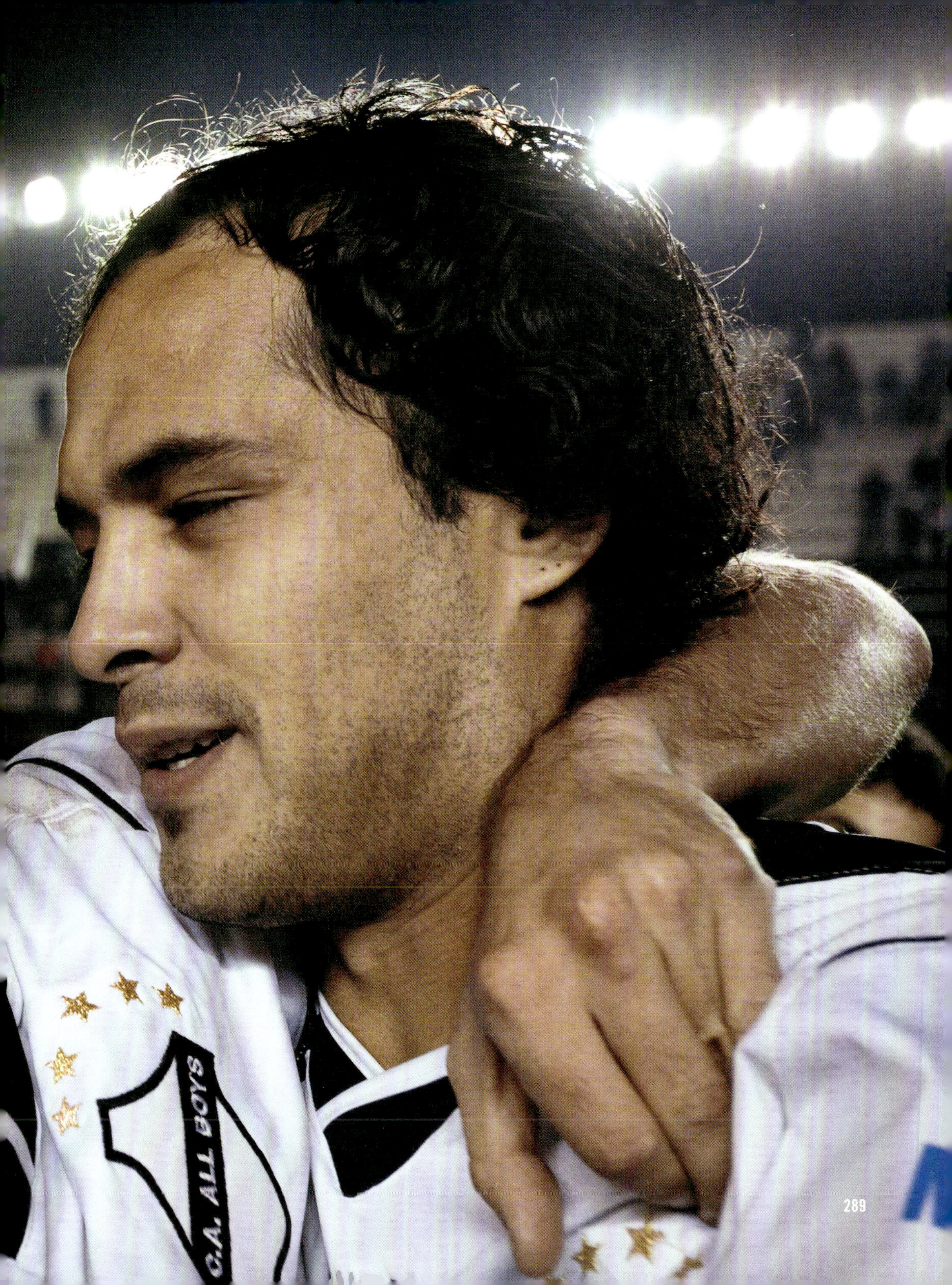
C.A. ALL BOYS

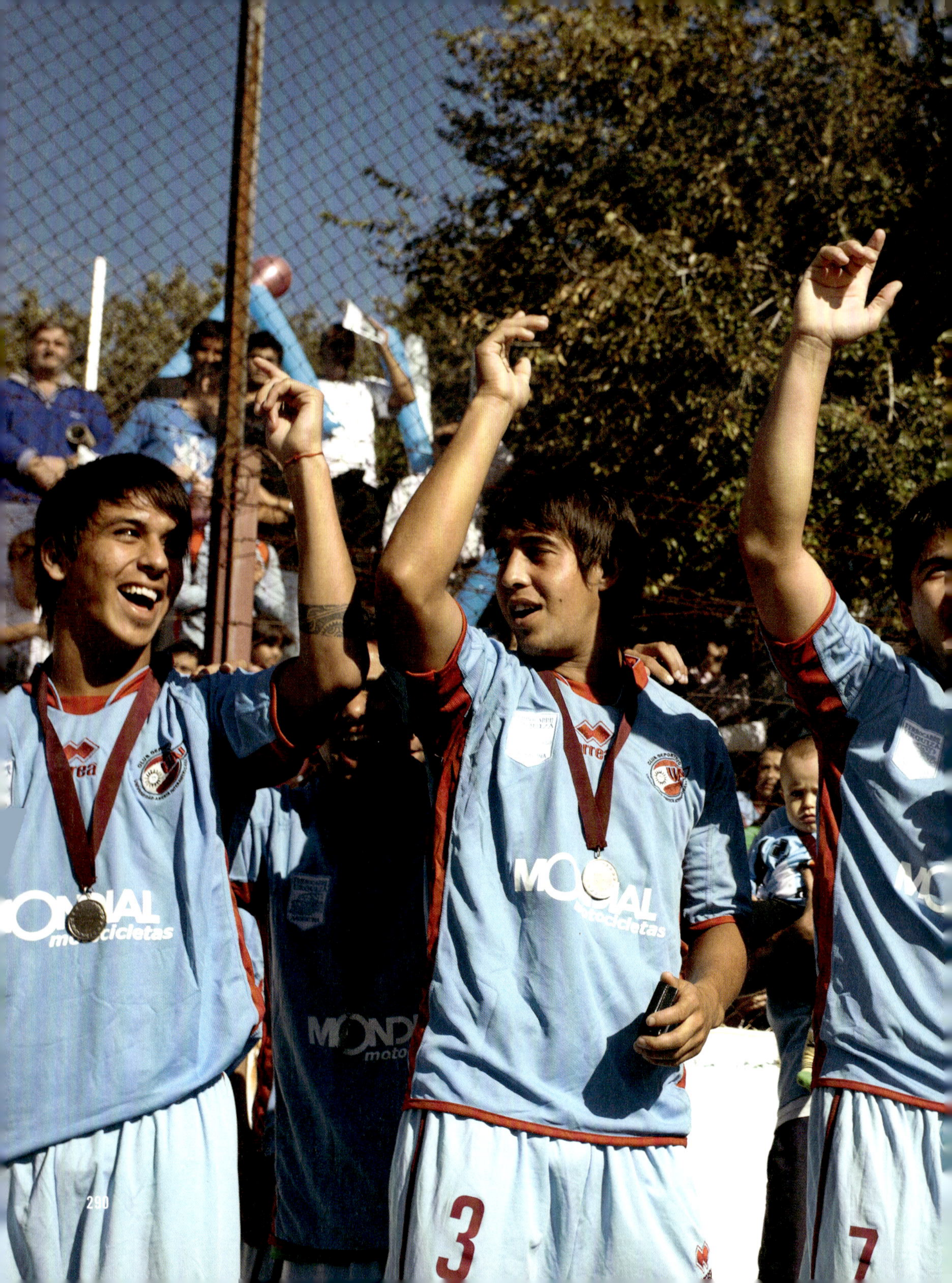
MONDIAL
motocicletas
MONDIAL
motocicletas

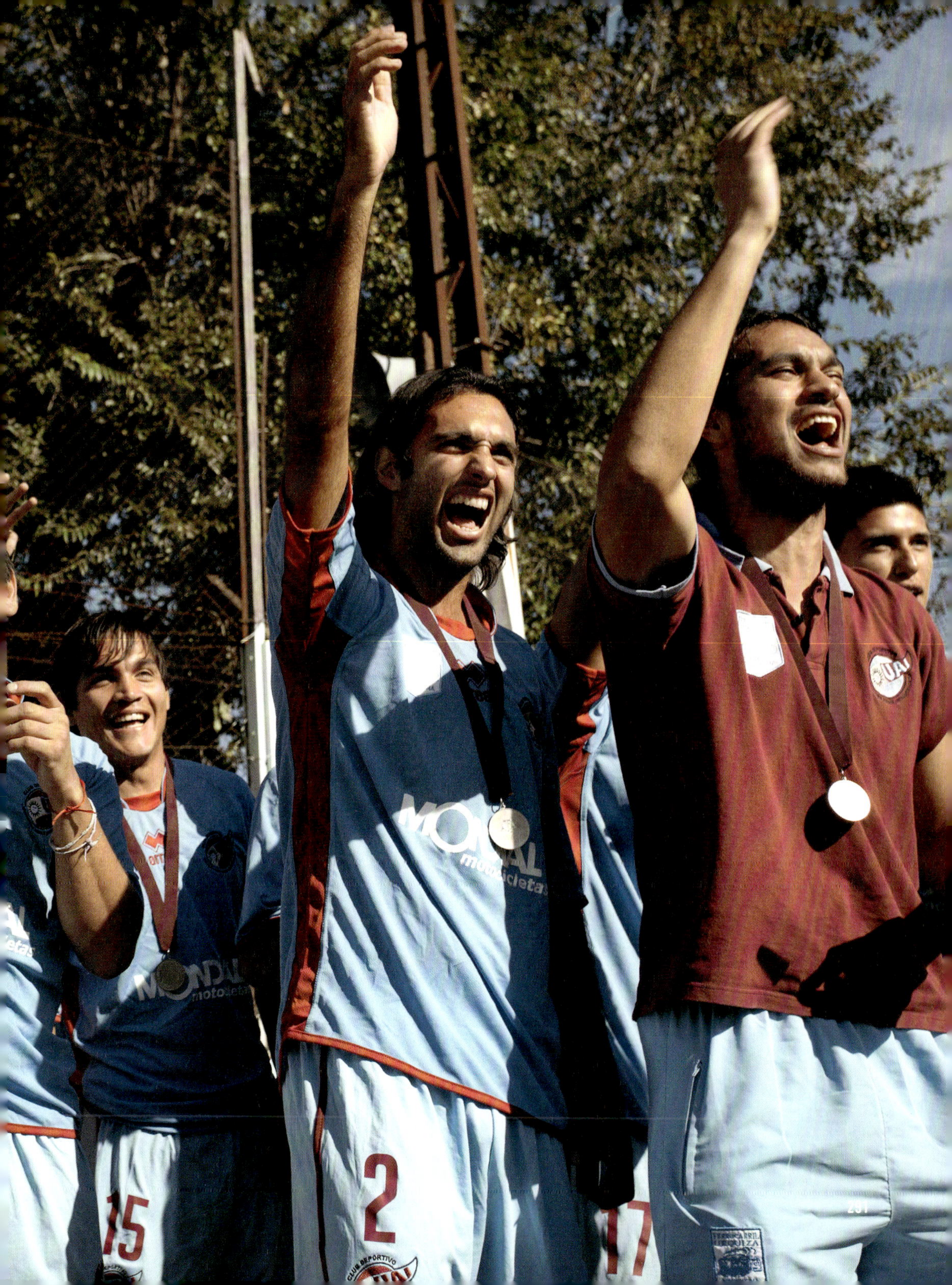

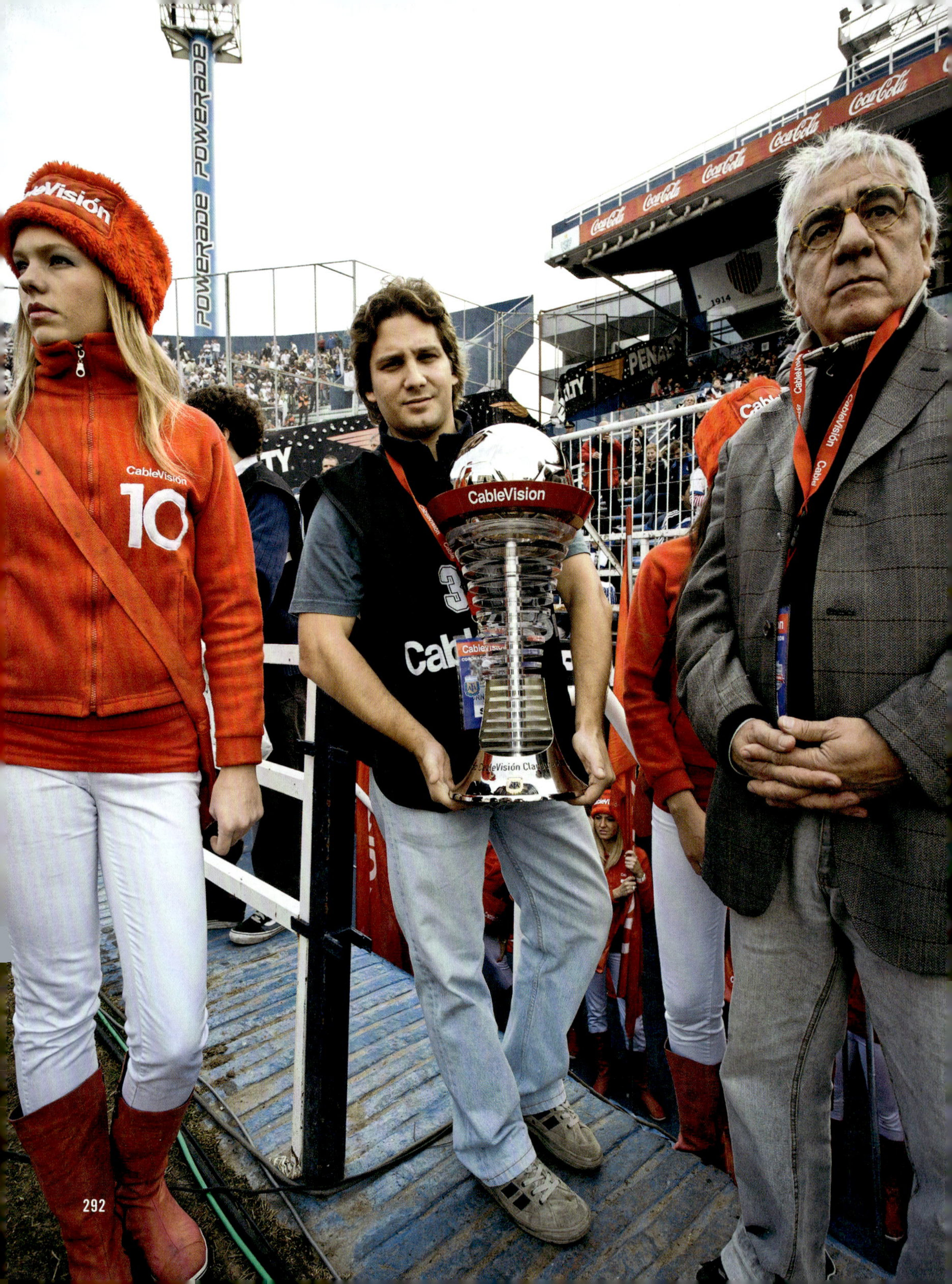
POWERADE POWERADE
Coca-Cola
CableVisión
CableVision
10
CableVision
1914

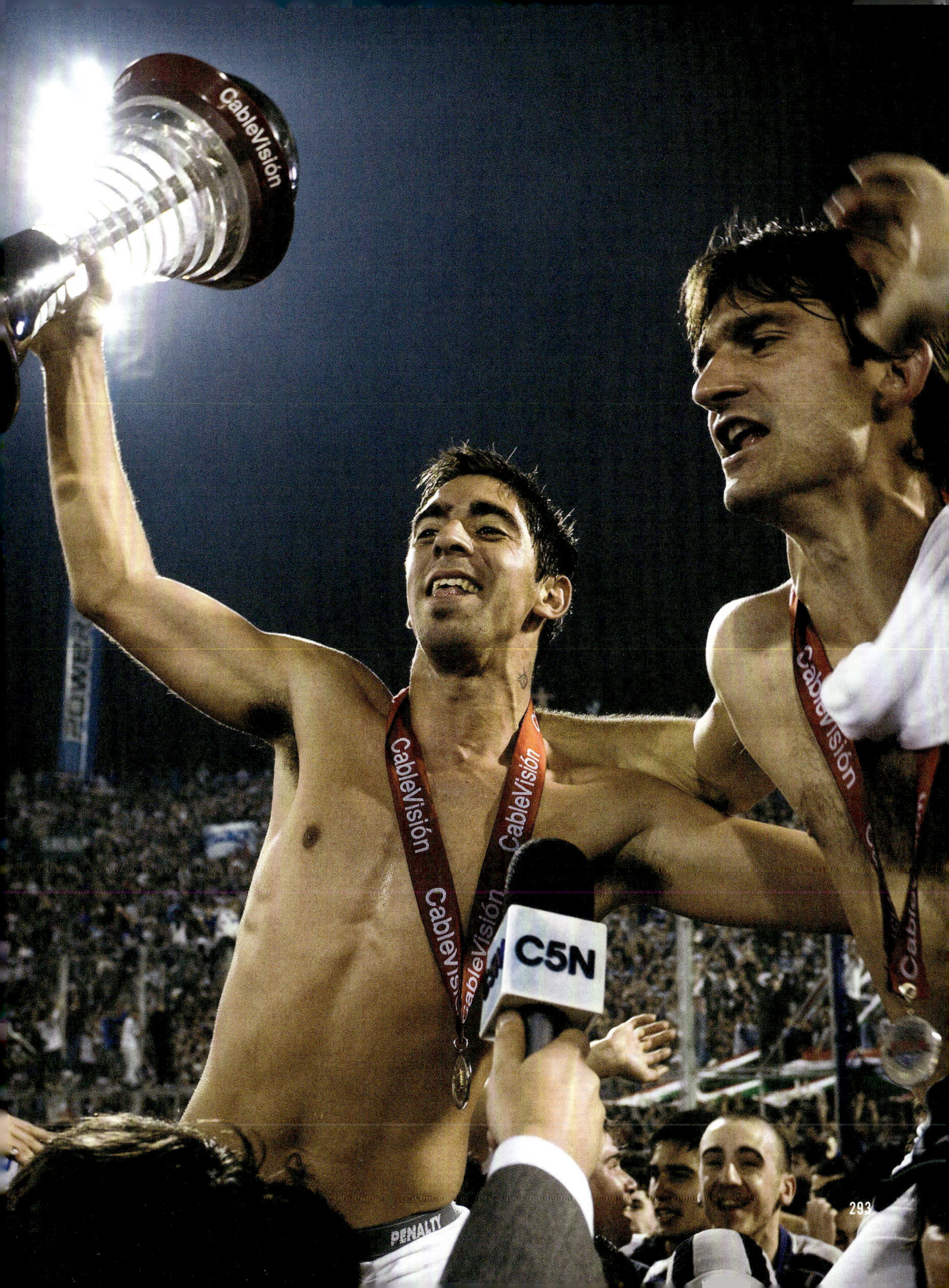
CableVisión
CableVisión
CableVisión
CableVisión
C5N
PENALTY

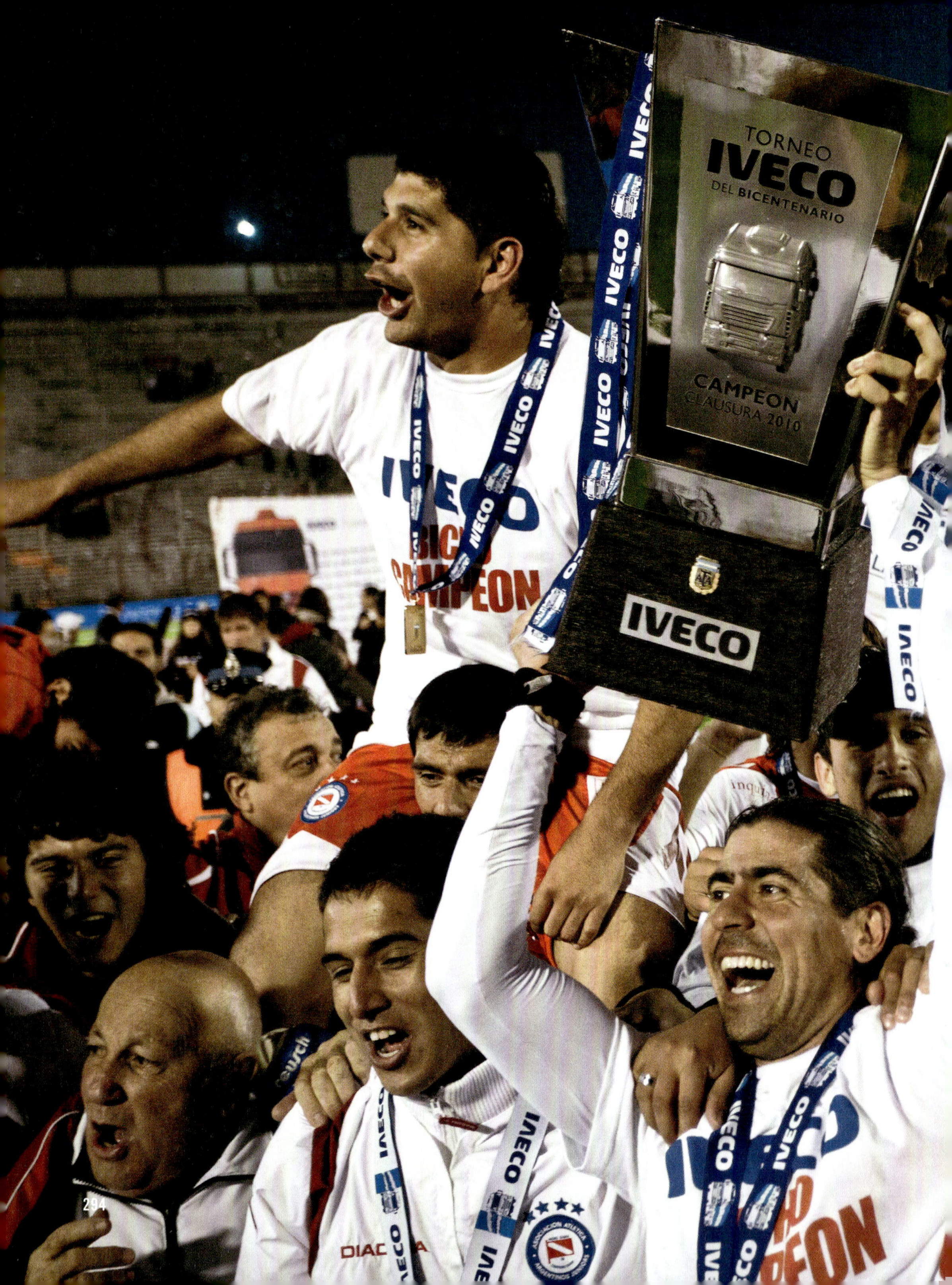
TORNEO
IVECO
DEL BICENTENARIO
CAMPEON
CLAUSURA 2010
IVECO
IVECO
CAMPEON

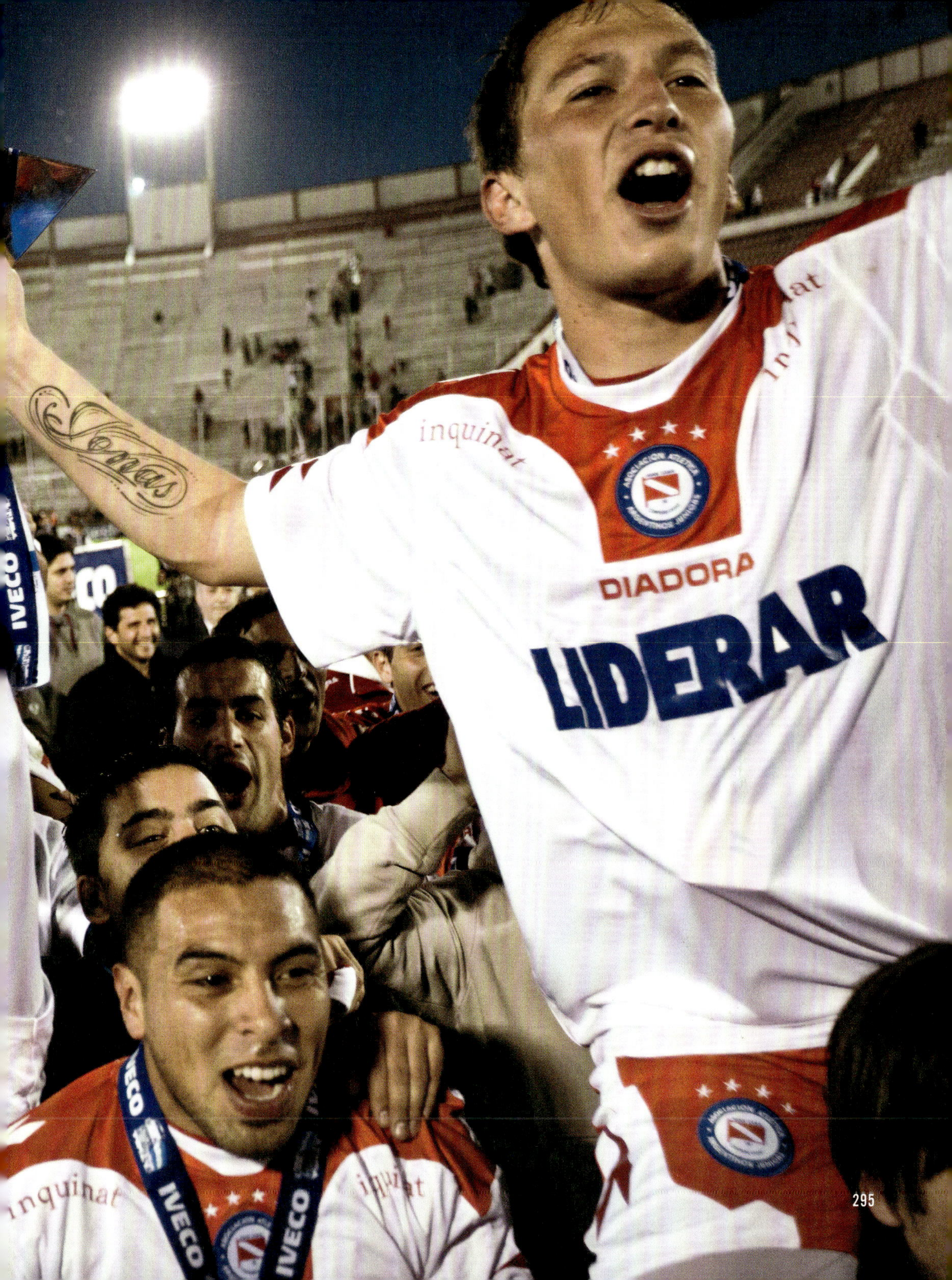
DIADORA
LIDERAR
inquinat
IVECO

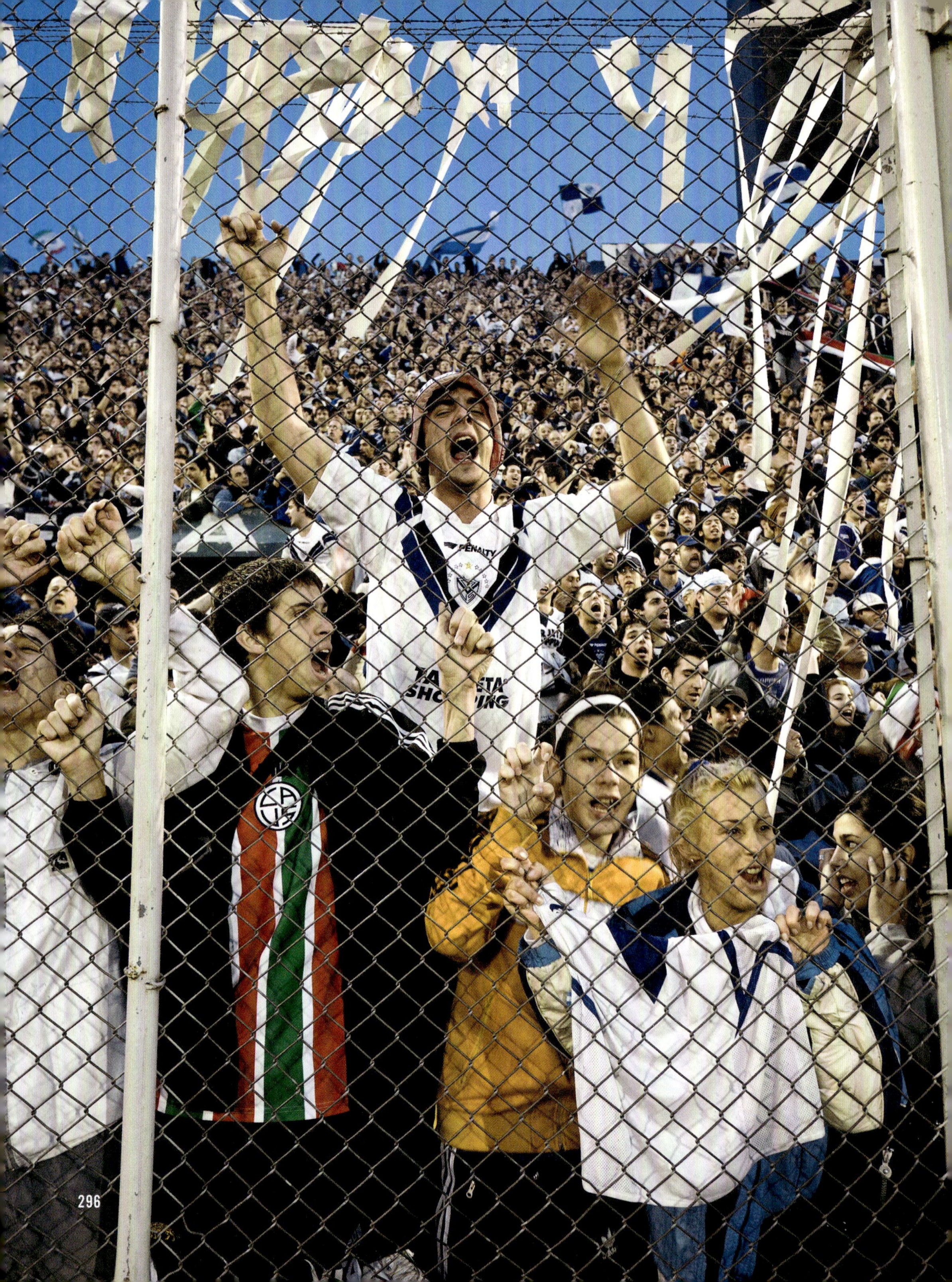
PENALTY

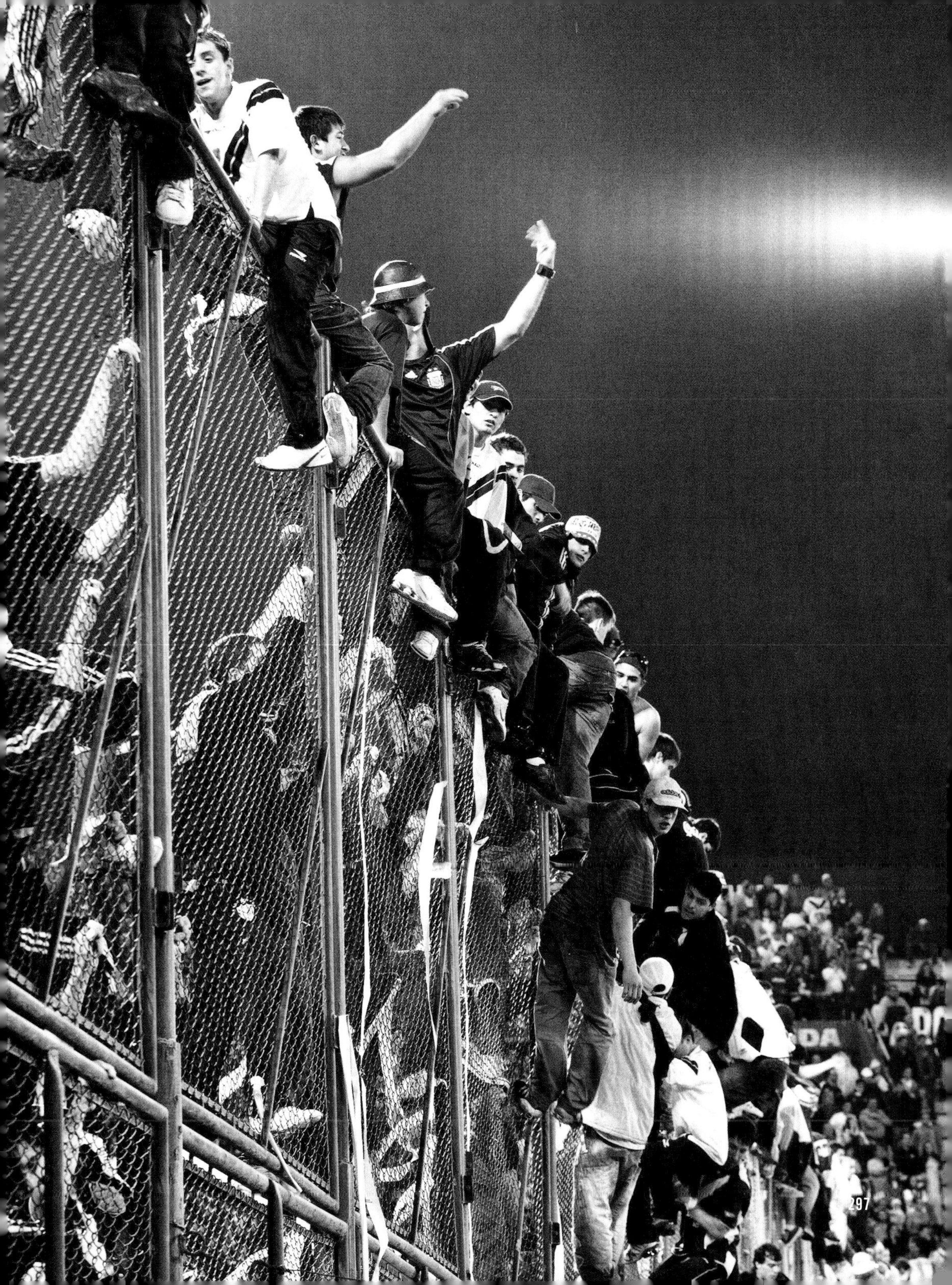

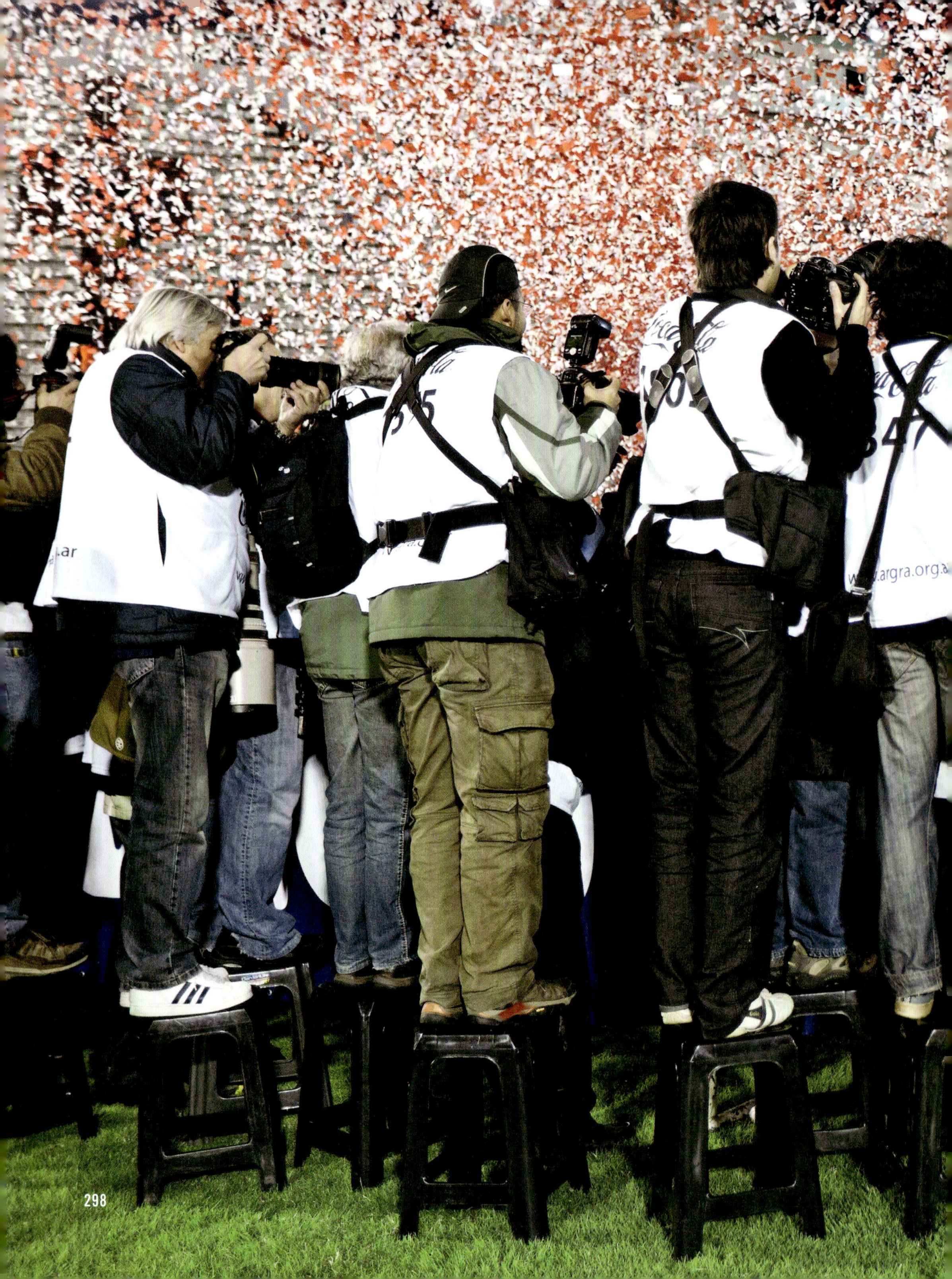

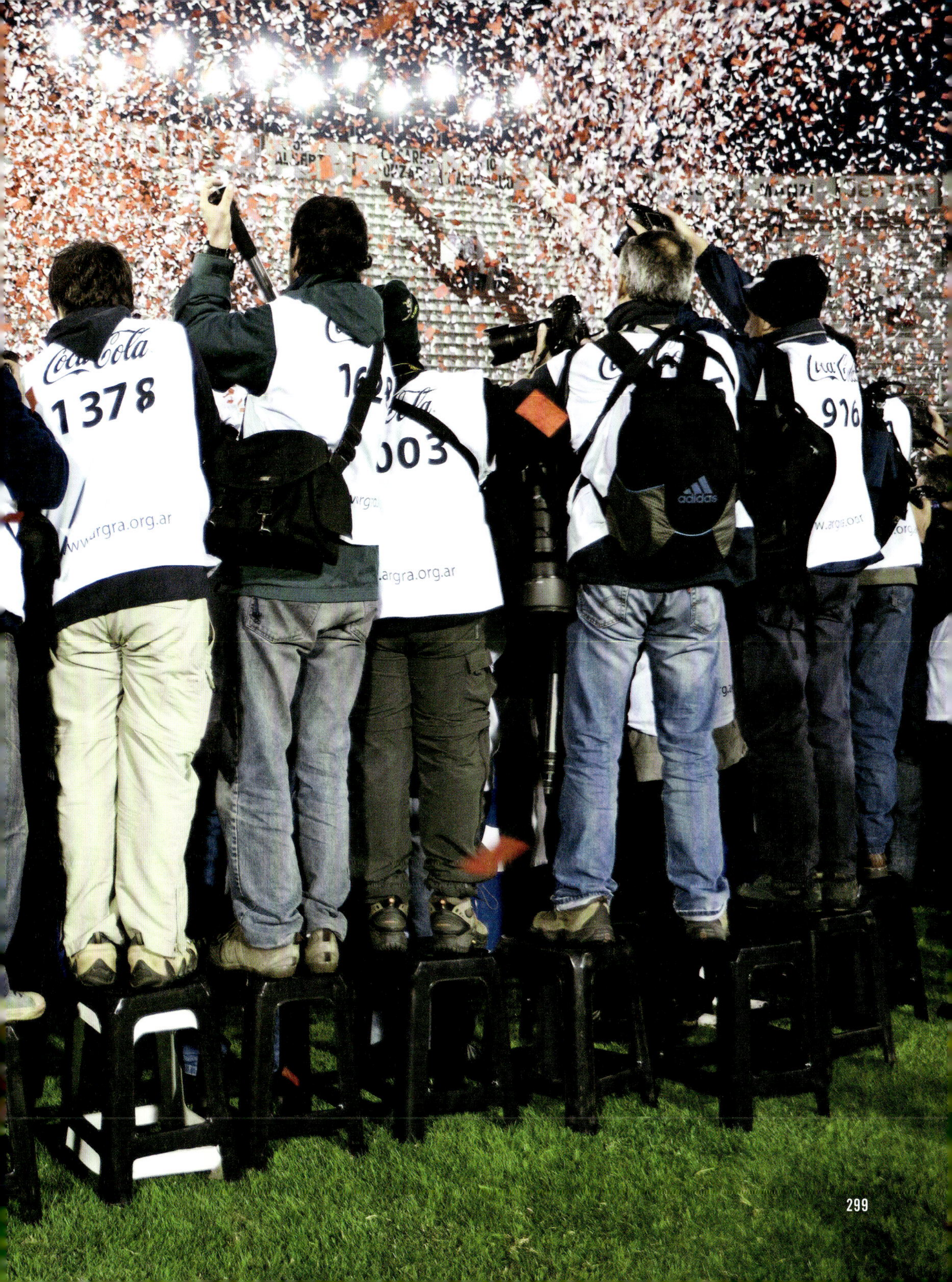
Coca-Cola
1378
www.argra.org.ar
003
.argra.org.ar
adidas
916

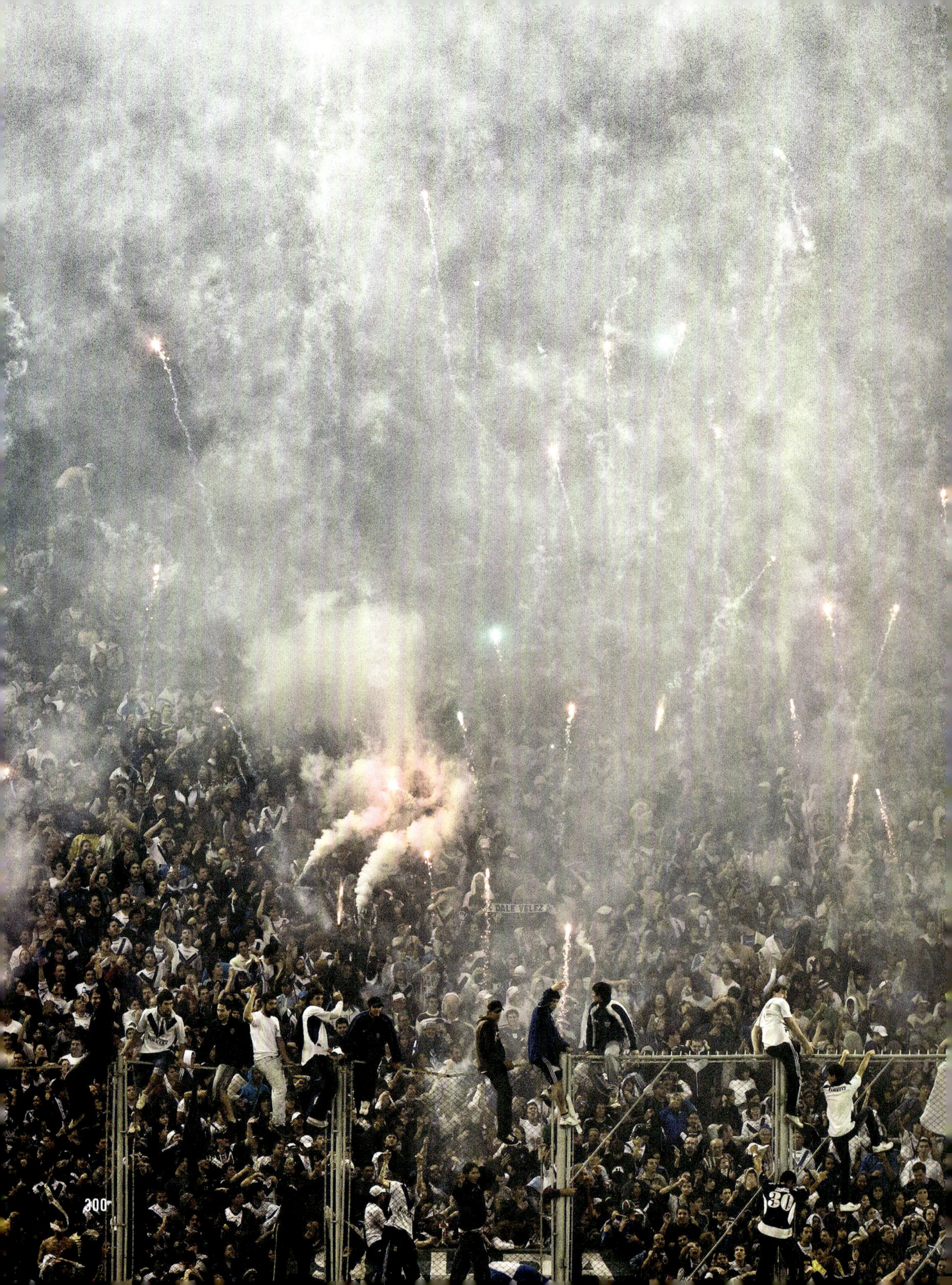
DALE VELEZ

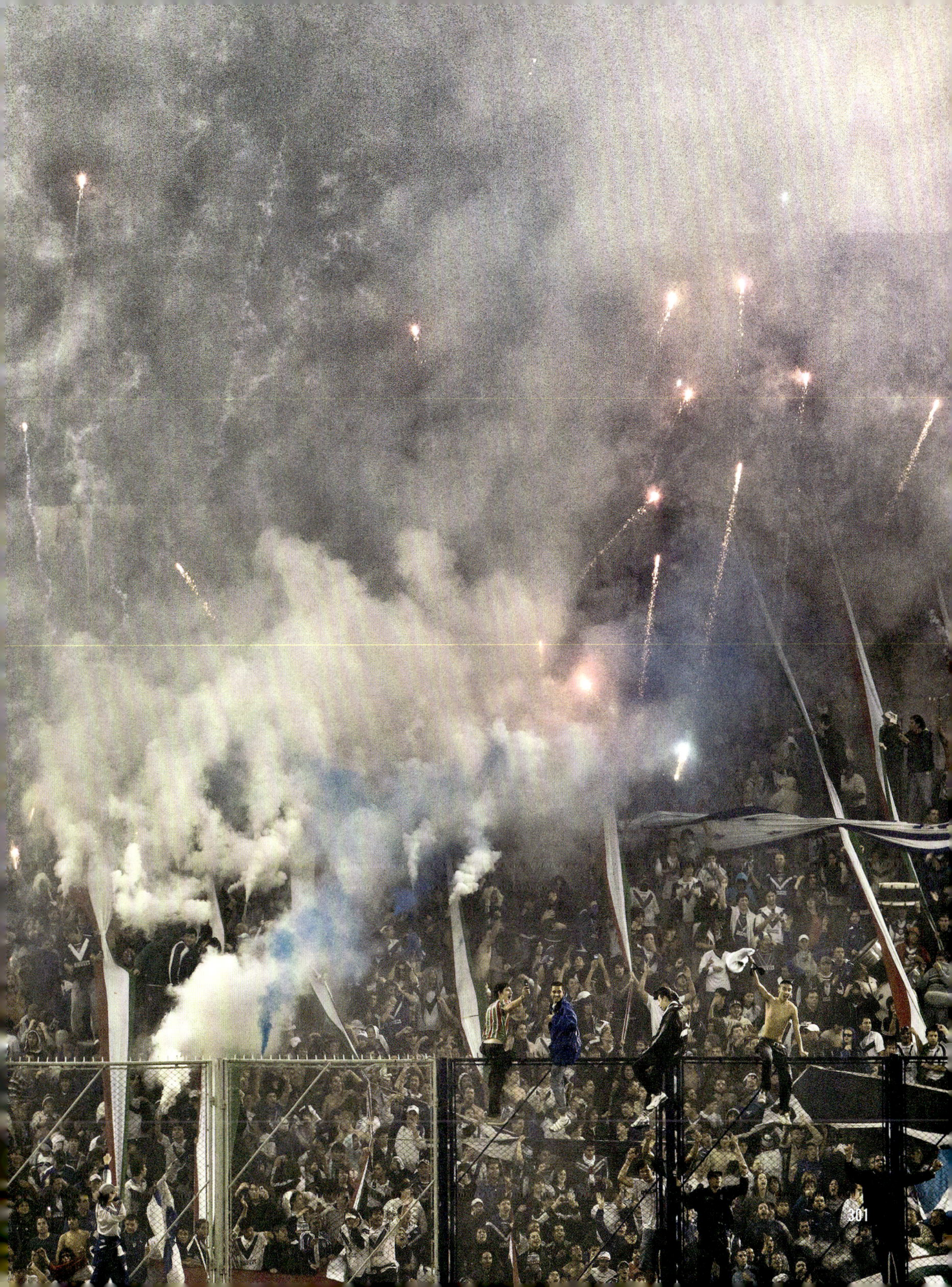

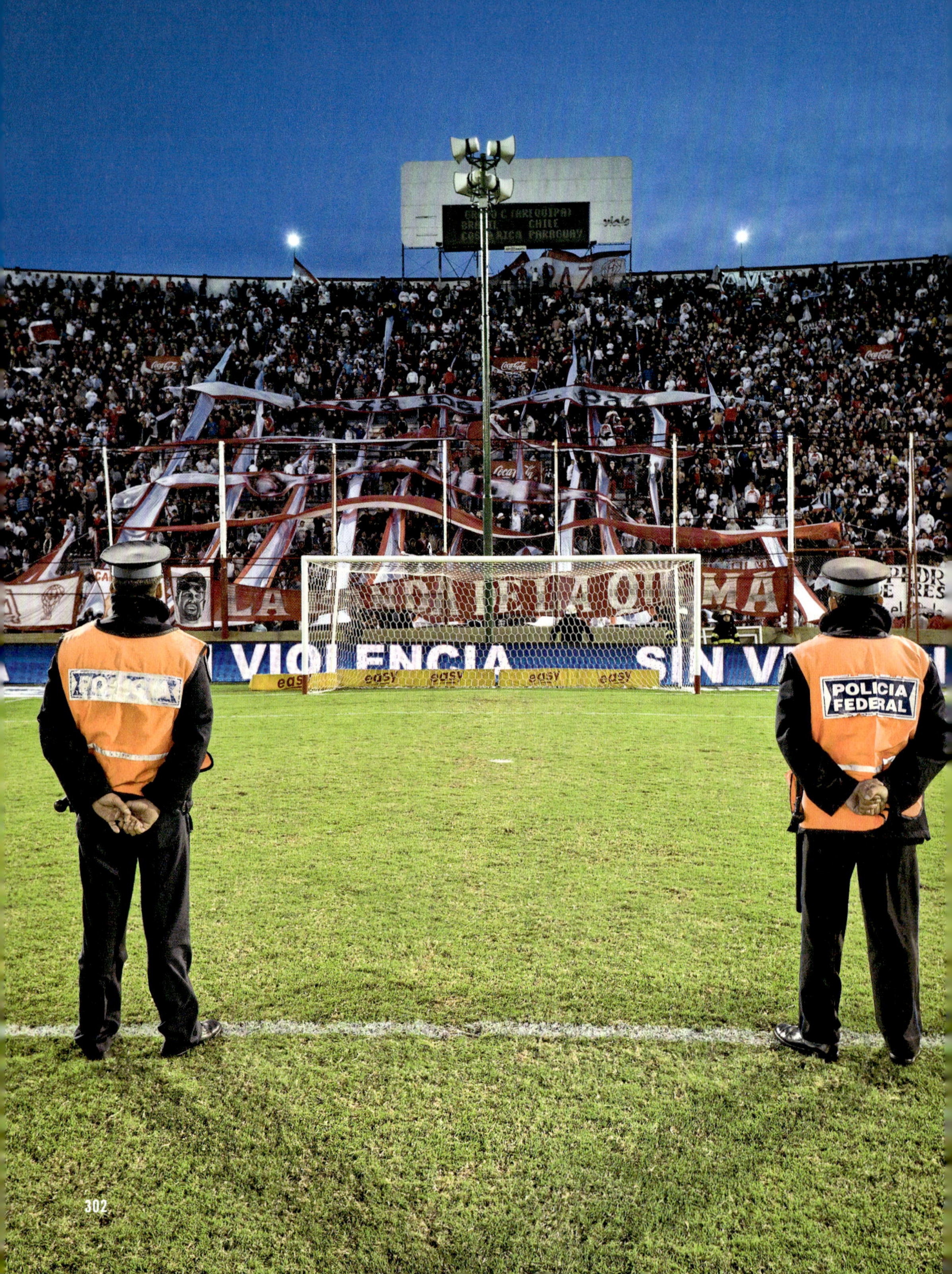
VIOLENCIA
SIN
POLICIA FEDERAL
easy

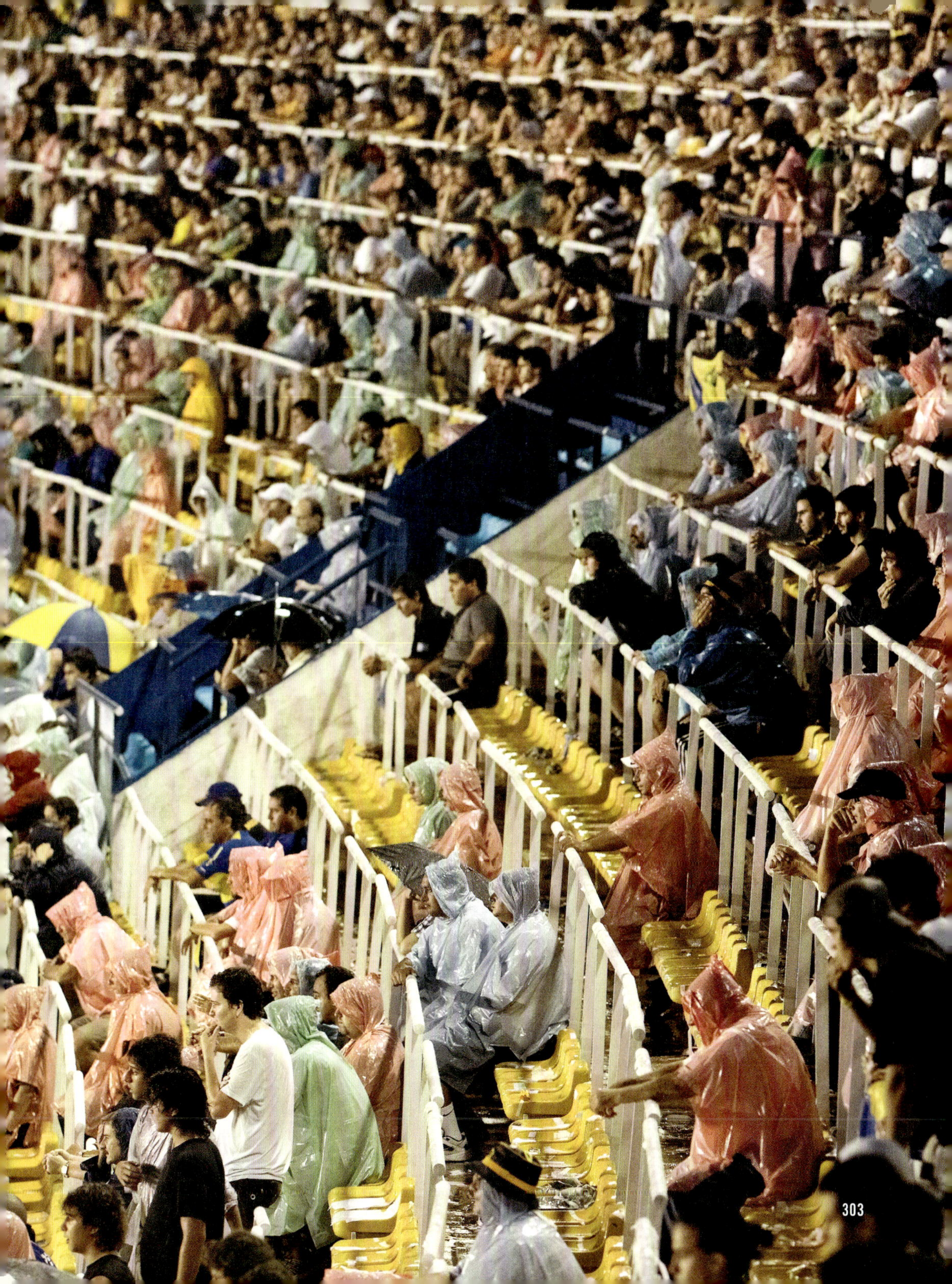

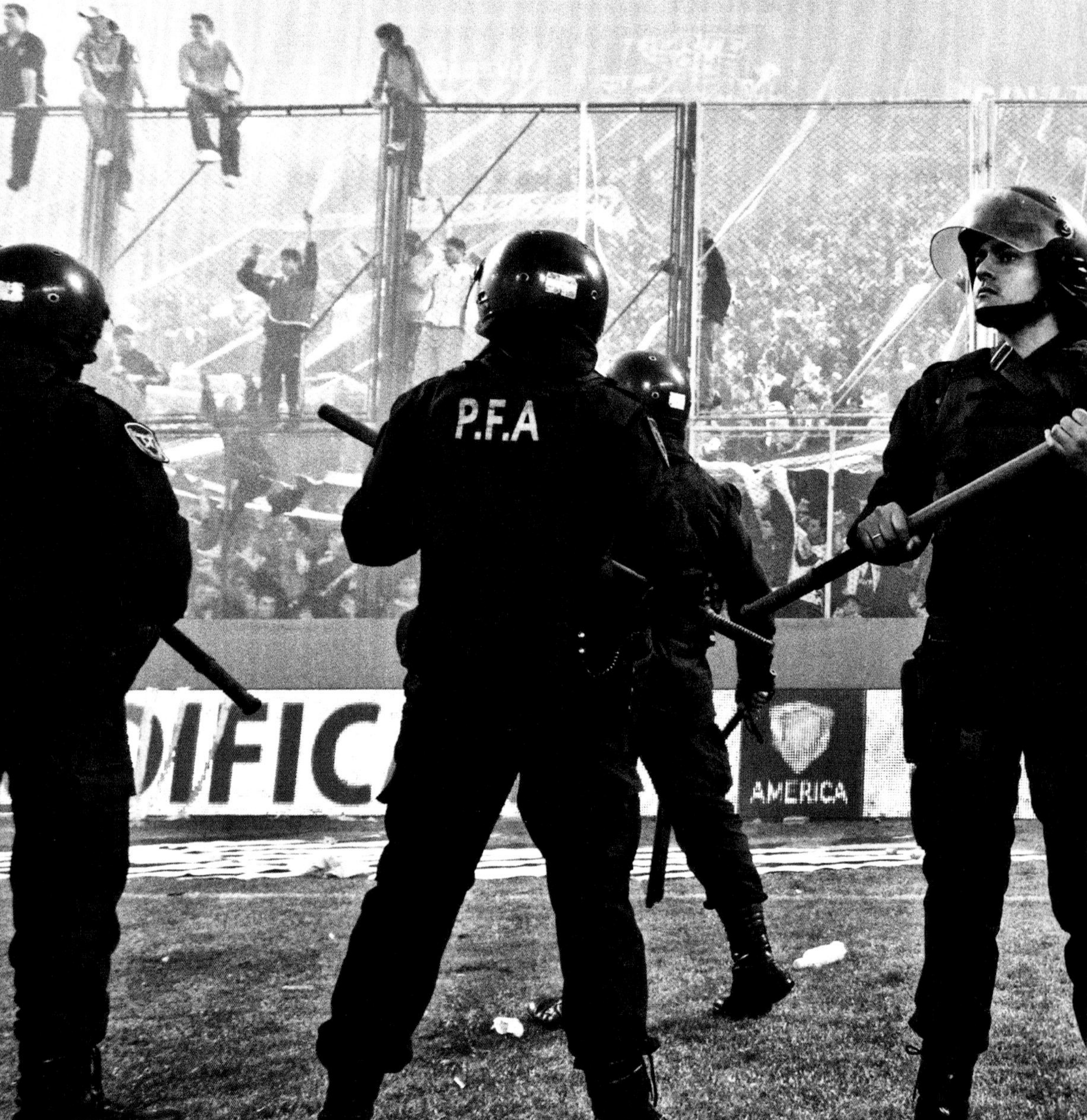
P.F.A
DIFIC
AMERICA

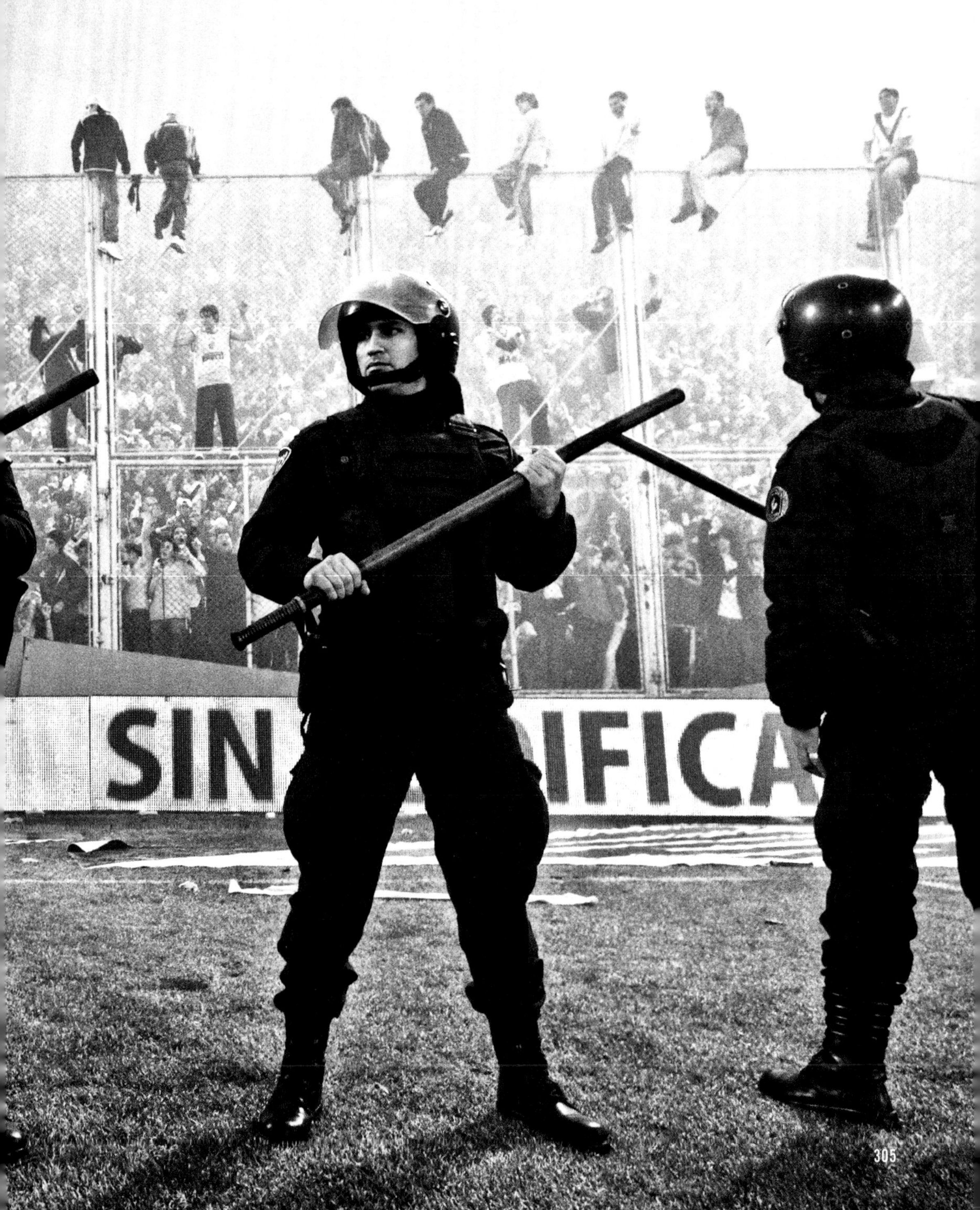
SIN
DIFICA

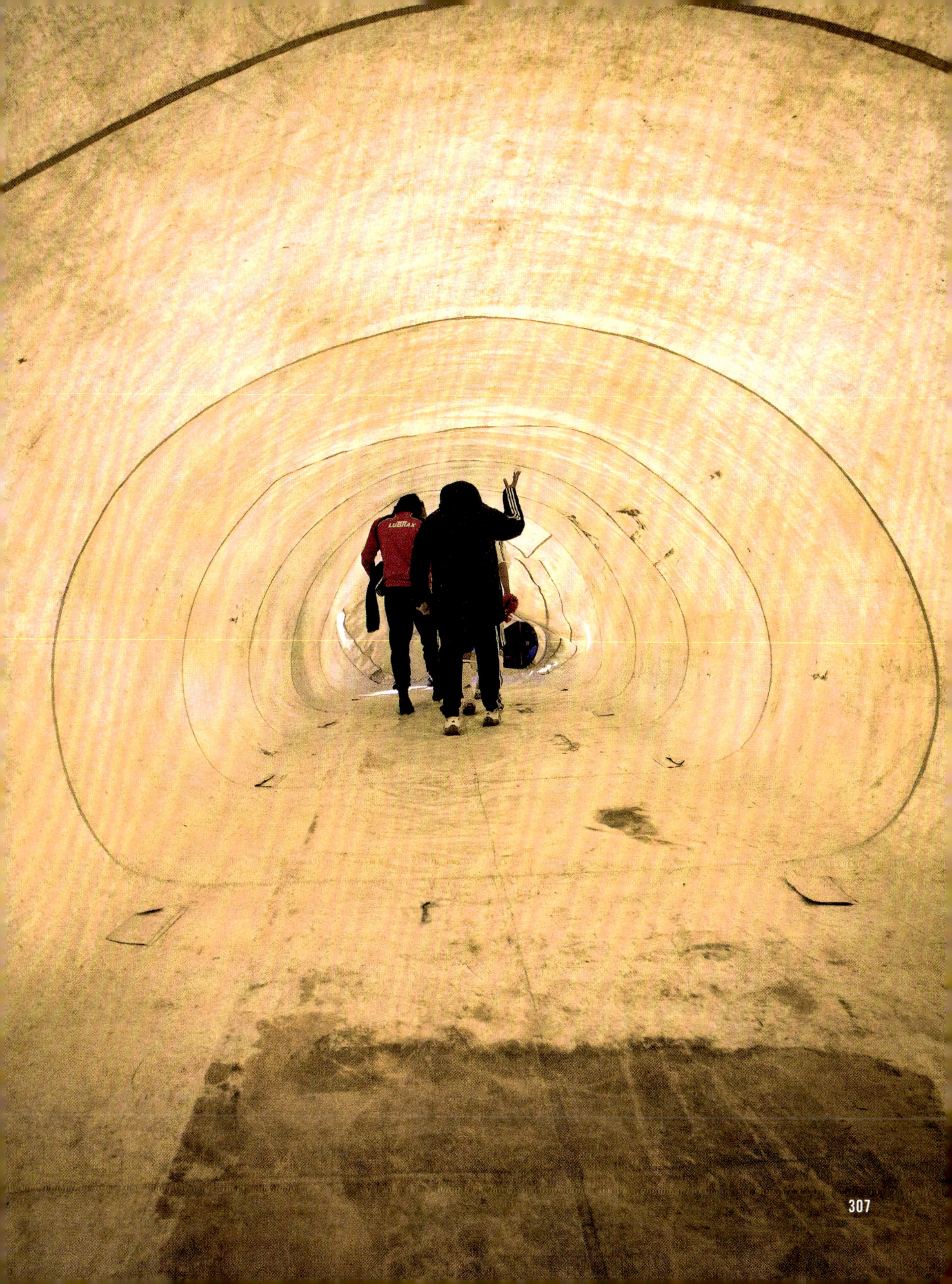
LUBRAX

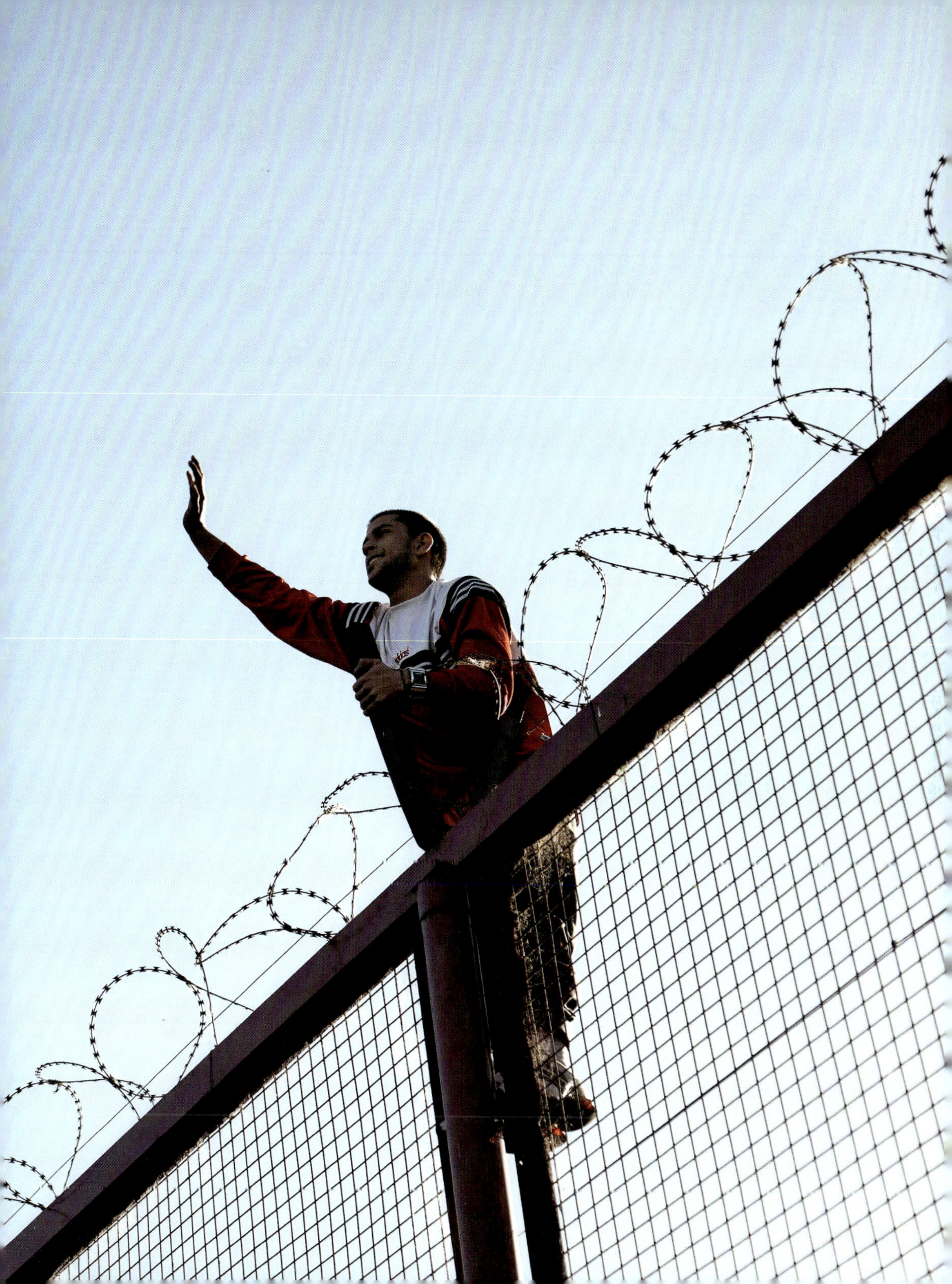

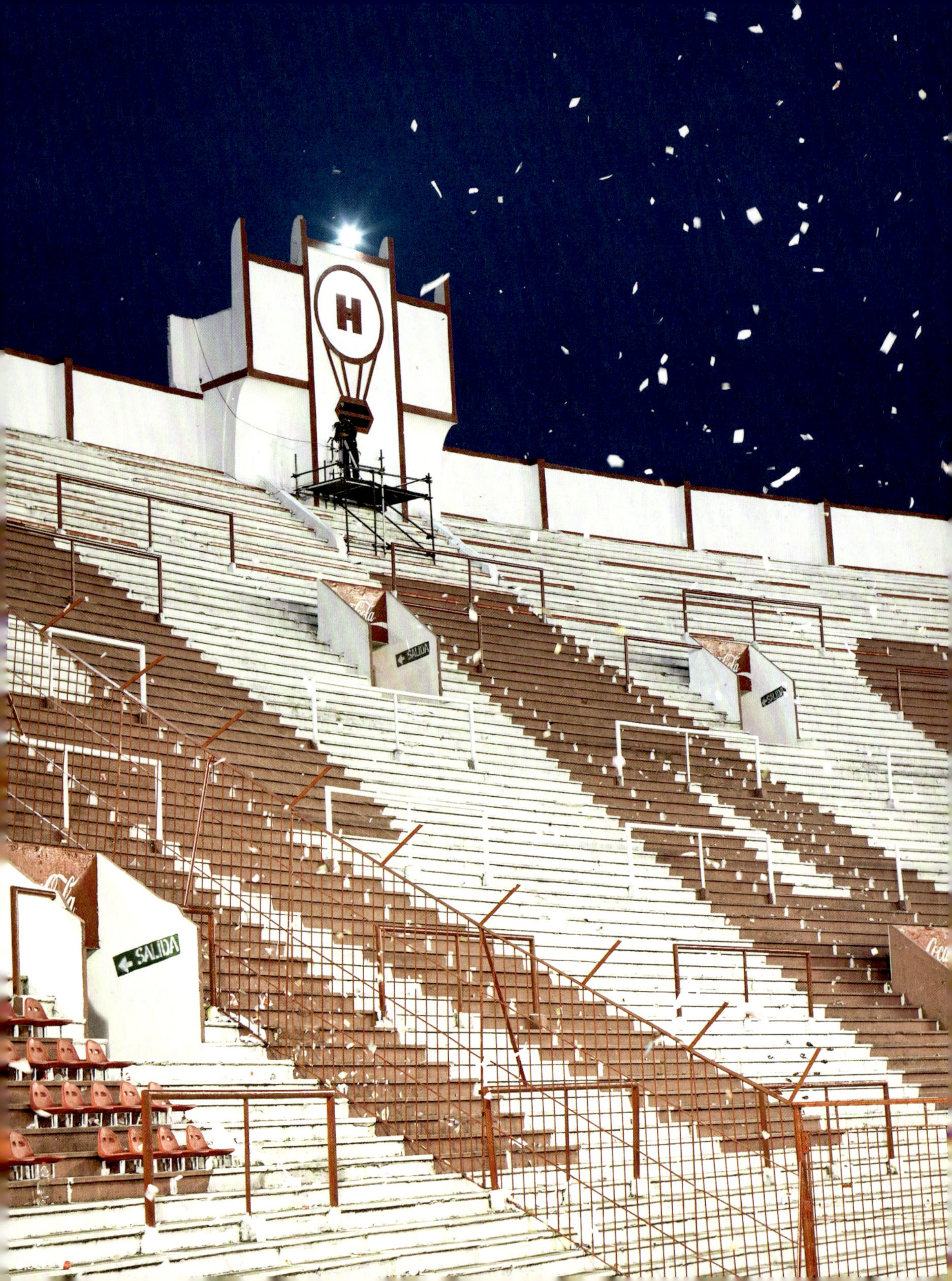
H
SALIDA
SALIDA
SALIDA

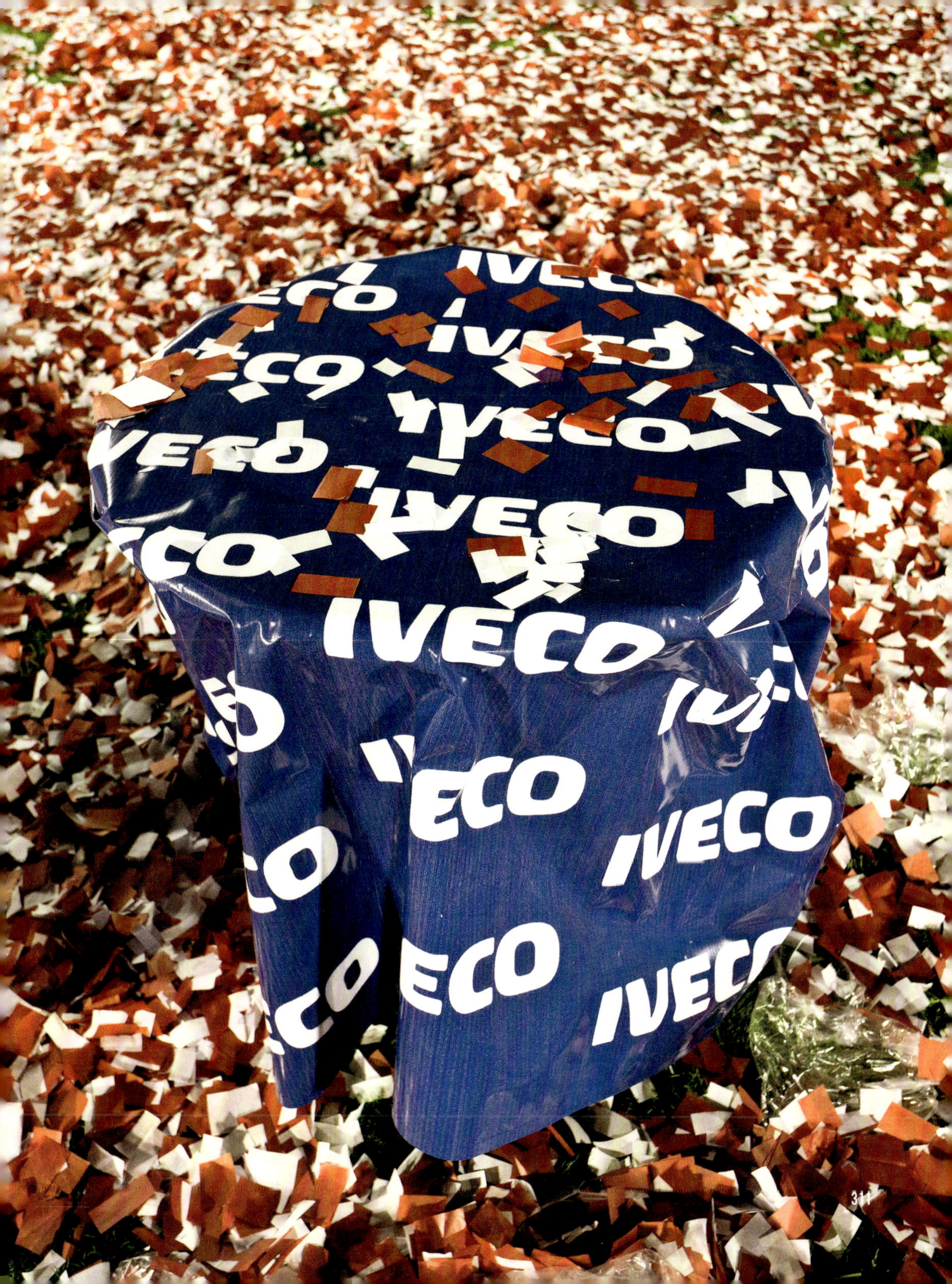
IVECO
IVECO
IVECO
IVECO

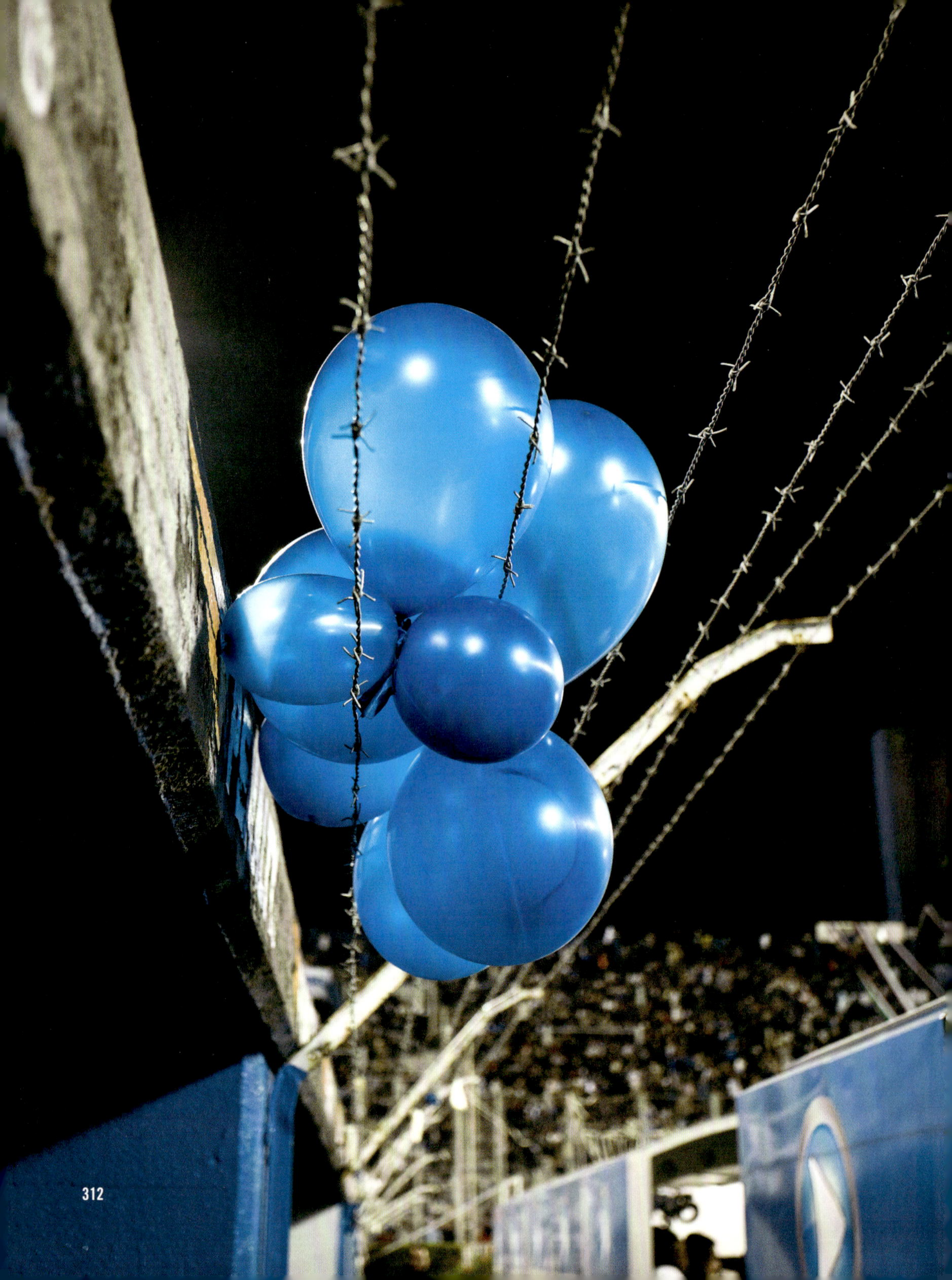

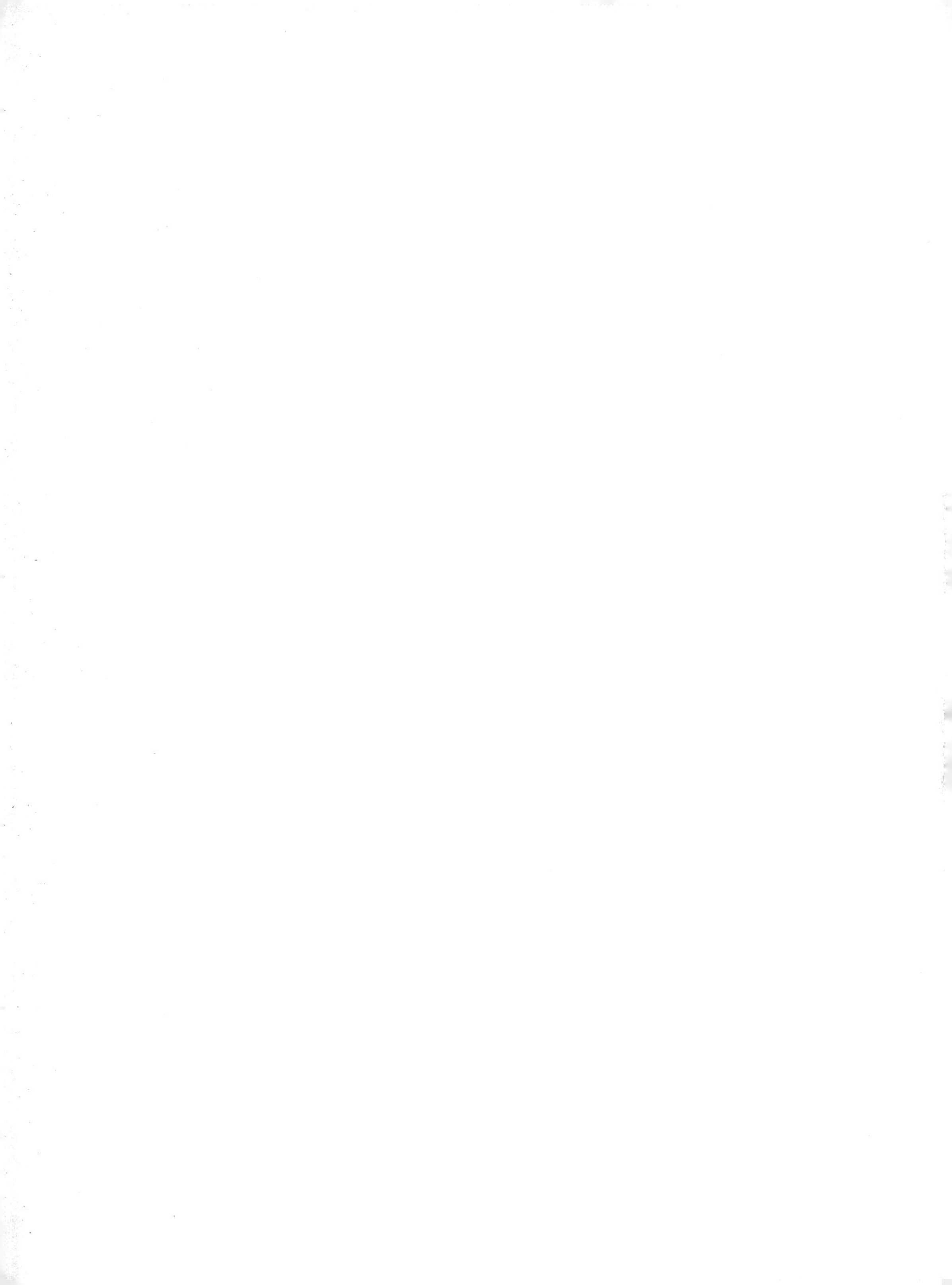

DATEN UND FAKTEN

Datum	Spiel	Stadion	Foto/s auf Seite/n
13.01.2007	kein Spiel	Boca Juniors	18/19
01.03.2009	Boca Juniors - Huracán (3:1)	Boca Juniors	153, 180, 232/233, 303
15.03.2009	Boca Juniors - Argentinos Juniors (3:0)	Boca Juniors	126, 181, 186/187, 206/207
18.03.2003	kein Spiel	Huracán	24, 25, 34/35
16.05.2009	Huracán - River Plate (4:0)	Huracán	53, 158/159, 252/253, 302, 307, 310
17.05.2009	Boca Juniors - Arsenal (2:1)	Boca Juniors	152, 271
18.05.2009	Ballester - F.C. Urquiza (4:1)	Colegiales	28, 29, 42/43, 128/129
24.05.2009	River Plate - Independiente (2:0)	River Plate	70/71, 94, 132/133, 182/183, 240/241, 270
11.06.2009	Excursionistas - Villa Dálmine (3:0)	Excursionistas	16, 17, 36, 37, 50/51, 64/65, 92/93, 124/125, 226, 227, 250/251, 268/269
13.06.2009	Vélez Sarsfield - Newell's Old Boys (2:0)	Vélez Sarsfield	114/115, 258, 259, 312
14.06.2009	San Lorenzo - Huracán (0:1)	Boca Juniors	6, 231, 234/235
14.06.2009	Racing - Boca Juniors (3:0)	Racing	2/3, 80, 81, 95, 138/139, 154, 155, 174/175, 192/193, 280/281
18.06.2009	Trainingsgelände Huracán	---	52
30.06.2009	San Telmo - Berazategui (0:0)	Atlanta	26/27, 66/67, 134/35, 194, 195, 200/201, 204/205
05.07.2009	Vélez Sarsfield - Huracán (1:0)	Vélez Sarsfield	144/145, 148/149, 230, 292, 293, 296, 297, 300/301, 304/305
26.02.2010	Boca Juniors - Estudiantes (1:1)	Boca Juniors	278
27.02.2010	Independiente - Racing (1:0)	Independiente	73, 102/103, 140/141, 163, 263, 279
01.03.2010	Colegiales - Def. de Belgrano (1:0)	Colegiales	56, 224/225, 254/255
04.03.2010	Chacarita - Gimnasia (0:1)	Argentinos Jrs.	22/23, 72, 188, 189, 246/247, 264/265
04.03.2010	Banfield - Colón de Santa Fé (3:1)	Banfield	38/39, 120/121, 130, 166, 167
08.03.2010	kein Spiel	Boca Juniors	40, 41
08.03.2010	San Lorenzo - Chacarita (3:1)	San Lorenzo	88/89, 100, 101, 176/177, 244/245

Datum	Spiel	Stadion	Foto/s auf Seite/n
08.03.2010	Arsenal - Colón de Santa Fé (3:1)	Arsenal	242, 243
10.03.2010	Laferrere - Excursionistas (1:1)	Laferrere	15, 30/31, 68/69, 98/99, 112, 113, 184/185
14.03.2010	River Plate - Huracán (2:0)	River Plate	198/199
16.03.2010	Nueva Chicago - Almirante Brown (0:1)	Nueva Chicago	74/75, 110/111, 122, 123, 196/197
20.03.2010	Victoriano Arenas - Lugano (2:0)	V. Arenas	20, 21, 208/209, 216/217, 256/257
21.03.2010	Boca Juniors - River Plate (abgebr.)	Boca Juniors	Titel, 96/97, 211
25.03.2010	Boca Juniors - River Plate (2:0)	Boca Juniors	142, 143, 156/157
17.04.2010	Tigre - Estudiantes (1:2)	Tigre	78/79, 108, 109, 131, 202, 203
20.04.2010	U.A.I. Urquiza - Cañuelas (1:1)	U.A.I. Urquiza	46, 47, 57, 150/151, 223, 290/291
24.04.2010	Lanús - Arsenal (4:1)	Lanús	104, 105, 228/229, 275
24.04.2010	Estudiantes - River Plate (1:0)	Quilmes	214, 215, 238/239
25.04.2010	Racing - Banfield (2:0)	Racing	118/119, 248, 266/267
28.04.2010	Argentino de Quilmes - Liniers (1:2)	A. de Quilmes	32, 48/49, 54/55, 58/59, 62, 164/165, 173
29.04.2010	Ferro Carril Oeste - Aldosivi (2:1)	Ferro C. O.	76, 77, 236/237
29.04.2010	Platense - Dep. Merlo (2:2)	Platense	44/45, 63, 190/191
30.04.2010	River Plate - Vélez Sarsfield (2:1)	River Plate	212/213
02.05.2010	Independiente - Boca Juniors (2:3)	Independiente	60/61, 86/87, 117
04.05.2010	All Boys - Tiro Federal (2:1)	All Boys	260/261, 272/273, 288/289
08.08.2010	Racing - River Plate (0:3)	Racing	146, 147
09.05.2010	Argentinos Jrs. - Independiente (4:3)	Argentinos Jrs.	106/107, 136, 137, 168/169,170/171, 276/277, 282/283, 308/309
09.05.2010	Boca Juniors - Huracán (1:2)	Boca Juniors	318/319
16.05.2010	Huracán - Argentinos Jrs. (1:2)	Huracán	90/91, 178/179, 294/295, 298/299, 311

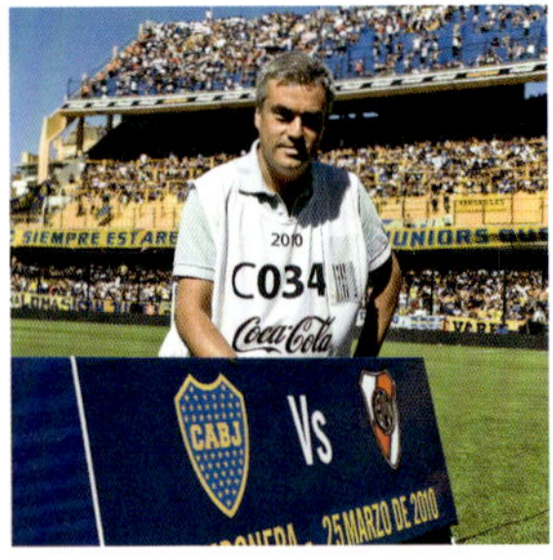

© Maxi Failla

Reinaldo Coddou H. wurde 1971 in Santiago de Chile geboren und wuchs im ostwestfälischen Bielefeld auf. Mit 15 belegte er die ersten Fotokurse und studierte schließlich an der FH Bielefeld das Fach *Foto-/Film-Design*. Zum Ende seines Studiums begann er, sich mit Panorama-Fotografie zu beschäftigen und machte seine Serie *Fußballtempel* schließlich zum Thema seiner Diplomarbeit. Im Jahr 2000 begründete er zusammen mit Philipp Köster die Fußball-Zeitschrift *11 Freunde*, die er acht Jahre lang als Bildredakteur und Fotograf entscheidend prägte. Heute lebt und arbeitet Reinaldo Coddou H. in Berlin und Buenos Aires. Bei den Spielmachern sind außerdem seine Bildbände *Fußballtempel* mit seinen besten Stadionaufnahmen, *Kunstschuß* und *O Jogo Bonito* erschienen.

LES DOY LAS GRACIAS A:

Marcelo, por su amistad y mucho más
César, por su idea del fútbol
Javier, por su ayuda y apoyo
Chepe, por su pasión por el futbol de ascenso
Kyke, por su arte
Santiago, por sus asados exquisitos
Roger, por mi segundo hogar
Juan Manuel y Federico, por los picados con amigos
Karen, por sus observaciones críticas
Thomas, a pesar de ser austríaco
ARGRA, por los sandwiches de entretiempo
Canon Argentina, por su buen servicio
Angel Cappa y el Club Atletico Huracán, por una campaña inolvidable
Toda la gente, sobre todo fotografos e hinchas con buena onda que conocí en las canchas de Buenos Aires
Sebastian Wipfler y Edition Panorama, por el coraje para publicar este proyecto.

ISBN: 978-3-95680-005-4

Konzept & Gestaltung: Reinaldo Coddou H., Marcus B. Schmitt & Sebastian Wipfler
Übersetzung: Sebastian Coddou & Alexis Mirbach
Druck: ColorDruckLeimen GmbH, Leimen
Buchbinder: Conzella Verlagsbuchbinderei GmbH & Co. KG, Pfarrkirchen

Spielmacher | Schöne Fußballbücher
in der Edition Panorama GmbH
G 7, 14
D - 68159 Mannheim

www.schöne-fussballbücher.de
www.buenos-aires-futbol.com

Eine Produktion der spielmacher

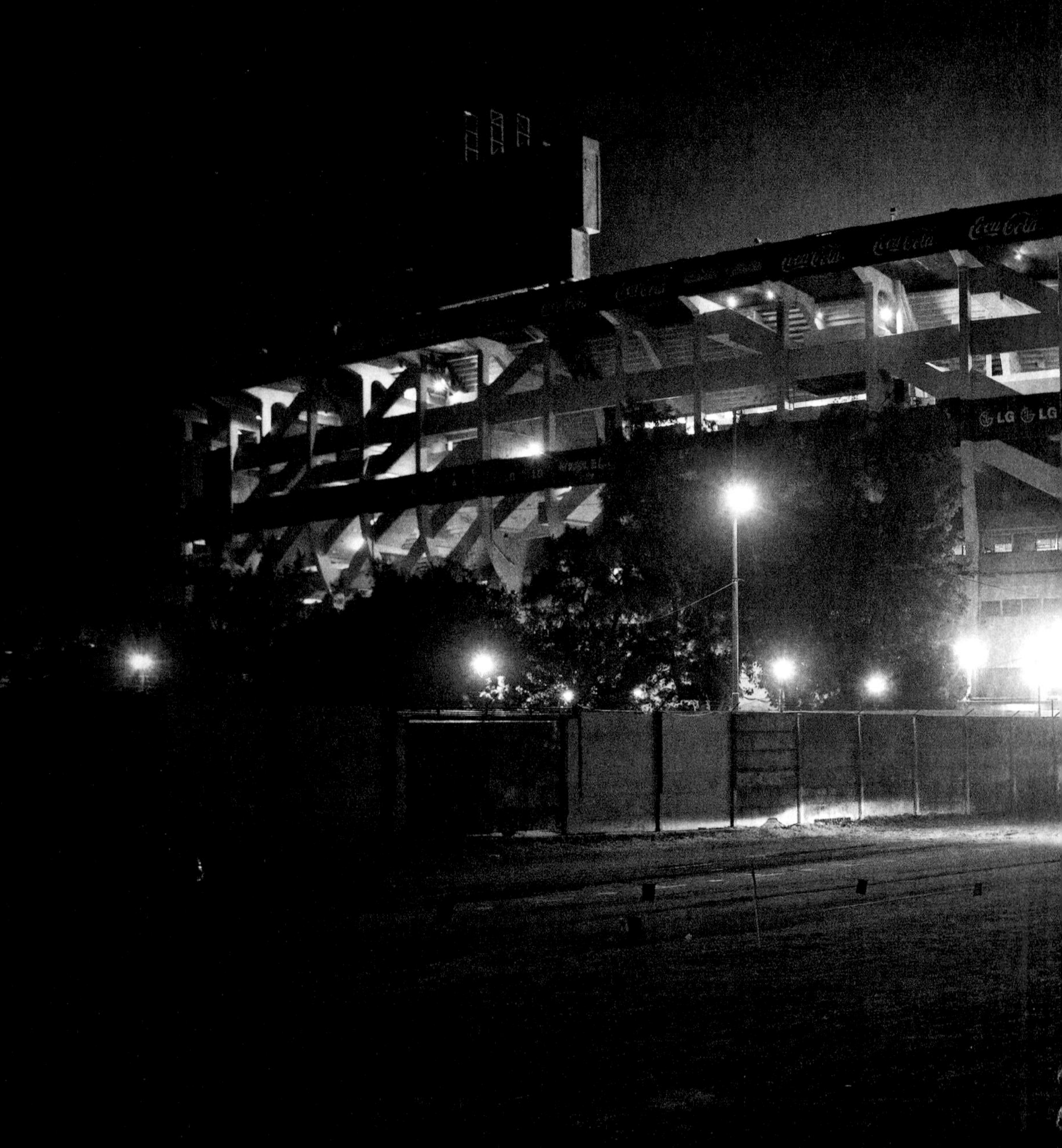
Coca-Cola
LG